Schriften zum Medien- und Informationsrecht

herausgegeben von
Prof. Dr. Boris P. Paal, M.Jur.

Band 10

J. Benedikt Vogel

Das Medienpersönlichkeitsrecht im Internationalen Privatrecht

Eine Untersuchung zur Harmonisierung der Kollisionsnormen in Europa

Nomos

Gedruckt mit freundlicher Unterstützung der Felix-Porsch-Johannes-Denk-Stiftung.

Die Deutsche Bibliothek verzeichnet diese Publikation in
der Deutschen Nationalbibliografie; detaillierte bibliografische
Daten sind im Internet über http://dnb.ddb.de abrufbar.

Zugl.: Freiburg i. Br., Univ., Diss., 2014

ISBN 978-3-8487-1344-8

1. Auflage 2014

PARENTIBUS

Vorwort

Die vorliegende Arbeit wurde von der Rechtswissenschaftlichen Fakultät der Albert-Ludwigs-Universität Freiburg im Wintersemester 2013/2014 als Dissertation angenommen. Die geringfügig überarbeitete Druckfassung basiert auf dem Rechtsstand vom Februar 2014 und berücksichtigt die bis dahin ergangene Rechtsprechung und Literatur.

Mein aufrichtiger Dank gilt meinem Doktorvater Herrn Professor Dr. Boris P. Paal, M.Jur. (Oxford), der das Entstehen der Arbeit sehr herzlich betreut und in jeder Phase mit wertvollem Rat befördert hat. Für die Aufnahme der Arbeit in die von ihm herausgegebene Schriftenreihe bin ich ihm sehr verbunden. Herrn Professor Dr. Hanno Merkt, LL.M. (Chicago) danke ich für die freundliche Erstellung des Zweitgutachtens und seine konstruktiven Anmerkungen. Der Felix-Porsch-Johannes-Denk-Stiftung danke ich für einen großzügigen Druckkostenzuschuss.

In Dankbarkeit widme ich dieses Buch meinen Eltern Beatrix und Dr. Jörgen Vogel für ihre liebevolle Unterstützung und ihren unschätzbaren Rückhalt zu jeder Zeit.

Berlin, im März 2014 J. Benedikt Vogel

Inhaltsverzeichnis

Abkürzungsverzeichnis

a.A.	andere Ansicht
a.F.	alte Fassung
ABl. EG	Amtsblatt der Europäischen Gemeinschaften
ABl. EU	Amtsblatt der Europäischen Union
Abs.	Absatz
Abt.	Abteilung
AC	Law reports, Appeal Cases (ab 1891)
AcP	Archiv für civilistische Praxis
AEUV	Vertrag über die Arbeitsweise der Europäischen Union
AfP	Archiv für Presserecht
AG	Amtsgericht
AJCL	American Journal of Comparative Law
All ER	All England Law Reports
All ER (D)	All England Law Reports (Digest)
Anm.	Anmerkung(en)
AnwBl	Anwaltsblatt
App	Appendix
App Cas	Law reports, Appeal Cases (1875-1890)
Arch. bürg. Recht	Archiv für bürgerliches Recht
Art.	Article / Artikel
Ass. plén.	Assemblée plénière de la Cour de cassation
Atk	Atkyns' Chancery Reports
Aufl.	Auflage
AWD	Außenwirtschaftsdienst des Betriebs-Beraters
Az.	Aktenzeichen
B & C	Barnewall & Cresswell's King's Bench Reports
B & S	Best & Smith's Reports
BayPresseG	Bayerisches Pressegesetz
Bd., Bde.	Band, Bände
Bearb.	Bearbeiter
Beav	Beavan's Reports
Begr.	Begründer
BGB	Bürgerliches Gesetzbuch
BGBl.	Bundesgesetzblatt

BGH	Bundesgerichtshof
BGHSt	Entscheidungen des Bundesgerichtshofs in Strafsachen
BGHZ	Entscheidungen des Bundesgerichtshofs in Zivilsachen
Bing	Bingham's Common Pleas Reports
BR-Drucks.	Bundesratsdrucksache
BT-Drucks.	Bundestagsdrucksache
Bull. civ.	Bulletin civil
Buschs Arch.	Archiv für Theorie und Praxis des allgemeinen deutschen Handels- und Wechselrechts
BVerfG	Bundesverfassungsgericht
BVerfGE	Entscheidungen des Bundesverfassungsgerichts
BvR	Verfassungsbeschwerde (Registerzeichen des Bundesverfassungsgerichts)
c.	chapter
C.civ.	Code civil
C.pén.	Code pénal
C.pr.int.	Code de propriété intellectuelle
CA	Cour d'appel
CDPA	Copyright, Designs and Patents Act 1988
CYELS	Cambridge Yearbook of European Legal Studies
cap.	caput
CCE	Communication commerce électronique
Ch	Law Reports, Chancery Division
CLP	Current Legal Problems
Cmnd.	Command Paper
col., cols.	column(s)
Conseil const.	Conseil constitutionnel
Cour cass.	Cour de cassation
Cowp	Cowper King's Bench Report
CPC	Code de procédure civile
CPP	Code de procédure pénale
CPR PD	Civil Procedure Rules, Practice Direction
CR	Computer und Recht
D	Recueil Dalloz
D chr	Recueil Dalloz Chronique
D heb	Recueil Dalloz Hebdomadaire
D IR	Recueil Dalloz Informations rapides
D jur	Recueil Dalloz Juridique

D somm	Recueil Dalloz Sommaires
DA	Defamation Act 2013
DB	Der Betrieb
DC	Décision du Conseil constitutionnel
DDHC	Déclaration des Droits de l'Homme et du Citoyen
De G & Sm	De Gex & Smale's Chancery Reports
ders., dies.	derselbe, dieselbe(n)
Dip	Droit international privé
DLR	Dominion Law Reports
DP	Dalloz Périodique (bis 1941)
DPA	Data Protection Act 1998
Dr. ouvr.	Le Droit ouvrier
DtZ	Deutsch-Deutsche-Rechts-Zeitschrift
ebd.	ebenda
EBLR	European Business Law Review
Edin LR	Edinburgh Law Review
EGBGB	Einführungsgesetz zum Bürgerlichen Gesetzbuche
EGMR	Europäischer Gerichtshof für Menschenrechte
EGV	Vertrag zur Gründung der Europäischen Gemeinschaft
EHRLR	European Human Rights Law Review
EIPR	European Intellectual Property Review
EMLR	Entertainment and Media Law Reports
EMRK	Europäische Menschenrechtskonvention
endg.	endgültig
Ent LR	Entertainment Law Review
ER	English Reports
esp	espèce
et al.	et alii, et aliae, et alia
EuGH	Europäischer Gerichtshof
EuGRZ	Europäische Grundrechte-Zeitschrift
EuGVÜ	Übereinkommen über die gerichtliche Zuständigkeit und die Vollstreckung gerichtlicher Entscheidungen in Zivil- und Handelssachen
EuLF	The European Legal Forum
EuR	Europarecht
EUV	Vertrag über die Europäische Union
EWCA Civ	Law Reports, England and Wales Court of Appeal (Civil Division)
EWHC	Law Reports, England and Wales High Court

F	Fraser's Session Cases
f., ff.	folgende
Fam	Law Reports, Family Division
Fasc.	Fascicule
Fn.	Fußnote
Fordham LR	Fordham Law Review
FSR	Fleet Street Reports
Gaz. Pal.	La Gazette du Palais
GEDIP	Groupe européen de droit international privé
GG	Grundgesetz
GRUR	Gewerblicher Rechtsschutz und Urheberrecht
GRUR Int	Gewerblicher Rechtsschutz und Urheberrecht, Internationaler Teil
GRUR-RR	Gewerblicher Rechtsschutz und Urheberrecht, Rechtsprechungs-Report
HambPresseG	Hamburgisches Pressegesetz
Hardr	Hardres' Exchequer Reports
HC	House of Commons
HL	House of Lords
HLR	Havard Law Review
HRA	Human Rights Act 1998
Hrsg., hrsg.	Herausgeber, herausgegeben
Hy Bl	Henry Blackstone's Common Pleas Reports
i.e.S.	im engen Sinne
i.S.	im Sinne
i.w.S.	im weiten Sinne
i.V.m.	in Verbindung mit
ICLQ	International and Comparative Law Quarterly
ILPr	International Litigation Procedure
IPQ	Intellectual Property Quarterly
IPR	Internationales Privatrecht
IPRax	Praxis des Internationalen Privat- und Verfahrensrechts
IPRspr.	Die deutsche Rechtsprechung auf dem Gebiet des internationalen Privatrechts
Jac & W	Jacob & Walker's Chancery Reports
JBl	Juristische Blätter

JCl Droit int	Juris-Classeur, Droit international
JCP	Juris-Classeur Périodique
JCP (G)	Juris-Classeur Périodique, édition Générale
JDI	Journal du droit international (Clunet)
JDIP	Journal du droit international privé (1874-1914)
JherJb	Jherings Jahrbücher für die Dogmatik des heutigen römischen und deutschen Privatrechts
JIBLR	Journal of International Banking Law and Regulation
JöR n.F.	Jahrbuch des öffentlichen Rechts, neue Folge
JPrIL	Journal of Private International Law
JuS	Juristische Schulung
JW	Juristische Wochenschrift
JZ	Juristenzeitung
K&R	Kommunikation und Recht
Kap.	Kapitel
KB	Law Reports, King's Bench Division (1900-1952)
KG	Kammergericht
Komm-E	Kommissionsentwurf
KritZeit	Kritische Zeitschrift für Rechtswissenschaft und Gesetzgebung des Auslands
LG	Landgericht
lib.	liber
lit.	littera
Ll Rep	Lloyd's Law Reports
LMCLQ	Lloyd's Maritime and Commercial Law Quarterly
LP	Légipresse
LQ Rev	The Law Quarterly Review
LR A & E	Law Reports, Admiralty and Ecclesiastical Cases
LR Ch App	Law Reports, Chancery Appeal Cases
LR CP	Law Reports, Common Pleas Cases
LR Eq	Law Reports, Equity Cases
LR PC	Law Reports, Privy Council Cases
LR QB	Law Reports, Queen's Bench Cases
LS	Legal Studies
LT	Law Times Reports
LTJ	Law Times Journal (Newspaper)
Mac & G	Macnaghten & Gordon's Chancery Reports

MDR	Monatsschrift für Deutsches Recht
MLP	Journal of Media Law and Practice
MLR	Modern Law Review
m.Anm.	mit Anmerkung
m.w.Nachw.	mit weiteren Nachweisen
Nachw.	Nachweis(e)
Neubearb.	Neubearbeitung
NJW	Neue Juristische Wochenschrift
NJW-RR	Neue Juristische Wochenschrift, Rechtsprechungs-Report Zivilrecht
NLJ	New Law Journal
no.	number / numéro(s)
Nr.	Nummer(n)
NStZ	Neue Zeitschrift für Strafrecht
NYU LR	New York University Law Review
OLG	Oberlandesgericht
OLGZ	Entscheidungen der Oberlandesgerichte in Zivilsachen
P & CR	Property, Planning & Compensation Reports
para.	paragraph
PD	Law Reports, Probate, Divorce and Admiralty Division
PfHA	Protection from Harassment Act 1997
PHi	Produkthaftpflicht international
PIL	Private International Law
PIL Act	Private International Law (Miscellaneous Provisions) Act 1995
PL	Public Law
PresseG BW	Gesetz über die Presse (Landespressegesetz Baden-Württemberg)
PresseG NRW	Pressegesetz für das Land Nordrhein-Westfalen
QB	Law Reports, Queen's Bench (1891-1901, ab 1952)
QBD	Law Reports, Queen's Bench Division (1875-1890)
RabelsZ	Rabels Zeitschrift für ausländisches und internationales Privatrecht
Rec. des cours	Recueil des cours de l'Académie de droit international de La Haye

Rép. dr. int.	Répertoire de droit international
Rev. crit. dip	Revue critique de droit international privé
Rev. de dip et de dr. pén. int.	Revue de droit international privé et de droit pénal international
Rev. trim. dr. civ.	Revue trimestrielle de droit civil
RG	Reichsgericht
RGZ	Entscheidungen des Reichsgerichts in Zivilsachen
Riv. dir. int. priv. proc.	Rivista di diritto internazionale privato e processuale
RIW	Recht der Internationalen Wirtschaft
Rn.	Randnummer(n)
RPC	Reports of Patent, Design and Trademark Cases
Rs.	Rechtssache
RSC	Revue de science criminelle et de droit pénal comparé
Rspr.	Rechtsprechung
Rzi.	Randziffer(n)
S	Recueil Sirey
S.	Seite
SC	Session Cases
sc.	scilicet
SchwJb	Schweizerisches Jahrbuch für internationales Recht
sect.	section
SeuffA	Seuffert's Archiv für Entscheidungen der obersten Gerichte in den deutschen Staaten
Slg.	Sammlung
SLT	Scots Law Times Reports
Sol Jo	Solicitors' Journal
Sp.	Spalte
St Tri	Howell's State Trials
st.	ständige
StGB	Strafgesetzbuch
Swans	Swanston's Chancery Reports
Term Rep	Terms Reports
TGI	Tribunal de grande instance
TI	Tribunal d'instance
tir.	tiret
Travaux Henri Capitant	Travaux de l'Association Henri Capitant pour la Culture Juridique Française
Trib.	Tribunal

Trib. corr.	Tribunal correctionnel
Ufita	Archiv für Urheber- und Medienrecht
Unterabs.	Unterabsätze
unveröff.	unveröffentlicht
Urt.	Urteil
v	versus
v.	vom / von
Var.	Variante
VersR	Zeitschrift für Versicherungsrecht
vgl.	vergleiche
VO	Verordnung
vol.	volume
Vors.	Vorsitzender
Wils	Wilson's Chancery Reports
WLR	Weekly Law Reports
WM	Zeitschrift für Wirtschafts- und Bankrecht
WRP	Wettbewerb in Recht und Praxis
Yb PIL	Yearbook of Private International Law
ZaöRV	Zeitschrift für ausländisches öffentliches Recht und Völkerrecht
ZEuP	Zeitschrift für Europäisches Privatrecht
Ziff.	Ziffer
zit.	zitiert
ZPO	Zivilprozessordnung
ZRP	Zeitschrift für Rechtspolitik
ZUM	Zeitschrift für Urheber- und Medienrecht
ZUM-RD	Zeitschrift für Urheber- und Medienrecht, Rechtsprechungsdienst
ZVglRWiss	Zeitschrift für vergleichende Rechtswissenschaft
ZZPInt	Zeitschrift für Zivilprozeß International

» Tout en respectant l'autonomie législative des Etats, il paraît désirable de mettre fin à l'incertitude, qui existe par rapport à la loi qui doit être appliquée «

(Conférence de La Haye de droit international privé, 12 - 27 septembre 1893)

Einleitung

Die wirtschaftlichen und gesellschaftlichen Beziehungen zwischen den Völkern Europas haben in den vergangenen Jahrzehnten eine beachtliche Entwicklung erfahren. Durch die fortschreitende Liberalisierung des Personen- und Warenverkehrs seit Gründung der Europäischen Gemeinschaften in den 1950er Jahren hat der wirtschaftliche, politische und kulturelle Austausch beständig zugenommen. Sachverhalte mit grenzüberschreitendem Bezug sind zu einem prägenden Phänomen unserer Zeit geworden. Diese Entwicklung stellt neue Herausforderungen auch und gerade auf dem Gebiet des Rechts. Bedeutender denn je ist heute die Frage, die Vorschriften welchen Staates überhaupt Anwendung finden, um eine Rechtsstreitigkeit mit Auslandsbezug zu entscheiden.

Gleichwohl – die Thematik ist altbekannt.[1] Gut zwei Jahrhunderte sind nunmehr vergangen seit dem Zerfall des gemeineuropäischen *ius commune*, als im Zuge der politischen Nationalisierung auch die weithin bestehende Rechtseinheit in Europa ein Ende fand[2] und die Rechtsanwendungs-

1 Siehe dazu bereits *Story*, Conflict of laws (1834), §§ 4 ff.; *Mittermaier*, KritZeit 7 (1835), 228 ff.; *ders.*, KritZeit 11 (1839), 267 ff.; *Lainé*, Introduction au dip (1888), S. 21 ff. Zur Entstehung und Entwicklung des Internationalen Privatrechts in Europa siehe *Gutzwiller*, Geschichte des Internationalprivatrechts (1977); *Kreuzer*, Europäisierung des IPR (1999), S. 457 (460 ff.); *Kadner Graziano*, Gemeineuropäisches IPR (2002), S. 48 ff.

2 Als Vorreiter der Kodifikationswelle in Europa gelten das Allgemeine Landrecht für die Preußischen Staaten (1794), der französische Code civil (1804) und das österreichische ABGB (1812); hierzu ausführlich *Meder*, Rechtsgeschichte (2011), S. 277 ff.

frage erstmals[3] in den Fokus rückte.[4] Der damit einhergehende Verlust an Rechtssicherheit und Rechtsklarheit im grenzüberschreitenden Verkehr[5] führte schon damals zu der Forderung einiger Autoren, die nationalen Kollisionsregeln wieder zu vereinheitlichen.[6] Es herrschte damals – wie auch heute[7] – die Überzeugung, dass eine Gleichbehandlung gleicher Sachverhalte, des Einheimischen und des Fremden, von wechselseitigem Nutzen sei,[8] die Rechtssicherheit stärken[9] und den Verkehr unter den Menschen fördern werde.[10] Doch die Hoffnung auf eine baldige Wiederherstellung der Rechtseinheit blieb unerfüllt. Im Gegenteil sollten in der Folgezeit weitere einzelstaatliche Kollisionsrechte entstehen und den Rechtspartiku-

---

3 Gesetzeskollisionen waren zuvor bereits als interlokales Rechtsproblem bekannt. Angesichts der nunmehr staatenübergreifenden Dimension der Problematik lässt sich jedoch erst die Zeit um 1800 als die *»Geburtsstunde des IPR im heutigen Sinn«* ausmachen (so zutreffend *Kreuzer*, Europäisierung des IPR [1999], S. 457 [464]).

4 Bis dahin waren seit dem 12. Jahrhundert Gesetzeskollisionen einheitlich nach der Statutenlehre gelöst worden; hierzu ausführlich *Rauscher*, IPR (2012), S. 8 ff.; *v. Hoffmann/Thorn*, IPR (2007), S. 47 ff.; *v. Bar*, IPR I (2003), § 6 Rn. 10 ff.

5 Vgl. beispielhaft *Mancini*, JDI 1 (1874), 221 (232): *»Les jurisconsultes et les hommes d'État sont amenés à déplorer, par leur expérience quotidienne, l'imperfection et la confusion qui existent dans les rapports civils internationaux, même entre les gouvernements les plus éclairés et les plus avancés dans la voie du progrès. Cette imperfection se manifeste dans tout ce qui touche à la condition civile des étrangers, à la mesure, à la garantie de leurs droits civils, et à la communication facile et mutuelle des bienfaits assurés par les législations respectives. Cet état de choses ne pourra jamais disparaître tant qu'il n'y aura pas un système de règles fondamentales adoptées par les principaux États, et tant que subsisteront dans la grande variété des dispositions législatives sur cette matière, d'un côté les incertitudes et les oscillations de la jurisprudence des différents pays, et de l'autre la ténacité de la magistrature.«*

6 Siehe als erste und einflussreichste die Beiträge von *Story*, Conflict of laws (1834), §§ 4 ff.; *v. Savigny*, System des heutigen römischen Rechts VIII (1849), S. 26 ff. u. 113 ff.; *Mancini*, JDI 1 (1874), 221 u. 285 sowie der *Conférence de la Haye*, Actes (1893), S. 5 ff.

7 Etwa *Brand*, in Hüßtege/Mansel, Rom-Verordnungen (2014), Das anwaltliche Mandat, Rn. 3; *Calliess*, Rome Regulations (2011), S. 1 ff.; *Europäische Kommission*, KOM(2003) 427 endg., Rn. 2.1.

8 *Story*, Conflict of laws (1834), §§ 4 u. 35; *Mittermaier*, KritZeit 11 (1839), 267 (268).

9 *Mancini*, JDI 1 (1874), 221 (235); zusammenfassend vgl. auch *Lainé*, Introduction au dip (1888), S. 44.

10 *v. Savigny*, System des heutigen römischen Rechts VIII (1849), S. 26 f.; *Mittermaier*, KritZeit 11 (1839), 267 (268 f.).

larismus in Europa festigen.[11] Diese sollten die Unsicherheit und Ungleichheiten im grenzüberschreitenden Rechtsverkehr auf lange Zeit besiegeln.

Während in jüngerer Zeit immerhin einige der kollisionsrechtlichen Gräben überwunden werden konnten,[12] fehlt eine Regelung für das Persönlichkeitsrecht bis heute.[13] Trotz teils intensiver, bis in die 1970er Jahre zurückreichender Bemühungen des europäischen Gesetzgebers, eine unionsweit einheitliche Lösung für diesen Bereich zu schaffen,[14] ist auch der jüngste Versuch einer Vergemeinschaftung gescheitert: In der seit 2009 geltenden sog. *Rom II*-Verordnung über das auf außervertragliche Schuldverhältnisse anzuwendende Recht sind Verletzungen des Persönlichkeitsrechts ausdrücklich ausgeschlossen.[15] Insoweit sind weiterhin die nationalen Vorschriften anzuwenden.

Die gravierenden Folgen dieser Rechtslage werden deutlich, wenn man sich den internationalen Charakter heutiger persönlichkeitsrechtlicher Sachverhalte vor Augen führt: Ausgehend von dem klassischen Spannungsverhältnis zwischen dem Persönlichkeitsrecht auf der einen und der Meinungs- und Medienfreiheit auf der anderen Seite lässt sich feststellen, dass die überwiegende Zahl der Persönlichkeitsrechtsverletzungen heutzutage durch Veröffentlichungen in (Massen-)Medien erfolgt. Hierbei kommt insbesondere den Online-Medien eine immer stärkere Bedeutung zu: Online-Medien ermöglichen es, Meinungen und Informationen in Sekundenschnelle an eine Vielzahl von Personen und an nahezu jeden Ort der Welt zu übertragen. Bewohner der entferntesten Staaten werden miteinander in Verbindung gebracht, politische und räumliche Grenzen problemlos überwunden. So kann heute jeder ohne großen Aufwand Geschehnisse selbst recherchieren, kommentieren und buchstäblich alle Welt darü-

11 *Rauscher*, IPR (2012), S. 11 spricht in diesem Zusammenhang treffend von dem *»Jahrhundert der Kodifikationen des IPR«*.

12 Vgl. die europäischen Verordnungen Nr. 593/2008 (Rom I), Nr. 864/2007 (Rom II), Nr. 1259/2010 (Rom III) sowie Nr. 650/2012 (Rom IV); ausführlich dazu *Hüßtege/Mansel* (Hrsg.), Rom-Verordnungen (2014), S. 42 ff.; *Calliess* (Hrsg.), Rome Regulations (2011), S. 17 ff.

13 Vgl. Art. 1 Abs. 2 lit. g) Rom II-VO.

14 Ausführlich dazu Teil 3: B. I.

15 Ausführlich dazu Teil 3: B. II.; vgl. insbesondere die dortigen Nachw. in Fn. 102.

ber informieren.[16] Das Informations- und Kommunikationsangebot ist schier unerschöpflich geworden.[17]

Als Kehrseite (und Folge) dieser Möglichkeiten werden Medien deshalb immer häufiger zum Schauplatz von Persönlichkeitsrechtsverletzungen. Dies führt nicht nur dazu, dass im Vergleich zu »herkömmlichen« Begehungsformen die materiellen und immateriellen Folgen für den Geschädigten weit schwerwiegender ausfallen können – man nehme etwa die jüngeren Beispiele von Veröffentlichungen intimer Foto-[18] oder Videoaufnahmen[19] im Internet, in denen die Gerichte vor allem die Schwere und Nachhaltigkeit der Eingriffe hervorhoben.[20] Aus kollisionsrechtlicher Sicht stellt sich vor allem auch die Schwierigkeit, dass in derartigen Fällen mehrere, gegebenenfalls unzählige Rechtsordnungen betroffen sein können, die zu ganz unterschiedlichen Sachentscheidungen kommen.

Für die Medienunternehmen birgt die hieraus ableitbare Gemengelage zugleich ein erhebliches Rechtsrisiko. Geht man davon aus, dass sich die Verbreitung einmal veröffentlichter Medieninhalte vom Verfasser kaum mehr steuern lässt, ist es nahezu unmöglich vorauszusehen, den Vorschriften welcher Rechtsordnung(en) die Berichterstattung unterfällt. Die Unternehmen müssen daher den Inhalt ihrer Veröffentlichungen, um jeder Gefahr der Rechtsverfolgung zu entgehen, de facto am strengsten Sachrecht der Welt ausrichten.[21] Die damit verbundenen Einschränkungen der

---

16 *Enzensberger*, Der Spiegel 2/2000, 92 (95), beschreibt das Internet vor diesem Hintergrund als ein *»dezentrales Medium«*, das *»den Unterschied zwischen Sender und Empfänger abgeschafft«* habe.

17 Zur Wirkung und Bedeutung von (Massen-)Medien *Reinecke*, Mediennutzung (2012), S. 308 ff.; *Hofer*, Nutzung von Online-Medien (2012), S. 289 ff.; *Foscht*, Interaktive Medien (1998), S. 7 ff.

18 *LG Hamburg*, K&R 2014, 288; *LG Kiel*, NJW 2007, 1002 (1003 f.).

19 *AG Marburg*, Urt. v. 9.01.2006, Az. 51 Ls 2 Js 6842/04.

20 In diesem Sinne auch *OLG Köln*, ZUM-RD 2012, 206 (213); ZUM 2012, 330 (335); *LG Köln*, MMR 2006, 758 (759). Eingehend dazu am Beispiel prominenter Sportler *Seitz*, Gefahren durch die Berichterstattung in den Medien (2011), S. 27 ff.

21 So auch (in Bezug auf Kartellrechtsverstöße) *Mankowski*, Schadensersatzklagen (2012), S. 42; *Drexl*, MünchKomm BGB (2010), IntUnlWettbR, Rn. 175. Inwieweit dieser Umstand tatsächlich in die Arbeit der Medien hineinwirkt, lässt sich freilich nur vermuten. Die bestehende Sorge der Medien, dass ihre Veröffentlichungen (strengeren) ausländischen Rechtsordnungen unterfallen, zeigen jedenfalls die Reaktionen der englischen Presse auf das Harmonisierungsvorhaben und das damit drohende Ende der *lex fori*-Anknüpfung; vgl. dazu die Nachw. in Teil 2: Fn. 281.

Meinungs- und Medienfreiheit sind nicht nur unter individualrechtlichen Gesichtspunkten bedenklich, sondern auch im Hinblick auf den Erhalt einer freiheitlich-demokratischen und pluralistischen Gesellschaftsordnung insgesamt.[22] Auch aus Sicht der potentiell geschädigten Person ist die Rechtslage in hohem Maße unbefriedigend. Denn die offene Rechtsanwendungsfrage macht es der Person schwer, möglicherweise bestehende Ansprüche wegen Verletzung ihres Persönlichkeitsrechts einzuschätzen und die Erfolgsaussichten eines Rechtsstreits zu beurteilen. Diese Unsicherheiten dürften nicht selten dazu führen, dass die Person eine gerichtliche Auseinandersetzung von vornherein scheut und von einer Klage gegen das Medienunternehmen absieht.

Aus alledem erwächst ein dringendes Bedürfnis, die bestehenden Kollisionsregeln für grenzüberschreitende Persönlichkeitsrechtsverletzungen in Europa zu vereinheitlichen.[23] Wenngleich die rechtlichen Unterschiede schon seit Längerem im Raum stehen, hat sich die Problematik durch den Einsatz neuer Verbreitungstechnologien, insbesondere der Online-Medien, nochmals erheblich verschärft.[24]

A. Gegenstand und Gang der Untersuchung

Für die Schaffung einer Kollisionsnorm reichen kollisionsrechtliche Überlegungen allein regelmäßig nicht aus. Zwar gilt es, am Ende des Tages eine Anknüpfung zu statuieren, die vor allem den Funktionen des Internationalen Privatrechts Rechnung trägt. So muss insbesondere gewährleistet sein, dass die zugewiesene Rechtsordnung präzise und für alle Beteiligten

22 Eingehend dazu *Paal*, tv diskurs 2013, 24; *ders.*, Medienvielfalt (2010), S. 15 ff.; *Beater*, Medienrecht (2007), Rn. 16 ff. Im Einzelnen siehe Teil 1: B. III. 2, C. III. 2. sowie D. III. 2.

23 Schon hier deutet sich an, dass für den Ausschluss der Persönlichkeitsrechte vom Anwendungsbereich der *Rom II*-Verordnung jedenfalls keine sachlichen Beweggründe vorgelegen haben können. Näheres dazu in Teil 3: B.

24 So auch bereits *Neill*, Privacy (1999), S. 1 f.; *Nixdorf*, GRUR 1996, 842. Schwer nachvollziehbar und im Widerspruch zu eigenen langjährigen Harmonisierungsbemühungen daher die Auffassung der *Europäischen Kommission*, KOM(2007) 126 endg., Rn. 4.3, dass es *»nur sehr wenige internationale Streitsachen in diesem Bereich«* gebe; kritisch diesbezüglich auch *Leible/Lehmann*, RIW 2007, 721 (724); *G. Wagner*, IPRax 2006, 372 (384).

erkennbar ist, um den Verfahrensausgang berechenbar zu machen.[25] Daneben sind aber weitere rechtliche und außerrechtliche Faktoren einzubeziehen. Eine interessengerechte, pragmatische und nicht zuletzt auch politisch akzeptierte[26] Lösung kann nur herbeigeführt werden, wenn über die kollisionsrechtlichen Interessen hinaus auch materiellrechtliche und diesen zugrundeliegende gesellschaftlich-kulturelle Gegebenheiten hinreichende Berücksichtigung finden.

Vor diesem Hintergrund beginnt die Arbeit mit einer rechtsvergleichenden Darstellung des Persönlichkeitsrechtsschutzes in Europa *(Teil 1)*. Die Untersuchung ist mit Blick auf die häufigsten Fallkonstellationen auf medienbezogene Sachverhalte fokussiert und erfolgt am Beispiel der deutschen, französischen und englischen Rechtslage. Persönlichkeitsrecht und Medienfreiheit werden hier als widerstreitende Verfassungsgüter gegenübergestellt, um daraus im Anschluss ein umfassendes Abwägungsmuster der nationalen Gerichte über die Reichweite des sog. Medienpersönlichkeitsrechts[27] erstellen zu können. Die Auswahl der drei Rechtsordnungen erklärt sich zum einen aus ihrer besonderen praktischen Relevanz, welche die vergleichsweise hohe Zahl persönlichkeitsrechtlicher Fälle dokumentiert. Zum anderen handelt es sich bei ihnen um Repräsentanten dreier grundverschiedener – der deutschen, romanischen und angelsächsischen – Rechtskreise, die die bestehenden Unterschiede nicht bloß aufzeigen, sondern zugleich in sich begründen können. Die hierbei gewonnenen rechts- und gesellschaftshistorischen Erkenntnisse bilden eine wichtige Grundlage für die spätere Konzeption der Kollisionsnorm.

Darauf aufbauend erfolgt in *Teil 2* der Arbeit eine vergleichende Analyse des Internationalen Persönlichkeitsrechts in Deutschland, Frankreich und England. Gegenstand der Untersuchung werden mangels Sonderregeln die allgemeinen Vorschriften des Internationalen Deliktsrechts sein. Es wird aufgezeigt werden, dass die Anknüpfung in den untersuchen Staaten wie im übrigen Europa zwar weithin der Tatortregel *(lex loci delicti commissi)* folgt, deren Umsetzung aber stark variiert. Dies macht es erforderlich, die nationalgerichtliche Auslegung der Tatortregel intensiv zu erörtern und die Stellung der in Betracht kommenden Tatorte – dem Handlungs- und dem Erfolgsort – einzuordnen.

---

25 Vgl. statt vieler *Kegel/Schurig*, IPR (2004), S. 139 ff. Zu den kollisionsrechtlichen Interessen siehe Teil 3: A. I.

26 Vgl. statt vieler den Nachw. in Teil 3: Fn. 107.

27 Zum Begriff des Medienpersönlichkeitsrechts siehe Teil 1: B. III.

Teil 3 der Arbeit befasst sich mit der eigentlichen Konzeption der Kollisionsnorm für das Internationale Persönlichkeitsrecht. Zunächst wird ein Überblick verschafft über die kollisions-, materiellrechtlichen und medienspezifischen Interessen, die hierbei zu berücksichtigen sind. Danach erfolgt eine ausführliche Darstellung der bisherigen, bis in die 1970er Jahre zurückreichenden Harmonisierungsvorschläge. Die Vorschläge entstammen den Federn zahlreicher europäischer Wissenschaftler, von Organen und Institutionen der Europäischen Union, nationaler Regierungen ebenso wie Verbänden. Diese Vielfalt zeigt die breite Entscheidungsgrundlage für die Anknüpfung, deutet aber zugleich die besondere rechtliche (und politische) Schwierigkeit der Materie an.

Unter Einbeziehung dieser Ergebnisse schließt die Arbeit mit einem eigenen Vorschlag für die Anknüpfung grenzüberschreitender Persönlichkeitsrechtsverletzungen. Inhaltlich wird dabei an bestehenden Grundmustern des Internationalen Deliktsrechts in Europa, insbesondere der Tatortregel festgehalten werden. In methodischer Hinsicht wird jedoch entgegen bisheriger rechtswissenschaftlicher Praxis nicht einer der bestehenden Vorschläge herausgegriffen und nach entsprechender Abwägung angenommen; es erfolgt vielmehr eine Analyse einzelner ausgewählter Merkmale der verschiedenen Anknüpfungsvarianten, die am Ende zu einer geschlossenen Kollisionsnorm zusammengefügt werden. Der eingebrachte Vorschlag soll als Art. 4a in die *Rom II*-Verordnung eingegliedert werden.

B. Ziel der Untersuchung

Die soeben angedeuteten und in der nachfolgenden Untersuchung zu vertiefenden Missstände im Internationalen Persönlichkeitsrecht waren bis heute Gegenstand zahlreicher rechtswissenschaftlicher Erörterungen. Nachdem die Verhandlungen um eine Rechtsänderung im Jahr 2007 abermals gescheitert sind, ist nun die letzte Runde der Bemühungen um eine unionsweite Kollisionsnorm für Persönlichkeitsrechtsverletzungen angelaufen.[28] Vor diesem Hintergrund versucht die vorliegende Arbeit, durch rechtsvergleichende Analyse unter Einbeziehung soziologischer,[29] historisch-gesellschaftlicher[30] und medienspezifischer[31] Aspekte nun einen

28 Vgl. Art. 30 Abs. 2 Rom II; siehe dazu Teil 3: B. III. 2.
29 Siehe dazu insbesondere Teil 1: A.
30 Siehe dazu Teil 1: B. I., C. I., D. I. sowie Teil 2: C. I, D. I., E. I.

erweiterten Weg zu gehen, um zu einer tragfähigen rechtlichen Lösung zu gelangen.

Die intensive Auseinandersetzung mit dem materiellen (Medien-)Persönlichkeitsrecht in Europa will darüber hinaus einen Beitrag dazu leisten, die jahrhundertealten Gepflogenheiten und Umfangsformen in den europäischen Staaten und die daraus resultierenden Rechtsbedürfnisse zu benennen, und so eine wichtige Voraussetzung dafür schaffen, eines Tages einen Konsens über den Schutz von Persönlichkeitsrechten in Europa zu erzielen.

31 Siehe dazu Teil 3: A. III.

Teil 1: Materielles Persönlichkeitsrecht und Medien

Die Anerkennung eines weitreichenden Persönlichkeitsrechtsschutzes in Deutschland und anderen europäischen Staaten ist nicht allein die Folge einer rein rechtswissenschaftlichen Entwicklung der vergangenen Jahrzehnte. Sie ist auch und vor allem das Ergebnis einer langen soziokulturellen Auseinandersetzung mit der Persönlichkeit des Menschen, seinem individuellen Wert und seiner Stellung in der Welt.[1] Dabei stand im Mittelpunkt die Frage, ob dem Einzelnen bereits qua Menschsein ein eigener Persönlichkeitswert und damit verbundene angeborene Rechte zukommen, die für und gegenüber jedermann gelten, oder ob solche Rechte erst im Laufe des Lebens erworben werden müssen.

A. Anfänge des Persönlichkeitsrechtsschutzes in Europa

Die Persönlichkeitsidee im Recht nahm ihren Anfang, als die Menschen begannen, das eigene Ich zu reflektieren und zu ergründen. Hatte sich der Mensch über lange Zeiten als bloßes Naturwesen betrachtet, auf einer Stufe mit den ihn umgebenden Geschöpfen, löste er sich in der Antike aus dieser Weltordnung heraus und ordnete sich alles Naturgeschaffene unter.[2] Die Griechen entdeckten den Geist, die sittliche Vernunft des Menschen, die ihn über die übrigen Naturdinge erhoben. Sie erkannten die Fähigkeit zu künstlerischer Kreativität, wissenschaftlichem Forschen und kultureller Gestaltung.[3] So entstand ein Bewusstsein für Individualität, für freies Denken und Handeln. Dieses neue Selbstbild erzeugte auch ein Achtungsgefühl gegenüber sich selbst und seinen Mitmenschen, wie es dem prähis-

---

1 Dazu ausführlich *Hubmann*, Persönlichkeitsrecht (1967), § 2 ff.; *Eckensberger*, Selbstkonstitution der individuellen Persönlichkeit (1987), S. 31 ff. jeweils m.w.Nachw.

2 Dazu ausführlich *Burckhardt*, Griechische Kulturgeschichte I-IV (1898-1902); *Wundt*, Griechische Ethik (1908) S. 5 ff.; *Pohlenz*, Der hellenische Mensch (1947), S. 9 ff.; *Mühl*, Die antike Menschheitsidee (1928); zusammenfassend *Hubmann*, Persönlichkeitsrecht (1967), § 3.

3 Vgl. *Burckhardt*, Griechische Kulturgeschichte III (1900), S. 369 ff.

torischen Denken noch gänzlich fremd gewesen war. Der Gedanke der Freiheit und Entfaltung des Einzelnen nahm seinen Lauf.[4]

Darauf aufbauend entwickelten die Römer ab etwa 450 v.Chr. in Gestalt der *actio iniuriarum*[5] ein erstes rechtliches Instrument zum Schutz der Persönlichkeit. Hiernach konnte nunmehr jede bewusste Missachtung einer Person *(contumelia)* im Wege der Privatklage geahndet werden.[6] Allerdings bestand dieses Recht nicht umfassend und für alle Bürger gleich, es war vielmehr geknüpft an die jeweilige Rechtsgemeinschaft *(status)* und hing von deren Zugehörigkeit ab. Ähnliches galt auch im germanischen Recht: In den sog. Volksrechten des frühen Mittelalters wurde der Mensch nicht als rechtliches Individuum, sondern nur als ein Mitglied seiner Sippe betrachtet. Ehre und Anerkennung wurden daher allenfalls im Rahmen dieses Familien- und Sippenverbandes zuerkannt.[7] Ein allgemeinmenschlicher Persönlichkeitswert war den Völkern Europas weiterhin fremd.

Auf dieser Grundlage entwickelte sich in der Folgezeit eine tiefe Auseinandersetzung mit dem Inneren des Menschen, seiner individuellen Eigenart und dem Verhältnis zu seiner Umwelt.[8] Gleichwohl dauerte es bis ins 16. Jahrhundert, ehe erstmals die Vorstellung von der Existenz angeborener, von äußeren Dingen gänzlich unabhängiger Rechte formuliert wurde. Als Vordenker gilt hier der französische Humanist und Jurist *Donellus*: In seinen 1590 erschienenen *Commentarii de iure civile* nannte er bestimmte Güter, die dem Einzelnen kraft seines Menschseins als *»wirklich Eigenes«* zustünden.[9] Diese Güter seien das Leben, die körperliche

---

4 Vgl. statt vieler das Fazit *Burckhardts*, Griechische Kulturgeschichte III (1900), S. 456: *»Bei ihnen [sc. den Griechen] ist immer freier Wille gewesen; darum sind sie Vorbilder für alle Zeiten geworden.«*

5 Die *iniuria* war Bestandteil der sog. Zwölftafeln, einer Gesetzessammlung, deren Grundgedanken bis in das heutige Recht hineinwirken; dazu ausführlich *v. Jhering*, JherJb 23 (1885), 155; *Mainzer*, Injurienklage (1908); *Hagemann*, Iniuria (1998).

6 Siehe dazu die zeitgenössische Kommentierung des *Gaius* in Gai institutiones III, §§ 220-222, abgedruckt bei *David*, Gai Institutiones, Secundum (1948); vgl. auch *Nelson/Manthe*, Deliktsobligationen (2007), S. 234 ff.; *Walter*, Actio iniuriarum (1996), S. 51 f.

7 Vgl. *Holzhauer*, Vorgeschichte (1996), S. 54 f.; *Martin*, Allgemeines Persönlichkeitsrecht (2007), S. 41 ff.

8 Dazu ausführlich *Hubmann*, Persönlichkeitsrecht (1967), § 5.

9 *Donellus*, Commentarii de iure civili (1590), lib. II cap. VIII, § 3: *»quod vere et proprie nostrum est."*

Unversehrtheit, die Freiheit und der gute Ruf.[10] Mit diesem Ansatz, so lässt sich heute sagen, kam *Donellus* dem modernen Verständnis des Persönlichkeitsrechts schon bemerkenswert nahe. Auch die Naturrechtler des 17. und 18. Jahrhunderts erkannten eine Reihe von Rechten an, die dem Einzelnen qua Geburt zuteilwerden sollten.[11] Im Zeitalter der Aufklärung verdichtete sich dieser Gedanke schließlich zu der Forderung, dass jeder Bürger ein allgemeines Recht auf (Willens-)Freiheit und Selbstentfaltung haben solle. So propagierten *Kant* und *von Zeiller* ein *»Urrecht der Persönlichkeit«*, wonach jeder in den Grenzen zur Freiheit des anderen nach seinen Vorstellungen handeln dürfe.[12] Auch *von Savigny* gewährte jedermann *»ein Recht auf sich selbst, welches mit seiner Geburt notwendig entsteht und nie aufhören kann, solange er lebt.«*[13]

Lagen all diese Ansätze auch mehr oder minder weit vom Persönlichkeitsrecht im heutigen Sinne entfernt, so drückten sie doch allesamt ein steigendes Bewusstsein für die Achtung und Wertschätzung der Persönlichkeit und den Wunsch nach rechtlicher Gleichbehandlung der Bürger aus. Sie haben sich daher als weichenstellend für die weitere Entwicklung des Persönlichkeitsrechtsschutzes in Europa erwiesen.

B. Persönlichkeitsrechtsschutz in Deutschland

Anknüpfend an das veränderte Menschenbild, das sich über zwei Jahrtausende hinweg in Europa herausgebildet hatte, verstärkten sich zur Mitte des 19. Jahrhunderts in Deutschland die Bestrebungen, das Persönlichkeitsrecht als subjektives Recht eines jeden Einzelnen anzuerkennen.[14]

---

10 *Donellus*, Commentarii de iure civili (1590), lib. II cap. VIII, § 3: *»vita, incolumitas corporis, libertas, existimatio.«* Allerdings verstand *Donellus* diesen Persönlichkeitsrechtsschutz weiterhin im Kontext des römischen Rechts, d.h. nur soweit sich eine Person im Besitz einer der drei römischen statūs befand.

11 Vgl. etwa *Wolff*, Jus naturae methodo scientifica pertractatum (1740), § 26 (S. 21): *»Ius connatum dicitur, quod ex obligatione connata oritur."* Im Einzelnen dazu *Leuze*, Entwicklung des Persönlichkeitsrechts (1962), S. 15 ff. m.w.Nachw.

12 So *v. Zeiller*, Jus naturae privatum (1819), § 49: *»jus primigenium [...] personalitatis«*; ähnlich *Kant*, Metaphysik der Sitten (1798), S. XXXIV.

13 *v. Savigny*, System des heutigen römischen Rechts I (1840), S. 335.

14 Siehe insbesondere die Beiträge von *Neuner*, Privatrechtsverhältnisse (1866), § 4; *Gareis*, Buschs Arch. 35 (1877), 185 (insbesondere 196 ff.); *Kohler*, JherJb 18 (1880), 129; *ders.*, Arch. bürg. Recht 7 (1893), 94 (105 f.); *v. Gierke*, Deutsches Privatrecht I (1895), S. 702 ff.

I. Geschichtlicher Hintergrund

Den Ausgangspunkt in den Überlegungen zum Persönlichkeitsrechtsschutz bildete jedoch nicht die lange Zeit vorherrschende, zum Schutz der persönlichen Ehre entwickelte Injurienklage des römischen Rechts,[15] sondern das vergleichsweise junge Urheberrecht.[16] Dieses sollte nicht nur die materiellen, vermögensbezogenen Interessen des Autors, sondern auch seine geistig-persönlichen Belange schützen.[17] Autor und Werk verbinde ein geistiges Band *(»vinculum spirituale«)*, das *»so höchstpersönlich [sei] wie die Ehre des Menschen«*.[18] Die unbefugte Verwendung des Werkes durch Dritte habe nicht nur finanzielle Auswirkungen, sondern berühre auch das Selbstgefühl und die Persönlichkeit des Autors. Der Gedanke eines hierdurch begründeten Urheberpersönlichkeitsrechts konnte in der Folgezeit breiten Zuspruch und schließlich auch gesetzlichen Niederschlag finden.[19]

Hierauf aufbauend entwickelte vor allem[20] *von Gierke* die Vorstellung von einem allgemeinen Persönlichkeitsrecht weiter, das dem Einzelnen ein Recht auf Selbstbestimmung in persönlichen Angelegenheiten *jeder Art* einräume.[21] *Von Gierke* schwebte dabei eine Vielzahl einzelner Persönlichkeitsrechte vor, die der Person einen umfassenden Bereich des Für-

---

15 Vgl. vorstehend Fn. 5. Zur Abschaffung des Injurienrechts in Deutschland *Moosheimer*, Actio injuriarum aestimatoria (1997), S. 167 ff.

16 *Bluntschli*, Deutsches Privatrecht (1853), S. 184 ff.; *Beseler*, Deutsches Privatrecht (1873), S. 322 ff.; *Gareis*, Buschs Arch. 35 (1877), 185 (203 ff.); *Kohler*, JherJb 18 (1880), 129 (251 ff.); dazu ausführlich *Leuze*, Entwicklung des Persönlichkeitsrechts (1962), S. 80 ff.

17 *Beseler*, Deutsches Privatrecht III (1855), S. 336; *Dahn*, Deutsches Rechtsbuch (1877), S. 112 f.

18 *Dahn*, Deutsches Rechtsbuch (1877), S. 113.

19 Siehe insbesondere §§ 11 ff. des Gesetzes betreffend das Urheberrecht an Werken der Literatur und der Tonkunst vom 1. Januar 1902 (LUG).

20 Schon *Gareis*, Deutsches Patentgesetz (1877), S. 20, hatte ein *»allgemeines Individualrecht«* formuliert, unter dem sich jedermann *»als Individuum betätigen, leben und seine Kräfte beliebig verwerten«* solle. In ähnlicher Weise verlangte *Kohler*, JherJb 18 (1880), 129 (257), ein umfassendes *»Individualrecht«* als ein *»Recht an der Gesamtheit der persönlichen Güter, [das] die integre Benutzung dieser Güter und den integren Genuß derselben garantiert.«* Schließlich schwebte auch *Neuner*, Privatrechtsverhältnisse (1866), S. 17, ein Recht vor, *»das alle Rechte der Persönlichkeit zusammenhält«*.

21 *v. Gierke*, Deutsches Privatrecht I (1895), S. 702 ff.

sichseins gewährten.[22] Diese Rechte seien absolut und gewährten Schutz gegenüber jedermann. Weil aber eine abschließende und umfassende Aufzählung aller zum Schutz der Persönlichkeitssphäre erforderlichen Rechte nicht möglich sei, müsse ein *»allgemeines Recht der Persönlichkeit«* zur Verfügung stehen, das diese Rechtslücken ausfülle.[23] *Von Gierkes* Gedanke eines allgegenwärtigen Schutzes des menschlichen Wesens entspricht noch heute dem Verständnis des Persönlichkeitsrechts in Deutschland.

II. Persönlichkeitsrechtsschutz im Allgemeinen

Die Forderung *von Gierkes* und anderer fand auch Eingang in die Beratungen zum *Bürgerlichen Gesetzbuch*, doch sahen die Gesetzesväter letztlich von einer ausdrücklichen Regelung hierzu ab.[24] Spezielle Vorschriften zum Persönlichkeitsrechtsschutz fanden sich nur vereinzelt im *BGB* wieder[25], ergänzt durch wenige Regelungen in anderen Gesetzen.[26] Darüber hinaus wurde über § 823 Abs. 2 BGB den ehrschützenden Strafvorschriften (§§ 185 ff. StGB) Eingang in das Zivilrecht verschafft.

Angesichts des Gesetzeswortlauts waren sich Rechtsprechung[27] und überwiegendes Schrifttum[28] lange Zeit darüber einig, dass die Vorschriften abschließend seien und keinen Raum ließen für weiteren oder gar einen allgemeinen Persönlichkeitsrechtsschutz. Demgegenüber vertraten einige Autoren die Auffassung, dass die Materialien zum *BGB* einen ande-

---

22 Siehe die umfassende Auflistung bei *v. Gierke*, Deutsches Privatrecht I (1895), S. 708 ff.

23 *v. Gierke*, Deutsches Privatrecht I (1895), S. 704 f.

24 Vgl. § 823 Abs. 1 BGB und seine Vorentwürfe, abgedruckt bei *Mugdan*, Die gesamten Materialien II (1899), S. CXXII f.

25 So etwa das Namensrecht (§ 12 BGB), der Schutz von Leben, Körper, Gesundheit und Freiheit (§ 823 Abs. 1 BGB) oder die Geschäftsehre (§ 824 BGB).

26 Vgl. etwa das LUG sowie im Gesetz betreffend das Urheberrecht an Werken der bildenden Künste und der Photographie vom 1.07.1907 (KUG).

27 Etwa *RG*, RGZ 51, 369 (373); RGZ 56, 271 (275); RGZ 58, 24 (28 f.); RGZ 64, 155 (156); RGZ 79, 397 (398); RGZ 113, 413 (414).

28 Etwa *Cosack*, Bürgerliches Recht I (1899), S. 590 f.; *Windscheid/Kipp*, Pandektenrecht I (1906), S. 174; *Planck*, Bürgerliches Gesetzbuch II (1907), S. 972; *v. Tuhr*, Bürgerliches Recht I (1910), S. 151 f.; *Enneccerus*, Bürgerliches Recht I (1910), S. 592; *Crome*, Bürgerliches Recht I (1900), S. 168; *Oertmann*, Bürgerliches Gesetzbuch (1929), S. 1379; wohl auch *Heilfron*, Bürgerliches Recht (1912), S. 221.

ren Gesetzgeberwillen erkennen ließen.[29] Danach sollte auf Grundlage des *»sonstigen Rechts«* i.S. des § 823 Abs. 1 BGB ein umfassender Schutz der Persönlichkeit gewährleistet sein.

1. Persönlichkeitsrechtsschutz nach 1900

Die unterschiedliche Auslegung des § 823 Abs. 1 BGB bot in der Folgezeit Anlass für eine intensive Auseinandersetzung mit der Frage, ob die Vorschrift weitere als die ausdrücklich genannten Bereiche der Persönlichkeit schütze.[30] Wenngleich sich dessen Befürworter zunächst auch nicht durchzusetzen vermochten,[31] sollten ihre Argumente ein halbes Jahrhundert später wieder in den Vordergrund geraten und bedeutenden Anteil an der Anerkennung eines allgemeinen Persönlichkeitsrechts erlangen.[32] Doch nicht nur im Ergebnis, sondern auch inhaltlich liefert die langjährige Diskussion hilfreiche Informationen für das Verständnis des Persönlichkeitsrechts und seine heutige Stellung im verfassungsrechtlichen System.[33]

Aus diesem Grund sollen nachfolgend zunächst der Meinungsstand zu dieser Zeit wiedergegeben *(unter a)* und im Anschluss die anerkannten besonderen Persönlichkeitsrechte – soweit vorliegend relevant – erörtert werden *(unter b)*.

---

29 *v. Liszt*, Deliktsobligationen (1898), S. 22; *Endemann*, Bürgerliches Recht I (1899), § 200 Anm. 8; *Eltzbacher*, Handlungsfähigkeit I (1903), S. 304 f.; *Dernburg*, Bürgerliches Recht I (1906), S. 51; *Kohler*, Bürgerliches Recht II (1906), S. 515; *Lehmann*, Unterlassungspflicht (1906), S. 128; *v. Gierke*, Deutsches Privatrecht III (1917), S. 888.

30 Dazu ausführlich *Klippel/Lies-Benachib*, Schutz von Persönlichkeitsrechten (2000), S. 343 (359 ff.); *Kastl*, Allgemeines Persönlichkeitsrecht (2004), S. 92 ff. jeweils m.w.Nachw.

31 Dazu sogleich unter 1. a).

32 Dies offenbart nicht zuletzt die spätere *Leserbrief*-Entscheidung des *BGH*, BGHZ 13, 334 (338), in der unter ausdrücklicher Bezugnahme auf die Ideen *von Gierkes* und *Kohlers* das allgemeine Persönlichkeitsrecht schließlich anerkannt wurde. Näheres dazu unter B. II. 2. a).

33 In diesem Sinne auch *Forkel*, Recht der Persönlichkeit (2004), S. 11; *Klippel/Lies-Benachib*, Schutz von Persönlichkeitsrechten (2000), S. 343 (382); *Leuze*, Entwicklung des Persönlichkeitsrechts (1962), S. 115.

a) Allgemeines Persönlichkeitsrecht nach § 823 Abs. 1 BGB?

Rechtsprechung und überwiegendes Schrifttum waren sich einig, dass das sonstige Recht i.S. des § 823 Abs. 1 BGB keinen weitergehenden Persönlichkeitsrechtsschutz eröffne.[34] Teilweise wurde dies mit einer drohenden Verwässerung des Tatbestandes begründet,[35] teilweise mit dem Argument, die Formulierung *»sonstiges Recht«* beziehe sich allein auf das unmittelbar vorausgehende Rechtsgut Eigentum.[36] Auch das *Reichsgericht* stellte fest, dass weder die Entstehungsgeschichte noch der Wortlaut der Vorschrift Hinweis auf einen *»allgemeineren Sinn«* gäben, nach dem weitere Persönlichkeitsgüter mitumfasst seien.[37] Das Urteil aus dem Jahr 1902 erwies sich insoweit als richtungsweisend für die nachfolgende Rechtsprechung, da die Instanzgerichte in der Folgezeit oftmals ohne eigene Begründung darauf verwiesen und ein Persönlichkeitsrecht ablehnten.[38] Einige Jahre später bekräftigte das *Reichsgericht* erneut, dass ein allgemeines Persönlichkeitsrecht dem *BGB »fremd«* sei.[39] Schließlich sprächen auch die mehrfach geänderten Kommissionsentwürfe des § 823 Abs. 1 BGB[40] dafür, dass sich der Gesetzgeber bewusst und abschließend für die genannten Persönlichkeitsrechte (Leben, Körper, Gesundheit, Freiheit und Eigentum) entschieden habe.

Diese Auffassung ist angesichts der Gesetzesmaterialien auf Widerspruch gestoßen.[41] Und tatsächlich offenbaren die Beratungspapiere, dass der Gesetzgeber gerade keine abschließende Aufzählung der Persönlichkeitsgüter vornehmen wollte. Die Gesetzgebungskommission gedachte zwischenzeitlich, sogar vollständig auf eine Erwähnung im Tatbestand zu verzichten[42], da *»die heutige Wissenschaft ein persönliches Recht im weiteren Sinne annehme«* und eine gesonderte Aufzählung von vornherein

34 Vgl. die Nachw. in Fn. 27 u. 28.

35 *v. Tuhr*, Bürgerliches Recht I (1910), S. 151; *Cosack*, Bürgerliches Recht I (1899), S. 591.

36 *Oertmann*, Bürgerliches Gesetzbuch (1929), S. 1378; *Cosack*, Bürgerliches Recht I (1899), S. 590; dahin tendierend auch *RG*, RGZ 51, 369 (373).

37 *RG*, RGZ 51, 369 (373).

38 Etwa *RG*, RGZ 56, 271 (275); RGZ 64, 155 (156).

39 *RG*, RGZ 69, 401 (403).

40 Eine Gegenüberstellung der Fassungen findet sich bei *Mugdan*, Die gesamten Materialien II (1899), S. CXXII f.

41 Vgl. die Nachw. in Fn. 29.

42 So der zweite Entwurf zum heutigen § 823 Abs. 1 BGB (§ 746 Abs. 1 S. 1 BGB-E II), abgedruckt bei *Mugdan*, Die gesamten Materialien II (1899), S. CXXII f.

überflüssig mache.[43] Umfang und Grenzen des Persönlichkeitsrechts seien vielmehr *»der wissenschaftlichen Fortentwicklung überlassen.«*[44] Hierin zeigt sich, dass der Gesetzgeber einer Erweiterung des Persönlichkeitsrechtsschutzes durchaus offen gegenüberstand, die nähere Ausgestaltung aber in die Hände von Rechtsprechung und Schrifttum legen wollte. Demzufolge kann auch die Tatsache, dass am Ende doch einzelne Rechtsgüter in den § 823 Abs. 1 BGB aufgenommen wurden, allenfalls als Konkretisierung des Schutzbereichs, nicht aber als endgültige Sachentscheidung verstanden werden. Wie weit die Vorstellung des Gesetzgebers von einem umfassenden Persönlichkeitsrecht am Ende ging, bedarf hier keiner tieferen Erörterung. Entscheidend ist vielmehr der Befund, dass weitere Persönlichkeitsrechte als *»sonstiges Recht«* von der Rechtsprechung entwickelt und dadurch ein möglichst effektiver Persönlichkeitsrechtsschutz erreicht werden sollten.

Diese Auslegung der Gesetzesmaterialien war den Befürwortern eines allgemeinen Persönlichkeitsrechts[45] Anlass und Grundlage dafür, sich gegen den Widerstand der Gerichte um die Anerkennung eines umfassenden Persönlichkeitsrechts zu bemühen.[46] Sie fragten sich, warum der Gesetzgeber einige Persönlichkeitsgüter hätte schützen wollen, andere dagegen nicht. Was für den Namen und die Geschäftsehre gelte, sei auch für andere Personenmerkmale anzuerkennen, da die gesamte Persönlichkeitssphäre eines Menschen Schutz verdiene.[47] Andere Vertreter stützten sich auf allgemeine Grundsätze, wonach ein Mensch ohne umfassenden Persönlichkeitsrechtsschutz *»doch gar nicht bestehen«*[48] könne. Doch ihre Argumente vermochten zunächst nicht zu verhindern, dass der Persönlichkeitsrechtsschutz in Deutschland bis zur Mitte des 20. Jahrhunderts nur sehr fragmentarisch ausgebildet war.

---

43 Vgl. *Mugdan*, Die gesamten Materialien II (1899), S. 1078. Mag diese Feststellung der Kommissionsmitglieder auch von falschen Tatsachen ausgehen (so *Simon*, Allgemeines Persönlichkeitsrecht (1981), S. 164), dürfte dies jedenfalls nichts an ihrem Willen ändern, einen weitergehenden Persönlichkeitsrechtsschutz offenzuhalten.

44 Vgl. *Achilles/Spahn/Gebhard*, Protokolle II (1898), S. 570.

45 Vgl. die Nachw. in Fn. 29.

46 Dazu ausführlich *Kastl*, Allgemeines Persönlichkeitsrecht (2004), S. 103 ff.

47 *Dernburg*, Bürgerliches Recht I (1906), S. 51.

48 So *Krückmann*, Institutionen des Bürgerlichen Gesetzbuches (1929), S. 112; ähnlich *Kohler*, Bürgerliches Recht II (1906), S. 515.

b) Besondere Persönlichkeitsrechte

An einzelnen Stellen enthalten das *BGB* und andere Gesetze ausdrückliche Regelungen zum Schutz der Persönlichkeit. Von ihnen sollen mit § 12 BGB (Namensrecht) sowie den §§ 22 ff. KUG (Recht am eigenen Bild) die in der Praxis bedeutsamsten nachfolgend umrissen werden.

aa) Namensrecht, § 12 BGB

Das Namensrecht hat als besonderes Persönlichkeitsrecht Eingang ins *BGB* gefunden, um vor allem das Identitätsinteresse des Einzelnen zu schützen.[49] Der Name dient der Unterscheidung von anderen Personen und wird daher als wichtiges Element der sozialen Individualität angesehen. Durch ihn kann jeder als diejenige Person identifiziert werden, die er wirklich ist, und verhindern, dass anderen die eigene Leistung oder, umgekehrt, ihm das Verhalten anderer zugerechnet wird. Der Schutzzweck des § 12 BGB ist daher nicht nur auf Verwechslungen infolge unbefugten Namensgebrauchs gerichtet, sondern gegen Beeinträchtigungen des durch den Namen repräsentierten Eigenwerts einer Person insgesamt.[50] Geschützt sind Interessen jeglicher Art, gleich ob persönliche, ideelle, wirtschaftliche oder reine Affektionsinteressen.[51] In der Praxis sind gleichwohl wirtschaftliche Belange am häufigsten betroffen: So kommt es beispielsweise vor, dass prominente Personen, deren bekannter Name sich kommerziell einsetzen lässt, gegen dessen ungenehmigte Nutzung vorgehen.[52] In letzter Zeit treten zudem vermehrt Streitigkeiten um Domainnamensrechte auf, die ebenfalls unter § 12 BGB fallen.[53] Hier stehen sich regelmäßig Namensträger gegenüber, die ein Interesse an der Registrierung ein und desselben Domainnamens haben. Ist der eine Beteiligte Inhaber eines Namens- oder Kennzeichenrechts, sein Gegenüber Inhaber einer

---

49 *BGH*, NJW 1959, 525; *Habermann*, in Staudinger BGB (2013), § 12 Rn. 15; *Bamberger*, in ders./Roth BGB (2012), § 12 Rn. 6; *Götting*, Persönlichkeitsrechte als Vermögensrechte (1995), S. 82.

50 *BGH*, NJW 1959, 525.

51 *BGH*, ZUM-RD 2013, 113 (117); GRUR 2002, 622 (625); *Säcker*, in MünchKomm BGB (2012), § 12 Rn. 143 jeweils m.w.Nachw.

52 Siehe im Einzelnen dazu unter B. III. 3. d).

53 Dazu ausführlich *Heine*, in MünchKomm BGB (2012), § 12 Rn. 227 ff.; *Müller*, in Spindler/Schuster Medien (2011), § 12 Rn. 28 ff.

Domain, haben die Gerichte eine Abwägung zwischen dem Namensrecht und dem Eigentumsschutz vorzunehmen.[54]

bb) Recht am eigenen Bild, §§ 22 ff. KUG

Das Recht am eigenen Bild nach § 22 KUG gibt jedermann die grundsätzliche Befugnis, selbst darüber zu befinden, ob und in welcher Weise sein Bildnis in der Öffentlichkeit verbreitet wird.[55] Als Bildnis wird dabei jede Abbildung einer Person aufgefasst, die deren äußere Erscheinung in einer für Dritte erkennbaren Weise wiedergibt.[56] Geschützt werden neben den körperlichen Darstellungsformen wie Zeichnungen und Fotografien auch filmische und digitale Abbildungen. Die Vorschrift verleiht dem Rechtsträger jedoch keinen Anspruch darauf, nur so von anderen dargestellt zu werden, wie er sich selber sieht oder gesehen werden möchte.[57] Die Erfüllung des Tatbestands hängt demzufolge allein von objektiven Merkmalen ab.

Den historischen Ausgangspunkt des Rechts am eigenen Bild bildet der Fall um den verstorbenen Reichskanzler *von Bismarck* aus dem Jahr 1898, der im Sterbezimmer von zwei Journalisten fotografiert worden war.[58] Das darauffolgende Verfahren vor dem *Reichsgericht* offenbarte die großen Lücken im Bildnisschutz und führte schließlich zur Einführung des *KUG* im Jahr 1907. Dessen persönlichkeitsschützende Normen haben ihre ursprüngliche Fassung bis heute beibehalten.

§ 22 KUG als zentrale Norm des Bildnisschutzes[59] erlaubt die Verbreitung und Zurschaustellung von Bildnissen im Regelfall nur mit Einwilligung des Abgebildeten. Dieser Grundsatz wird jedoch von den §§ 23, 24 KUG durchbrochen, nach denen das Zustimmungserfordernis unter bestimmten Umständen wegfällt. Der gewährte Schutzbereich wird hier von

---

54 Vgl. aus jüngerer Zeit etwa *BGH*, NJW 2008, 3716 (3718); *OLG München*, WPR 2013, 1257; *KG*, WRP 2013, 1248 (1252).

55 *BGH*, BGHZ 26, 349 (355); NJW 1979, 2205 (2206); NJW 1992, 2084; dazu ausführlich *Dreyer*, in dies./Kotthoff/Meckel UrhR (2013), § 22 KUG Rn. 2 ff.

56 Statt vieler *BGH*, GRUR 1966, 102.

57 *BVerfG*, BVerfGE 97, 125 (149); BVerfGE 99, 185 (194); BVerfGE 101, 361 (380); WRP 2008, 645 (651).

58 *RG*, RGZ 45, 170.

59 Zum ergänzenden Bildnisschutz über das allgemeine Persönlichkeitsrecht siehe unter B. III. 1. a) dd).

vornherein begrenzt. Der Gesetzgeber nimmt insoweit bereits auf Tatbestandsebene eine (erste) Abwägungsentscheidung vor, indem er in besonderen Fällen weitergehende Eingriffsmöglichkeiten gestattet. Die Frage, wann ein solcher Ausnahmetatbestand tatsächlich greift, muss dann im Rahmen einer (zweiten) Interessenabwägung ermittelt werden.[60]

2. Persönlichkeitsrechtsschutz unter dem Grundgesetz

Die ablehnende Haltung der Rechtsprechung gegenüber einem allgemeinen Persönlichkeitsrecht hielt bis in die zweite Hälfte des 20. Jahrhunderts an. Auch im Schrifttum waren Forderungen nach einem umfassenden Schutz wie dargelegt[61] vereinzelt geblieben.[62] Persönlichkeitsrechte wurde weiter nur in engen Grenzen gewährt.[63]

a) Ausweitung des Persönlichkeitsrechtsschutzes

Der Durchbruch erfolgte schließlich mit der sog. *Leserbrief*-Entscheidung des *Bundesgerichtshofs* vom 25. Mai 1954, in der ein allgemeines Persönlichkeitsrecht ausdrücklich anerkannt wurde.[64] Der Entscheidung lag folgender Sachverhalt zugrunde: Der Kläger, ein Rechtsanwalt, hatte im Auftrag seines Mandanten ein Schreiben an die beklagte Wochenzeitung übersandt mit der Aufforderung zu einer Gegendarstellung. Die Zeitung druckte das Schreiben jedoch in verkürzter Form und unter der Rubrik Leserbriefe ab, so dass der Eindruck entstand, es handele sich nicht um ein Berichtigungsverlangen des Mandanten, sondern eine persönliche Stellungnahme des Anwalts. Das Gericht sah hierdurch die Beziehung des Verfas-

---

60 Siehe dazu unter B. III. 3. b).

61 Vgl. Nachw. in Fn. 29.

62 *Klippel/Lies-Benachib*, Schutz von Persönlichkeitsrechten (2000), S. 343 (380) äußern deshalb ihre Verwunderung darüber, *»wie wenig die Entstehungsgeschichte von § 823 Abs. 1 BGB eine Rolle spielte und wie häufig sie [...] verkürzt und mißverstanden wurde.«*

63 Häufig wurde daher versucht, den Persönlichkeitsrechtsschutz durch Analogien oder weite Auslegung der Generalklauseln weitestmöglich auszudehnen, etwa *RG*, RGZ 60, 6 (7); RGZ 61, 366 (369); RGZ 69, 242 (243 f.); RGZ 79, 397 (398 f.). Siehe dazu *Kastl*, Allgemeines Persönlichkeitsrecht (2004), S. 122 ff.

64 *BGH*, BGHZ 13, 334.

sers zum Inhalt des Schreibens als verzerrt an.[65] Dies stelle die Behauptung einer unwahren Tatsache und mithin eine Verletzung des Persönlichkeitsrechts des Verfassers dar. Damit erkannte der *Bundesgerichtshof* erstmals einen vom Urheberrecht losgelösten Persönlichkeitsrechtsschutz für Briefveröffentlichungen an, den das *Reichsgericht* zuvor noch beharrlich verweigert hatte.[66]

Die eigentliche Bedeutung des Urteils liegt aber an anderer Stelle. Die Richter stellten lapidar fest: »*Nachdem nunmehr das Grundgesetz das Recht des Menschen auf Achtung seiner Würde (Art. 1 GrundG) und das Recht auf freie Entfaltung seiner Persönlichkeit auch als privates, von jedermann zu achtendes Recht anerkennt, soweit dieses Recht nicht die Rechte anderer verletzt oder gegen die verfassungsmäßige Ordnung oder das Sittengesetz verstößt (Art. 2 GrundG), muß das allgemeine Persönlichkeitsrecht als ein verfassungsmäßig gewährleistetes Grundrecht angesehen werden.*«[67] Aus dieser knappen Begründung lassen sich im Wesentlichen zwei Gründe für den Sinneswandel des *Bundesgerichtshofs* entnehmen: Zum einen ergab sich nach Inkrafttreten des Grundgesetzes nunmehr eine Verfassungslage, die der Würde und Persönlichkeit des Einzelnen eine überragende Bedeutung bei der Anwendung und Auslegung des Rechts zusprach.[68] Als Reaktion auf die Erfahrungen des Dritten Reiches kennzeichnete das neue Grundgesetz eine starke Persönlichkeitsausrichtung, die nicht nur die Beziehung des Einzelnen zum Staate in ein anderes Licht setzte, sondern auch das Verhältnis der Menschen untereinander.[69] Zum anderen musste der *Bundesgerichtshof* erkennen, dass die fortschreitende Entwicklung der Informations- und Kommunikationsmedien zunehmende Gefahren für die Persönlichkeit schufen, denen das geschriebene Recht – zumindest in seiner (herrschenden) restriktiven Auslegung – nur unzureichend begegnen konnte. Aus diesen Gründen sah er

---

65 *BGH*, BGHZ 13, 334 (340 f.).

66 Etwa *RG*, RGZ 41, 43 (48); RGZ 69, 401 (403 f.).

67 *BGH*, BGHZ 13, 334 (338).

68 Vgl. *Larenz/Wolf*, Bürgerliches Recht (1997), § 4 Rn. 54; *Gottwald*, Persönlichkeitsrecht (1996), S. 59 ff.

69 So bereits vor der *Leserbrief*-Entscheidung *Hubmann*, Persönlichkeitsrecht (1953), S. 1; später auch *Coing*, JZ 1954, 700; *v. Caemmerer*, in FS Hippel (1967), S. 27 (31). Die Einwirkung der Grundrechte auf das Privatrecht sollte schließlich wenige Jahre später vom *BVerfG*, BVerfGE 7, 198 (204 ff.) ausdrücklich festgestellt werden (sog. mittelbare Drittwirkung). Danach sollen die im Grundgesetz enthaltenen Wertentscheidungen für alle Bereiche des Rechts gelten, mithin auch des Privatrechts. Näheres siehe unter B. II. 2. b) bb).

sich angesichts anhaltender Untätigkeit des Gesetzgebers[70] dazu veranlasst, den zivilrechtlichen Persönlichkeitsrechtsschutz eigenhändig fortzuentwickeln und auszubauen.

Die vormals dicken Mauern der jahrzehntelangen Rechtsprechung zum Persönlichkeitsrecht waren mit dieser Entscheidung durchbrochen. Die Persönlichkeit war von nun an gegen jede rechtswidrig-schuldhafte (auch fahrlässige) Beeinträchtigung durch Privatpersonen geschützt.

b) Das allgemeine Persönlichkeitsrecht im Privatrecht

In einer Vielzahl nachfolgender Entscheidungen hat der *Bundesgerichtshof* das allgemeine Persönlichkeitsrecht[71] als sonstiges Recht i.S. des § 823 Abs. 1 BGB bestätigt und in seinen Voraussetzungen und Rechtsfolgen konkretisiert.[72] Gelegenheit dazu boten vor allem Persönlichkeitsrechtsverletzungen durch die Medien, die angesichts der verschärften Eingriffsmöglichkeiten und sich daraus ergebenden neuen Gefahren die Gerichte in zunehmendem Maße beschäftigten.[73] Zusammenfassend stellt sich das Persönlichkeitsrecht danach als ein auf Achtung gerichtetes Recht dar, das absolut gegenüber jedermann wirkt. Nicht der materielle Schutz steht im Vordergrund, sondern ein geistiger und ideeller.[74]

aa) Ausgestaltung des »neuen« Rechts

So vielfältig die Persönlichkeit des Menschen ist, so unterschiedlich sind inzwischen die Ausprägungen ihres rechtlichen Schutzbereichs, die seit der *Leserbrief*-Entscheidung von der Rechtsprechung entwickelt wurden.

---

70 Zu den gescheiterten Versuchen, einen umfassenden Persönlichkeitsrechtsschutz in das Gesetz aufzunehmen, siehe *Hubmann*, Persönlichkeitsrecht (1967), S. 2 f.; *Friedrich*, Internationaler Persönlichkeitsrechtsschutz (2003), S. 30 Anm. 141 m.w.Nachw.

71 Im Folgenden wird, wie auch die Judikatur bisweilen praktiziert, für das allgemeine Persönlichkeitsrecht verkürzend der Begriff Persönlichkeitsrecht verwendet.

72 Dazu sogleich unter b) aa).

73 Vgl. *BVerfG*, BVerfGE 35, 202 (219 ff.); 101, 361 (381 f.). Eingehend zum Spannungsverhältnis zwischen Persönlichkeitsrecht und Medientätigkeit bereits *v. Gamm*, Persönlichkeits- und Ehrverletzungen durch Massenmedien (1969).

74 *Neumann-Duesberg*, Das gesprochene Wort (1949), S. 158 ff.

Anerkannte Inhalte des Persönlichkeitsrechts stellen etwa das Recht auf informationelle Selbstbestimmung,[75] das Recht am gesprochenen Wort,[76] der Schutz der Ehre[77] und der Intimsphäre,[78] das postmortale[79] oder das wirtschaftliche Persönlichkeitsrecht[80] dar.[81] Der *Bundesgerichtshof* hat dabei stets betont, dass sich bei der *»generalklauselartigen Weite und Unbestimmtheit des allgemeinen Persönlichkeitsrechts«*[82] nicht abschließend festlegen lasse, wie weit der Persönlichkeitsrechtsschutz reiche. Vielmehr handele es sich um ein *»Rahmenrecht«*[83], dessen konkreter Schutzgehalt nach Art der Dinge verschieden sein könne und im Einzelfall durch umfassende Güter- und Interessenabwägung bestimmt werden müsse.[84] Diese Feststellung bedeutet auf der anderen Seite, dass das Persönlichkeitsrecht nicht unbegrenzt und schrankenlos besteht. Mit Blick auf sein verfassungsrechtliches Fundament (Art. 2 Abs. 1, Art. 1 Abs. 1 GG)[85], auf das es seinen hohen Wert gründet, sollen seine Grenzen dort liegen, wo auch

---

75 *BGH*, VersR 2014, 76; NJW 2012, 771; AfP 2004, 116; *OLG Köln*, ZUM-RD 2003, 79; *LG Köln*, MMR 2010, 278.

76 *BGH*, ZUM 2013, 799; NJW 2003, 1727; NJW 1982, 277; BGHZ 27, 284.

77 *BGH*, NJW 2013, 3029; NJW 2009, 3580; NJW 2005, 279; NJW 1987, 1398; BGHZ 31, 308; *LG Köln*, ZUM-RD 2010, 560.

78 *BGH*, NJW 1985, 1617 (1618 f.); *OLG Köln*, ZUM 2012, 330; *LG Hamburg*, K&R 2014, 288; *LG München I*, ZUM-RD 2005, 38; *LG Köln*, NJW 2009, 1825 (1826).

79 *BGH*, ZUM 2007, 54; BGHZ 15, 249; BGHZ 50, 133; BGHZ 143, 214; *OLG Hamburg*, GRUR 1989, 666; *OLG München*, NJW-RR 1994, 925; *LG Berlin*, ZUM 2013, 900.

80 *BGH*, BGHZ 20, 345; BGHZ 81, 75; BGHZ 98, 94; BGHZ 143, 214.

81 Weitere Fallgruppen finden sich bei *Götting/Schertz/Seitz* (Hrsg.), Hdb. Persönlichkeitsrecht (2008), §§ 19 ff.

82 *BGH*, BGHZ 24, 72 (78); vgl. auch *BVerfG*, BVerfGE 114, 339 (346).

83 Der Begriff geht wohl auf *Fikentscher*, Schuldrecht (1973), S. 619 zurück.

84 Vgl. zuletzt *BGH*, VersR 2014, 76.

85 Am deutlichsten *BGH*, BGHZ 26, 349 (354 f.): *»Die Art. 1 und 2 des Grundgesetzes schützen [...] das, was man die menschliche Personhaftigkeit nennt; ja sie erkennen in ihr einen der übergesetzlichen Grundwerte der Rechtsordnung an. Sie schützen damit unmittelbar jenen inneren Persönlichkeitsbereich, der grundsätzlich nur der freien und eigenverantwortlichen Selbstbestimmung des Einzelnen untersteht und dessen Verletzung rechtlich dadurch gekennzeichnet ist, daß sie in erster Linie sogenannte immaterielle Schäden, Schäden, die sich in einer Persönlichkeitsminderung ausdrücken, erzeugt. Diesen Bereich zu achten und nicht unbefugt in ihn einzudringen, ist ein rechtliches Gebot, das sich aus dem Grundgesetz selbst ergibt. Ebenso folgt aus dem Grundgesetz die Notwendigkeit, bei Verletzung dieses Bereichs Schutz gegen die der Verletzung wesenseigentümlichen Schäden zu gewähren.«*

der Schutzauftrag des Grundgesetzes endet.[86] Ein Persönlichkeitsinteresse ist folglich nur dann geschützt, wenn seine Bewehrung einerseits zum Schutz der Gesamtpersönlichkeit erforderlich und andererseits dem Rechtsadressaten im Hinblick auf sein gegenläufiges Freiheitsinteresse zumutbar ist.[87] Die Wertentscheidungen des Grundgesetzes müssen daher stets in die Güterabwägung einfließen, um die Reichweite des Persönlichkeitsrechts im Einzelfall zu ermitteln.

bb) Einwirkung des Verfassungsrechts

Die in der *Leserbrief*-Entscheidung festgestellte Einwirkung der Grundrechte auf das zivilrechtliche Persönlichkeitsrecht blieb nicht unwidersprochen.[88] Der Verfassungsgesetzgeber habe die Grundrechte allein als Abwehrrecht gegen den Staat konzipieren wollen, um zu verhindern, dass der Einzelne je wieder als Objekt staatlicher Planung behandelt werde. Auch habe er die überkommene Privatrechtsordnung des *BGB* nicht umgestalten, sondern diese vielmehr wiederherstellen und festigen wollen.[89] Trotz der Kritik wurde der eingeschlagene Weg des *Bundesgerichtshofs* jedoch verfassungsrechtlich gebilligt.[90] Die Grundrechte seien nicht nur Abwehrrechte des Einzelnen gegen den Staat, sondern bildeten zugleich eine *»objektive Wertordnung«*, die *»als verfassungsrechtliche Grundentscheidung für alle Bereiche des Rechts«* gelte, mithin auch für das bürgerliche Recht.[91] Bürgerlich-rechtliche Vorschriften dürften nicht in Widerspruch zu den Grundrechten stehen, sondern seien in deren Geiste auszulegen. Als *»Einbruchstellen«*[92] der Grundrechte in das Privatrecht sollten dabei die Generalklauseln dienen.

Eine solche Generalklausel enthält auch § 823 Abs. 1 BGB, auf dem das allgemeine Persönlichkeitsrecht als *»sonstiges Recht«* gründet. Der Einfluss der Grundrechte ist in diesem Bereich daher besonders stark aus-

---

86 *BGH*, BGHZ 24, 72 (80); BGHZ 30, 7 (11); *Rixecker*, in MünchKomm BGB (2012), Anh zu § 12 Rn. 2.

87 *Baston-Vogt*, Schutzbereich (1997), S. 453 f.

88 *Larenz*, NJW 1955, 521 (524); *Siebert*, NJW 1958, 1369 (1373); vgl. auch *Leisner*, Grundrechte und Privatrecht (1960), S. 311 m.w.Nachw.

89 Zum Ganzen siehe nur *Larenz*, NJW 1955, 521 (524).

90 *BVerfG*, BVerfGE 7, 198; dazu *Grimm*, NJW 1995, 1697 f.

91 *BVerfG*, BVerfGE 7, 198 (205).

92 *BVerfG*, BVerfGE 7, 198 (206).

geprägt. Bereits hier deutet sich an, dass die Ergründung des Persönlichkeitsrechts im Wesentlichen eine verfassungsrechtliche Angelegenheit ist.[93]

cc) Rechtsfolge bei Verletzung des Persönlichkeitsrechts[94]

Als bedeutendste Rechtsfolge einer Verletzung des Persönlichkeitsrechts kann der Geschädigte Ersatz des materiellen und immateriellen Schadens verlangen. Der Umfang des materiellen Schadens errechnet sich nach der im Rahmen des § 249 Abs. 1 BGB angewandten Differenzhypothese.[95] Der zu ersetzende Schaden besteht danach in der Differenz zwischen der vor und nach der Verletzung bestehenden Güterlage.[96] Ein Anspruch auf Ersatz immateriellen Schadens wird demgegenüber unmittelbar aus § 823 Abs. 1 BGB i.V.m. Art. 2 Abs. 1, Art. 1 Abs. 1 GG hergeleitet.[97] Die Rechtsprechung ergänzt hierdurch die in § 253 Abs. 2 BGB an sich abschließend aufgezählten Lebensgüter, für deren Verletzung eine Geldentschädigung verlangt werden kann. Dieser Ausweitung liegt der Gedanke sowohl der Genugtuung als auch der Prävention zugrunde, durch die ein möglichst effektiver Schutz der Persönlichkeit gewährt werden soll.[98] Daraus folgt zugleich, dass ein Anspruch nicht in Betracht kommt, wenn eine Genugtuung des Geschädigten durch Geldentschädigung nicht zu errei-

---

93 Vgl. dazu sogleich unter B. III.

94 Die Rechtsfolgen sollen hier nur im Überblick erörtert werden, da ihnen für die untersuchungsgegenständliche Frage keine eigenständige Bedeutung zukommt. Umfassende Darstellungen finden sich etwa bei *Soehring*, in ders./Hoene Presserecht (2013), §§ 29 ff.; *Tacke*, Medienpersönlichkeitsrecht (2009), S. 14 ff.; *Prinz/Peters*, Medienrecht (1999), Rn. 303 ff.

95 Vgl. dazu *Grüneberg*, in Palandt BGB (2014), Vorb v § 249 Rn. 10; *Ebert*, in Erman BGB (2011), Vor §§ 249-253 Rn. 24 f.; *Schiemann*, in Staudinger BGB (2005), § 249 Rn. 4 ff.; *Prinz/Peters*, Medienrecht (1999), Rn. 732.

96 Siehe etwa *BVerfG*, NJW 1985, 128; *BGH*, BGHZ 27, 181 (183 f.); 40, 345 (347); 75, 366 (371); 98, 212 (217); NJW 2011, 1962 (1963).

97 *BVerfG*, BVerfGE 34, 269 (285 ff.); NJW 2000, 2187 f.; NJW 2010, 433 (434); *BGH*, 35, 363 (367 f.); 39, 124 (130 ff.); 128, 1 (15); *Grüneberg*, in Palandt BGB (2014), § 253 Rn. 10. Eingehend zur Entschädigung von immateriellem Schaden bei Persönlichkeitsrechtsverletzungen *Heuchemer*, AfP 2010, 222.

98 *BVerfG*, NJW 2010, 433 (434); NJW 2000, 2187 (2188); *BGH*, AfP 2014, 135 (142); *BGH*, BGHZ 39, 124 (133); NJW 2005, 58 (59); *OLG Karlsruhe*, AfP 2011, 376 (377); *LG Köln*, ZUM 2011, 941 (944); *Grüneberg*, in Palandt BGB (2014), § 253 Rn. 10; *Schiemann*, in Staudinger BGB (2005), § 253 Rn. 53.

chen ist.[99] Darüber hinaus ist eine hinreichende Schwere der Verletzung erforderlich.[100]

Von hoher praktischer Bedeutung, insbesondere im Rahmen der Medienberichterstattung, ist auch der Gegendarstellungsanspruch.[101] Er kommt bei Tatsachenbehauptungen[102] in Betracht und soll die *»Waffengleichheit«*[103] zwischen Medien und dem Dargestellten wiederherstellen. Dem Grundsatz des *»audiatur et altera pars«*[104] folgend soll der Dargestellte die Möglichkeit erhalten, seinen – abweichenden – Standpunkt öffentlich mitzuteilen. Der Gegendarstellungsanspruch setzt dabei lediglich Betroffenheit voraus.[105] Betroffensein bedeutet nicht, verletzt zu sein.[106] Die meisten Landespressegesetze verlangen jedoch ein berechtigtes Interesse der betroffenen Person,[107] welches etwa in den Fällen fehlen soll, in denen der Inhalt der Gegendarstellung offensichtlich unwahr[108] oder belanglos ist.[109] Bei mehrdeutigen Äußerungen wird im Sinne der Meinungsfreiheit derjenigen Deutung der Vorzug gegeben, die nicht zu einer Verurteilung des Äußernden führt.[110]

---

99 Statt vieler *BVerfG*, NJW 2010, 433 (434).

100 Eine hinreichende Schwere wurde etwa in nicht bewiesenen Pädophilievorwürfen gesehen (*BGH*, AfP 2014, 135 [141]), in der wiederholten Verletzung des Rechts am eigenen Bild (*BGH*, NJW 1996, 985 [986]), in der Veröffentlichung eines erfundenen Interviews über das Privatleben (*BGH*, NJW 1995, 861 [864]) oder in der Herabwürdigung geschäftlicher Leistungen als *»Taschenspielertricks«* (*BGH*, NJW-RR 1990, 1058 [1061]). Maßgebende Kriterien sollen im Allgemeinen die Bedeutung und Tragweite des Eingriffs sowie der Anlass und Beweggrund des Handelnden sein; vgl. *BGH*, AfP 2014, 135 (140); AfP 2012, 260 (262); NJW 2005, 215 (217).

101 *Soehring*, in ders./Hoene Presserecht (2013), § 30 Rn. 1.

102 Zur mitunter schwierigen Abgrenzung zu Meinungsäußerungen siehe unter B. III. 2. b) cc).

103 *KG*, ZUM-RD 2007, 400 (402 f.); *OLG München*, NJW 1995, 2297; *OLG Karlsruhe*, NJW-RR 1993, 728 (729); *OLG Hamburg*, NJW-RR 1986, 403 (404).

104 Statt vieler *BGH*, NJW 1964, 1132 (1134).

105 Vgl. etwa § 10 Abs. 1 S. 1 BayPresseG; § 11 Abs. 1 S. 1 PresseG NRW; § 11 Abs. 1 S. 1 HambPresseG.

106 *BVerfG*, NJW 1998, 1381 (1383); *OLG München*, NJW 1954, 297.

107 Etwa § 11 Abs. 2 S. 1 lit. a) PresseG NRW; § 11 Abs. 2 S. 1 PresseG BW.

108 *LG Berlin*, ZUM-RD 2011, 244 (247); *Seitz/Schmidt*, Gegendarstellungsanspruch (2010), S. 91 m.w.Nachw.

109 *LG Hamburg*, GRUR-Prax 2009, 41; *Seitz/Schmidt*, Gegendarstellungsanspruch (2010), S. 90 m.w.Nachw.

110 Vgl. *Soehring*, in ders./Hoene Presserecht (2013), § 29 Rn. 12a f. m.w.Nachw.

Bedeutsam ist schließlich noch der Unterlassungsanspruch des Geschädigten. Er ergibt sich für die Medienberichterstattung aus einer analogen Anwendung des § 1004 Abs. 1 S. 2 BGB.[111] Insoweit gelten die Voraussetzungen des eigentumsrechtlichen Unterlassungsanspruchs: Mit Blick auf den präventiven Zweck der Vorschrift kann der Betroffene nicht erst bei einer erfolgten, sondern bereits bei einer unmittelbar bevorstehenden Verletzung seines Persönlichkeitsrechts einen Anspruch geltend machen.[112] Bloße Recherchemaßnahmen seitens der Medien reichen für eine Erstbegehungsgefahr jedoch nicht aus.[113] Der Anspruch des Betroffenen kann sich sowohl gegen Tatsachenbehauptungen als auch gegen Meinungsäußerungen, gegen Bildnisse oder etwa die Ausforschung seines Privatbereichs richten.[114]

c) Das allgemeine Persönlichkeitsrecht im Verfassungsrecht

Vermehrt auftretende Streitfragen im Zusammenhang mit der Erhebung und Verarbeitung privater Informationen durch die öffentliche Gewalt gaben dem *Bundesverfassungsgericht* schließlich Anlass dazu, auch ein staatsgerichtetes allgemeines Persönlichkeitsrecht zu entwickeln.[115] Die hierzu in hoher Zahl ergangenen Entscheidungen bieten eine wichtige Orientierung auch für die Reichweite des zivilrechtlichen Persönlichkeitsrechtsschutzes.

In Anlehnung an die Rechtsprechung des *Bundesgerichtshofs* wurde ein Persönlichkeits(grund)recht zunächst mit Verweis auf die allgemeine Handlungsfreiheit (Art. 2 Abs. 1 GG) und die Menschenwürde (Art. 1 Abs. 1 GG) angedeutet:[116] Der Einzelne habe ein Recht auf Gewährleistung eines *»Innenraums«*, in dem er sich zurückziehen könne und vom Staat in Ruhe gelassen werde.[117] Im Jahr 1973 erfolgte schließlich ein

---

111 *BGH*, NJW 2006, 601 (602); NJW 1992, 1958 (1959); *Soehring*, in ders./Hoene Presserecht (2013), § 30 Rn. 2.

112 *Bassenge*, in Palandt BGB (2014), § 1004 Rn. 32; *Gursky*, in Staudinger BGB (2012), § 1004 Rn. 210.

113 *OLG Koblenz*, ZUM-RD 2009, 75 (77 ff.); *OLG Frankfurt a.M.*, NJW-RR 2003, 37 (39); *LG Essen*, ZUM-RD 2006, 183 (184).

114 *Rixecker*, in MünchKomm BGB (2012), Anh zu § 12 Rn. 214.

115 Dazu ausführlich *Jarass*, NJW 1989, 857; *Degenhart*, JuS 1992, 361.

116 *BVerfG*, BVerfGE 27, 1.

117 *BVerfG*, BVerfGE 27, 1 (6).

ausdrücklicher Rückgriff auf *»Art. 2 Abs. 1 in Verbindung mit Art. 1 Abs. 1 GG«.*[118] Das *Bundesverfassungsgericht* bekräftigte zunächst, das Grundgesetz gewähre jedem Bürger einen *»unantastbaren Bereich privater Lebensgestaltung, der der Einwirkung der öffentlichen Gewalt entzogen ist.«*[119] Dieser Schutz finde seine Grundlage in dem durch Art. 2 Abs. 1 GG verbürgten Recht auf freie Entfaltung der Persönlichkeit. Angesichts der weiten Eingriffsmöglichkeiten, die dieses Grundrecht bietet, seien darüber hinaus bestimmte Verhaltensweisen besonders geschützt, die einen engen Bezug zur Menschenwürde aufwiesen (Art. 1 Abs. 1 GG). Das verfassungsrechtliche Persönlichkeitsrecht besteht danach aus zwei Komponenten: Während Art. 2 Abs. 1 GG eine *aktive* Entfaltungsfreiheit gewährleistet, ergibt sich aus Art. 1 Abs. 1 GG ein *passiver* Schutz der Persönlichkeit vor staatlichen Eingriffen. Diese doppelte Ausrichtung hat auch den zivilrechtlichen Persönlichkeitsrechtsschutz geprägt, wie die nachfolgende Darstellung des Schutzbereichs aufzeigen wird.[120]

Das Persönlichkeitsrecht erfasst mithin insbesondere solche Persönlichkeitselemente, die nicht Gegenstand spezieller Freiheitsgrundrechte sind, *»diesen aber in ihrer konstituierenden Bedeutung für die Persönlichkeit nicht nachstehen.«*[121] In der Folgezeit hat das *Bundesverfassungsgericht* den Schutzbereich sukzessive ausgeweitet und schließlich ein umfassendes Recht auf Selbstbestimmung in persönlichen Angelegenheiten anerkannt.[122]

III. Persönlichkeitsrechtsschutz in den Medien

Nach der Verortung des allgemeinen Persönlichkeitsrechts im verfassungs- und privatrechtlichen Gefüge kann nun die Darstellung des Medienpersönlichkeitsrechts im Speziellen erfolgen. Das Medienpersönlichkeitsrecht meint dabei alle Rechtspositionen, die den Einzelnen vor medial vermittelten Übergriffen gegen seine Persönlichkeit schützen. Es bezeichnet kein eigenständiges Recht, sondern soll die medienrelevanten Teilbereiche des allgemeinen und der besonderen Persönlichkeitsrechte zusam-

118 *BVerfG*, BVerfGE 34, 238 (245).
119 *BVerfG*, BVerfGE 34, 238 (245); siehe bereits *BVerfG*, BVerfGE 6, 32 (41).
120 Im Einzelnen siehe unter B. III. 1.
121 *BVerfG*, BVerfGE 54, 148 (153); BVerfGE 99, 185 (193); BVerfGE 101, 361 (380).
122 *BVerfG*, BVerfGE 34, 269 (282 f.); BVerfGE 54, 148 (155).

menfassen. Konkret ist das Medienpersönlichkeitsrecht also das Ergebnis der Abwägung zwischen Art. 2 Abs. 1 GG und Art. 5 Abs. 1 GG im Tätigkeitsbereich der Medien. Dieser Konflikt zwischen dem Persönlichkeitsrecht auf der einen und der Medienkommunikationsfreiheit auf der anderen Seite stellt zugleich die praktisch bedeutsamste Kollision der beiden Grundrechte dar.[123]

Im ersten Teil der Untersuchung werden solche Persönlichkeitsbereiche benannt, die typischerweise von der Medienberichterstattung berührt werden und als Schutzgut des Art. 2 Abs. 1 i.V.m. Art. 1 Abs. 1 GG im Vordergrund stehen *(unter 1.)*. Weil dies aber nur die eine Seite der Rechtskollision wiedergibt, werden im Anschluss die gegenläufigen Interessen der Medien analysiert *(unter 2.)*. Sie sind unter dem Begriff der Medienfreiheiten zusammengefasst und bilden zugleich die Grenzen des Persönlichkeitsrechts. Im letzten Teil folgt dann eine unmittelbare Gegenüberstellung der beiden Rechtspositionen, um schließlich ein konkretes Bild von Wesen und Reichweite des Medienpersönlichkeitsrechts zeichnen zu können *(unter 3.)*. Zu diesem Zweck wird die jahrelange Rechtsprechung über den Ausgleich von Persönlichkeits- und Medieninteressen ausgewertet und zu einem allgemeinen Abwägungsmodell zusammengefasst.

1. Schutzbereich des Medienpersönlichkeitsrechts

Bei der Bestimmung der geschützten Persönlichkeitssphäre zeigt sich zu Beginn die Schwierigkeit, dass der Gesetzgeber bewusst unklare Schutzbereichsvorgaben getroffen hat. Wie die Untersuchung der Gesetzesmaterialien zum *BGB* gezeigt hat,[124] sollte so eine Möglichkeit geschaffen werden, die Ausgestaltung und Grenzen des Schutzbereichs anpassungsfähig zu halten und sich wandelnden Schutzbedürfnissen nachkommen zu können.[125] Was das allgemeine Persönlichkeitsrecht als sonstiges Recht i.S. des § 823 Abs. 1 BGB betrifft, liegt eine gewisse Unbestimmtheit nahe, ist es doch über viele Jahre als Richterrecht entstanden. Doch auch die benannten Persönlichkeitsrechte wie § 12 BGB oder § 22 KUG bedürfen seit jeher einer ausführlichen Konkretisierung durch die Rechtsprechung.

---

123 Vgl. *Kern*, Historische Entwicklung (2005), S. 82 (94); *Degenhart*, JuS 1992, 361 (362).

124 Vgl. vorstehend unter B. II. 1. a).

125 Vgl. *Achilles/Spahn/Gebhard*, Protokolle II (1898), S. 570.

Vor diesem Hintergrund hat sich seit der *Leserbrief*-Entscheidung im Jahr 1954 zwar eine umfangreiche Kasuistik zum Persönlichkeitsrecht entwickelt.[126] Aber auch die Vielzahl von Urteilen vermochte letztlich keine Klarheit zu bringen und die Unschärfe des Schutzbereichs zu beseitigen. Im Gegenteil entstand bald das Bedürfnis, das geschaffene Recht zu systematisieren und in sich abzugrenzen. So wurden vom Schrifttum Fallgruppen gebildet, um häufig auftretende Sachverhaltskonstellationen zusammenzufassen und den Ausgang wiederkehrender Konflikte rechtlich vorhersehbarer zu machen.[127] Für die vorliegende Untersuchung lassen sich drei Persönlichkeitsbereiche herausnehmen, die im Rahmen des modernen Medienbetriebs in besonderer Weise gefährdet sind. Dargestellt werden – ohne inhaltliche Überschneidungen im Einzelnen auszuschließen – das Recht auf Achtung des privaten Lebensbereichs *(unter a)*, das Recht auf Wahrung der persönlichen Ehre *(unter b)* sowie das Recht auf wirtschaftliche Verwertung der eigenen Persönlichkeit *(unter c)*.

a) Schutz des privaten Lebensbereichs

Am Anfang der Einteilung steht der Schutz des privaten Lebensbereichs als die am häufigsten durch Medienberichterstattung betroffene Rechtsposition.[128] Es handelt sich dabei um Informationen, die trotz ihres wahren Inhalts das Persönlichkeitsrecht des Dargestellten verletzen. Wahrheitswidrige Meldungen sind hingegen nicht Gegenstand des Privatheitsinteresses, sondern des Ehrinteresses.[129]

Der Schutz vor wahren Tatsachenmeldungen basiert auf dem Selbstbestimmungsgedanken des Art. 2 Abs. 1 GG, aus dem das *Bundesverfassungsgericht* einen *»autonomen Bereich privater Lebensgestaltung«* hergeleitet hat, in dem jeder seine Individualität entwickeln und wahren kann.[130] Dem Einzelnen soll eine Sphäre der Abgeschiedenheit und des Alleinseins gewährt werden, die von äußerem Einfluss und Hineinwirken unbehelligt ist. Dies meint zum einen ein Abwehrrecht gegen ungewollte

---

126 Vgl. aus der Vielzahl der Entscheidungen die Nachw. in Fn. 75-80.

127 Siehe etwa die Darstellungen bei *Baston-Vogt*, Schutzbereich (1997), S. 207 ff.; *Di Fabio*, AfP 1999, 126 (127); *Lettl*, WRP 2005, 1045 (1050); *Rixecker*, in MünchKomm BGB (2012), Anh. zu § 12 Rn. 45 ff.

128 Vgl. *Soehring*, in ders./Hoene Presserecht (2013), § 19 Rn. 1.

129 Im Einzelnen siehe unter B. III. 1. b).

130 *BVerfG*, BVerfGE 35, 202 (220); vgl. auch *BVerfG*, BVerfGE 54, 148 (155).

Einblicke der Öffentlichkeit – ein Recht *»für sich zu sein, sich selber zu gehören«*[131] –, zum anderen ein Verfügungsrecht über die Darstellung der eigenen Person in der Öffentlichkeit. Als unabhängiges und eigenverantwortliches Individuum soll jeder seine Lebensvorgänge selbst steuern und offenbaren können.[132]

Wo der private Lebensbereich beginnt und wie weit dessen Schutz nach § 823 Abs. 1 BGB reicht, bevor ein Eindringen von außen geahndet wird, richtet sich sowohl nach formalen als auch inhaltlichen Kriterien.[133] Zunächst ist es Sache des Rechtsträgers, selbst zu bestimmen, ob er einen Lebenssachverhalt offenbaren will oder nicht. Der Schutzumfang orientiert sich am konkreten Geheimhaltungsinteresse des Betroffenen. Liegt ein solches Interesse vor, ist in einem zweiten Schritt zu erörtern, ob die fragliche Beeinträchtigung auch tatsächlich – also objektiv – unzulässig ist. Diese Frage ist losgelöst von subjektiven Kriterien zu beantworten, weil vom Opfer empfundene Eingriffe in seine Sphäre nicht per se rechtswidrig sind.[134] Die Beurteilung dessen, was schützenswert ist, erfolgt vielmehr einzig am Maßstab der berechtigten Interessen von Medien und Öffentlichkeit. Dies bedeutet, dass auch bei subjektiv empfundener Beeinträchtigung des privaten Lebensbereichs eine tatsächliche Rechtsverletzung erst nach einer einzelfallbezogenen Güter- und Interessenabwägung festgestellt werden kann.[135]

Zur Konkretisierung des geschützten Privatbereichs haben sich bestimmte Interessen des Betroffenen herausgebildet, die mit Blick auf die Medienberichterstattung als besonders schützenswert gehalten werden.[136] Danach ergeben sich folgende für die vorliegende Arbeit relevante Interessenkategorien:

---

131 *BVerfG*, BVerfGE 35, 202 (220).

132 *BVerfG*, BVerfGE 35, 202 (220).

133 *BVerfG*, BVerfGE 80, 367 (374); dazu *Baston-Vogt*, Schutzbereich (1997), S. 400 ff.

134 Eine Ausnahme gilt für den engsten Persönlichkeitsbereich (sog. Intimsphäre), in den Eingriffe stets unzulässig sind. Im Einzelnen siehe unter B. III. 3. b) aa).

135 *BVerfG*, BVerfGE 35, 202 (221); NJW 2001, 1921 (1922); NJW 2000, 2189; *BGH*, NJW 2009, 754 (755); *LG Berlin*, ZUM-RD 2009, 463 (464 f.).

136 Weitere, teils ähnliche Einteilungen finden sich bei *Neben*, Triviale Personenberichterstattung (2001), S. 158 ff.; *Baston-Vogt*, Schutzbereich (1997), S. 400 ff.; *Götting/Schertz/Seitz* (Hrsg.), Hdb. Persönlichkeitsrecht (2008), §§ 19 ff.

aa) Schutz des Diskretionsinteresses

Das in der Praxis am häufigsten betroffene Interesse ist das Diskretionsinteresse. Geschützt ist der gesamte, vom Betroffenen als schützenswert empfundene Lebensbereich, d.h. sowohl die Informationen, die von dem Betroffenen selbst handeln, als auch solche, die bloß von ihm ausgehen, ihrem Inhalt nach aber andere Personen betreffen.[137] Es handelt sich hierbei um die zivilrechtliche Umsetzung des informationellen Selbstbestimmungsrechts, das vom *Bundesverfassungsgericht* ursprünglich als Abwehrrecht gegen staatliche Eingriffe konzipiert worden ist.[138] Danach soll jeder selbst entscheiden können, wann und innerhalb welcher Grenzen persönliche Lebenssachverhalte offenbart werden.[139] Das Diskretionsinteresse ist folglich darauf gerichtet, von der Öffentlichkeit in Ruhe gelassen zu werden.[140] Ausgangspunkt ist dabei stets der Wille des Betroffenen. Ob die Veröffentlichung von privaten Inhalten tatsächlich rechtswidrig ist, ergibt sich auch hier erst aus einer anschließenden Interessenabwägung.

bb) Schutz des Geheimhaltungsinteresses

Vom Diskretionsinteresse zu unterscheiden ist das Geheimhaltungsinteresse einer Person. Dieses erfasst nur bestimmte, als besonders vertraulich angesehene Informationen, etwa Tagebuchaufzeichnungen, Brief- und Telefonkommunikation oder körperliche Untersuchungen.[141] Der Geheimnisschutz betrifft somit nur solche Informationen, die bereits aus objektiver Sicht nicht für die Öffentlichkeit bestimmt sind.[142] Durch die Nähe zum inneren Persönlichkeitsbereich erweist sich das Geheimhaltungsinteresse auf der einen Seite als besonders schützenswert, es ist auf der anderen Seite aber entsprechend restriktiv zu fassen.[143]

---

137 Vgl. *BGH*, NJW 1987, 2667 (2668): *»In diesem Sinne manifestiert sich [...] die Privatsphäre des Sprechenden auch dann, wenn der Gesprächsinhalt seine Person nicht betrifft.«*

138 *BVerfG*, BVerfGE 65, 1.

139 *BVerfG*, BVerfGE 65, 1 (42).

140 Vgl. dazu den Nachw. in Fn. 117.

141 Dazu ausführlich *Rixecker*, in MünchKomm BGB (2012), Anh. zu § 12 Rn. 98 ff.

142 *Neben*, Triviale Personenberichterstattung (2001), S. 158 f.

143 Dazu ausführlich unter B. III. 3. b) aa).

cc) Schutz des Selbstbestimmungsinteresses (i.e.S.)

Ein weiteres Schutzinteresse besteht hinsichtlich solcher Informationen, die zwar weder indiskret noch vertraulich sind, aber dennoch das Selbstbestimmungsinteresse einer Person berühren. In Abgrenzung zum Diskretionsschutz, der ungewollte Einblicke der Öffentlichkeit in die persönlichen Angelegenheiten abwehren soll, geht es nunmehr darum, dass andere eigenmächtig in diesen Angelegenheiten tätig werden.[144] Das Selbstbestimmungsrecht soll die eigentliche Entfaltung der Persönlichkeit gewährleisten, indem jeder seine Lebensverhältnisse selbstständig regeln darf. Es geht somit um die Wahrung von Kompetenzen, nicht um Abschirmung nach außen.[145] Das Selbstbestimmungsrecht (i.e.S.) bezeichnet insoweit ein Gestaltungsrecht, weniger ein Abwehrrecht.

dd) Schutz des Rechts am eigenen Bild

Schließlich wird der private Lebensbereich noch dadurch geschützt, dass die Veröffentlichung von Bildaufnahmen grundsätzlich nur mit Einwilligung des Abgebildeten gestattet ist.[146] Nach der Rechtsprechung des *Bundesgerichtshofs* soll jeder selbst darüber bestimmen dürfen, ob und in welcher Weise sein Bildnis in der Öffentlichkeit verbreitet wird.[147] § 22 KUG als spezielle Verbotsnorm untersagt zunächst die Verbreitung und Zurschaustellung von Bildnissen.[148] Die Vorschrift wird vom allgemeinen Persönlichkeitsrecht dahingehend ergänzt, dass überdies auch das Herstellen von Bildnissen der Zustimmung des Abgebildeten bedarf.[149]

---

144 Dazu ausführlich *Baston-Vogt*, Schutzbereich (1997), S. 402 ff.

145 *Baston-Vogt*, Schutzbereich (1997), S. 403.

146 Zwar geben einige Stimmen in Rechtsprechung und Schrifttum vor, das Recht am eigenen Bild getrennt vom Privatsphärenschutz zu behandeln. Da im medialen Kontext eine Bildveröffentlichung aber ganz überwiegend den Privatbereich tangiert – und nicht etwa urheberrechtliche Belange –, ist das Recht am eigenen Bild sinnvollerweise unter den Schutz des privaten Lebensbereichs zu fassen.

147 Vgl. die Nachw. in Fn. 55.

148 Siehe bereits unter B. II. 1. b) bb).

149 *BGH*, BGHZ 24, 200 (208); GRUR 1967, 205 (208); Vgl. dazu auch *Götting*, in Loewenheim UrhR (2010), § 60/§ 22 KUG Rn. 5 m.w.Nachw.

b) Schutz der Ehre

Der Schutz der Ehre stellt die früheste Ausprägung des Persönlichkeitsrechts dar. Er fand sich bereits im römischen und germanischen Rechtswesen und war dort ein bedeutendes Instrument zur Wahrung der persönlichen Integrität des Einzelnen.[150] Die Verfasser des *BGB* hingegen schenkten dem Ehrschutz keine gesteigerte Aufmerksamkeit, sondern überließen den Bereich vornehmlich den Strafgesetzen.[151] So besteht ein zivilrechtlicher Schutz nach der seinerzeitigen Konzeption des *BGB* nur mittelbar bei einer Verletzung der als Schutzgesetze nach § 823 Abs. 2 BGB anerkannten[152] Strafvorschriften der §§ 185 ff. StGB. Im Zuge der Anerkennung eines allgemeinen Persönlichkeitsrechts durch den *Bundesgerichtshof*[153] hat sich dann ein eigenständiger zivilrechtlicher Ehrbegriff herausgebildet, der inzwischen weiter reicht als der strafrechtliche. Insbesondere seine geringeren Vorsatzanforderungen haben dazu geführt, dass Ehrverletzungen heute vornehmlich am Maßstab des § 823 Abs. 1 BGB geprüft werden.[154]

Das Recht der persönlichen Ehre als Ausprägung des allgemeinen Persönlichkeitsrechts geht zurück auf mehrere Entscheidungen des *Bundesgerichtshofs* zu Beginn der 1960er Jahre, in denen Ehrverletzungen einzig an § 823 Abs. 1 BGB gemessen wurden. Den Ausgangspunkt stellt das sog. *Fernsehansagerin*-Urteil dar: Eine Fernsehansagerin hatte gegen das Wochenblatt *stern* geklagt, das sie unter anderem als *»ausgemolkene Ziege«* bezeichnet hatte, bei deren Anblick den Zuschauern *»die Milch sauer«* werde.[155] Der *Bundesgerichtshof* wertete die Äußerungen als schwerwiegende Persönlichkeitsrechtsverletzung gemäß § 823 Abs. 1 BGB, die weit über die Maß der erlaubten Kritik hinausgingen.[156] Der Angriff wiege umso schwerer, als die Zeitschrift von einem Millionenpublikum gelesen werde. Das Gericht bestätigte damit die Vorinstanzen, ohne eine Verletzung der Strafvorschriften auch nur zu erwähnen. In weiteren Entschei-

---

150 Siehe bereits unter A. Grundlegend hierzu *Martin*, Allgemeines Persönlichkeitsrecht (2007), S. 19 ff. u. 41 ff. m.w.Nachw.

151 Dazu *Kern*, Historische Entwicklung (2005), S. 82 (85); *Becker*, Persönlichkeitsrecht (1983), Sp. 1627.

152 Vgl. statt vieler *BGH*, BGHZ 95, 212 (214 ff.).

153 Vgl. vorstehend unter B. II. 1. a).

154 Eingehend dazu *Stegmann*, Tatsachenbehauptung und Werturteil (2004), S. 134 ff.

155 *BGH*, BGHZ 39, 124.

156 *BGH*, BGHZ 39, 124 (127).

dungen, die allein auf Grundlage des § 823 Abs. 1 BGB ergingen, hat sich der Ehrschutz schließlich zu einem umfassenden Darstellungsschutz gegenüber den Medien herausgebildet.[157]

Die begriffliche Weite der Ehre erschwerte jedoch zu jener Zeit die Festlegung des rechtlichen Schutzbereichs.[158] Das Schrifttum lieferte zunächst nur vage Umschreibungen wie Ansehen, Wertschätzung, Würde oder Selbstwertgefühl, was die rechtliche Bewertung schwierig machte.[159] Der *Bundesgerichtshof* hat hieraus letztlich eine duale Schutzrichtung hergeleitet und den Anwendungsbereich dadurch deutlich präzisieren können: Geschützt sei zum einen *»die dem Menschen als Träger geistiger und sittlicher Werte zukommende innere Ehre,«*[160] zum anderen *»seine darauf beruhende Geltung, sein guter Ruf innerhalb der mitmenschlichen Gesellschaft.«*[161] Letztere sog. äußere Ehre betrifft somit den sozialen Geltungswert einer Person, das Ansehen, das dem Einzelnen von der Gesellschaft entgegengebracht wird.[162]

Verletzungen der persönlichen Ehre ergeben sich üblicherweise aus einem abwertenden Werturteil oder einer unwahren Tatsachenbehauptung. Kennzeichnend für beide Äußerungsarten ist die Geringachtung oder Missachtung einer Person. Wann dies der Fall ist, richtet sich jedoch weder nach dem Willen des Täters noch nach dem Empfinden des Betroffenen. Vielmehr ist allein die Verkehrsauffassung maßgeblich.[163] Die Form der Ehrverletzung ist ebenfalls nicht erheblich; neben einer verbalen Äu-

---

157 Etwa *BGH*, BGHZ 30, 7 (10 ff.); BGHZ 31, 308 (311 ff.); BGHZ 35, 363; NJW 1965, 685 (686); NJW 1987, 1398 f.; *LG Köln*, ZUM-RD 2006, 522 (523).

158 Vgl. *Stark*, Ehrenschutz in Deutschland (1996), S. 30 f.; *Mackeprang*, Ehrenschutz im Verfassungsstaat (1990), S. 161; *Isensee*, AfP 1993, 619 (626); *Tenckhoff*, JuS 1988, 199 (201); *ders.*, Ehrbegriff (1974), S. 27 f.

159 So finden sich laut *Tenckhoff*, JuS 1988, 199 (201) allein im juristischen Schrifttum über 60 verschiedene Ehrbegriffe.

160 *BGH*, BGHSt 11, 67 (70). Zur inneren Ehre *Tenckhoff*, Ehrbegriff (1974), S. 35 ff.

161 *BGH*, BGHSt 11, 67 (70).

162 Zur äußeren Ehre *Tenckhoff*, Ehrbegriff (1974), S. 54 ff. Zum dualen Ehrbegriff siehe auch *Lenckner/Eisele*, in Schönke/Schröder StGB (2014), Vor §§ 185 ff. Rn. 1; *Regge/Pegel*, in MünchKomm StGB (2012), Vor §§ 185 ff. Rn. 21 ff. jeweils m.w.Nachw.

163 *BVerfG*, AfP 2014, 133 (134); NJW 2013, 217 (218); NJW 2012, 1643 (1644); NJW 1995, 3303 (3305); *BGH*, BGHZ 19, 235 (237); *OLG Hamm*, NStZ-RR 2007, 140; *Lenckner/Eisele*, in Schönke/Schröder StGB (2014), § 185 Rn. 8; *Regge/Pegel*, in MünchKomm StGB (2012), § 185 Rn. 9.

ßerung kommen auch bildliche oder symbolische Akte in Betracht.[164] Entscheidend ist, dass die betroffene Person zumindest für Teile des Publikums identifizierbar ist.[165]

c) Schutz des wirtschaftlichen Verwertungsinteresses

Während in den Anfängen des Persönlichkeitsrechtsschutzes noch immaterielle Motive im Vordergrund standen, wurden im Laufe der Zeit zunehmend auch wirtschaftliche Gesichtspunkte für einen umfassenden Persönlichkeitsrechtsschutz ins Feld geführt.[166] Noch in der reichsgerichtlichen Rechtsprechung waren eine wirtschaftliche Verwertung der Persönlichkeit und ein sich daraus ergebender Rechtsschutz gänzlich unerwähnt geblieben.[167] Es wurde geradezu als unehrenhaft empfunden, eigene Persönlichkeitsgüter für kommerzielle Zwecke zu gebrauchen. Die ökonomischen und technologischen Veränderungen zur Mitte des 20. Jahrhunderts schafften dann die Voraussetzungen, um bestimmte Persönlichkeitsmerkmale, insbesondere Bild, Stimme und den Namen, für ein Massenpublikum zu öffnen und als Wirtschaftsgut einzusetzen. Möglich war ein solcher Gebrauch häufig dann, wenn eine Person in der Öffentlichkeit besondere Bekanntheit oder hohes Ansehen erworben hatte, etwa durch besondere sportliche oder künstlerische Leistungen.[168] Hierdurch vollzog sich zugleich ein gesellschaftlich-moralischer Wandel, infolge dessen die kommerzielle Ausnutzung der Persönlichkeit schließlich eine breite Akzeptanz in der Gesellschaft finden konnte. Vor allem im Bereich der Werbung und der Unterhaltungsmedien öffnete sich so ein weites Feld für die kommerzielle Vermarktung der Person.[169]

Diese Entwicklung hat in der Folgezeit auch die Rechtsprechung zunehmend beschäftigt. Die Anerkennung des allgemeinen Persönlichkeits-

---

164 *Rixecker*, in MünchKomm BGB (2012), Anh. zu § 12 Rn. 79; *Burkhardt*, Wort- und Bildberichterstattung (2003), Rn. 5.188 ff.

165 *BGH*, NJW 1956, 679; *OLG Hamburg*, NJW 1984, 1130 (1132); *Zaczyk*, in Kindhäuser/Neumann/Paeffgen StGB (2013), § 185 Rn. 13, § 186 Rn. 13.

166 Eine anschauliche Darstellung der Entwicklung am Beispiel des Bildnisschutzes liefert *Götting*, Persönlichkeitsrechte als Vermögensrechte (1995), S. 45 ff.

167 Etwa *RG*, RGZ 74, 308; RGZ 125, 80.

168 *BGH*, BGHZ 143, 214 (219).

169 Vgl.dazu *Götting*, Persönlichkeitsrechte als Vermögensrechte (1995), S. 41 ff. u. 134 ff.

rechts einige Jahre zuvor hatte das umfassende Recht des Einzelnen auf Selbstbestimmung und Selbstentfaltung auch und gerade gegenüber der privaten Öffentlichkeit herausgestellt, und so setzte sich zunehmend die Erkenntnis durch, dass hiervon auch der wirtschaftliche Bereich als die materielle Lebensgrundlage des Menschen umfasst sein müsse. In der *Paul Dahlke*-Entscheidung aus dem Jahr 1956 wandte sich der *Bundesgerichtshof* deshalb von seiner bisherigen Rechtsprechung ab und erkannte erstmals den vermögensrechtlichen Aspekt des Persönlichkeitsrechts an.[170] Das Gericht hatte über die unerlaubte Verwendung von Fotografien eines Schauspielers zu Werbezwecken zu urteilen und kam zu dem Ergebnis, dass das fragliche Handeln einen *»unzulässigen Eingriff in ein fremdes, vermögenswertes Ausschließlichkeitsrecht«* darstelle.[171] Die Richter stützten sich dabei auf ein Sachverständigengutachten, wonach bekannte Personen derartige Veröffentlichungen zumeist nur gegen entsprechende Vergütung gestatteten.[172] Während dieses und nachfolgende Urteile zunächst nur die Kommerzialisierung einzelner Persönlichkeitsmerkmale zum Gegenstand hatten, entwickelte sich im Schrifttum bald die Forderung nach einem allgemeinen *»wirtschaftlichen Persönlichkeitsrecht«*[173], welches alle Persönlichkeitsmerkmale, die irgendeinen Marktwert erzielen könnten, in den Schutz des § 823 Abs. 1 BGB einbeziehe. Der *Bundesgerichtshof* schloss sich dieser Forderung an und erkannte schließlich ein umfassendes *»Recht auf wirtschaftliche Selbstbestimmung«* an.[174]

Das wirtschaftliche Persönlichkeitsrecht zielt darauf ab, dem Betroffenen einen Ausgleich dafür zu gewähren, dass seine Persönlichkeit ohne Erlaubnis für kommerzielle Zwecke verwendet wurde. Im Gegensatz also zu den bisher genannten Persönlichkeitsinteressen, nach denen zur Erhaltung des privaten Lebensbereichs und der Ehre die Veröffentlichung bestimmter Tatsachen oder Äußerungen gerade abgewehrt werden soll, geht es bei der Wahrnehmung des wirtschaftlichen Verwertungsinteresses nicht um die Verbreitung als solche, sondern um eine geldwerte Kompensation für selbige. Eine Rechtsverletzung liegt demnach bereits vor, wenn es zu einer ungenehmigten Verwertung von Elementen der Persönlichkeit ge-

---

170 *BGH*, BGHZ 20, 345.

171 *BGH*, BGHZ 20, 345 (353).

172 *BGH*, BGHZ 20, 345 (353).

173 *Fikentscher*, Wirtschaftsrecht II (1983), S. 132 f.; vgl. auch *Heitmann*, Schutz der materiellen Interessen (1963), S. 77 ff.; *Lehmann*, in FS Hubmann (1985), S. 255 (266 ff.).

174 *BGH*, BGHZ 81, 75 (79); BGHZ 98, 94 (98); BGHZ 143, 214.

kommen ist. Es kommt weder darauf an, dass die Darstellung das persönliche Ansehen des Betroffenen schmälert, noch kann die Verwertung durch ein überwiegendes Publikationsinteresse gerechtfertigt sein.[175] Eine Güterabwägung ist daher in jedem Fall entbehrlich.[176]

d) Zwischenergebnis

Die vorstehende Einteilung hat gezeigt, dass sich trotz der Fülle einzelner Persönlichkeitsrechte die für den Schutz in den Medien relevanten Fallkonstellationen sinnvoll ordnen lassen. Nichtsdestotrotz ist anzuerkennen, dass angesichts der Dynamik und Entwicklungsoffenheit des Persönlichkeitsrechts eine Einteilung des Schutzbereichs nur eine Momentaufnahme sein kann. Der Persönlichkeitsrechtsschutz, insbesondere im Zusammenhang mit den Medien, ist beständig neuen Bedrohungen ausgesetzt und kontinuierlich anzupassen. Anlass hierzu geben zum einen die immer neuen Möglichkeiten der Informationsgewinnung, mit denen Personen, teils aus großer Entfernung und unbemerkt, beobachtet, fotografiert oder sonstwie ausgespäht werden können. Zum anderen sind es immer neue Verbreitungsmethoden, die es ermöglichen, eben diese Informationen an unzählige Empfänger, mitunter weltweit, zu versenden.[177] Derartigen Veränderungen muss eine Fallgruppenbildung offen gegenüberstehen, um das

---

175 *BGH*, BGHZ 20, 345 (352).

176 Den konkreten Anspruch auf Geldentschädigung ermittelt der *BGH* dabei entweder aus dem entgangenen Gewinn, soweit die Veröffentlichung eine Minderung der Einnahmen des Betroffenen verursacht hat, oder aus einer fiktiven Lizenzgebühr, sog. Lizenzanalogie (*BGH*, BGHZ 30, 7 [16 f.]). Dadurch soll verhindert werden, dass der Schädiger – auch ohne konkrete Vermögenseinbuße der Opferseite – nicht besser steht, als er bei einer ordnungsgemäß erlangten Erlaubnis für die Darstellung gestanden hätte. Die Höhe der Gebühr bemisst sich dann danach, *»was bei vertraglicher Einräumung ein vernünftiger Lizenzgeber gefordert und ein vernünftiger Lizenznehmer gewährt hätte«* (*BGH*, NJW-RR 1990, 1377). Aus dem Grund hat der *BGH* einen Anspruch auf Zahlung einer Lizenzgebühr davon abhängig gemacht, dass eine Beeinträchtigung vermögensrechtlicher Belange des Betroffenen tatsächlich vorliegt (*BGH*, BGHZ 26, 349 [353 f.]). Das Recht an der Verwertung von Persönlichkeitsgütern muss also überhaupt erst kommerzialisierbar sein, damit ein geldwerter Ausgleich in Betracht kommt. Dies soll nur dann der Fall sein, wenn der fraglichen Verbreitung zum einen ein objektiver Marktwert zukommt, zum anderen der Rechtsträger im konkreten Einzelfall tatsächlich in die Verbreitung eingewilligt hätte.

177 Siehe dazu auch *Schertz*, NJW 2013, 721.

Recht für die Praxis weiterhin handhabbar zu machen. Die vorgenommene Untergliederung vermag daher keine endgültigen Schutzbereichskriterien aufzustellen, sondern nur eine Orientierung über den gegenwärtigen Inhalt des Medienpersönlichkeitsrechts zu geben.[178]

2. Schutzbereich der Medienfreiheit

Wie eingangs angedeutet,[179] ergibt sich die tatsächliche Reichweite eines Rechts üblicherweise erst im Zusammenspiel mit den gegenläufigen Rechten anderer. Auf den vorliegenden Untersuchungsgegenstand übertragen bedeutet dies, dass der Schutz einer Person vor medialer Berichterstattung nur so weit reicht, wie nicht die grundrechtlichen Freiheiten der Medien und der für sie tätigen Personen entgegenstehen. Derartige Rechte ergeben sich aus Art. 5 Abs. 1 GG, wobei auf die Unterscheidung zwischen der darin enthaltenen Meinungsäußerungsfreiheit (S. 1, Halbs. 1) und der Medienfreiheit (S. 2) noch hinzuweisen sein wird. Auch der Informationsfreiheit der Öffentlichkeit (Art. 5 Abs. 1 S. 2, Halbs. 2 GG) kommt als einer das Persönlichkeitsrecht eingrenzenden Freiheit zuletzt eine steigende Bedeutung zu.[180] Mit Blick auf die vorzunehmende Auswertung des Spannungsverhältnisses zwischen Medienpersönlichkeitsrecht und Medienfreiheit zum Ende dieses Abschnittes ist es daher notwendige Voraussetzung, zunächst den Begriff und Umfang der Medienfreiheit zu erläutern.

a) Anwendungsbereich und Abgrenzung

Die in Art. 5 Abs. 1 S. 2 GG garantierte Medienfreiheit weist eine doppelte Schutzfunktion auf: Als klassisches Abwehrgrundrecht dient sie einerseits den im Medienbetrieb tätigen Personen und Unternehmen und gewährt ihnen eine von staatlichen Beschränkungen unberührte Plattform der Massenkommunikation.[181] Adressat der Medienfreiheit ist jede Person, deren Beschäftigung in funktionaler Verbindung mit den Tätigkeiten eines

---

178 Zu den Auswirkungen der Offenheit des Schutzbereichs auf die kollisionsrechtliche Untersuchung siehe B. IV.

179 Vgl. hierzu die Ausführungen in der Einleitung.

180 Vgl. hierzu B. III. 3. b) bb) (4) (b).

181 *BVerfG*, BVerfGE 20, 162 (175); BVerfGE 50, 295 (320).

Medienunternehmens steht.[182] Geschützt wird dabei die Kundgabe einer bestimmten Meinungsäußerung als unmittelbarer Ausdruck der individuellen Persönlichkeitsentfaltung. Hiervon umfasst ist der gesamte Prozess des medialen Kommunizierens: Der Schutzbereich reicht von der Informationsbeschaffung über die Herstellung des Medienprodukts bis zum abschließenden Vermittlungsakt.[183] Auf die Kommunikationsart kommt es nicht an; angesichts der technischen Weiterentwicklung seit Inkrafttreten des Art. 5 Abs. 1 S. 2 GG, insbesondere der Ausbreitung des Internet, wird er weit ausgelegt und über die genannten Medien Presse, Rundfunk und Film hinaus auf sämtliche Formen der Publikation angewandt.[184]

Neben diesem subjektiv-rechtlichen Schutz begründet Art. 5 Abs. 1 S. 2 GG auf der anderen Seite ein *»objektives Prinzip der Gesamtrechtsordnung.«*[185] Danach dienen die Medienfreiheiten über den Entfaltungsschutz zugunsten der Medienschaffenden hinaus der Gewährleistung freier individueller und öffentlicher Meinungsbildung insgesamt. Ihre Aufgabe ist es, ein pluralistisches Meinungsspektrum nicht nur im spezifischen Interesse des Einzelnen, sondern darüber hinaus auch im Interesse einer funktionierenden Demokratie und der Bewahrung der damit verbundenen Freiheitsrechte der Gesellschaft aufrechtzuerhalten.

Die hohe Wertigkeit der Medienfreiheit erschließt sich durch einen Blick auf die dogmatische Struktur des Grundrechts: Den Ausgangspunkt bildet das Demokratieprinzip, nach dem alle Staatsgewalt vom Volke ausgeht (Art. 20 Abs. 2 S. 1 GG). Grundlage und Voraussetzung hierfür kann dabei nur ein freier und offener Dialog von Meinungen sein, durch den sich der Bürger umfassend über politische und gesellschaftliche Vorgänge informieren kann. An dieser Stelle kommt den Medien eine herausragende Aufgabe zu: Sie übernehmen die Rolle eines Vermittlers, transportieren Informationen, Stimmungen und Ideen, bewerten sie und setzen so die Meinungsbildung der Bürger oft erst in Gang.[186] Indem sie Informationen aufspüren, filtern und aufbereiten, wirken sie selbst am Entstehen gesell-

182 *BVerfG*, BVerfGE 77, 346 (354).

183 *BVerfG*, BVerfGE 10, 118 (121); BVerfGE 66, 116 (133); *Wendt*, in v. Münch/Kunig GG (2012), Art. 5 Rn. 30.

184 Vgl. *Fechner*, in Stern/Becker Grundrechte (2010), Art. 5 Rn. 58.

185 So *BVerfG*, BVerfGE 57, 295 (319 f.); vgl. auch *BVerfG*, BVerfGE 7, 198 (205).

186 Das *BVerfG*, BVerfGE 12, 205 (260) beschreibt sie insoweit treffend als *»Medium und Faktor«* der öffentlichen Meinungsbildung; ähnlich *BVerfG*, BVerfGE 20, 162 (174 f.).

schaftlicher Wirklichkeit mit.[187] Medien sind das, wie *Paal* umschreibt, *»was im antiken Athen die Agora, im alten Rom das Forum und im Mittelalter der Marktplatz.«*[188] In diesem Zusammenhang hat das *Bundesverfassungsgericht* daher auch die kommunikative Chancengleichheit betont, die es erfordere, die unterschiedlichen und vielfältigen Meinungen in gleicher Weise und unabhängig von ihrem Inhalt zu verbreiten.[189] Das Grundrecht wolle einen *»geistigen Kampf der Meinungen«*[190] erreichen, durch den der Bürger die verschiedenen Standpunkte abwägen und informierte Entscheidungen treffen kann. Aus diesen Erwägungen wurde nicht zuletzt auch das Gebot der Staatsferne abgeleitet, das eine direkte Einflussnahme auf Kommunikationsinhalte wie auch mittelbare, durch rechtliche Vorgaben wirkende Maßnahmen des Staates untersagt.[191]

Die Doppelfunktion des Art. 5 Abs. 1 S. 2 GG ist jedoch nicht dahingehend zu verstehen, dass ein individuelles Recht der Medienangehörigen darauf bestünde, eine bestimmte Äußerung kundzutun.[192] Das Grundrecht zielt vielmehr auf die institutionell-organisatorischen Rahmenbedingungen der Medien, also die Voraussetzungen, die gegeben sein müssen, damit die Medien ihre Aufgabe im Kommunikationsprozess überhaupt erst erfüllen können.[193] Der Schutz der Medienfreiheit nach Art. 5 Abs. 1 S. 2 GG ist also nur einschlägig, wenn die massenkommunikative Vermittlungsleistung der Medienangehörigen, das Medienerzeugnis selbst im Vordergrund steht. Geht es um inhaltliche Fragen, wie die Zulässigkeit eines bestimmten Äußerungsinhalts, kommt allein das Grundrecht auf Meinungsfreiheit in Betracht (Art. 5 Abs. 1 S. 1 GG).[194]

Mit Blick auf den hier in Rede stehenden privatrechtlichen Interessenkonflikt zwischen den Medien und dem betroffenen Individuum umfasst der Begriff der Medienfreiheit nachfolgend daher nicht die institutionellen Rechte der Medien gegenüber dem Staat,[195] sondern nur solche Rechte, die den Medien eine (personenbezogene) Berichterstattung gestatten. Es

---

187 *Paal*, Medienvielfalt (2010), S. 14; dazu ausführlich ebd., S. 13 ff. m.w.Nachw.

188 *Paal*, tv diskurs 2013, 24 (25).

189 *BVerfG*, BVerfGE 25, 256 (265).

190 *BVerfG*, BVerfGE 25, 256 (265).

191 *BVerfG*, BVerfGE 52, 283 (296).

192 *BVerfG*, BVerfGE 85, 1 (12 f.).

193 *BVerfG*, BVerfGE 85, 1 (12 f.); *Schulze-Fielitz*, in Dreier GG (2013), Art. 5 I, II Rn. 97, 110.

194 *BVerfG*, BVerfGE 85, 1 (13); BVerfGE 97, 391 (400).

195 Etwa Rechercherechte, Vertraulichkeitsrechte, Gründungsrechte; dazu *Starck*, in v. Mangoldt/Klein/Starck GG (2010), Art. 5 Abs. 1, 2 Rn. 62.

geht anders als im öffentlich-rechtlichen Kontext um *inhaltliche* Grenzen ihrer Tätigkeit nach Art. 5 Abs. 1 S. 1 GG (sog. Medienfreiheit i.e.S.). Zwar sind bei der Festlegung dieser Grenzen auch solche Wertungen zu berücksichtigen, die die Medienfreiheit als öffentlich-rechtliches Abwehrrecht kennzeichnen; diese kommen aber erst im Rahmen der späteren Abwägung mit dem Persönlichkeitsrecht zum Tragen.

b) Schutzgegenstand

Die somit maßgebliche *»inhaltliche Medienfreiheit«*[196] beschreibt das Recht, bestimmte Kommunikationsinhalte mittels eines Massenmediums zu äußern, ohne dadurch die Persönlichkeitsrechte einer Person zu verletzen. Dabei ist der Schutzgegenstand zunächst in Werturteile und Tatsachenbehauptungen zu untergliedern. Diese Differenzierung ergibt sich ursprünglich aus dem Strafrecht (§§ 185 ff. StGB), um das von innersubjektiven Elementen geprägte Werturteil gegenüber der Tatsachenbehauptung zu begünstigen,[197] und wurde inzwischen vom Deliktsrecht übernommen.[198] Zwei Gesichtspunkte machen diese Einteilung notwendig: zum einen für die Begrenzung des Schutzbereichs, weil zwar jedes Werturteil, nicht aber (nach überwiegender Auffassung)[199] alle Tatsachenbehauptungen von Art. 5 Abs. 1 GG geschützt sind; zum anderen für die Güterabwägung auf Schrankenebene, da Werturteilen aufgrund ihres rein subjektiven Charakters ein höheres Schutzbedürfnis zuerkannt wird als bloßen Tatsachenaussagen.[200] Für die Ermittlung der Reichweite des Medienpersönlichkeitsrechts ist die Abgrenzung zwischen beiden Äußerungsformen daher ein vorentscheidendes Kriterium.

aa) Werturteil

Das Recht auf freie Meinungsäußerung gehört nach Auffassung des *Bundesverfassungsgerichts* zu den *»vornehmsten Menschenrechten über-*

196 So die treffliche Bezeichnung von *Loef*, Medienrecht (2009), S. 33.
197 Dazu sogleich, insbesondere unter cc).
198 Vgl. vorstehend unter B. III. 1. b).
199 Vgl. hierzu die Nachw. in Fn. 214.
200 *BVerfG*, BVerfGE 61, 1 (8); BVerfGE 85, 1 (16).

haupt.«[201] Es überrascht daher nicht, dass der Begriff des Werturteils bereits auf Tatbestandsebene weit ausgelegt wird.[202] Verlangt wird lediglich, dass das Werturteil ein Element der Stellungnahme, des Dafürhaltens oder der Beurteilung in sich trägt.[203] Inhaltlich bestehen kaum Eingrenzungen: die Äußerung kann sich auf Personen, Ereignisse, Ideen, Tatsachen oder anderes beziehen. Eine Auswahl nach Qualität oder Richtigkeit der Äußerung findet gerade nicht statt, ebenso wenig nach Zweck oder Nützlichkeit.[204] Im Grundsatz schließt der Schutzbereich somit alle subjektiven Beiträge mit ein.[205] Dies hat das *Bundesverfassungsgericht* auch und gerade für Äußerungen im medialen Kontext ausgesprochen, indem es wiederholt die privilegierte Stellung der Medienangehörigen im Rahmen des öffentlichen Kommunikationsprozesses hervorgehoben hat.[206]

Einschränkungen des Grundrechtsschutzes von Werturteilen ergeben sich damit nicht auf Tatbestandsebene, sondern allenfalls bei der Schrankenprüfung im Rahmen von Art. 5 Abs. 2 GG.[207] Eine Äußerung fällt selbst dann in den Schutzbereich, wenn sie andere in ihren Rechten verletzt, Gemeinschaftsgüter gefährdet oder Grundprinzipien der öffentlichen Ordnung in Frage stellt.[208]

bb) Tatsachenbehauptung

Angesichts der tragenden Bedeutung der medialen Berichterstattung für die öffentliche Meinungsbildung werden neben Werturteilen grundsätzlich auch Tatsachenbehauptungen vom Schutzbereich des Art. 5 Abs. 1 GG erfasst.[209] Einschränkend und dem demokratischen Auftrag der Medien entsprechend wird zwar verlangt, dass die mitgeteilte Tatsache Vorausset-

---

201 *BVerfG*, BVerfGE 7, 108 (208); BVerfGE 69, 315 (344).

202 *BVerfG*, BVerfGE 61, 1 (9); BVerfGE 71, 162 (179).

203 St. Rspr. seit *BVerfG*, BVerfGE 61, 1 (8); *Wendt*, in v. Münch/Kunig GG (2012), Art. 5 Rn. 8; *Grimm*, NJW 1995, 1697 (1698).

204 *BVerfG*, BVerfGE 90, 241 (247); BVerfGE 124, 300 (320); *Grabenwarter*, in Maunz/Dürig GG (2013), Art. 5 Rn. 47; *Grimm*, NJW 1995, 1697 (1698).

205 *BVerfG*, BVerfGE 61, 1 (7); *Starck*, in v. Mangoldt/Klein/Starck GG (2010), Art. 5 Abs. 1, 2 Rn. 22; *Jarass*, in ders./Pieroth GG (2012), Art. 5 Rn. 3.

206 Etwa *BVerfG*, BVerfGE 20, 162 (176).

207 *BVerfG*, BVerfGE 61, 1 (8); vgl. dazu auch *Stegmann*, Tatsachenbehauptung und Werturteil (2004), S. 378 ff.

208 *BVerfG*, BVerfGE 61, 1 (8); *Grimm*, NJW 1995, 1697 (1698).

209 St. Rspr. seit *BVerfG*, BVerfGE 61, 1 (8); zuletzt NJW 2013, 3021.

zung für die Bildung von Meinungen ist,[210] in der Praxis wird dieses Erfordernis aber zuallermeist bejaht, da letztlich jede Meinung erst aus Tatsachenwissen entstehe.[211] Umgekehrt geht mit einer Tatsachenmitteilung üblicherweise eine wertende Stellungnahme und damit ein Werturteil einher, weil der Äußernde im Vorfeld über die Auswahl und die Art und Weise der Darstellung einer Tatsache entscheidet.[212] An diesem Punkt verschmelzen beide Äußerungsformen zu einem weitverstandenen Meinungsbegriff.[213]

Ein zentraler Unterschied zwischen Werturteil und Tatsachenbehauptung besteht indes bei den Wahrheitsanforderungen; nur letztere sind dem Wahrheitsbeweis überhaupt zugänglich. Nicht unter den Schutz des Art. 5 Abs. 1 GG fällt insoweit die Mitteilung einer – bewusst oder erwiesen – falschen Tatsache, weil diese nicht zur Meinungsbildung beiträgt.[214] Hier kommt allenfalls eine Anwendung des Art. 2 Abs. 1 GG in Betracht.[215] Umgekehrt sind wahre Tatsachenbehauptungen per se geschützt, außer wenn ein Schaden droht, *»der außer Verhältnis zu dem Interesse an der Verbreitung der Wahrheit steht.«*[216] Dies soll erst dann der Fall sein, wenn die Äußerung eine besondere Stigmatisierung nach sich zieht und zum Anknüpfungspunkt für eine soziale Ausgrenzung und Isolierung zu werden droht.[217] Der rechtliche Schutz einer Tatsache wird also im Gegensatz zu Werturteilen von vornherein an ihrer Richtigkeit oder Wertigkeit ge-

---

210 *BVerfG*, BVerfGE 61, 1 (8); BVerfGE 85, 1 (12); BVerfGE 94, 1 (7); NJW 2013, 3021.

211 *BVerfG*, BVerfGE 90, 241 (247); *Starck*, in v. Mangoldt/Klein/Starck GG (2010), Art. 5 Abs. 1, 2 Rn. 26; *Fechner*, in Stern/Becker Grundrechte (2010), Art. 5 Rn. 87.

212 *Grabenwarter*, in Maunz/Dürig GG (2013), Art. 5 Rn. 51; *Schulze-Fielitz*, in Dreier, GG (2013), Art. 5 I, II Rn. 63; *Wendt*, in v. Münch/Kunig GG (2012), Art. 5 Rn. 9; vgl. auch *BVerfG*, BVerfGE 12, 205 (260).

213 *BVerfG*, BVerfGE 61, 1 (9); BVerfGE 85, 1 (15).

214 *BVerfG*, NJW 2013, 217 (218); AfP 2009, 480 (482); BVerfGE 54, 208 (219); BVerfGE 34, 269 (283); *BGH*, AfP 2013, 57 (58); *OLG Köln*, AfP 2013, 144 (147); *Fechner*, in Stern/Becker Grundrechte (2010), Art. 5 Rn. 90; *Kannengießer*, in Schmidt-Bleibtreu/Hofmann/Hopfauf, GG (2011), Art. 5 Rn. 3. Nach a.A. soll die geringere Schutzwürdigkeit unwahrer Tatsachen erst im Rahmen der Güterabwägung zum Tragen kommen, siehe *Schulze-Fielitz*, in Dreier GG (2013), Art. 5 I, II Rn. 65 f.; *Wendt*, in v. Münch/Kunig GG (2012), Art. 5 Rn. 10.

215 *Jarass*, in ders./Pieroth GG (2011), Art. 5 Rn. 4.

216 Zuletzt *BGH*, NJW 2013, 1681 (1682).

217 *BVerfG*, ZUM 2010, 243 (245); BVerfGE 97, 391 (404 f.); *BGH*, VersR 2012, 994 (997).

knüpft. Allerdings haben die Gerichte zugleich betont, an die Wahrheitspflicht keine übersteigerten Anforderungen zu stellen, die die Bereitschaft zum Gebrauch des Äußerungsrechts herabsetzen und so insgesamt einschnürend wirken können.[218] Daher wird bei irrtümlich falschen Darstellungen zunächst danach gefragt, ob zumindest die notwendigen Sorgfaltspflichten eingehalten wurden.

cc) Abgrenzung

Eine Gegenüberstellung von Werturteil und Tatsachenbehauptung zeigt, dass beide Äußerungsformen in unterschiedlicher Weise von Art. 5 Abs. 1 GG geschützt werden. Eine Abgrenzung ist daher zur weiteren Präzisierung des Schutzbereichs notwendig. Das *Bundesverfassungsgericht* hat diesbezüglich festgestellt, dass Werturteile durch die *»subjektive Beziehung des sich Äußernden zum Inhalt seiner Aussage«* geprägt sind.[219] Werturteile repräsentieren die innere Gedankenwelt einer Person und bedürfen deshalb eines stärkeren Schutzes als Tatsachenaussagen. Bei diesen stehe die *»objektive Beziehung zwischen der Äußerung und der Realität«*[220] im Vordergrund, wenngleich sie auch wertende Elemente beinhalten und als Werturteil behandelt werden könnten. Darüber hinaus zeichnen sich Tatsachenbehauptungen dadurch aus, dass sie einer Überprüfung auf den Wahrheitsgehalt zugänglich sind.[221]

Wie in Grenz- und Überschneidungsfällen zu urteilen ist, haben die Gerichte nicht durch allgemeine Aussagen festsetzen wollen. Als Abgrenzungskriterium ist neben Wortlaut und äußerer Form insbesondere der Gesamtzusammenhang einer Äußerung heranzuziehen.[222] Mit der weiten Auslegung des Meinungsbegriffs gibt die Rechtsprechung aber zu erkennen, im Zweifel von einem Werturteil ausgehen zu wollen.[223] Diese Hal-

218 *BVerfG*, BVerfGE 54, 208 (219 f.); BVerfGE 61, 1 (8); BVerfGE 85, 1 (15); BVerfGE 90, 241 (247); NJW 2006, 207 (210).

219 *BVerfG*, BVerfGE 93, 266 (289); BVerfGE 94, 1 (8).

220 *BVerfG*, BVerfGE 90, 241 (247); ähnlich BVerfGE 94, 1 (8); NJW 2013, 217 (218); NJW 2012, 1643 (1644).

221 *BVerfG*, BVerfGE 90, 241 (247); BVerfGE 94, 1 (8); *BGH*, BGHZ 132, 13 (21); NJW 1998, 3047 f.; NJW 2010, 760 (761 f.); NJW 2011, 2204 f.

222 Statt vieler *BGH*, NJW 1988, 1589 f. m.w.Nachw.

223 Vgl. *BVerfG*, BVerfGE 61, 1 (9); BVerfGE 85, 1 (15); *Soehring*, NJW 1997, 360 (362) m.w.Nachw.

tung verdient Zustimmung. Wie soeben festgestellt wurde, geht letztlich jeder Äußerung eine innere Entscheidung voraus, ob und wie man sich äußern will.[224] Das hierbei maßgebende Element des Dafürhaltens rechtfertigt das Prinzip »im Zweifel Werturteil«.

3. Kollision von Medienpersönlichkeitsrecht und Medienfreiheit

Ziel der bisherigen Betrachtung war es, die für die rechtliche Behandlung der Medienberichterstattung maßgeblichen Rechtsgüter in ihren wesentlichen Zügen herauszuarbeiten. Es wurden das Medienpersönlichkeitsrecht und die Medienfreiheit dargestellt, deren Kollision eine der häufigsten und komplexesten Konfliktfälle des privaten Medienrechts ausmacht. Diese bislang isolierte Darstellungsweise hat jedoch nur die Eckpunkte des Grundrechtsschutzes der gegenüberstehenden Positionen benennen können. Die konkreten Grenzen ergeben sich letztlich, wie im Kollisionsfeld zweier Verfassungsgüter üblich,[225] erst durch eine direkte Gegenüberstellung der widerstreitenden Interessen.

Aus diesem Grund werden im Folgenden Fallkonstellationen zusammengetragen, die die unmittelbare Kollision von Medienpersönlichkeitsrecht und Medienfreiheit zum Gegenstand haben. Durch ihre Analyse kann dargelegt werden, wie die Gerichte die Spannungslage zwischen beiden Verfassungsgütern in jahrelanger Rechtsprechung aufgelöst haben. Die Aufteilung der Darstellung orientiert sich dabei an der oben[226] vorgenommenen Fallgruppenbildung. Im Rahmen eines abschließenden Rechtsvergleichs soll daraus, zusammen mit den Ergebnissen aus den anderen Rechtsordnungen,[227] ein Modell aufgezeigt werden, das die Grundzüge der Rechtsprechung benennt und die tatsächliche Gewichtung des Medienpersönlichkeitsrechts in den untersuchten Staaten dokumentiert.[228]

---

224 Vgl. die Nachw. in Fn. 212.

225 Vgl. etwa *BVerfG*, BVerfGE 41, 29 (51); BVerfGE 77, 240 (255); ausführlich zur praktischen Konkordanz *Hesse*, Grundzüge des Verfassungsrechts (1999), Rn. 317 ff.

226 Siehe vorstehend unter B. III. 1.

227 Siehe unter C. und D.

228 Siehe unter E.

a) Verfassungssystematisches Verhältnis

Dem Interesse der Medien an einer möglichst freien Berichterstattung stehen die persönlichen Belange des Einzelnen gegenüber, nicht oder nicht in der geschehenen Weise Gegenstand medialer Darstellung zu sein.[229] Verfassungssystematisch wird der Konflikt dadurch zum Ausgleich gebracht, dass die Medienfreiheit – neben verfassungsimmanenten Grenzen[230] – der Schrankenregelung des Art. 5 Abs. 2 GG unterfällt. Danach sind Einschränkungen der Medienfreiheit durch Vorschriften der allgemeinen Gesetze, zum Schutz der persönlichen Ehre oder dem Jugendschutz möglich. Im hier behandelten Kontext sind nur erstere beide relevant.[231]

aa) Die allgemeinen Gesetze als Schranke der Medienfreiheit

Unter den Begriff der allgemeinen Gesetze i.S. des Art. 5 Abs. 2, 1. Var. GG fasst das *Bundesverfassungsgericht* solche Regelungen, *»die nicht eine Meinung als solche verbieten, die sich nicht gegen die Äußerung einer Meinung als solcher richten, die vielmehr dem Schutze eines schlechthin, ohne Rücksicht auf eine bestimmte Meinung, zu schützenden Rechtsguts dienen, dem Schutze eines Gemeinschaftswerts, der gegenüber der Betätigung der Meinungsfreiheit den Vorrang hat.«*[232] Mit dieser Formel kombiniert das Gericht die aus der Weimarer Zeit stammenden Sonderrechts-

---

229 Dies gilt vor allem für die untersuchten Persönlichkeitsinteressen Privatheit, Ehre und Persönlichkeitsverwertung, siehe vorstehend unter B. III. 1.

230 Dazu *Hufen*, Staatsrecht II (2011), § 9 Rn. 30 ff.; *Pieroth/Schlink*, Grundrechte (2012), § 6 Rn. 327 ff.

231 Mit der Schranke der *»gesetzlichen Bestimmungen zum Schutze der Jugend«* gemäß Art. 5 Abs. 2 GG soll die Verbreitung speziell jugendgefährdender Inhalte verhindert werden. Gemeint sind vor allem Gefährdungen sittlicher Art, etwa Gewaltverherrlichung, die Förderung von Rassenhass oder schamverletzende Darstellungen von sexuellen Handlungen. (Ausführlich dazu *Grabenwarter*, Maunz/Dürig GG [2013], Art. 5 Rn. 190 ff.) Unter dem Aspekt der Verletzung des Persönlichkeitsrechts haben Jugendschutzgesetze daher keine Bedeutung. Sind Persönlichkeitsinteressen Jugendlicher betroffen, ergeben sich aus rechtssystematischer Sicht keine Besonderheiten; es finden die übrigen Schranken des Art. 5 Abs. 2 GG Anwendung. Zu den materiellrechtlichen Unterschieden des Persönlichkeitsrechtsschutzes Jugendlicher siehe *BGH*, NJW 2010, 1454 (1455) m.w.Nachw.

232 *BVerfG*, BVerfGE 7, 198 (209 f.).

lehre und Abwägungslehre:[233] Zum einen darf das einschränkende Gesetz keine Sonderbehandlungen bestimmter Meinungen oder Meinungsträger zulassen. Es gilt das Gebot der inhaltlichen Neutralität.[234] Zum anderen muss das Gesetz ein Gemeinschaftsgut schützen, das im konkreten Fall höherwertig erscheint als die Meinungsfreiheit. Als allgemeine Gesetze kommen folglich nur solche Regelungen in Betracht, die nicht den Inhalt von Aussagen, sondern allein deren Modalitäten betreffen, etwa die Art und Weise oder den Ort einer Äußerung.[235] Ausnahmen werden lediglich beim Ehrschutz toleriert, wo auch inhaltsbezogene Eingriffe zulässig sind (vgl. Art. 5 Abs. 2, 3. Var. GG).[236]

Neben dieser begrifflichen Eingrenzung hat das *Bundesverfassungsgericht* auch auf systematischer Ebene einen Eingriff durch *»allgemeine Gesetze«* erschwert: Erforderlich ist demnach, dass die Gesetze in ihrer die Meinungsfreiheit beschränkenden Wirkung ihrerseits im Lichte der Bedeutung der Meinungsfreiheit gesehen und so ausgelegt werden, dass der besondere Wertgehalt dieses Rechts gewahrt bleibt.[237] Das allgemeine Gesetz sei keine einseitige Beschränkung der Meinungsfreiheit, sondern streng in Wechselwirkung mit dieser zu sehen (sog. Wechselwirkungslehre). Anderenfalls sei die Reichweite des Grundrechts jeder Relativierung durch einfaches Gesetz zugänglich.[238] An dieser Stelle zeigt sich folglich das Bestreben, den überragenden Wert der Meinungs- und Medienfreiheit über ihre weite Tatbestandsauslegung hinaus auch durch hohe Schrankenanforderungen zu untermauern.

Überträgt man die Schrankensystematik auf das hier zu untersuchende Spannungsverhältnis, stellt sich die Frage, ob die das Medienpersönlichkeitsrecht schützenden Vorschriften als zulässige Schranken des Art. 5

---

233 Dazu ausführlich *Epping*, Grundrechte (2012), Rn. 242 ff.

234 Dieses Neutralitätsgebot legt das *BVerfG* jedoch eng aus, indem es wiederholt inhaltsbezogene Beschränkungen als allgemeine Gesetze behandelt; dazu *Neben*, Triviale Personenberichterstattung (2001), S. 174 f.

235 *Starck* in v. Mangoldt/Klein/Starck GG (2010), Art. 5 Abs. 1, 2 Rn. 199.

236 Dies lässt sich zum einen auf praktische Gründe zurückführen, weil ehrschützende Vorschriften ihrer Natur nach nicht inhaltsneutral angelegt sind, sondern ihre Aufgabe gerade darin besteht, einen konkreten (ehrverletzenden) Äußerungsinhalt zu untersagen. Zum anderen wird dadurch der erhöhten Gefährdungslage Rechnung getragen, welcher die persönliche Ehre bei der Ausübung der Kommunikationsfreiheiten üblicherweise ausgesetzt ist. Vgl dazu *Starck*, in v. Mangoldt/Klein/Starck GG (2010), Art. 5 Abs. 1, 2 Rn. 209 m.w.Nachw.

237 *BVerfG*, BVerfGE 7, 198 (208 f.).

238 *BVerfG*, BVerfGE 7, 198 (208).

Abs. 1 GG angesehen werden können. Dies hat das *Bundesverfassungsgericht* im Hinblick auf §§ 823 Abs. 1 BGB und 22 KUG bejaht und diese als allgemeine Gesetze i.S. des Art. 5 Abs. 2 GG anerkannt.[239] Mit Blick auf die obige Definition der allgemeinen Gesetze ist jedoch zu differenzieren: § 823 Abs. 1 BGB kann nur in den Fällen als allgemeines Gesetz gelten, in denen der auf ihn gestützte persönlichkeitsschützende Eingriff auch tatsächlich inhaltsneutral ist. Ist dagegen der Äußerungs*inhalt* betroffen, so kann der Eingriff nicht durch ein allgemeines Gesetz, sondern allenfalls wegen verfassungsimmanenter Schranken zum Schutze eines höherwertigen Rechtsguts gerechtfertigt sein. Im Bereich der Personenberichterstattung ist es jedoch üblich, dass eine Äußerung gerade wegen ihres Inhaltes beanstandet wird, so dass regelmäßig nur die verfassungsimmanente Schranke in Betracht kommt. Dann aber stellt sich die Frage, welches Rechtsgut der Meinungsfreiheit überhaupt vorrangig sein kann. Angesichts der hohen Wertigkeit des Grundrechts kann dies letztlich nur ein Rechtsgut mit hinreichendem Bezug zu Art. 1 Abs. 1 GG sein.[240]

Zusammenfassend ist die Schranke der allgemeinen Gesetze gemäß Art. 5 Abs. 2, 1. Var. GG somit allenfalls einschlägig, wenn das beeinträchtigte Rechtsgut einen – wie auch immer gearteten – Bezug zur Menschenwürde aufweist.

bb) Recht der persönlichen Ehre als Schranke der Medienfreiheit

Das Recht der persönlichen Ehre ist nicht nur eine Schranke des Art. 5 Abs. 1 GG, sondern zugleich ein Wert mit Verfassungsrang. Es genießt selbstständigen Grundrechtsschutz. Für den Umfang dieser Schranke gilt daher das im Rahmen der Bestimmung des Schutzbereichs Gesagte.[241]

cc) Zwischenergebnis

Der systematische Ausgleich von Medienpersönlichkeitsrecht und Medienfreiheit wird zum einen über die vom *Bundesverfassungsgericht* konkre-

---

239 Statt vieler *BVerfG*, BVerfGE 120, 180 (200) m.w.Nachw.

240 Zum Ganzen siehe *Neben*, Triviale Personenberichterstattung (2001), S. 175 ff.

241 Siehe vorstehend unter B. III. 1. b); zur Abwägung in der Praxis siehe B. III. 3. c).

tisierten allgemeinen Gesetze vorgenommen (Art. 5 Abs. 2, 1. Var. GG), zum anderen über die speziellen ehrschützenden Regelungen (Art. 5 Abs. 2, 3. Var. GG) und schließlich über die verfassungsimmanenten Schranken. Dabei wird keiner der gegenüberstehenden Positionen ein genereller Vorrang eingeräumt. Eine Entscheidung lässt sich erst durch eine einzelfallbezogene Interessenabwägung herbeiführen.[242]

b) Interessenausgleich hinsichtlich des Schutzes des privaten Lebensbereichs

Die Beurteilung von Tatsachenberichten wird wie dargelegt zuallererst von deren Wahrheitsgehalt bestimmt.[243] Wahre Aussagen über eine Person müssen grundsätzlich hingenommen werden, auch wenn sie sich nachteilig auf die Person auswirken.[244] Die Rechtsprechung hat hier eine Vermutung für die Zulässigkeit der freien Berichterstattung aufgestellt, um der Bedeutung der Äußerungsfreiheit als *»Grundlage jeder Freiheit überhaupt«*[245] gerecht zu werden.[246] Etwas anderes kann jedoch gelten, wenn durch die Äußerung der enge Lebensbereich einer Person betroffen ist. In diesem Fall hat das Publikationsrecht der Medien gegebenenfalls zurückzustehen.[247]

Als Hilfsinstrument für die Abwägungsentscheidung hat die Rechtsprechung verschiedene Sphären herausgearbeitet, denen eine private Information zugewiesen werden kann: Sie unterfällt danach entweder der Intimsphäre, der Privatsphäre oder der Sozialsphäre (sog. Sphärentheorie).[248] Auf Grundlage dieser Einteilung können einem Sachverhalt je nach Sphärenzugehörigkeit ein festes Abwägungsmuster zugeordnet und dadurch die Grenzen des Persönlichkeitsrechtsschutzes gegenüber der Medi-

---

242 Statt vieler *BVerfG*, AfP 1999, 254 (256).

243 Siehe vorstehend unter B. III. 2. b) bb).

244 Zuletzt *BGH*, AfP 2013, 57 (58) m.w.Nachw.

245 *BVerfG*, BVerfGE 7, 198 (208); vgl. auch *BVerfG*, BVerfGE 61, 1 (7); NJW 2009, 3016 (3017).

246 *BVerfG*, BVerfGE 7, 198 (212); BVerfGE 61, 1 (7); BVerfGE 85, 1 (16); *BGH*, NJW 1966, 1617 (1619). Diese ausdrücklich für Meinungen aufgestellte Vermutung muss konsequenterweise auch für Tatsachenbehauptungen gelten, hat die Rechtsprechung doch wiederholt das wertende Element bei Tatsachenbehauptungen herausgestellt; vgl. vorstehend unter B. II. 2. b) cc).

247 Vgl. vorstehend unter B. III. 1. a).

248 Kritisch zur Sphärentheorie *Baston-Vogt*, Schutzbereich (1997), S. 399 f.

enfreiheit klarer festgelegt werden. Dabei gilt: Je tiefer der Eingriff in den privaten Bereich erfolgt, desto höher sind die Anforderungen an das Publikationsinteresse. Die Einteilung darf dabei nicht als rein örtliche Abgrenzung verstanden werden, nach der für einen bestimmten (privaten oder öffentlichen) Raum jeweils starre Abwägungskriterien gelten. Vielmehr, so hat das *Bundesverfassungsgericht* betont, sei die Zuordnung in eine der drei Sphären auch aufgrund thematischer Kriterien möglich.[249] So soll eine Angelegenheit schon allein ihres Inhalts wegen *»typischerweise als ‚privat' eingestuft«*[250] werden können, wenn ihre öffentliche Erörterung oder Zurschaustellung als unschicklich oder anstößig empfunden wird und nachteilige Reaktionen der Umwelt auslöst. An diesem Beispiel zeigt sich, dass die Sphäreneinteilung weitgehend an gesellschaftlich akzeptierte Wertvorstellungen angelehnt und von Moral und Sitte vorbestimmt ist.[251]

aa) Schutz der Intimsphäre

Die Intimsphäre betrifft den engsten Persönlichkeitsbereich des Menschen und umfasst seine innerste Gefühls- und Gedankenwelt. Hierzu zählt man Vorgänge aus dem Sexualleben, Gespräche unter Nahestehenden oder private Film- und Tondokumente, da diese typischerweise Ausdruck der freien und unbefangenen Wesensentfaltung sind.[252] Die Rechtsprechung erkennt in diesen Angelegenheiten einen engen Bezug zur Menschenwürde, der sie zum *»letzten unantastbaren Bereich menschlicher Freiheit«*[253] macht. Maßgeblich und erforderlich sei, dass das fragliche Ereignis *»nur die betreffende Person etwas angeht.«*[254]

---

249 *BVerfG*, BVerfGE 101, 361 (382).

250 *BVerfG*, BVerfGE 101, 361 (382).

251 Vgl. *Baston-Vogt*, Schutzbereich (1997), S. 405.

252 Etwa *BVerfG*, BVerfGE 119, 1 (29 f.); BVerfGE 47, 46 (73 f.); BVerfGE 34, 238 (246); *BGH*, NJW-RR 1988, 733; *OLG Hamburg*, Ufita 67 (1978), 278 (286); *LG Hamburg*, K&R 2014, 288.

253 *BVerfG*, BVerfGE 6, 32 (41).

254 *OLG Hamburg*, AfP 1991, 533. In casu hat das Gericht daher die Berichterstattung über die geheime Liebesbeziehung eines Prominenten vom Schutzbereich ausgenommen, weil mit ihr die die Öffentlichkeit berührende Frage zusammenhing, ob aus der Beziehung ein Kind hervorgegangen ist; vgl. auch *BVerfG*, BVerfGE 6, 389 (433).

Die Zuordnung zur Intimsphäre hängt demnach davon ab, ob das Ereignis seinem Inhalt nach höchstpersönlich oder ob darüber hinaus die Sphäre der Allgemeinheit berührt ist.[255] Ist ersteres der Fall, sind Eingriffe ohne ausdrückliche oder konkludente Einwilligung des Betroffenen schlechthin unzulässig; selbst hochrangige Allgemeininteressen stehen in diesem Fall hintan. Gäbe es hier keinen absoluten Schutz, wäre die Möglichkeit der Auseinandersetzung mit sich selbst, innere Vorgänge wie Empfindungen und Gefühle, Überlegungen und Erlebnisse auszudrücken, erheblich beeinträchtigt.[256] Einem absoluten Schutz steht es dabei nicht entgegen, dass die Angelegenheit bereits zu einem früheren Zeitpunkt der Öffentlichkeit preisgegeben worden ist. So sollen beispielsweise Nacktfotos auch dann der Intimsphäre unterfallen, wenn sie zuvor in einem Schulbuch[257] oder einem Zeitungsmagazin[258] abgebildet worden sind. Ein früheres Einverständnis in eine Veröffentlichung ist daher nur auf das jeweilige Mal beschränkt und erlaubt keine weitere, von der konkreten Zweckbestimmung losgelöste Verwendung. Es bedarf stets der erneuten Zustimmung des Betroffenen. Anders beurteilt sich die Lage aber, wenn der Betroffene das intime Ereignis zuvor ohne erkennbare Eingrenzung in die Öffentlichkeit getragen hat.[259]

Als unzulässig wurde ferner befunden, dass eine Theaterszene, in der eine Schauspielerin unbekleidet auftritt, filmisch mitgeschnitten und später als Abdruck in einer Zeitung veröffentlicht wurde.[260] Hierdurch erreiche die Darstellung des Körpers eine weit stärkere Intensität als bei der flüchtigen Theaterszene. Auch werde der Empfängerkreis, den die Betroffene nicht überschauen und beeinflussen könne, erheblich vergrößert. Die Rechtsprechung stellt hier folglich darauf ab, ob die Berichterstattung situationsgebunden erfolgt. Erforderlich ist ein innerer Zusammenhang zwischen der Veröffentlichung und der Einwilligung durch den Betroffenen, anderenfalls ist die Darstellung rechtswidrig.[261]

---

255 *BVerfG*, BVerfGE 80, 367 (374); BVerfGE 109, 279 (314); BVerfGE 124, 43 (69 f.).

256 *BVerfG*, BVerfGE 109, 279 (313).

257 *BGH*, NJW 1985, 1617 (1618 f.).

258 *LG München I*, ZUM-RD 2005, 38 (42).

259 *BGH*, NJW 2012, 767 f.; *Steffen*, in Löffler Presserecht (2006), § 6 LPG Rn. 67 jeweils m.w.Nachw.

260 *LG Saarbrücken*, NJW-RR 2000, 1571 (1572).

261 Dazu ausführlich mit weiteren Beispielen *Wanckel*, Hdb. Persönlichkeitsrecht (2008), § 19 Rn. 29 ff.

Wegen des strikten Abwägungsverbotes hat die langjährige Rechtsprechung allerdings nur selten einen Sachverhalt der Intimsphäre zugeordnet.[262] Vielmehr zeichnet sich gerade in jüngerer Zeit eine Tendenz ab, wonach bislang geschützte Intimitäten vom Kernbereich ausgenommen und der weniger geschützten Privatsphäre unterstellt werden.[263] Hierdurch werden auch höchstpersönliche Informationen wieder einer Abwägung mit der Medienfreiheit zugänglich. Entscheidend ist danach, wie detailliert und umfangreich über intime Vorgänge berichtet wird. Enthält die Mitteilung lediglich allgemeine Informationen, nicht aber Einzelheiten zu dem intimen Ereignis, soll der unantastbare Kernbereich nicht berührt sein.[264]

bb) Schutz der Privatsphäre

Verletzungen der Privatsphäre durch die Medien haben in den vergangenen Jahren beträchtlich zugenommen. Während vor Eingriffen in die absolut geschützte Intimsphäre oftmals (noch) zurückgeschreckt wird, scheinen die Medien angesichts des steigenden Konkurrenzkampfes immer eher dazu bereit, private Informationen, insbesondere prominenter Personen, um jeden Preis zu offenbaren. Das Bemühen um möglichst sensationelle Schlagzeilen und skandalträchtige Enthüllungen und die damit verbundene Hoffnung auf »Klicks, Quote und Auflage« überlagern zuneh-

---

262 Vgl. *Di Fabio*, in Maunz/Dürig GG (2013), Art. 2 Rn. 158 m.w.Nachw.; zuletzt *LG Hamburg*, K&R 2014, 288.

263 So jüngst *BGH*, NJW 2013, 1681 (1682): Der Entscheidung lag eine Unterlassungsklage des Wettermoderators *Jörg Kachelmann* gegen einen Onlinebericht der Bild-Zeitung zugrunde. Die Zeitung hatte während eines gegen *Kachelmann* wegen des Verdachts der Vergewaltigung laufenden Ermittlungsverfahrens über dessen sexuelle Vorlieben berichtet. U.a. hieß es, *Kachelmanns* Ex-Freundin habe *»auf ihn gewartet mit hochgezogenem Strickkleid«*, und weiter: *»Wie üblich habe sie Handschellen und eine Reitgerte bereitgelegt.«* Der *BGH* wies die Klage *Kachelmanns*, zwischenzeitlich vom Vorwurf der Vergewaltigung freigesprochen, ab und bejahte ein überwiegendes Informationsinteresse an der Berichterstattung mit der Begründung, dass *»Sexualstraftaten [...] nicht der absolut geschützten Intimsphäre des Tatverdächtigen [angehören].«* Angesichts des vorherigen Freispruchs *Kachelmanns* fragt man sich, welche *»Sexualstraftat«* die Richter hier gemeint haben. Vgl. zum Grenzbereich von Intim- und Privatsphäre auch *BGH*, NJW 1999, 2893 (2894); bestätigt durch *BVerfG*, NJW 2000, 2189 f.; *OLG Dresden*, NJW 2012, 782 (784); *Steffen*, in Löffler Presserecht (2006), § 6 LPG Rn. 215.

264 *BGH*, NJW 1999, 2893 (2894); *KG*, NJW-RR 2010, 622 (624).

mend die journalistische Ethik.[265] Das Risiko einer Rechtsverfolgung wird dabei offenbar bewusst in Kauf genommen. Als Reaktion hierauf hat die Rechtsprechung in Deutschland die Reichweite der Privatsphäre weiter präzisiert und an die neuen Bedrohungen angepasst.

(1) Merkmale der Privatsphäre

Die Privatsphäre betrifft im Ausgangspunkt das Leben im familiär-häuslichen Kreis. Danach werden solche Orte vor dem Eindringen Dritter geschützt, die den räumlich-gegenständlichen Lebensmittelpunkt einer Person ausmachen und nur besonders Befugten offenstehen.[266] Dem Einzelnen soll ein Rückzugsort gewährt werden, in dem er sich gehen lassen kann und nicht unter ständiger öffentlicher Beobachtung weiß.[267] Dieser Rückzugsort ist indes nicht auf den innerhäuslichen Bereich beschränkt, die den Einblicken Dritter ohnehin üblicherweise verschlossen sind,[268] sondern umfasst auch dazugehörige Außenanlagen wie Gärten und Terrassen.[269] Unzulässig ist sowohl die Darstellung der häuslichen Besitztümer als auch der betroffenen Person selbst.[270]

Inzwischen hat der *Bundesgerichtshof* den Schutz der Privatsphäre auch außerhalb des häuslichen Bereichs anerkannt.[271] Danach enden die privaten Belange nicht an der *»Haustür«*,[272] sondern können auch im öffentlichen Raum fortbestehen. Dies ist etwa dann der Fall, wenn sich jemand objektiv erkennbar in eine abgeschiedene Umgebung zurückgezogen hat und in der konkreten Situation im Vertrauen auf die Abgeschiedenheit so

---

265 Eingehend dazu *Prinz*, ZRP 2000, 138.

266 *BVerfG*, BVerfGE 101, 361 (382 f.); *BGH*, GRUR 1989, 225 (226); *KG*, NJW-RR 2000, 1714; *OLG Bremen*, NJW 1990, 2140 f.

267 *BVerfG*, BVerfGE 27, 1 (6); BVerfGE 101, 361 (383); NJW 2006, 2836 (2837); *Di Fabio*, in Maunz/Dürig GG (2013), Art. 2 Rn. 149.

268 Dies sind neben der eigentlichen Wohnung auch solche Räumlichkeiten, die nur vorübergehend als häuslicher Aufenthaltsort genutzt werden, z.B. Ferienhäuser und Hotelzimmer, vgl. *BGH*, NJW 2004, 762 (763).

269 *BGH*, NJW 2004, 762 (763); *KG*, NJW-RR 2000, 1714.

270 *KG*, NJW-RR 2000, 1714.

271 *BGH*, NJW 1996, 1128 (1129); bestätigt durch *BVerfG*, BVerfGE 101, 361 (383).

272 So noch *OLG Hamburg*, NJW-RR 1995, 790 (792).

verhält, wie er es in der breiten Öffentlichkeit nicht tun würde (sog. örtliche Abgeschiedenheit).[273]

(2) Abgrenzung

Die Stellung der Privatsphäre zwischen dem intimen und dem öffentlichen Lebensraum verursacht auf zweierlei Abgrenzungsprobleme: Es gilt die Frage zu klären, wann ein Sachverhalt aus dem Privatbereich einerseits nicht derart vertraulich ist, dass er absoluten Schutz vor Eingriffen verdient, andererseits aber keinen solch starken *»Sozialbezug«*[274] aufweist, dass das Berichterstattungsrecht der Medien im Regelfall überwiegt (sog. Sozialsphäre).[275] Im Rahmen der Privatsphäre stehen sich das individuelle Geheimhaltungsinteresse und das Publikationsinteresse der Medien vielmehr gleichrangig gegenüber.[276]

Die Rechtsprechung verfährt in zwei Schritten: In Abgrenzung zur Intimsphäre wird der Sachverhalt zunächst darauf hin geprüft, ob er ausschließlich die Belange des Betroffenen berührt. In diesem (seltenen) Fall wäre, wie dargelegt,[277] eine Verbreitung unzulässig und jede Abwägung mit der Medienfreiheit entbehrlich. Sind aber trotz des häuslichen Herkommens der Information auch äußere Interessen, d.h. die der Öffentlichkeit berührt, werden die widerstreitenden Positionen abgewogen. Fällt die Entscheidung dann zugunsten der Medienfreiheit aus, ist die Berichterstattung zulässig. Der Einzelne muss dann *»als gemeinschaftsbezogener und gemeinschaftsgebundener Bürger«*[278] seine persönlichen Belange zurückstellen.

---

273 *BGH*, NJW 1996, 1128 (1129). Das Gericht verweist dabei auf die Motive des KUG-Gesetzgebers, Vorgänge des persönlichen und häuslichen Familienlebens vor der Öffentlichkeit schützen zu wollen. Diese Formulierung beschränke den Schutz der Privatsphäre keineswegs ausschließlich auf den häuslichen Bereich, sondern ließe einer erweiterten Handhabung durchaus Raum.

274 Vgl. *BVerfG*, BVerfGE 6, 389 (433).

275 Siehe unter B. III. 3. b) cc).

276 Dazu sogleich unter (4).

277 Siehe vorstehend unter B. III. 3. b) aa).

278 *BVerfG*, BVerfGE 27, 1 (7); 27, 344 (351); 32, 373 (379); 54, 143 (146).

(3) Frühere Reichweite des Schutzes der Privatsphäre

Die Beurteilung von Veröffentlichungen aus dem Privatbereich hat die Rechtsprechung zum einen von dem Ort abhängig gemacht, an dem der Vorgang beobachtet wurde, zum anderen von der sozialen Stellung des Betroffenen. Hieraus hat wurde, wie nachfolgend zu erörtern ist, der Umfang des zur Veröffentlichung berechtigenden Publikationsinteresses der Medien abgeleitet.

(a) Ortsbezogenes Kriterium

Hinsichtlich des ortsbezogenen Kriteriums hat die Rechtsprechung zunächst gefragt, ob die zu verbreitende Information über allgemein zugängliche Wege erlangt wurde oder sie durch rechtliche oder tatsächliche Hindernisse gerade der Kenntnisnahme Dritter entzogen sein sollte.[279] Nur letzterenfalls sollte eine Verletzung des Persönlichkeitsrechts in Betracht kommen. Oftmals ging es dabei um Sachverhalte, in denen das häusliche Umfeld mit entsprechenden Hilfsmitteln von außen ausgespäht wurde. Zum Beispiel wurde die Veröffentlichung von Luftaufnahmen eines privaten Grundstücks als Verletzung der Privatsphäre angesehen, da der Handelnde sich über die geschaffenen Vorkehrungen zur Sicherung der Privatheit hinweggesetzt habe.[280] Niemand müsse hinnehmen, dass seine Privatsphäre unter Überwindung bestehender Hindernisse oder mit Hilfsmitteln wie Teleobjektiven, Leitern oder Flugzeugen ausgespäht werde. In gleicher Weise wurden Bildaufnahmen der Außenansicht eines Grundstücks untersagt, die später unter Namensnennung des Betroffenen veröffentlicht werden sollten.[281] Die Rechtsprechung stellte vorliegend darauf

279 *BVerfG*, NJW 2000, 1021 (1022); *BGH*, NJW 1996, 1128 (1129 ff.); *KG*, NJW-RR 2000, 1714.

280 *BGH*, NJW 2004, 762 (763 f.); *KG*, NJW-RR 2000, 1714. In letzterem Fall wurde eine Rechtsverletzung durch die Veröffentlichung jedoch verneint, weil der Betroffene zuvor eine umfangreiche Wort- und Bildberichterstattung über seine häuslichen und persönlichen Verhältnisse gebilligt hatte (sog. Selbstöffnung der Privatsphäre). Daher wird der Person selbst dann ein rechtlicher Schutz versagt, wenn im Anschluss weitere entsprechende Veröffentlichungen ohne deren Mitwirkung und Einwilligung erfolgen; siehe auch *BGH*, GRUR 2005, 76 (78); *OLG Hamburg*, AfP 2006, 173 (174); dazu ausführlich *Wanckel*, Hdb. Persönlichkeitsrecht (2008), § 19 Rn. 25 f.

281 *KG*, NJW 2005, 2320 (2321 f.).

ab, dass allein dem Rechtsträger die Entscheidung darüber verbleiben soll, bisher Verborgenes der Öffentlichkeit preiszugeben. Zulässig sollten dagegen einfache Aufnahmen sein, die den ohnehin nach außen gewandten Bereich wiedergaben.[282]

Nach der beschriebenen Ausdehnung des Privatsphärenschutzes auf den außerhäuslichen Bereich galt nun das Augenmerk der Frage, wann eine solche örtliche Abgeschiedenheit vorlag. Das *Bundesverfassungsgericht* verstand hierunter eine Situation, in der der Einzelne begründetermaßen und für Dritte erkennbar davon ausgehen dürfe, den Blicken der Allgemeinheit nicht ausgesetzt zu sein.[283] Mit anderen Worten konnte ein und derselbe Ort zur einen Zeit als abgeschieden gelten und einen Rechtsschutz begründen, zur anderen Zeit hingegen nicht. In der Ausgangsentscheidung des *Bundesgerichtshofs*[284] ging es um die Veröffentlichung von Bildaufnahmen, die *Prinzessin Caroline von Hannover* in einem Gartenlokal zeigten. Die Richter bejahten in casu eine örtliche Abgeschiedenheit: Zwar habe sich die Klägerin einer gewissen Öffentlichkeit ausgesetzt, es sei aber ein Unterschied, ob bloß die zufällig anwesende Personenzahl sie wahrnehmen und beobachten könne oder ob durch mediale Berichterstattung eine breite Öffentlichkeit von dem Ereignis erfahre. Zudem habe die Abgebildete während des Aufenthaltes im Gartenlokal erkennbar für sich sein wollen.[285]

Anders entschied die Rechtsprechung aber bei einem Strandbadbesuch,[286] einer Radtour[287] oder dem Besuch eines Reitturniers,[288] bei denen eine örtliche Abgeschiedenheit verneint wurde. Hier habe die Betroffene einen Ort ohne jede Zugangsbeschränkung aufgesucht und könne nicht erwarten, den Blicken der Öffentlichkeit und der Medien zu entkommen.

---

282 *BGH*, NJW 1989, 2251 (2253); *KG*, NJW 2005, 2320; *LG Berlin*, AfP 1999, 525.

283 *BVerfG*, BVerfGE 101, 361 (384).

284 *BGH*, NJW 1996, 1128.

285 Vgl. auch *BVerfG*, ZUM-RD 2000, 319 (320) – Einkauf eines Skipullovers unter Nennung weiterer Kaufdetails; *BVerfG*, ZUM-RD 2000, 320 (321) – Einkauf von Blumen mit Anspielung auf eine außereheliche Liebesbeziehung.

286 *OLG Hamburg*, AfP 1999, 175; zustimmend *BVerfG*, ZUM-RD 2000, 318 (319).

287 *BVerfG*, ZUM 2000, 149 (159).

288 *LG Hamburg*, ZUM-RD 1998, 579 (582).

(b) Personenbezogenes Kriterium

Die ortsbezogene Beurteilung der Berichterstattung über die Privatsphäre wurde schließlich durch ein zweites, personenabhängiges Kriterium ergänzt. Zunächst stellte das *Bundesverfassungsgericht* fest, dass Personen, denen keinerlei zeitgeschichtliche Bedeutung zukomme, ein Eindringen in ihre Privatsphäre generell nicht zu dulden brauchten.[289] Die Verbreitung derartiger Informationen hielte einer Interessenabwägung in keinem Falle stand. Anders wurde die Situation für Persönlichkeiten des öffentlichen Lebens beurteilt (sog. Personen der Zeitgeschichte), bei denen ein höheres Informationsbedürfnis der Öffentlichkeit angenommen wurde. Als Person der Zeitgeschichte galt dabei, wer *»ständig oder vorübergehend im Blickpunkt zumindest eines Teils der Öffentlichkeit«*[290] steht. Erforderlich war also, dass die Person – gewollt oder ungewollt – durch bestimmte Umstände an gesellschaftlichen Vorgängen teilgenommen und dadurch öffentliches Interesse auf sich gezogen hatte. In einem solchen Fall habe die ansonsten dem Betroffenen zustehende Entscheidungsmacht über seine mediale Darstellung zurückzustehen. Zwar wurde zugleich betont, dass der Privatsphärenschutz grundsätzlich jedermann zuteilwerde, unabhängig von Stellung, Funktion oder Beruf. Bekannte Personen müssten aber gewisse mit ihrem Bekanntheitsgrad verbundene Einschränkungen in Kauf nehmen.[291] Die generelle Haltung der Rechtsprechung entsprach damit im Wesentlichen den Vorschriften zum Bildnisschutz, die bei Personen der Zeitgeschichte ebenfalls weiterreichende Eingriffsbefugnisse vorsehen (§ 23 Abs. 1 Nr. 1 KUG). Wort- und Bildberichterstattung unterfielen einheitlichen Rechtmäßigkeitsanforderungen.

Als Auslegungshilfe im Zusammenhang mit Persönlichkeiten des öffentlichen Lebens diente lange Zeit die Rechtsfigur der absoluten bzw. relativen Person der Zeitgeschichte.[292] Als absolute Person der Zeitgeschichte galt, wer unabhängig von einem konkreten Ereignis aufgrund seines Status und seiner Bedeutung ein dauerhaftes und umfassendes Interesse an sich hervorrief. Dies betraf etwa Staatsoberhäupter und Politiker,[293] Ange-

289 *BVerfG*, BVerfGE 101, 361 (391).
290 *BVerfG*, NJW 1997, 2669 (2670).
291 *LG Köln*, AfP 1994, 166 (168).
292 Dazu *BGH*, GRUR 2007, 899 (900).
293 *BVerfG*, NJW 1992, 3288 (3289); *BGH*, NJW 1996, 593 (594); *KG*, ZUM-RD 2006, 552 (553).

hörige von Königshäusern[294] oder herausragende Sportler[295] und Unternehmer.[296] Von ihnen durfte auch ohne konkreten zeitgeschichtlichen Anlass berichtet werden, da sie anerkanntermaßen generelle Orientierung bei eigenen Lebensentwürfen böten und Leitbildfunktionen erfüllen könnten.[297] Dies rechtfertige auch an banalen Verhaltensweisen des Alltags ein legitimes Informationsinteresse der Öffentlichkeit.

Eine relative Person der Zeitgeschichte sollte dagegen sein, wer allein durch ein bestimmtes Ereignis ins Licht der Öffentlichkeit gerückt war. Vor diesem Hintergrund war eine Berichterstattung einzig im Rahmen dieses Ereignis erlaubt, da nur hieran ein legitimes Informationsinteresse bestehe. Die Darstellung der Person diene hier der Anschaulichkeit der journalistischen Darbietung.[298] Personen dieser Gruppe konnten zum Beispiel Beteiligte von Unfällen, Verbrechen oder Naturkatastrophen sein.[299]

(c) Zwischenergebnis

Zusammengefasst führten das orts- und personenbezogene Beurteilungskriterium dazu, dass das Privatleben sog. absoluter Personen der Zeitgeschichte umfassend dargestellt werden konnte, sofern nicht ein häuslicher oder erkennbar abgeschiedener Lebensbereich berührt war. Mit anderen Worten war es gestattet, die Abgebildeten auch bei alltäglichen Handlungen wie Reiten, Radfahren oder Einkaufen zu begleiten und Informationen hierüber zu verbreiten, solange sich diese Handlungen an öffentlich zugänglichen Orten zugetragen hatten. Die Allgemeinheit habe ein berechtigtes Interesse daran zu erfahren, wo und wie sich derartige Personen in der Öffentlichkeit bewegten.[300] Folglich kam es gerade nicht auf die zeit-

294 *BVerfG*, NJW 2000, 2192; *BGH*, NJW 1996, 1128 (1129).

295 *BGH*, NJW 1979, 2203; *OLG Düsseldorf*, GRUR-RR 2003, 1; *OLG Frankfurt a.M.*, NJW 2000, 594.

296 *BGH*, AfP 1993, 736; weitere Beispiele *Fricke*, in Wandtke/Bullinger, UrhR (2009), § 23 Rn. 8 ff.

297 *BVerfG*, BVerfGE 101, 361 (395 f.).

298 *Rixecker*, in MünchKomm BGB (2006), Anh. zu § 12 Rn. 54.

299 *OLG Celle*, NJW-RR 2001, 335 (336); *OLG Hamburg*, NJW-RR 1994, 1439 (1440); NJW-RR 1991, 990 (991); weitere Beispiele *Fricke*, in Wandtke/Bullinger, UrhR (2009), § 23 Rn. 14 ff.

300 *BGH*, NJW 1996, 1128 (1130); bestätigt durch *BVerfG*, BVerfGE 101, 361 (393).

geschichtliche Bedeutung des *Ereignisses*, sondern allein auf die daran beteiligte *Person* an.[301]

(4) Heutige Reichweite des Schutzes der Privatsphäre

Diese medienfreundliche Rechtsprechung hat im Zuge einer Entscheidung des *Europäischen Gerichtshofs für Menschenrechte* aus dem Jahr 2004 eine erhebliche Einschränkung erfahren.[302] Die Entscheidung folgte einer Reihe sog. *Caroline*-Urteile, in denen verschiedene deutsche Gerichte mit der Zulässigkeit von Medienberichten über *Prinzessin Caroline von Hannover* als Klägerin befasst waren. Im Mittelpunkt stand dabei die Abwägung zwischen dem Persönlichkeitsrecht der Abgebildeten auf der einen und der Meinungsfreiheit der Verlage auf der anderen Seite.

(a) Die Caroline-Entscheidung des EGMR

Der *EGMR* hatte nun über verschiedene Fotoveröffentlichungen aus dem Privatleben der Klägerin zu entscheiden.[303] Konkret ging es um eine konventionskonforme Anwendung des § 23 Abs. 1 KUG, wonach Bildnisse von Personen der Zeitgeschichte ohne Einwilligung des Betroffenen verbreitet werden dürfen. Der *EGMR* kam zu dem Ergebnis, dass die Auslegung des § 23 Abs. 1 KUG durch die deutschen Gerichte fehlerhaft und der Schutz der Privatheit dadurch nicht ausreichend gewährleistet sei.[304] Art. 8 EMRK wolle vorrangig das Recht des Einzelnen schützen, seine Persönlichkeit in seinen Beziehungen zu seinen Mitmenschen ohne Einmischung von außen zu entwickeln.[305] Dieser Schutzzweck sei von der deutschen Rechtsprechung nicht hinreichend berücksichtigt worden.[306] In der Abwägung zwischen dem Schutz des Privatlebens und der Freiheit der Meinungsäußerung komme es entscheidend darauf an, ob die Veröffentlichung zur öffentlichen Diskussion beitrage und eine *»Frage allgemeinen*

301 Vgl. nur *BGH*, NJW 1996, 1128 (1130 f.).

302 Vgl. *EGMR*, GRUR 2004, 1051 – Von Hannover gegen Deutschland (Nr. 1).

303 Ausführlich zur Entscheidung etwa *Prütting* (Hrsg.), Das Caroline-Urteil des EGMR (2005); *Grabenwarter*, AfP 2004, 309.

304 *EGMR*, GRUR 2004, 1051 (1054) – Von Hannover gegen Deutschland (Nr. 1).

305 *EGMR*, GRUR 2004, 1051 (1052) – Von Hannover gegen Deutschland (Nr. 1).

306 *EGMR*, GRUR 2004, 1051 (1054) – Von Hannover gegen Deutschland (Nr. 1).

Interesses«[307] zum Gegenstand habe. Die streitigen Fotoaufnahmen zeigten jedoch die Klägerin in Szenen des Alltagslebens, also bei Tätigkeiten rein privater Art, beim Sport, Einkaufen oder im Urlaub. Daher liege die Berichterstattung außerhalb jeder öffentlichen Diskussion, sie befriedige vielmehr nur die Neugier eines bestimmten Publikums. Die für diese Fälle gebotene Einschränkung des § 23 Abs. 1 KUG hätten die deutschen Gerichte verkannt.[308]

In Fortführung dieser Grundsätze hat der *EGMR* zuletzt die Veröffentlichung von Fotos gebilligt, die *Prinzessin Caroline von Hannover* im Skiurlaub zeigten.[309] Im Unterschied zur vorgenannten Entscheidung, in der ein Abdruck ähnlicher Fotos noch untersagt worden war, wurde nunmehr gewürdigt, dass die Bildveröffentlichung im Zusammenhang mit der Berichterstattung über die Erkrankung des damaligen Staatsoberhauptes von Monaco, *Fürst Rainier III.*, erfolgt sei und daher zu einer Diskussion über Fragen des allgemeinen Interesses beigetragen habe.[310]

(b) Auswirkungen auf die Rechtsprechung in Deutschland

Die Entscheidung des *EGMR* aus dem Jahr 2004 hatte über die im Verfahren behandelten Bildaufnahmen hinaus Auswirkungen auf sämtliche Formen der Berichterstattung.[311] Sie hat zu einer generellen Neugewichtung von Persönlichkeitsrecht und Medienfreiheit in Deutschland geführt und dabei die Rechtsposition von Personen der Zeitgeschichte erheblich gestärkt.

Als eine erste Reaktion auf das Urteil des *EGMR* hat der *Bundesgerichtshof* das abgestufte Schutzkonzept der §§ 22, 23 KUG für Bildveröffentlichungen neu aufgestellt.[312] Während das Gericht auf den ersten beiden Stufen – dem grundsätzlichen Einwilligungserfordernis (§ 22 Abs. 1

---

307 *EGMR*, GRUR 2004, 1051 (1053) – Von Hannover gegen Deutschland (Nr. 1).

308 Sinnbildlich für das Bestreben des *EGMR*, die medienfreundliche Haltung der deutschen Rechtsprechung zu korrigieren, ist das ergänzende Votum des Richters *Zupancic*. Er kritisierte, die Gerichte hätten aus der Pressefreiheit *»einen Fetisch gemacht,«* es sei daher an der Zeit, *»dass das Pendel zurückschlägt.« EGMR*, GRUR 2004, 1051 (1056).

309 *EGMR*, GRUR 2012, 745 – Von Hannover gegen Deutschland (Nr. 2).

310 *EGMR*, GRUR 2012, 745 (750) – Von Hannover gegen Deutschland (Nr. 2).

311 Vgl. zur Bindungswirkung der Entscheidungen *EGMR* für deutsche Gerichte im Allgemeinen statt vieler *BVerfG*, NJW 2004, 3407.

312 *BGH*, ZUM 2007, 382; ZUM 2007, 651.

KUG) und dessen Ausnahme für Bildnisse der Zeitgeschichte (§ 23 Abs. 1 Nr. 1 KUG) – an seiner bisherigen Auslegung festhielt,[313] sollte der Rückausnahme des § 23 Abs. 2 KUG auf dritter Ebene nun ein deutlich stärkeres Gewicht zukommen. Danach sei die Frage, wann der Bildveröffentlichung ein berechtigtes Interesse des Abgebildeten entgegenstehe, allein am Informationsinteresse der Öffentlichkeit auszurichten.[314] Die Bekanntheit der Person ist demzufolge nur noch mittelbar von Belang, indem sie üblicherweise das Informationsinteresse der Öffentlichkeit beeinflusst.[315] Unter Berücksichtigung des Urteils des *EGMR*[316] dürfe auch bei zeitgeschichtlichen Personen nicht außer Betracht bleiben, *»ob die Berichterstattung zu einer Debatte mit einem Sachgehalt beiträgt, der über die bloße Befriedigung der Neugier hinausgeht.«*[317]

Mit der Betonung des Informationsinteresses hat der *Bundesgerichtshof* die Abwägung zwischen dem Schutz der Privatsphäre und der Meinungsfreiheit entscheidend korrigiert. Wenngleich das Informationsinteresse als solches bereits in früheren Entscheidungen Erwähnung gefunden hat,[318] stellt es nunmehr das maßgebende Abwägungskriterium dar:[319] Je geringer der Informationswert für die Öffentlichkeit sei, desto schwerer wiege der Schutz der Privatsphäre. Nach diesem Grundsatz ist die Bildberichterstattung von Personen der Zeitgeschichte nur noch in den Fällen zulässig, in denen ein über deren Bekanntheit hinausgehender Informationswert festzustellen ist. Hieran soll es typischerweise bei Berichten zum Freizeit- oder Urlaubsverhalten einer Person fehlen, da sie allein Unterhaltungsinteressen der Öffentlichkeit bedienten.[320] Steht hingegen die Leitbildfunktion

---

313 Der *BGH* wies im Gegenteil weiter darauf hin, dass der Begriff der Zeitgeschichte nach wie vor weit auszulegen sei; siehe nur *BGH*, ZUM 2007, 651 (653, 654).

314 *BGH*, ZUM 2007, 382 (384); ZUM 2007, 651 (654).

315 Gänzlich aufgeben wollte man das personenbezogene Kriterium indes nicht; vgl. etwa *KG*, GRUR 2005, 79 (80): *»Der Senat sieht [...] keinen Anlass, den Begriff der ‚absoluten Person der Zeitgeschichte' gänzlich fallen zu lassen – d.h. ein generelles Berichterstattungsinteresse an den Umständen einer Person von vornherein außer Betracht zu lassen – oder [...] zu beschränken.«*

316 Gemeint ist besagtes Urteil in GRUR 2004, 1051.

317 *BGH*, ZUM 2007, 382 (384); ZUM 2007, 651 (654).

318 Etwa *BVerfG*, BVerfGE 35, 202 (221); 101, 361 (391 ff.); *BGH*, NJW 1996, 1128 (1129).

319 Siehe etwa *BGH*, ZUM 2013, 799 (800); AfP 2013, 399 (400 f.); GRUR 2009, 86; NJW 2008, 749 (750); GRUR 2008, 1020 (1021); *LG München I*, Urt. v. 2.10.2013, Az. 9 O 13087/13; *LG Berlin*, AfP 2008, 222 (223).

320 *BVerfG*, BVerfGE 120, 180 (215 ff.); *BGH*, GRUR 2007, 899 (902); WRP 2007, 648 (651); NJW 2007, 1977 (1980); *KG*, GRUR 2005, 79 (80 f.).

der Person im Vordergrund, an deren Verhalten sich Teile der Bevölkerung bei eigenen Lebensentwürfen orientieren und eine die Allgemeinheit interessierende Sachdebatte anschließen kann, darf auch weiterhin über Normalitäten des Alltagslebens berichtet werden.[321]

Die Neuausrichtung wurde in der Folgezeit bestätigt und auf die Wortberichterstattung ausgedehnt.[322] Die jüngst erfolgte Billigung dieser Rechtsprechung durch den *EGMR*[323] deutet an, dass der von den deutschen Gerichten gewährte Schutz der Privatsphäre nunmehr vollständig konventionsrechtlichen Vorgaben entspricht.

cc) Schutz der Sozialsphäre

Die letzte Komponente der Sphärentheorie bildet die sog. Sozialsphäre. Sie umfasst solche Lebensvorgänge, die außerhalb des Privatbereichs stattfinden und damit üblicherweise von einer (Teil-)Öffentlichkeit wahrgenommen werden.[324] Die persönliche Entfaltung vollzieht sich hier von vornherein im Kontakt mit der Umwelt, so insbesondere das berufliche und gesellschaftliche Wirken einer Person. Als Glied einer sozialen Gemeinschaft, in der sich der Einzelne darauf einstellen muss, dass sein Verhalten von einer breiten Öffentlichkeit beobachtet wird, ist sein Interesse an Privatheit und informationeller Selbstbestimmung hier entsprechend eingeschränkt.[325] Aus dem Grund wird dem Informationsinteresse der Öffentlichkeit regelmäßig der Vorrang gegenüber dem Persönlichkeitsschutz

---

321 So *BVerfG*, BVerfGE 120, 180 (222), das anhand dieser Maßgaben das vom *BGH* ausgesprochene Verbot der Veröffentlichung von Bildaufnahmen aufhob, die die Ferienvilla von *Prinzessin Caroline von Hannover* zeigten. Im Begleittext hieß es dazu u.a.: *»Auch die Reichen und Schönen sind sparsam. Viele vermieten ihre Villen an zahlende Gäste.«* Der Beitrag enthielt Bilder weiterer bekannter Personen, die nun vermehrt *»einen Hang zu ökonomischem Denken entwickelt«* hätten. Das *BVerfG* erkannte dies als Äußerungen, die Anlass für sozialkritische Überlegungen der Leser sein können (221).

322 Vgl. jüngst *BGH*, ZUM 2013, 799 (800); AfP 2013, 399 (400); *OLG Köln*, Urt. v. 6.08.2013, Az. 15 U 209/12; siehe dazu auch *Sajuntz*, NJW 2014, 25 (27) m.w.Nachw.

323 *EGMR*, AfP 2013, 500 (insbesondere 502 f.) – Von Hannover gegen Deutschland (Nr. 3); vgl. dazu *Haug*, AfP 2013, 485.

324 *BVerfG*, NJW 2003, 1109 (1110); *BGH*, NJW 2012, 771 (772); BGHZ 161, 266 (268); *Grabenwarter*, in Maunz/Dürig GG (2013), Art. 5 Rn. 215.

325 Vgl. zuletzt *BGH*, VersR 2014, 76 (77).

eingeräumt.[326] Nur im Falle schwerwiegender Auswirkungen auf die Persönlichkeit können Äußerungen im Rahmen der Sozialsphäre ausnahmsweise sanktioniert werden.[327]

Rechtspraktische Probleme tauchen insbesondere bei der Frage auf, ob und inwieweit auch die Identität der dargestellten Person offengelegt werden darf. Somit steht nicht in Rede, *ob* ein bestimmter öffentlicher Vorgang verbreitet wird, sondern *wie* detailliert dies erfolgen darf. Die Rechtsprechung hat hier regelmäßig eine Identifizierbarkeit der Person zugelassen, da dem Informationsinteresse der Öffentlichkeit eine erhebliche Bedeutung zukomme.[328] Durch eine anonymisierte Berichterstattung könnten die Medien demgegenüber ihre meinungsbildende Aufgabe nicht in gleicher Weise wahrnehmen.[329] So wurde das Betreiben und Nutzen eines Internetportals, auf dem Lehrer unter Namensnennung bewertet werden, für zulässig erklärt, weil dort nur die berufliche Tätigkeit der Betroffenen angesprochen sei.[330] Zwar gelte auch in diesem Bereich ein Mindestmaß an Persönlichkeitsrechtsschutz. Eine Rechtsverletzung ergebe sich hier aber erst, wenn die Darstellung anprangernd oder stigmatisierend sei, also einen *»umfassenden Verlust sozialer Achtung«*[331] bedeute. Dies sei bei der in Frage stehenden Bewertung nicht der Fall.[332] In einem anderen Verfahren hat der *Bundesgerichtshof* eine Meldung über die Abberufung als Geschäftsführer auch dann erlaubt, wenn dies unter Angabe des Namens und weiterer Informationen über die Absetzung erfolgt. Die Öffentlichkeit habe bei Personen des Wirtschaftslebens ein beträchtliches Interesse daran zu erfahren, um wen es in dem Bericht gehe.[333] Meldungen hierüber seien nur dann unzulässig, wenn über die berufsbezogene Darstellung hinaus ein

---

326 Etwa *BVerfG*, GRUR 2006, 1051 (1052); NJW 2003, 1109 (1110 f.); *BGH*, NJW 2009, 2888 (2892); NJW 2007, 113 (114); NJW 1981, 1366; *Grabenwarter*, in Maunz/Dürig GG (2013), Art. 5 Rn. 216; *Steffen*, in Löffler Presserecht (2006), § 6 LPG Rn. 70.

327 *BVerfG*, ZUM-RD 2011, 147 (150); *BGH*, NJW 2009, 2888 (2892).

328 *BGH*, VersR 2012, 994 (997); Urt. v. 22.02.2011, Az. VI ZR 115/09; *KG*, Urt. v. 18.03.2010, Az. 10 U 139/09; *OLG Hamburg*, Urt. v. 9.02.2010, Az. 7 U 73/09.

329 *BGH*, NJW-RR 619 (620 f.).

330 *BGH*, NJW 2009, 2888 (2891 f.).

331 *BVerfG*, NJW 2011, 47 (48); vgl. auch *BGH*, NJW-RR 2007, 619 (620).

332 Auch an späterer Stelle hat das *BVerfG*, NJW 2011, 47 (48) betont, dass Beeinträchtigungen, die sich aus nachteiligen Reaktionen Dritter auf die Offenlegung beruflicher Tatsachen ergäben, grundsätzlich hinzunehmen seien. Die Grenze des Zulässigen sei erst bei einer *»Stigmatisierung oder sozialen Ausgrenzung«* des Betroffenen überschritten.

333 *BGH*, NJW-RR 2007, 619 (620).

schwerwiegender Persönlichkeitsschaden zu befürchten sei. Schließlich wurde auch die namentliche Berichterstattung über Straftäter in mehreren bundesverfassungsgerichtlichen Entscheidungen gebilligt.[334] Die Furcht vor Wiederholungen solcher Straftaten und das Bestreben, diesen vorzubeugen, begründeten ein legitimes Informationsinteresse der Öffentlichkeit an der Identität des Täters, das dem Geheimhaltungsinteresse des Straftäters allgemein vorrangig sei. Wer den Rechtsfrieden breche und durch seine Tat Mitmenschen angreife, müsse sich nicht nur der hierfür verhängten strafrechtlichen Sanktion beugen, sondern auch hinnehmen, dass das hieran bestehende Informationsinteresse der Öffentlichkeit befriedigt werde.[335]

dd) Zwischenergebnis

Die Rechtsprechung hat für den Schutz des privaten Lebensbereichs zunächst eine Vermutung zugunsten der Medienfreiheit aufgestellt.[336] Diese wird jedoch in den Fällen widerlegt, in denen eine Berichterstattung den höchstpersönlichen Lebensbereich einer Person berührt.[337] Wann dies der Fall ist, wird nicht von der betroffenen Person selbst, sondern allein nach objektiven Kriterien entschieden. Ausschlaggebend ist, wie intensiv die soziale Bedeutung der Angelegenheit ist. Bei Ereignissen aus der Intimsphäre und aus dem familiär-häuslichen Bereich ist eine Berichterstattung im Allgemein unzulässig, weil hieran kein gesellschaftliches Interesse anerkannt wird. Anderes gilt für Vorgänge aus der Sozialsphäre, die von vornherein ein inhaltlicher Bezug zur Öffentlichkeit kennzeichnet. Hier überwiegt grundsätzlich das Publikationsinteresse der Medien.

c) Interessenausgleich hinsichtlich des Schutzes der Ehre

Während die Untersuchung zum Schutz des privaten Lebensbereichs noch ausschließlich Tatsachenberichte zum Gegenstand hatte, sind im Rahmen des Ehrschutzes sowohl Meinungs- als auch Tatsachenäußerungen ange-

---

334 Zuletzt *BGH*, VersR 2012, 994 (997).

335 Ebenso *BVerfG*, BVerfGE 35, 202 (231 f.); ZUM 2010, 243 (246); *BGH*, Urt. v. 22.02.2011, Az. VI ZR 115/09, Rzi. 16.

336 Vgl. die Nachw. in Fn. 246.

337 Vgl. die Nachw. in Fn. 252.

sprochen. Die zentralen Begriffe, an denen sich die Interessenabwägung orientiert, sind das *»Charakter- und Lebensbild«*[338] des Dargestellten. Eine Veröffentlichung ist danach unzulässig, wenn sie das Bild und den guten Namen einer Person verunglimpft oder in negativer Weise verfälscht. Die Verunglimpfung und Verfälschung stellen damit die Eckpunkte des verfassungsrechtlichen Ehrschutzes dar. Das *Bundesverfassungsgericht* sieht in diesen Handlungen die größte Gefahr für das Persönlichkeitsrecht, da sie das Ansehen des Einzelnen schmälern, soziale Kontakte schwächen und dadurch das Selbstwertgefühl untergraben können.[339]

aa) Ehrverletzung durch Werturteil

Eine Verunglimpfung des Personenbildes findet üblicherweise durch ein abwertendes Werturteil statt. Ein solches und damit die Unzulässigkeit der Berichterstattung kommt nach Auffassung der Rechtsprechung aber nur in engen Grenzen in Betracht, um der grundlegenden Bedeutung der Meinungsfreiheit für die persönliche Entfaltung und die demokratische Ordnung gerecht zu werden.[340] Hinzu kommt, dass die Einordnung als Ehrverletzung auch von gesellschaftlichen Standards mitbestimmt wird, so dass ein ansteigendes Wissens- und Unterhaltungsbedürfnis der heutigen *»Informationsgesellschaft«*[341] auch die Anforderungen an ein Berichtsverbot stetig erhöht hat. Vor diesem Hintergrund wird inzwischen selbst schonungsloses oder übergezogenes, mitunter ungerechtes und sogar ausfälliges Urteilen über eine Person als zulässig erachtet, sofern es nur sachbezogen ist.[342] Die Grenze soll erst überschritten sein, wenn die Äußerung unter keinem Gesichtspunkt auf eine inhaltliche Auseinandersetzung, sondern allein auf die Diffamierung und Herabsetzung des Betroffenen gerichtet ist (sog. Schmähkritik). Kennzeichnend ist somit die bewusste Kränkung der anderen Person. Es gilt im Ergebnis festzustellen, ob die

---

338 *BGH*, BGHZ 50, 133 (142); ähnlich *BVerfG*, BVerfGE 30, 173 (198 f.); *BGH*, NJW 1999, 1969 (1970); BGHZ 30, 7 (10 ff.); BGHZ 107, 384 (391).

339 *BVerfG*, BVerfGE 99, 185 (193 f.).

340 *BVerfG*, NJW 2009, 3016 (3018).

341 Siehe zu diesem Begriff und seiner Entstehung *Piller*, Mass Customization (2006), S. 29 ff.

342 *BVerfG*, NJW 2009, 3016 (3018 f.); NJW 2003, 3760; BVerfGE 93, 266 (294); NJW 1993, 1462; BVerfGE 82, 272 (284); *BGH*, NJW 2002, 1192 (1193); *OLG München*, NJW 1992, 1323 (1324).

Äußerung noch eine hinreichende Sachnähe zu den ihr zugrundeliegenden Tatsachen aufweist.[343]

Weil die Beurteilung einer unzulässigen Schmähkritik stets vom Einzelfall abhängig ist, hat die Rechtsprechung bestimmte Parameter entwickelt, anhand derer sie die konkrete Schutzwürdigkeit der entgegenstehenden Interessen ermittelt. Beispielsweise wird ein Sachverhalt im Regelfall erst nach Einbeziehung der Motive des Äußernden sowie des Gesamtzusammenhangs beurteilt.[344] Nur ausnahmsweise nehmen die Gerichte eine von subjektiven Elementen losgelöste Bewertung vor, wenn der diffamierende Gehalt der Äußerung so erheblich ist, dass sie *»in jedem denkbaren Sachzusammenhang [...] und unabhängig von [ihrem] konkreten Kontext stets als persönlich diffamierende Schmähung aufgefasst werden«*[345] muss. Dies ist beispielsweise bei solchen Ausdrücken der Fall, die nach allgemeinem Sprachgebrauch als schwere Schimpfwörter anzusehen sind.[346]

Nachfolgend sollen die im Zusammenhang mit dem Medienpersönlichkeitsrecht relevanten Abwägungskriterien näher dargestellt werden. Dies ist zum einen der situative Kontext der Äußerung *(unter [1])*, zum anderen der von der Äußerung betroffene Lebensbereich *(unter [2])*.[347]

(1) Kontext der Äußerung

Bei der Beurteilung einer ehrverletzenden Äußerung wird zunächst deren Vorgeschichte berücksichtigt, insbesondere das vorausgehende Verhalten der beteiligten Personen.[348] Die Rechtsprechung hat hierzu festgestellt,

---

343 Vgl. *BVerfG*, CR 2013, 59; NJW-RR 2000, 1712.

344 *BVerfG*, NJW 2009, 3016 (3018); NJW 2009, 749 (750); NJW 2005, 3274; *BGH*, NJW-RR 2008, 913 (914); ausführlich *Höch*, Hdb. Persönlichkeitsrecht (2008), § 21 Rn. 4 ff. m.w.Nachw.

345 *BVerfG*, NJW 2009, 3016 (3018); NJW 2009, 749 (750).

346 So wurde die Bezeichnung eines Querschnittsgelähmten als *»Krüppel«*, *BVerfG*, BVerfGE 86, 1 (13); *OLG Düsseldorf*, NJW-RR 1990, 1116 (1117), die Bezeichnung eines Schriftstellers als *»steindummer, kenntnisloser und talentfreier Autor«*, *BVerfG*, NJW 1993, 1462 f., oder die einer Fernsehansagerin als *»ausgemolkene Ziege«*, *BGH*, BGHZ 39, 124 (127 ff.). ohne Abwägung als Verletzung des Persönlichkeitsrechts angesehen.

347 Weitere Kriterien finden sich bei *Neben*, Triviale Personenberichterstattung (2001), S. 184 ff.

348 Grundlegend *BGH*, NJW 1964, 1471; vgl. aus jüngerer Zeit *BVerfG*, AfP 2014, 133; MMR 2013, 127; *OLG Frankfurt a.M.*, AfP 2012, 577; *AG Rostock*, NJW 2013, 799.

dass ein abwertendes Werturteil dann zulässig ist, wenn der Betroffene hierzu Anlass gegeben hat (sog. Recht zum Gegenschlag).[349] Erforderlich ist lediglich, dass die Aussage dem öffentlichen Meinungskampf dient und sich im Rahmen der persönlichen Betroffenheit des Verletzten bewegt. Aktion und Reaktion müssen insofern in einem direkten inhaltlichen Zusammenhang zueinander stehen. So wurde selbst eine offensichtlich herabwürdigende Kritik an einem Pressemagazin für zulässig gehalten, weil dieses zuvor bewusst ein falsches Bild über den Äußernden gezeichnet hatte.[350] Auch wurde der Vorwurf in einer Zeitung, die GEMA wolle durch neue Kontrollmaßnahmen *»östliche Zustände«* schaffen, zwar als eine herabsetzende Äußerung erkannt. Aufgrund der zuvor von der GEMA gemachten Ankündigungen, künftig alle privaten Tonbandüberspielungen kontrollieren zu wollen, sei dies jedoch keine unverhältnismäßige Erklärung.[351] Hieraus ergibt sich auch, dass Anlass und Reaktion nicht notwendig von gleicher Art, d.h. in Schärfe und Form identisch sein müssen. In jüngerer Zeit wurde auch die Bezeichnung als *»Dummschwätzer«* trotz ihres an sich ehrverletzenden Charakters für zulässig erachtet, weil sie erst anlässlich eines bestimmten Vorverhaltens des Betroffenen gefallen sei, nämlich mehrerer aus Sicht des Äußernden *»dummer Aussagen«*. Eine Diffamierung der Person liege deshalb nicht vor.[352]

In den Kontext einer Äußerung fließen neben ihrer Vorgeschichte noch weitere situative Besonderheiten, etwa eine plötzliche Emotionalität oder der Zweck der Äußerung. So sollte die im Rahmen einer Fernsehdiskussion spontan geäußerte Bezeichnung als *»durchgeknallter Staatsanwalt«* keine Ehrverletzung darstellen, da sie in der Hitze des Gefechts erfolgt war.[353] Das *Bundesverfassungsgericht* geht hier vom Vorrang der spontanen Rede aus, weil sie *»Voraussetzung der Kraft und Vielfalt der öffentlichen Diskussion«* und daher besonders schützenswert sei.[354] Die öffentliche Diskussion lebe gerade vom Austausch der Argumente in freier und

349 *BVerfG*, BVerfGE 12, 113 (131); BVerfGE 54, 129 (138); BVerfGE 66, 116 (150); BVerfGE 93, 266 (303); *BGH*, BGHSt 12, 287 (294).

350 *BVerfG*, BVerfGE 12, 113 (131).

351 *BVerfG*, BVerfGE 24, 278 (286).

352 *BVerfG*, NJW 2009, 749 (750).

353 *BVerfG*, NJW 2009, 3016 (3019). In der fraglichen Diskussion geriet der Äußernde in Aufregung über den angeblich skandalösen Umgang der Staatsanwaltschaft mit Persönlichkeitsrechten eines Beschuldigten. Anders aber jüngst *BVerfG*, AfP 2014, 133 (135) zur insoweit ähnlichen Äußerung im Rahmen eines Onlineberichts *(»durchgeknallte Frau«)*.

354 *BVerfG*, BVerfGE 54, 129 (139).

spontaner Rede und sei beeinträchtigt, wenn eine spontane Äußerung aus Sorge vor gerichtlichen Sanktionen nicht ausgesprochen würde. Überhaupt hat die Rechtsprechung Äußerungen zum Zwecke der öffentlichen Meinungsbildung einen weitaus höheren Schutz zugebilligt als solchen im privaten Umfeld.[355] Danach gilt: Trägt auch ein abwertendes Urteil zum Meinungskampf in der Öffentlichkeit bei, etwa wenn Missstände in der gewerblichen Wirtschaft oder einer politischen Partei kritisiert werden,[356] kann es weiterhin von Art. 5 Abs. 1 S. 1 GG geschützt sein.

(2) Betroffener Lebensbereich

An die zweck- und anlassbezogene Beurteilung knüpft im Grunde auch die Einbeziehung des von der Äußerung betroffenen Lebensbereichs an. Als äußerst praxisrelevante Fallkonstellation soll dieses Abwägungskriterium dennoch gesondert dargestellt werden. Es besagt, dass Äußerungen (insbesondere) im politischen und gesellschaftlichen Bereich – selbst wenn sie für sich genommen ehrverletzend sind – weitestgehend zulässig sind.[357] Die Rechtsprechung argumentiert, dass sich der Betroffene durch eigenen Entschluss den dortigen Bedingungen des Meinungskampfes unterworfen und sich dadurch eines Teils seiner Privatsphäre begeben habe.[358] An dieser Stelle zeigen sich offensichtliche Parallelen zum Schutz des privaten Lebensbereichs: Auch dort wurden die Grenzen der Medienfreiheit von der jeweils betroffenen Persönlichkeitssphäre abhängig gemacht. Es galt, je öffentlicher die Angelegenheit, desto geringer der Persönlichkeitsrechtsschutz.[359] Andererseits bedeutet dies auch, dass der Ehrschutz bei Persönlichkeiten aus Politik und Gesellschaft vorrangig ist, wenn das Werturteil die Intim- oder Privatsphäre betrifft.[360]

Die häufig zu beobachtenden Verbalangriffe auf Politiker fallen unstreitig in den Bereich der Sozialsphäre. Das *Bundesverfassungsgericht* hat derartige Äußerungen im Interesse der Medienfreiheit regelmäßig weit in-

355 *BVerfG*, BVerfGE 7, 198 (212); BVerfGE 42, 163 (170); BVerfGE 61, 1 (11).
356 *BVerfG*, BVerfGE 60, 234 (241); BVerfGE 61, 1 (11).
357 *BVerfG*, BVerfGE 54, 129 (138); BVerfGE 61, 1 (13); NStZ 1988, 21 (23); *OLG Jena*, NJW-RR 2002, 258 (259); *OLG Köln*, ZUM-RD 2009, 658 (661); *OLG Dresden*, GRUR-RR 2010, 396 (398).
358 *BVerfG*, BVerfGE 54, 129 (138); BVerfGE 61, 1 (13).
359 Siehe vorstehend unter B. III. 3. b).
360 Vgl. nur *BVerfG*, NStZ 1988, 21 (23) m.w.Nachw.

terpretiert und als zulässigen Beitrag zur öffentlichen Meinungsbildung angesehen. So enthalte die Bezeichnung eines CSU-Politikers als *»Zwangsdemokrat«* nicht zwingend die Unterstellung, der Politiker habe undemokratische Neigungen. Sie könne vielmehr als Ausdruck einer Sorge um die demokratische Ordnung in Deutschland insgesamt verstanden werden.[361] Gehe es dem Äußernden daher um ein sachpolitisches Anliegen, stelle sich die Frage nach einer Schmähkritik nicht.[362] Auch das *OLG München*, an das die Sache zurückverwiesen wurde, sah in der Äußerung zwar eine schwerwiegende Herabsetzung des Politikers, bejahte aber ebenfalls einen hinreichenden Sachbezug.[363] Das Äußerungsrecht genieße daher Vorrang.

Diese für politische Personen entwickelten Grundsätze hat das *Bundesverfassungsgericht* in einer späteren Entscheidung auch auf Parteien ausgedehnt.[364] Diese müssten ebenfalls in weitem Umfang Kritik aushalten, da sie von vornherein und ausschließlich dem politischen Leben zugehörig seien. In casu wurde die Beschreibung einer demokratischen Partei als *»NPD Europas«* zwar als herabwürdigend empfunden. Sie sei jedoch im politischen Tageskampf hinzunehmen, zumal die betroffene Partei auch die Möglichkeit habe, sich politisch zu wehren.[365]

Auch wer im Wirtschaftsleben agiert, muss sich nach der Rechtsprechung weitergehenden Ehrangriffen aussetzen.[366] So wurde die in einer Fernsehsendung geäußerte Bezeichnung eines Publizisten, der fragwürdige Vitaminprodukte empfahl, als *»Scharlatan«* und *»Pfuscher«* nicht beanstandet, weil sie – wenn auch herabsetzend – im Kern eine sachliche Zielrichtung verfolge.[367] Im Interesse einer öffentlichen Auseinandersetzung sind demzufolge auch solche Beeinträchtigungen hinzunehmen, die sich aus nachteiligen Reaktionen Dritter auf die berufliche Tätigkeit ergeben.[368]

In einem weiteren Verfahren wurde die Beschreibung eines Mitglieds der Bonner Enquete-Kommission *»Sogenannte Sekten und Psychogruppen«* mit Begriffen, die es in die Nähe zum Nationalsozialismus setzten,

361 *BVerfG*, BVerfGE 82, 272 (283 f.).
362 *BVerfG*, BVerfGE 82, 272 (284).
363 *OLG München*, NJW 1992, 1323 (1325).
364 *BVerfG*, BVerfGE 61, 1.
365 *BVerfG*, BVerfGE 61, 1 (13).
366 *BGH*, NJW-RR 1995, 301 (304).
367 *OLG Karlsruhe*, NJW-RR 2002, 1695 (1696).
368 Vgl. *BVerfG*, NJW 2011, 47 (48).

für zulässig erklärt, da sie zur Meinungsbildung in einer die Öffentlichkeit berührenden Frage beitrage.[369] Die Richter stellten darauf ab, ob der fraglichen Äußerung hinreichende Anknüpfungstatsachen zugrundelagen.[370]

bb) Ehrverletzung durch Tatsachenbehauptung

Wie dargelegt wurde, dürfen wahre Tatsachen über jemanden grundsätzlich[371] auch dann verbreitet werden, wenn sie sich nachteilig für den Betroffenen auswirken. Das Persönlichkeitsrecht vermittelt keinen Anspruch darauf, in der Öffentlichkeit nur so dargestellt zu werden, wie man sich selber sieht oder von anderen gesehen werden möchte.[372] Unwahre Tatsachenbehauptungen hingegen müssen nicht hingenommen werden, da sie das Bild einer Person in der Öffentlichkeit verfälschen und das soziale Ansehen beeinträchtigen können. Dennoch hat das *Bundesverfassungsgericht* nicht schon jede wahrheitswidrige Mitteilung als Ehrverletzung angesehen, sondern nur solche mit Persönlichkeitsrelevanz, die also *»von nicht ganz unerheblicher Bedeutung für die Persönlichkeitsentfaltung«* sind.[373] Hierzu hat es beispielsweise das Unterschieben nicht getaner Äußerungen[374] und das Verfälschen von Zitaten einer Person[375] gezählt. Konkret wollten die Gerichte damit einer Angewohnheit der Medien begegnen, ihre Berichte mit fingierten Aussagen von Personen auszuschmücken und bestimmte – wohl auflagesteigernde – Äußerungen in den Mund zu legen. Nach Ansicht der Rechtsprechung liegt hierin ein Eingriff in das dem Persönlichkeitsrecht zugrundeliegende Selbstbestimmungsrecht, weil jeder allein entscheiden soll, ob und wie er mit eigenen Äußerungen hervortreten will.[376] Der soziale Geltungsanspruch einer Person sei deshalb beeinträchtigt, wenn ihr nicht getane, gar fernliegende Auffassungen zu-

369 *OLG Hamburg*, NJW-RR 2000, 1292 (1293); bestätigt durch *BVerfG*, NJW-RR 2000, 1712.

370 *OLG Hamburg*, NJW-RR 2000, 1292 (1293).

371 Eine Ausnahme gilt für sog. Formalbeleidigungen i.S. des § 192 StGB.

372 Vgl. die Nachw. in Fn. 57.

373 *BVerfG*, BVerfGE 99, 185 (194); ähnlich BVerfGE 97, 391 (403 f.).

374 *BGH*, NJW 1995, 861 (864); NJW 1965, 685 (686); in diesem Sinne *BVerfG*, BVerfGE 34, 269 (282 f.); BVerfGE 54, 148 (155).

375 *BVerfG*, BVerfGE 54, 208 (217); vgl. dazu *v. Pentz*, AfP 2014, 8 (9 f.) m.w.Nachw.

376 *BVerfG*, BVerfGE 54, 148 (155).

geschrieben würden.[377] Ähnlich liegt der Fall, bei dem wahrheitswidrig die Zugehörigkeit einer Person zu bestimmten, in der Öffentlichkeit umstrittenen Gruppen oder Vereinigungen unterstellt wird.[378] Die soziale Beurteilung einer Person hänge nicht allein von ihren individuellen Eigenschaften und Leistungen, sondern auch von dem Ansehen der Gruppierungen ab, denen sie angehört.

Eine ebenfalls häufige Konstellation bilden auch solche Äußerungen, durch die eine Person des strafrechtlich relevanten oder moralisch verwerflichen Verhaltens bezichtigt wird.[379] Unstreitig ist hier, dass jede unwahre Bezichtigung das Ansehen einer Person schwer schädigt und rechtswidrig ist. Doch auch wahre Anschuldigungen können ausnahmsweise ehrverletzend sein, sofern sie nicht hinreichend differenziert sind und dadurch einen die tatsächliche Schuld übersteigenden Vorwurf enthalten. So wurde etwa die Veröffentlichung einer sog. IM-Liste, wonach der Kläger sich beim DDR-Ministerium für Staatssicherheit als IM registriert und als solcher betätigt hatte, als Persönlichkeitsrechtsverletzung angesehen, obwohl das Gericht den Inhalt der Liste als wahr unterstellte.[380] Die Mitteilung habe nicht nach Umfang und Grad der jeweiligen IM-Tätigkeit unterschieden, sondern alle aufgeführten Personen pauschal in die Kategorie von Denunzianten eingeordnet. Dadurch würden Ansehen und Wertschätzung in der Öffentlichkeit in nicht hinnehmbarer Weise geschmälert.[381]

cc) Zwischenergebnis

Die vorstehende Analyse hat den grundsätzlichen Vorrang der Medienfreiheit, wie er schon für den privaten Lebensbereich festgestellt wurde,[382] im Bereich des Ehrschutzes bestätigt. Allerdings ist zu differenzieren: Subjektive Äußerungen, die das Ehrgefühl eines Menschen betreffen, werden selbst dann für zulässig erachtet, wenn sie in Inhalt und Form

---

377 *BVerfG*, BVerfGE 54, 148 (155).

378 *BVerfG*, BVerfGE 99, 185 (195 f.).

379 Etwa *BGH*, AfP 2013, 57; GRUR 1994, 913; NJW 1993, 930; NJW 1979, 266; eingehend dazu *v. Pentz*, AfP 2014, 8 (10 f.); *Molle*, ZUM 2010, 331; *Haagen*, AnwBl 2007, 491 jeweils m.w.Nachw.

380 *BGH*, GRUR 1994, 913 (914).

381 *BGH*, GRUR 1994, 913 (914).

382 Siehe vorstehend unter B. III. 3. b).

scharf und überzogen sind, ja sogar abwegig erscheinen. Nur im äußersten Fall, wenn jeglicher Sachbezug der Äußerung fehlt, soll das Persönlichkeitsrecht des Betroffenen überwiegen. Der Schutz wird für bestimmte Lebensbereiche (z.B. Politik, Wirtschaft) nochmals eingeschränkt, in denen der öffentliche Meinungskampf besonders intensiv geführt wird. Hier müssen Persönlichkeitsbelange im weitesten Sinne zurückstehen.

Etwa anderes gilt für objektiv falsche Tatsachenmeldungen, die zum öffentlichen Meinungsprozess in der Regel keinen Beitrag leisten. Sie sind vielmehr geeignet, die Anerkennung und Leistung einer Person zu verfälschen und einen schwerwiegenden Persönlichkeitsschaden herbeizuführen. Der Persönlichkeitsrechtsschutz genießt daher insofern Vorrang. Dies gilt ausnahmsweise auch bei einer wahrheitsgemäßen Berichterstattung, wenn nur »Halbwahres« der Öffentlichkeit preisgegeben und das Bild einer Person dadurch verzerrt wird.[383] In diesem Fall geht das Persönlichkeitsrecht ebenfalls vor.

Im Interesse der freien Rede wird bei sog. Mischäußerungen von einer Meinungsäußerung ausgegangen.

d) Interessenausgleich hinsichtlich des Schutzes des wirtschaftlichen Verwertungsinteresses

Wie die anderen Persönlichkeitsrechte leitet sich auch der Schutz des wirtschaftlichen Verwertungsinteresses vom individuellen Recht auf Selbstbestimmung ab. Danach steht es jedermann selbst zu, darüber zu befinden, ob und in welcher Weise seine Person für Geschäftsinteressen Dritter dienstbar gemacht wird.[384] Infolgedessen ergeben sich nicht selten Überschneidungen mit der Verteidigung anderer Persönlichkeitsrechte, zum Beispiel der Ehre oder dem Recht am eigenen Bild, ohne aber an deren Voraussetzungen gebunden zu sein.[385] Vereinfachend kommt hinzu, dass ein Eingriff in das wirtschaftliche Persönlichkeitsrecht schlechthin und ohne Abwägung mit der Medienfreiheit unzulässig ist.[386] Ein Verschulden oder böse Absichten werden nicht verlangt.

---

383 Siehe auch *OLG Karlsruhe*, GRUR 2006, 959.

384 Vgl. *BGH*, BGHZ 20, 345 (350 f.); BGHZ 81, 75 (80); BGHZ 143, 214 (219).

385 Vgl. insoweit den Unterschied zum englischen Recht unter D. III. 3. b).

386 *OLG Hamburg*, NJW 1990, 1995 (1996).

Seit der *Dahlke*-Entscheidung[387] wurde das wirtschaftliche Persönlichkeitsrecht in zahlreichen Ausprägungen bestätigt. Was den hier untersuchten Bereich der Medien angeht, haben sich die Gerichte ganz überwiegend mit Veröffentlichungen zu Werbezwecken beschäftigt.[388] So wurde die ungenehmigte Verbreitung eines Plakates, auf dem ein potenzsteigerndes Medikament mit der Abbildung eines Sportlers beworben wurde, als Verletzung des Persönlichkeitsrechts qualifiziert, weil dem Abgebildeten die Freiheit entzogen werde, aufgrund eigener Entschließung über sein Bild zu verfügen.[389] Auch die namentliche Erwähnung von Prominenten in einer Werbeanzeige wurde ohne deren Einwilligung wiederholt für rechtswidrig erklärt.[390] Das Unzulässige lag jeweils in der Tatsache, dass die Reklame eine Gedankenverbindung zwischen der Person und dem beworbenen Produkt hergestellt und der Werbende sich das Ansehen der Person eigenmächtig zunutze gemacht hatte.[391] Es kommt folgerichtig auch nicht darauf an, ob das Bild oder der Name tatsächlich von der betroffenen Person ist oder ob nur beinahe Überstimmung vorliegt, die die Öffentlichkeit an das »Original« erinnert, etwa durch einen Doppelgänger. Gleiches galt für die Benennung eines Autosondermodells nach dem Namen einer Schauspielerin[392] oder den Ausruf eines bekannten Sportlernamens zu Werbezwecken[393].

Im Zusammenhang mit der bildlichen Darstellung prominenter Personen stellt sich regelmäßig die Frage, ob deren Einverständnis zur Veröffentlichung nicht nach § 23 Abs. 1 KUG entbehrlich ist. Nach Nr. 1 der Vorschrift ist dies grundsätzlich der Fall, wenn es sich um ein Bildnis aus dem Bereich der Zeitgeschichte handelt. Ausgehend vom Wortlaut hat die Rechtsprechung den Tatbestand zwar bejaht, seine Anwendung aber aus

---

387 Vgl. den Nachw. in Fn. 170.

388 Etwa *BGH*, BGHZ 26, 349; NJW-RR 1995, 789; GRUR 2002, 2317; NJW 2009, 3032; *OLG München*, GRUR-RR 2002, 271; ZUM-RD 2005, 396; *LG München I*, ZUM-RD 2006, 465; *LG Hamburg*, 2007, 691; *LG Köln*, ZUM-RD 2013, 340.

389 *BGH*, BGHZ 26, 349 (354 f.).

390 Etwa *BGH*, BGHZ 30, 7 (10); NJW 1992, 2084.

391 Siehe aber *BGH*, NJW-RR 1995, 789, der den bloßen Abdruck eines Schauspielers auf der Titelseite einer Kundenzeitschrift zu beurteilen hatte. Hier wurde ein gedanklicher Bezug zwischen dem Betroffenen und den abgebildeten Produkten mit der Begründung verneint, das Bild beziehe sich primär auf den im Zeitschriftinneren enthaltenen redaktionellen Teil.

392 *BGH*, BGHZ 143, 214 (217 ff.): *»Marlene«*.

393 *LG Düsseldorf*, NJW-RR 1998, 747 (748 f.): *»Jetzt aber ran, Berti.«*

teleologischen Gründen abgelehnt.[394] Die Vorschrift wolle allein den Bedürfnissen der Allgemeinheit gerecht werden. Geschützt sei daher nicht, wer mit der Veröffentlichung ausschließlich eigene Geschäftsinteressen und gerade nicht das öffentliche Informationsinteresse befriedigen wolle. Auch ein Vorliegen des § 23 Abs. 1 Nr. 2 KUG wurde abgelehnt, weil und soweit die abgebildete Person gerade kein bloßes Beiwerk i.S. der Vorschrift sei, sondern eine zentrale Rolle auf der Abbildung einnehme.[395]

Neben dem Namen und dem Bildnis wird auch die Stimme als Wirtschaftsgut eingesetzt. In persönlichkeitsrechtlichen Auseinandersetzungen hierzu hat die Rechtsprechung ihre Linie bestätigt und eine Werbung untersagt, wenn sie ohne Einverständnis eine Verbindung zwischen dem Dargestellten und dem Erzeugnis herstellt. Dies ist nicht nur bei einer Verwendung der originalen Stimme der Fall, sondern auch bei einer täuschend echten Imitation.[396] Maßgeblich sei auch hier, dass Leistung und Ansehen einer Person zu eigenen materiellen Interessen ausgenutzt werde.

IV. Zusammenfassung

In der vorstehenden Untersuchung wurde die Reichweite des Schutzes des Persönlichkeitsrechts in Deutschland, bezogen auf Angriffe durch die Medien, herausgearbeitet. Hierzu wurden einem ersten Schritt die drei medienrelevanten unter den Persönlichkeitsinteressen bestimmt, namentlich der Schutz des privaten Lebensbereichs, der Ehre sowie des wirtschaftlichen Verwertungsinteresses, die in der Vergangenheit besonders häufig durch mediale Berichterstattung betroffen waren. Diese Persönlichkeitsinteressen wurden im Zuge der Anerkennung des allgemeinen Persönlichkeitsrechts in den 1950er Jahren[397] als schutzwürdig anerkannt. Die Grenzen des Rechtsschutzes finden sich jedoch seither in der ebenso verfassungsrechtlich garantierten Meinungs- und Medienfreiheit. Die hierbei gebotene Abwägung zwischen beiden Verfassungsgütern hat die Rechtsprechung wie folgt vorgenommen:

Hinsichtlich des Schutzes des privaten Lebensbereichs ist nach heutiger höchstrichterlicher Auffassung darauf abzustellen, ob an der verbreiteten

394 *BGH*, BGHZ 20, 345 (351); NJW 1979, 2205 (2206); NJW 1992, 2084; BGHZ 143, 214 (229).

395 Vgl. *BGH*, NJW 1979, 2205 (2206).

396 *OLG Hamburg*, NJW 1990, 1995 f.

397 Vgl. den Nachw. in Fn. 64.

Tatsache ein hinreichendes Informationsinteresse der Öffentlichkeit besteht.[398] Ein wichtiges Indiz für ein solches Interesse kann die Bekanntheit der Person sein, über die berichtet wird. Sie allein genügt jedoch nicht. Bewertungsgrundlage muss immer das Ereignis als Ganzes sein. Letztentscheidend ist, ob die Veröffentlichung zu einer die Allgemeinheit interessierenden Sachdebatte beträgt.[399]

Der Schutz der Ehre richtet sich zum einen gegen Werturteile, die allerdings nur im äußersten Fall rechtsverletzend sind. Solange ein hinreichender Sachbezug feststellbar ist, sind auch scharfe und überzogene, sogar herabwürdigende Äußerungen zulässig.[400] Zum anderen besteht Ehrschutz gegenüber unwahren Tatsachenbehauptungen, da sie nicht der Meinungsbildung dienen. Doch auch wahre Behauptungen können die persönliche Ehre verletzen, wenn sie unvollständig und damit verzerrend sind.

Als dritten medienrelevanten Persönlichkeitsbereich wird im deutschen Recht schließlich das wirtschaftliche Verwertungsinteresse geschützt. Dies trifft insbesondere solche Fälle, in denen die Bekanntheit oder Beliebtheit einer Person zu eigenen kommerziellen Zwecken ausgenutzt wird. Das Verwertungsinteresse stellt ein selbstständiges, vom Schutz der Ehre abtrennbares Recht dar. Es kann auch dann verletzt sein, wenn die Veröffentlichung unter Ehrgesichtspunkten harmlos ist.

Zusammenfassend präsentiert sich das Abwägungsmodell der deutschen Rechtsprechung als weithin medienfreundlich. Dies gilt – trotz der erfolgten Eingrenzung – auch für Berichterstattungen aus der Privatsphäre. Angesichts der langjährigen Kontroversen zwischen *EGMR* und *Bundesverfassungsgericht* in diesem Bereich wird mit Interesse zu beobachten sein, ob die deutschen Richter den eingeschlagenen Weg konsequent weitergehen werden.

C. Persönlichkeitsrechtsschutz in Frankreich

Wie die entstehungsgeschichtliche Darstellung zu Beginn dieser Arbeit angedeutet hat, kann die französische Rechtswissenschaft auf eine weitaus längere Tradition im Bereich des Persönlichkeitsrechts zurückblicken.[401]

398 Vgl. die Nachw. in Fn. 314 u. 319.
399 Vgl. die Nachw. in Fn. 317.
400 Vgl. etwa die Nachw. in Fn. 361 u. 367.
401 Siehe dazu unter A., insbesondere die Nachw. in Fn. 9 u. 10.

Um das Verständnis für die heutige Rechtslage – als eine zentrale Voraussetzung für die Gestaltung des Kollisionsrechts[402] – zu fördern, beginnt die Untersuchung wie im vorangegangenen Teil mit einer geschichtlichen Einführung *(unter I.)*. Darauf aufbauend erfolgt die Analyse der heutigen Rechtslage in Frankreich *(unter II. u. III.)*.

I. Geschichtlicher Hintergrund

Die Entwicklung des Persönlichkeitsrechtsschutzes in Frankreich verlief weit weniger wechselhaft als hierzulande. Als unmittelbare Errungenschaft der aufklärerischen Bewegung des 17. und 18. Jahrhunderts[403] verkündete die französische Nationalversammlung im Jahr 1789 die Erklärung der Menschen- und Bürgerrechte *(Déclaration des Droits de l'Homme et du Citoyen)*, die noch heute das verfassungsrechtliche Fundament der Persönlichkeitsrechte in Frankreich darstellt.[404] Wenngleich darin noch kein ausdrücklicher Schutz der Persönlichkeit erwähnt war, las man ihn doch in die Erklärung hinein,[405] da ein Äußerungsrecht nur *»unter Vorbehalt der Verantwortlichkeit für den Missbrauch dieser Freiheit in den durch das Gesetz bestimmten Fällen«* gewährt wurde.[406] Schon hier sollte sich das konfliktträchtige Verhältnis zwischen Persönlichkeitsrecht und Meinungsäußerungsfreiheit andeuten.

---

402 Siehe dazu Teil 3: A. II.

403 Vgl. *Klövekorn*, Entstehung der Menschen- und Bürgerrechte (1911), S. 24; eingehend zur Vorgeschichte der Erklärung von 1789 *ders.*, ebd., S. 27 ff.

404 Durch den Verweis in der Präambel der Verfassung von 1958 sind die Freiheiten der DDHC heute als geltendes Recht anerkannt. Die Präambel lautet: *»Le peuple français proclame solennellement son attachement aux Droits de l'homme et aux principes de la souveraineté nationale tels qu'ils ont été définis par la Déclaration de 1789.«* Wenngleich ursprünglich nicht vorgesehen, kommt der Präambel – und damit der DDHC – seit einer Entscheidung des *Conseil constitutionnel* aus dem Jahr 1971 nunmehr Verfassungsrang zu, vgl. *Conseil const.*, no. 71-44 DC: *»Vu la Constitution et notamment son préambule [...].«* Eingehend zur Erklärung von 1789 etwa *Klövekorn*, Erklärung der Menschen- und Bürgerrechte (1911), S. 95 ff.; *Rees*, Erklärung der Menschen- und Bürgerrechte (1912), S. 75 ff.

405 Vgl. *Gauchet*, Die Erklärung der Menschrechte (1991), S. 178 ff.

406 Art. 11 DDHC: *»La libre communication des pensées et des opinions est un des droits les plus précieux de l'homme: tout citoyen peut donc parler, écrire, imprimer librement, sauf à répondre de l'abus de cette liberté, dans les cas déterminés par la loi.«*

Im Jahre 1804 wurde dann der *Code civil* als erstes gemeinfranzösisches Zivilgesetzbuch verabschiedet.[407] Bestehend aus Elementen des römischen Rechts und Forderungen der Revolution zeugt er von beeindruckender Weitsicht, da er bis heute kaum von seiner Gültigkeit verloren hat. Dies gilt auch für Art. 1382 C.civ. als die seither unveränderte zentrale Anspruchsnorm des französischen Deliktsrechts. Nach der Vorschrift hat jeder den Schaden *(préjudice)* zu ersetzen, den er einem anderen durch schuldhaftes Verhalten *(faute)* zufügt.[408] Aus dieser allgemeinen Formel wurde bereits zu Mitte des 19. Jahrhunderts in mehreren Entscheidungen die Unverletzlichkeit der Privatsphäre hergeleitet und damit weit früher als im übrigen Europa ein (zumindest partieller) Persönlichkeitsrechtsschutz anerkannt.[409] Der offene Wortlaut des Art. 1382 C.civ. erlaubte es den Gerichten, den Schutzbereich in der Folgezeit auszubauen und Verletzungen weitestgehend zu sanktionieren.[410] Die Richter brauchten daher nicht, wie einst der *Bundesgerichtshof*,[411] den Umweg über das Verfassungsrecht zu gehen, um zu einem hinreichenden Persönlichkeitsrechtsschutz zu gelangen.[412] Mithin lässt sich festhalten, dass das Persönlichkeitsrecht in Frankreich schon früh im Rechtssystem verankert war.

Vor diesem Hintergrund standen legislative Veränderungen lange Zeit nicht zur Debatte. Man sah keine Notwendigkeit, den Persönlichkeits-

---

407 Dazu *Carbonnier*, Droit civil I (2004), Rn. 73 ff.; *Wieacker*, Privatrechtsgeschichte (1967), S. 339 ff.

408 Art. 1382 C.civ.: »*Tout fait quelconque de l'homme, qui cause à autrui un dommage, oblige celui par la faute duquel il est arrivé à le réparer.*« Dazu *Schubert*, Wert des Individuums (2005), S. 213 ff.

409 Siehe etwa *Trib. de la Seine*, D 1858 III 62: »*Nul ne peut, sans le consentement formel de la famille, reproduire et livrer à la publicité les traits d'une personne sur son lit de mort, quelle qu'ait été la célébrité de cette personne.*« Ähnlich bereits *CA Paris*, S 1850 II 625.

410 Im Einzelnen dazu sogleich unter II. 1.

411 Siehe vorstehend unter B. II. 2. a).

412 Ohnehin ist die Einwirkung des Verfassungsrechts auf den zivilrechtlichen Persönlichkeitsrechtsschutz ungleich geringer als im deutschen Recht, denn die französische Verfassung kennt keine den hiesigen Grundrechten vergleichbaren subjektiven öffentlichen Rechte. Mit den *libertés publiques* existieren lediglich einfachgesetzliche Normen, die bestimmte Befugnisse des Einzelnen gegenüber der Exekutive beinhalten. In jüngerer Zeit wird allerdings die Existenz sog. *droits fondamentaux* diskutiert, die nach dem Vorbild europäischer, vor allem deutscher Regelungen einklagbare »Grundrechte« gegenüber Handlungen sowohl der staatlichen Gewalten als auch von Privatpersonen darstellen sollen; vgl. dazu *Favoreu*, Droit constitutionnel (2009), Rn. 1216 ff.

rechtsschutz aus Art. 1382 C.civ. herauszulösen und als eigenständige Norm in den *Code civil* einzufügen.[413] Nur vereinzelt wurden ergänzende Regelungen in das Gesetz aufgenommen, so insbesondere Art. 9 C.civ. als Grundlage für das Recht auf Achtung des Privatlebens.[414] Damit wollte man den zunehmenden Gefahren Rechnung tragen, denen das Privatleben insbesondere prominenter Personen durch neue Aufnahme- und Verbreitungstechniken ausgesetzt war.[415]

Über die Vorschriften des *Code civil* hinaus enthalten vor allem der *Code pénal*[416] und das Gesetz über die Pressefreiheit aus dem Jahr 1881[417] persönlichkeitsschützende Vorschriften. Letzteres gewährt zwar primär Rechte für die Presse, erlegt ihr aber zugleich Schranken bei der Personenberichterstattung auf, so dass auch hieraus der Umfang und die Grenzen des Medienpersönlichkeitsrechts gefolgert werden können.[418] Durch das Gesetz über die audiovisuelle Kommunikation aus dem Jahr 1982 wurden die Regelungen zunächst auf audiovisuelle Medien übertragen[419] und gelten seit 1985 für sämtliche Medien.[420]

II. Persönlichkeitsrechtsschutz im Allgemeinen

Die Vorschriften zum Persönlichkeitsrechtsschutz verteilen sich, ähnlich dem deutschen Recht, auf verschiedene Zivil- und Strafgesetze.

---

413 Siehe als einzig nennenswerten Reformanstoß aus dem Jahr 1953 Art. 165 C.civ.-Entwurf: »*Toute atteinte illicite à la personnalité donne à celui qui la subit le droit de demander qu'il y soit mis fin, sans préjudice de la responsabilité qui peut en résulter pour son auteur.*«

414 Art. 9 (1) C.civ.: »*Chacun a droit au respect de sa vie privée.*« Weitere Persönlichkeitsrechte ergeben sich aus Art. 9-1 C.civ. *(droit au respect de la présomption d'innocence)* sowie Art. L.121-1 C.pr.int. *(droit moral de l'auteur).*

415 Vgl. *Derieux*, Droit de la communication (1999), S. 531; Näheres sogleich unter II. 1. b).

416 Art. 226-1 ff. C.pén.

417 Art. 29 ff. der *Loi du 21 juillet 1881 sur la liberté de la presse.*

418 Eingehend dazu *Krämer*, Persönlichkeitsrechtsverletzungen im französischen Recht (2001), S. 18 ff.

419 Vgl. Art. 93-3 (1) der *Loi no. 82-652 du 29 juillet 1982 sur la communication audiovisuelle.*

420 Vgl. Art. 18 der *Loi no. 85-1317 du 13 decembre 1985.*

1. Persönlichkeitsrechtsschutz im Code civil

Relevante zivilrechtliche Regelungen zum Schutz der Persönlichkeit finden sich zum einen in der Generalklausel des Art. 1382 C.civ., zum anderen in der Spezialnorm zum Privatsphärenschutz, Art. 9 C.civ.

a) Art. 1382 C.civ.

Ausgangspunkt des Persönlichkeitsrechtsschutzes ist die Generalklausel des Art. 1382 C.civ. Hierunter fallen, ähnlich dem § 823 Abs. 1 BGB, alle Ansprüche wegen Persönlichkeitsrechtsverletzungen, die nicht durch speziellere Vorschriften gesichert sind. Jedwede Handlung *(tout fait quelconque)*, die einem anderen Schaden zufügt, kann eine Haftung begründen. Eine enumerative Aufzählung bestimmter Rechtsgüter enthält die Vorschrift nicht. Angesichts dessen wurde in Frankreich nie ernsthaft erörtert, ob der Norm ein allgemeines Persönlichkeitsrecht zu entnehmen sei.[421] Denn geschützt ist jedes schutzwürdige Interesse; die Verletzung eines subjektiven Rechts wird nicht verlangt.[422] Hierin liegt ein wesentlicher Unterschied zwischen dem französischen Verständnis vom *droit de la personnalité* und dem deutschen Recht: Während das Persönlichkeitsrecht hierzulande als ein subjektives Recht aufgefasst wird und eine hinreichende Nähe zum inneren Kern der Person verlangt,[423] wird in Frankreich hierunter eine Entfaltungsgarantie im weitesten Sinne verstanden.[424] So fasste man zu Beginn des 20. Jahrhunderts, als die Persönlichkeitsidee in Deutschland noch am Anfang stand, bereits all das unter das Persönlichkeitsrecht, was nicht Vermögensrecht *(droit patrimonial)* war.[425] Erfasst sind demnach nicht nur klassische Persönlichkeitsrechte wie das *droit au*

421 Vgl. *Amiaud*, Travaux Henri Capitant 2 (1946), 292 (297); *Nerson*, Travaux Henri Capitant 8 (1959/60), 60 (84); *Ferid/Sonnenberger*, Das Französische Zivilrecht I.1 (1994), 1 C 25; *Zweigert/Kötz*, Rechtsvergleichung (1996), S. 700.

422 *Cour cass.*, no. 68-10276.

423 Vgl. vorstehend unter B. II. 2. b).

424 Vgl. *Luciani*, Droits de la personnalité (1996), Rn. 25; *Zweigert/Kötz*, Rechtsvergleichung (1996), S. 701.

425 *Perreau*, Rev. trim. dr. civ. 1909, 501 (503); *Nerson*, Les droits extrapatrimoniaux (1939); vgl. auch *Kayser*, Rev. trim. dr. civ. 1971, 445 (493) m.w.Nachw.

respect de la vie privée, das *droit à l'honneur* oder das *droit au nom*.[426] Auch Rechte, die einem deutschen Juristen eher fernliegen – die Eheschließungsfreiheit, Vertragsfreiheit oder Begräbnisfreiheit – sind als Persönlichkeitsrechte von Art. 1382 C.civ. geschützt.[427] Diese Rechte beträfen ebenfalls wichtige Lebensbereiche des Menschen und wirkten sich in gleicher Weise auf die Entfaltung der Persönlichkeit aus.[428]

Mit Blick auf den medienrechtlichen Schwerpunkt dieser Arbeit soll die weitere Betrachtung auf die erstgenannten Falltypen beschränkt bleiben. Gleichwohl stellen die national unterschiedlichen Begrifflichkeiten ein Hindernis im Internationalen Privatrecht dar, das es bei der Konzeption der gemeinsamen Kollisionsnorm zu überwinden gilt, um eine einheitliche Anwendung der Norm zu gewährleisten.[429]

b) Art. 9 C.civ.

Mit Neufassung des Art. 9 (1) C.civ. wurde als besonderes Persönlichkeitsrecht das Recht auf Achtung des Privatlebens im Gesetz verankert. Der Gesetzgeber wollte damit dem Schutz des am häufigsten durch Medienberichterstattung betroffenen Persönlichkeitsbereichs besonderen Nachdruck verleihen.[430] Inhaltlich ist die Norm lediglich die Niederschrift der bis dahin ergangenen Rechtsprechung, die das Privatleben zuvor über Art. 1382 C.civ. geschützt hatte.[431] Bei der Auslegung von Art. 9 C.civ. wird daher auf diese Rechtsprechung Bezug genommen. Eine bedeutende Neuerung ergibt sich aber daraus, dass Art. 9 C.civ. nunmehr ein subjektives Recht auf Achtung des Privatbereichs vermittelt. Dies gilt, wie die Rechtsprechung betont, für private und öffentliche Personen in gleicher Weise,

---

426 *Teyssié*, Droit civil (2010), Rn. 56 ff.; *Carbonnier*, Droit civil I (2004), Rn. 274 ff.; *Ferid/Sonnenberger*, Das Französische Zivilrecht (1994), 1 D 240 ff.; *Kayser*, Rev. trim. dr. civ. 1971, S. 445 (466 ff.).

427 Vgl. *Luciani*, Droits de la personnalité (1996), Rn. 25; *Zweigert/Kötz*, Rechtsvergleichung (1996), S. 701; *Nerson*, Travaux Henri Capitant 8 (1959/60), 60 (82); *Perreau*, Rev. trim. dr. civ. 1909, 501 (517). Eine ausführliche Auflistung findet sich bei *Lindon*, Droits de la personnalité (1983).

428 *Zweigert/Kötz*, Rechtsvergleichung (1996), S. 701.

429 Vgl. dazu Teil 3: C. V.

430 Vgl. *Cornu*, Droit civil (2007), Rn. 30.

431 Vgl. *Lindon*, JCP 1970 I 2357; *Kayser*, Rev. trim. dr. civ. 1971, 445 (505); *Cornu*, Droit civil (2007), Rn. 30; siehe dazu auch *Bormann*, Persönlichkeitsschutz in Frankreich (1974), S. 71 ff.

»quel que soit son rang, sa notoriété, sa fortune ou ses fonctions.«[432] Ein Betroffener kann neben Schadensersatz auch verschuldensunabhängig vorbeugende Unterlassungsansprüche geltend machen.[433]

Was genau der Begriff des Privatlebens *(vie privée)* nach Art. 9 (1) C.civ. mit einschließt, klärt die Norm nicht auf. Ziel des Gesetzgebers war es jedenfalls, eine weitreichende Regelung zu schaffen, um den immer neuer Gefahren des Privatlebens möglichst umfassend zu begegnen.[434] Auch ein Blick in Art. 9 (2) C.civ., der vom engeren Begriff der Intimität spricht *(intimité de la vie privée)*, lässt die Vermutung zu, dass der Gesetzgeber eher von einem weiten Verständnis ausging. Die Norm wird heute als Matrix für weitere, gesetzlich nicht normierte Persönlichkeitsrechte genutzt, die bislang lediglich von Art. 1382 C.civ. erfasst waren:[435] So fallen das Recht am eigenen Bild, das Namensrecht oder die freie Religionsausübung nunmehr ebenfalls unter den Schutz des Art. 9 C.civ.[436] Die Voraussetzungen dieser Rechte sind dabei mit deutschen Maßstäben vergleichbar: Im Grundsatz gilt, dass bildliche Darstellungen oder die Verwendung eines fremden Namens ohne die Einwilligung des Betroffenen unzulässig sind.[437]

2. Sonstiger Persönlichkeitsrechtsschutz

Neben den genannten Vorschriften des *Code civil* ist vor allem das Gesetz über die Pressefreiheit *(Loi du 21 juillet 1881 sur la liberté de la presse)*[438] von hoher praktischer Bedeutung. Dessen Art. 29 ff. enthalten im Ursprung strafrechtliche Vorschriften, nach denen bestimmte Pressetätig-

---

432 *Cour cass.*, no. 89-13163; no. 06-10393; *CA Paris*, D 1997 IR 164; D 1998 IR 32; *TGI Paris*, D 1996 IR 61.

433 *Kayser*, Vie privée (1995), Rn. 67.

434 Vgl. den Nachw. in Fn. 415.

435 Vgl. *Lepage*, Gaz. Pal. 2007, no. 139, 43: *»Grace à l'interprétation dynamique de la jurisprudence, cet article est vite devenu le fondement de la protection de multiples aspects de la personnalité.«* Ähnlich *Saint-Pau*, D 1999 jur 541.

436 *Cour cass.*, no. 98-21311; D 1999 jur 541 m.Anm. Saint-Pau; D 2002 jur 248 m.Anm. *Duvert*.

437 Zum Bildnisschutz *Kayser*, Vie priée (1995), Rn. 68 m.w.Nachw.; zum Namensschutz *Cornu*, Droit civil (2007), Rn. 61 ff.

438 Im Folgenden: Pressegesetz. Eingehend hierzu *Bigot*, Loi de 1881 (2004); *Stegmann*, Tatsachenbehauptung und Werturteil (2004), S. 76 ff.; *Schnitzer*, Presseäußerungen (2005), S. 150 ff.

keiten sanktioniert werden. Über den strafrechtlichen Wirkungskreis hinaus werden sie aber auch zur Regelung des zivilrechtlichen Ehrschutzes herangezogen. Für die Praxis folgt daraus, dass eine nach den Art. 29 ff. des Pressegesetzes strafbare Handlung zugleich auch eine Ehrverletzung darstellt und einen unmittelbaren Haftungsanspruch des Geschädigten begründet.

Die Vorschriften des Pressegesetzes sind für den Betroffenen auch in prozessualer Hinsicht von Bedeutung.[439] Da bei Verletzung der Art. 29 ff. des Pressegesetzes sowohl eine unerlaubte Handlung als auch eine Straftat begangen wird *(responsabilité civile mélangée à la responsabilité pénale)*, kann der Geschädigte zur Durchsetzung seiner Ansprüche zwischen den Gerichten auswählen: Entweder erhebt er seine Klage vor dem mit der Strafklage befassten Strafgericht *(action civile)* oder die Klage wird getrennt vom öffentlichen Strafverfahren vor einem Zivilgericht angestrengt *(action en réparation)*. In letzterem Fall wird das Zivilverfahren jedoch bis zur Verkündung des Strafurteils ausgesetzt.[440] Das Strafurteil ist dann bindend für das Zivilverfahren. Diese rechtssystematische Besonderheit erweitert zwar die prozessualen Möglichkeiten des Geschädigten, hat in materiellrechtlicher Hinsicht aber keine Auswirkungen auf die Reichweite des Persönlichkeitsrechtsschutzes.

III. Persönlichkeitsrechtsschutz in den Medien

Die Reichweite des Persönlichkeitsrechtsschutzes gegenüber den Medien in Frankreich soll sich aus dem gleichen Prüfungsaufbau ergeben wie zuvor im deutschen Recht: Zunächst werden solche Persönlichkeitsgüter genannt, die typischerweise von der Medienberichterstattung betroffen sind *(unter 1.)*. Im Anschluss wird die Medienfreiheit als entgegenstehendes Rechtsinteresse dargestellt *(unter 2.)*, um in einem letzten Schritt die Auflösung der Kollision zwischen Persönlichkeits- und Medienrecht vornehmen zu können *(unter 3.)*.

---

439 Vgl. dazu *Stegmann*, Tatsachenbehauptung und Werturteil (2004), S. 43 ff.
440 Vgl. Art. 4 (2) CPP.

1. Schutzbereich des Medienpersönlichkeitsrechts

Zur Darstellung der im medialen Kontext relevanten Persönlichkeitsinteressen bietet sich erneut die Einteilung in den Schutz des privaten Lebensbereichs, den Schutz der Ehre sowie des wirtschaftlichen Verwertungsinteresses an.

a) Schutz des privaten Lebensbereichs

Trotz des umfassenden Anwendungsbereichs des Art. 1382 C.civ. hat der Gesetzgeber mit Art. 9 C.civ. eigens eine Norm zum Schutz des privaten Lebensbereichs erlassen, um der hohen Schutzwürdigkeit des Rechtsguts besonderen Nachdruck zu verleihen.[441] Die Vorschrift wird heute weit ausgelegt und gibt jedermann das Recht, gänzlich *»in Ruhe gelassen«*[442] zu werden. Art. 9 C.civ. dient als Sammelbecken für sämtliche Rechtsinteressen, die den Wunsch nach ungestörter Lebensgestaltung wiedergeben.[443] Ausgangspunkt ist dabei, wie im deutschen Recht,[444] das subjektive Geheimhaltungsinteresse. Es obliegt also zunächst dem Rechtsträger, die Grenzen des Schutzbereichs festzulegen; er allein entscheidet, ob ein fremdes Verhalten seinen Persönlichkeitsbereich berührt oder nicht.[445] In einem zweiten Schritt ist es dann die Aufgabe der Gerichte zu prüfen, ob auch aus objektiver Sicht eine Verletzung des Persönlichkeitsrechts vorliegt.[446] Dies erfolgt inzwischen[447] im Wege einer Interessenabwägung. Es kann somit vorkommen, dass der Betroffene zwar eine Verletzung seiner Privatsphäre wahrnimmt, objektiv aber keine Rechtsverletzung gegeben

441 Vgl. den Nachw. in Fn. 430.
442 Vgl. *Carbonnier*, Droit civil I (2004), Rn. 279.
443 *Carbonnier*, Droit civil I (2004), Rn. 279, beschreibt den Schutzbereich prägnant als *»multiple et concrètement dissemblable: demeurer inconnu; n'être pas épié, suivi, sollicité, questionné, dépeint; ne pas entendre prononcer son nom en public; ne pas voir divulguer sa biographie ou sa généalogie, l'état de sa fortune ou de ses dettes; ne pas être comptable des actes de son existence quotidienne, etc.«* Für *Kayser*, Vie privée (1995), Rn. 123 ergibt sich das weite Normverständnis bereits aus dem Begriff des *Privat*lebens selbst.
444 Vgl. vorstehend unter B. III. 1. a).
445 *CA Paris*, D 1981 jur 457; *Lindon*, D 1981 jur 457 (458).
446 Vgl. *Caron*, D 2003 somm 1543 (1544).
447 Zur Entwicklung der Ermittlung des Privatsphärenschutzes in der Rechtsprechung siehe C. III. 3. b) bb).

ist. Der Schutz des Art. 9 C.civ. gilt dabei gegen jede Art der Beeinträchtigung, d.h. sowohl gegen eine unerwünschte Berichterstattung als solche *(révélation)*, als auch gegen das bloße räumliche Eindringen eines Dritten in den privaten Bereich *(immixtion)*.[448] Auf eine tatsächliche Veröffentlichung der erlangten Information kommt es dann nicht an.[449]

Der Überblick zeigt, dass auf Tatbestandsebene noch vergleichsweise viele Gemeinsamkeiten zur deutschen Rechtslage bestehen. Dies lässt sich darauf zurückführen, dass die Bestimmung des Schutzbereichs in erster Linie an allgemein anerkannten Bedürfnissen orientiert ist, an Kriterien also, die letztlich nicht staatenspezifisch sind. Die besonderen (national)rechtlichen Wertungen, die das Persönlichkeitsrecht in einem Land kennzeichnen und von anderen unterscheiden, kommen erst an späterer Stelle, auf Ebene der Rechtsauslegung, ins Spiel.[450] Erst dort werden die erheblichen Rechtsunterschiede sichtbar werden.

b) Schutz der Ehre

Auch in Frankreich haben die Persönlichkeitsrechte ihren Ursprung im Ehrschutz.[451] Der Ehrbegriff weist dabei ebenfalls[452] einen zweifachen Bedeutungsgehalt auf: Er umfasst zunächst den *honneur* in einem auf das Selbstgefühl des Menschen und seine Einstellung zu sich bezogenen Sinne, darüber hinaus die *réputation* als die Wertschätzung des Einzelnen in der Gesellschaft.[453] Ersteres Element ist folglich auf das Eigenbild der Person gerichtet, sich nichts vorwerfen zu müssen und den Anforderungen an Moral und Rechtschaffenheit zu entsprechen. Demgegenüber betrifft die *réputation* das Bild, das in der Öffentlichkeit über eine Person vorherrscht, also von anderen aufgestellt wird. Maßgeblich hierfür ist das Verhalten des Einzelnen im Privat- und Berufsleben sowie in der Öffentlichkeit. Beide Schutzgüter, die innere Ehre und das äußere Ansehen, wer-

---

448 *CA Paris*, JCP 1980 II 19343; *Kayser*, Vie privée (1995), Rn. 123.
449 *Kayser*, Vie privée (1995), Rn. 123.
450 Siehe im Einzelnen dazu unter C. III. 3. b).
451 Siehe dazu *Anterion/Moréteau*, Personality Rights in France (2005), S. 117 (124).
452 Vgl. den Nachw. in Fn. 161.
453 *TGI Paris*, D 1986 jur 5; *Carbonnier*, Droit civil I (2004), Rn. 274.

den im Grundsatz sowohl von Art. 29 des Pressegesetzes als auch von Art. 1382 C.civ. erfasst.[454]

Als primärer Prüfungsmaßstab für die Frage der Ehrverletzung dient den Gerichten seit jeher Art. 29 des Pressegesetzes (sog. indirekter zivilrechtlicher Ehrschutz). Hiernach muss entweder eine beleidigende Tatsachenbehauptung *(diffamation)* nach Abs. 1 oder ein herabsetzendes Werturteil *(injure)* nach Abs. 2 vorliegen. In beiden Fällen bringt der Äußernde seine Missachtung gegenüber einer anderen Person zum Ausdruck.[455] Rechtssystematisch betrachtet liegt hierin der Missbrauch der Meinungsfreiheit i.S. des Art. 11 DDHC *(abus de la liberté d'expression)*, der eine Berufung auf die Meinungsfreiheit versperrt.[456]

Daneben wurde eine Ehrverletzung lange Zeit auch außerhalb des Anwendungsbereichs des Art. 29 des Pressegesetzes in Betracht gezogen. Lagen dessen Tatbestandsvoraussetzungen nicht vor – weil etwa die Schwelle zur *diffamation* nicht erreicht war oder es an einer Presseveröffentlichung fehlte –, sollte nach herrschender Auffassung ein Rückgriff auf Art. 1382 C.civ. möglich sein (sog. direkter zivilrechtlicher Ehrschutz).[457] Dies sollte über die strafrechtlichen Vorgaben des Pressegesetzes hinaus einen umfassenden Ehrschutz gewährleisten. Bei den Instanzgerichten indes ist dieses Vorgehen bald auf Widerspruch gestoßen.[458] Aus ihren Entscheidungen ergibt sich, dass das Pressegesetz ein in sich geschlossenes System darstelle und daher für die Bestimmung der Grenzen der Medienfreiheit abschließend sei. Durch die Anwendung der Generalklausel werde das vom Gesetzgeber geschaffene Gleichgewicht ausgehebelt, überdies werde durch die niedrigere Haftungsschwelle des Art. 1382 C.civ. die Freiheit der Meinungsäußerung gefährdet.[459]

---

454 Eingehend dazu *Schnitzer*, Presseäußerungen (2005), S. 163 ff.; *Stegmann*, Tatsachenbehauptung und Werturteil (2004), S. 76 ff. u. 160 ff.

455 Dazu ausführlich *Derieux*, Droit des médias (2010), Rn. 1572 ff.

456 *CA Paris*, D 1991 IR 9; *Kayser*, Vie privée (1995), Rn. 82-5; *ders.*, D 1989 chr 11 (19).

457 *Cour cass.*, D 1995 somm 268; D 1994 somm 193; Bull. civ. I 218, 159 f.; D 1951 jur 329; *CA Paris*, D 1992 IR 141; *CA Versailles*, D 1997 somm 73; *Bouloc*, D 1981 jur 438 (441); *Derieux*, Droit de la communication (1991), S. 351 f.; *Viney*, JCP (G) 1994 I 3809 no. 4.

458 Etwa *CA Paris*, D 1999 somm 165 (166); LP no. 79, 16; ebenso *Massis*, D 1999 somm 166; *ders.*, D 1995 somm 268; *ders.*, D 1995 somm 269; *Lacabarats*, Gaz. Pal. 1994, 1003 (1005 f.); vgl. dazu *Stegmann*, Tatsachenbehauptung und Werturteil (2004), S. 170 ff.; *Heisig*, Persönlichkeitsschutz (1999), S. 126 ff.

459 Statt vieler *Massis*, D 1994 somm 194 m.w.Nachw.

Trotz der Kritik hielt der Kassationshof lange Zeit an einer parallelen Anwendung von Art. 29 des Pressegesetzung und Art. 1382 C.civ. fest. Auf diese Weise wurden nicht nur offene Beleidigungen und Missachtung i.S. einer *injure* sanktioniert, sondern beispielsweise auch unterschwellige Angriffe auf eine Person oder ihre Leistungen.[460] Diese Haltung – im Sinne eines effektiven Persönlichkeitsrechtsschutzes durchaus begrüßenswert – hat das Gericht jedoch in jüngerer Zeit aufgegeben und damit die Meinungs- und Medienfreiheit spürbar gestärkt.[461]

c) Schutz des wirtschaftlichen Verwertungsinteresses

Angesichts der zunehmenden Bedeutung der Vermarktung von Personen beschränkt sich der Persönlichkeitsrechtsschutz auch in Frankreich längst nicht mehr auf bloße immaterielle Interessen. Dennoch wird das Persönlichkeitsrecht rechtssystematisch weiterhin als reines Nichtvermögensrecht qualifiziert. Anders als in Deutschland werden die vermögensbezogenen Güter daher nicht als selbstständiges *»wirtschaftliches Persönlichkeitsrecht«* verstanden, sondern unter die Schutzbereiche der übrigen Persönlichkeitsrechte aufgeteilt. So wird etwa die Wiedergabe der Stimme[462] oder die Abbildung einer Fotografie[463] zu kommerziellen Zwecken als Eingriff in die Privatsphäre gewertet und durch Art. 9 C.civ. geschützt. Der Schutz ist wie im deutschen Recht absolut: Erfolgt die Darstellung ohne die Zustimmung der betroffenen Person, ist ohne weitere Abwägung ein Rechtsverstoß gegeben.[464]

Hinsichtlich der Ersatzansprüche, die der betroffenen Person aufgrund der unerlaubten Verwertung zustehen, wird der Kompensationsgedanke in Frankreich weiter auslegt als hierzulande. Der Geschädigte kann neben einer möglichen Vermögenseinbuße auch dann Geldausgleich verlangen, wenn er gerade nicht in die Nutzung seiner Persönlichkeit eingewilligt

460 Vgl. unter C. III. 3. c) aa) (2).

461 Siehe im Einzelnen dazu unter C. III. 3. c) aa) (2) sowie bb) (2).

462 *CA Paris*, D 2002 somm 2375 m. Anm. *Lepage*; *TGI Paris*, Gaz. Pal. 1985, no. 6 somm 406.

463 *Cour cass.*, no. 11-15328; *CA Versailles*, no. 10/01943; vgl. dazu *Hassler*, Protection des personnes (2005), S. 14 (15).

464 *CA Paris*, D 1990 somm 239; *TGI Paris*, JCP 1970 II 16328.

hätte. Voraussetzungen wie die Lizenzanalogie nach deutschem Vorbild[465] verlangt das französische Recht nicht.

2. Schutzbereich der Medienfreiheit

Die Reichweite des Persönlichkeitsrechts wird wie festgestellt im Wesentlichen von der Medienfreiheit begrenzt.[466] In Ermangelung eines eigenständigen Grundrechts liegt der Ausgangspunkt der Medienfreiheit ebenfalls in der *DDHC* von 1789, die die freie Mitteilung von Meinungen und Gedanken als *»eines der kostbarsten Menschenrechte«*[467] würdigt. Demnach darf niemand wegen seiner Äußerungen sanktioniert werden, solange nicht die öffentliche Ordnung beeinträchtigt wird.[468] Jeder Bürger kann im Grundsatz *»frei reden, schreiben und drucken.«*[469] Dennoch dauerte es fast ein Jahrhundert, ehe diese Vorstellungen in konkrete Rechtsnormen gegossen wurden, zunächst in Gestalt des Pressegesetzes, das später dann auf sämtliche Medienformen ausgedehnt wurde.[470] Die *DDHC* wird inzwischen dahingehend verstanden, dass sie auch die Freiheit beinhaltet, Gedanken und Meinungen mittels audiovisueller und multimedialer Kommunikation zu verbreiten.[471]

a) Anwendungsbereich und Abgrenzung

Während die frühen Gesetze zum Schutz der freien Meinungsäußerung, die *DDHC* und das Pressegesetz, maßgeblich auf dem Gedanken des individuellen Entfaltungsinteresses fußen, wird die Meinungsfreiheit (der Me-

---

465 Vgl. dazu Fn. 176.

466 Zur Systematik der französischen Verfassung siehe III. 3. a).

467 Vgl. Art. 11 DDHC: *»un des droits les plus précieux de l'homme«*. Ausführlich zu den Anfängen der Medienfreiheit in Frankreich *Ress*, Freiheit der Presse (1974), S. 38 ff.

468 Art. 10 DDHC: *»Nul ne doit être inquiété pour ses opinions, même religieuses, pourvu que leur manifestation ne trouble pas l'ordre public établi par la loi.«*

469 Art. 11 DDHC.

470 Vgl. vorstehend unter C. I.

471 *Conseil const.*, no. 2009-580 DC, Rzi. 12; no. 93-333 DC, Rzi. 3 f.; no. 86-217 DC, Rzi. 11.

dien) heute rein objektiv-rechtlich interpretiert.[472] Der Grund hierfür liegt in dem in Frankreich vorherrschenden Grundrechtsverständnis, das die Existenz eines subjektiven öffentlichen Rechts grundsätzlich ablehnt.[473] Die sog. *libertés publiques* werden vielmehr als Programmsätze verstanden, die sich ausschließlich an den Gesetzgeber richten und beim Erlass von Rechtsnormen zu berücksichtigen sind. Die Verwirklichung der Medienfreiheit findet also allein im Rahmen der einfachen Gesetzgebung statt.

Nichtsdestoweniger hat der *Conseil constitutionnel* in ständiger Rechtsprechung die herausragende Stellung der Medienfreiheit betont.[474] Bei ihr handele es sich um eine *»wertvolle Grundfreiheit«*, die *»eine der zentralen Garantien für die Wahrung anderer Rechte und Freiheiten sowie der staatlichen Souveränität ist.«*[475] Sie stelle die Grundlage und Bedingung für das gesamte demokratische und rechtsstaatliche Gemeinwesen dar.[476] Dieser Bedeutung müsse der Gesetzgeber bei der Ausgestaltung der Medienordnung gerecht werden und entsprechende institutionelle Rahmenbedingungen für die Medien herstellen. Wichtigstes Element ist dabei die Erhaltung eines pluralistischen Meinungsspektrums, das der Verfassungsrat als *»objectif de valeur constitutionnelle«* ausgegeben hat.[477] Danach soll dem Einzelnen eine freie und von öffentlichen Machtträgern unberührte Auswahl an verschiedenen Medieninhalten zugänglich sein. Nur wenn die unterschiedlichen Meinungen und Auffassungen in ihrer gesamten Breite von den Medien wiedergegeben werden könnten, würde den in der *DDHC* gewährten Kommunikationsfreiheiten volle Geltung verschafft.[478]

---

472 Vgl. die ausführliche Darstellung bei *Stahl*, Grundfreiheiten (1970), S. 53 ff.; ferner *Philip*, JöR 38 n.F. (1989), 119 (129 ff.); *Arnold*, JöR 38 n.F. (1989), 197; *Fuß*, Grundrechtsschutz (1975), S. 22 f.

473 Dies geht zurück auf die von *Duguit* begründete Lehre vom *»anti-subjectivisme«*, wonach die Grundfreiheiten keine *liberté-droit* des Einzelnen, sondern bloße *liberté-devoir*, also Pflichten zulasten des Staates darstellen, vgl. *Duguit*, Souveraineté et liberté (1922), insbesondere S. 142. Siehe dazu auch *Stahl*, Grundfreiheiten (1970), S. 53 f.

474 Statt vieler *Conseil const.*, no. 86-217 DC, Rzi. 10 ff.

475 *Conseil const.*, no. 84-181, Rzi. 37: *»[La liberté] est l'une des garanties essentielles du respect des autres droits et libertés et de la souveraineté nationale.«*

476 *Conseil const.*, no. 2000-433 DC, Rzi. 9; no. 86-217 DC, Rzi. 11; no. 93-333 DC, Rzi. 3.

477 *Conseil const.*, no. 2001-450 DC, Rzi. 15; *Conseil const.*, no. 2000-433 DC, Rzi. 9; *Conseil const.*, no. 84-181, Rzi. 38.

478 Vgl. dazu *Favoreu*, Droit constitutionnel (2009), Rn. 1305 f.

Die zur Wahrung einer vielfältigen Medienlandschaft erforderlichen institutionellen Garantien, die insbesondere durch das Pressegesetz gewährleistet werden, sind abzugrenzen vom inhaltlichen Schutz eines Medienproduktes.[479] Zwar hängt diese *»inhaltliche Medienfreiheit«* durchaus mit der Auslegung des öffentlichen Medienrechts zusammen, meint aber primär die wechselseitige, privatrechtliche Beziehung zwischen Medienschaffenden und der dargestellten Person. Gleichwohl wird die Trennung zwischen institutioneller und privater Medienfreiheit weniger konsequent verfolgt als in Deutschland, da beiden Freiheiten mit Art. 10 und 11 DDHC identische Vorschriften zugrundeliegen.[480]

b) Schutzgegenstand

Der Schutz der inhaltlichen Medienfreiheit umfasst wie im deutschen Recht sowohl Meinungsäußerungen als auch Tatsachenbehauptungen. Die Abgrenzung zwischen beiden Begriffen gründet ebenfalls in den Beleidigungstatbeständen: Art. 29 des Pressegesetzes unterscheidet hier zwischen der *diffamation* (Abs. 1) und der *injure* (Abs. 2). Nach ständiger Rechtsprechung des Kassationshofs ist eine *diffamation* durch Tatsachen gekennzeichnet, die Gegenstand eines Beweises und eines streitigen Verfahrens sein können.[481] Demgegenüber wird bei der *injure* gerade keine Tatsache behauptet. Als weiteres Abgrenzungsmerkmal wird mitunter das besondere subjektive Element der *injure* vorgebracht.[482]

Damit bleibt die Frage zu klären, inwieweit die inhaltliche Differenzierung auch eine unterschiedliche rechtliche Behandlung von Meinungs- und Tatsachenäußerungen zur Folge hat. In französischen Gerichtsurteilen lassen sich kaum klare Aussagen hierzu finden. Es liegt daher die Vermutung nahe, dass einer strikten Trennung nicht die gleiche Bedeutung zu-

---

479 Vgl. insoweit auch die Ausführungen zum deutschen Recht unter B. III. 2. a).

480 Vgl. im Gegensatz dazu die (schon wegen ihrer unterschiedlichen Reichweite gebotene) Unterscheidung zwischen Meinungsfreiheit und Medienfreiheiten nach deutschem Recht. Zur Abgrenzung vgl. nur *BGH*, ZUM 2011, 240 (241); *Grabenwarter*, in Maunz/Dürig GG (2013), Art. 5 Rn. 89 jeweils m.w.Nachw.

481 *Cour cass.*, no. 10-81984; no. 09-88465; no. 09-82389: *»[...] une articulation précise de faits de nature à être, sans difficultés, l'objet d'une preuve et d'un débat contradictoire.«*

482 *Cour cass.*, no. 10-81984; no. 93-81060; vgl. auch unter C. III. 3. c) aa).

kommt wie im deutschen Recht.[483] In einem jüngeren Urteil hat die *Cour de cassation* immerhin eine Tendenz bestätigt, die darauf hindeutet, dass auch im französischen Recht für Meinungsäußerungen ein großzügigerer Maßstab gelten soll als für bloße Tatsachenmitteilungen: In einem Verfahren im Jahr 2010 hatte das Gericht über die Rechtmäßigkeit von Flugblättern zu entscheiden, auf denen Methoden der Polizei als brutal und willkürlich und deren Beamten als rassistisch bezeichnet worden waren.[484] Während das Berufungsgericht in diesen Äußerungen eine Tatsachenbehauptung gesehen und diese als *diffamation* i.S. des Art. 29 Abs. 1 des Pressegesetzes bewertet hatte, deutete die *Cour de cassation* sie als Werturteil.[485] Bedeutsam ist vor allem die dann – ohne nähere Begründung – folgende Feststellung, dass dieses Werturteil zwar beleidigend sei, jedoch keine unzulässige *injure* i.S. des Art. 29 Abs. 2 des Pressegesetzes darstelle. Die fraglichen Äußerungen, die zuvor als unzulässige Tatsachenbehauptungen qualifiziert worden waren, wurden nunmehr als zulässig erachtet, und zwar nicht aufgrund einer von der Vorinstanz abweichenden Abwägungsentscheidung zwischen dem Medien- und dem Persönlichkeitsrecht, sondern allein aufgrund der Einordnung als Meinungsäußerung. Diese Auffassung lässt sich nur so deuten, dass ein Verbot der *injure* höheren Anforderungen unterliegt als die Untersagung einer *diffamation*. Gestützt wird diese Auslegung durch eine ältere Entscheidung des Kassationshofs, in der sich ebenfalls ein höherer Schutz von Werturteilen im Vergleich zu Tatsachenbehauptungen andeutet.[486]

Doch es ginge wohl zu weit, hieraus eine pauschale Privilegierung der Meinungsäußerung gegenüber der Tatsachenbehauptung abzuleiten, wie sie von den deutschen Gerichten vertreten wird. Im Gegenteil wird in Frankreich gerade die Einordnung als Tatsache für günstiger erachtet, weil sie dem Äußernden die Möglichkeit des Wahrheitsbeweises offenhalte.[487] Hierdurch bliebe ein wichtiges Verteidigungsrecht des Beschuldigten gewahrt. Denn gelingt es dem Äußernden, die Wahrheit seiner Aussage zu belegen, kommt eine Persönlichkeitsrechtsverletzung nur in sehr engen

483 Hierauf lässt auch die Forderung aus dem Schrifttum schließen, angesichts der schwierigen Abgrenzung auf eine rechtliche Unterscheidung der Begriffe ganz zu verzichten; vgl. etwa *Derieux*, Droit de la communication (1991), S. 411.

484 *Cour cass.*, no. 10-81984.

485 *Cour cass.*, no. 10-81984.

486 *Cour cass.*, no. 77-90339; vgl. dazu auch *Levasseur*, RSC 1979, 329 (332 ff.).

487 *Cour cass.*, 5 esp, DP 1897, 337 (342).

Grenzen in Betracht.[488] Aus dem Grund tendieren die Gerichte bei Ehrstreitigkeiten häufig zur Annahme einer Tatsachenäußerung, auch wenn diese neben tatsächlichen immer auch wertende Elemente beinhaltet.[489]

Somit lässt sich festhalten, dass Meinungsäußerungen im Falle der Güterabwägung zwar stärker geschützt sind als Tatsachenbehauptungen. Um einem solchen Abwägungsfall aber zu entgehen, wird im Interesse des Äußernden im Zweifel eine Tatsachenbehauptung angenommen.

3. Kollision von Medienpersönlichkeitsrecht und Medienfreiheit

Die voranstehenden Abschnitte haben gezeigt, dass sich mit dem Medienpersönlichkeitsrecht und der Medienfreiheit in Frankreich zwei hochwertige Rechtsgüter gegenüberstehen. Beiden Grundfreiheiten wird eine tragende Bedeutung für die persönliche Entfaltung und ein friedliches Zusammenleben innerhalb einer Gesellschaft zuerkannt. Noch vor einer eingehenden Betrachtung der Rechtsprechung in Frankreich deutet sich jedoch an, dass der Persönlichkeitsrechtsschutz dort aufgrund seiner beispielhaften Entwicklung einen besonders hohen Stellenwert genießt. Dieses Verständnis hat, wie noch zu zeigen sein wird, die Reichweite des Medienpersönlichkeitsrechts entscheidend geprägt.

a) Verfassungssystematisches Verhältnis

Das verfassungssystematische Verhältnis zwischen Medienpersönlichkeitsrecht und Medienfreiheit unterscheidet sich grundlegend von der deutschen Rechtslage. Zwar handelt es sich auch nach französischem Verständnis um zwei Rechtsgüter von Verfassungsrang. In Ermangelung eines eigenständigen Grundrechtskatalogs und einer mit den Befugnissen eines *Bundesverfassungsgerichts* ausgestatteten Gerichtsinstanz ist die dortige Interessenabwägung aber inhaltlich wie prozessual ein rein zivilrechtlicher Vorgang. Als letzte nationale Instanz entscheidet mit der *Cour de cassation* ein ordentliches Gericht, deren Entscheidungen ausschließlich einfaches Gesetzrecht zugrundeliegt. Als übergeordneter Bewertungsmaßstab kommt allenfalls die *DDHC* in Betracht, die als rechtlich-moralische

488 Siehe dazu unter C. III. 3.

489 *Cour cass.*, no. 93-81060; *TGI Paris*, Urt. v. 27.11.2008, no. 06-34623028.

Grundlage auf die französische Rechtsprechung einwirkt. Sie formuliert den Grundsatz, wonach die Freiheit des einen immer nur so weit reicht, wie die Freiheit des anderen nicht beeinträchtigt wird.[490] Allerdings findet die *DDHC* nur selten in Urteilen Erwähnung, was auf eine eher nachrangige Rolle bei der Entscheidung schließen lässt. Der rechtstatsächliche Einfluss des Verfassungsrechts auf den Persönlichkeitsrechtsschutz ist also begrenzt.[491]

In Frankreich wird der Interessenausgleich zwischen dem Persönlichkeitsrecht und der Meinungsfreiheit mithin ausschließlich anhand einfachgesetzlicher Vorgaben durchgeführt. Dieses Vorgehen entspricht der dort vorherrschenden Auffassung, dass bereits mit der Anwendung des einfachen Gesetzes den verfassungsrechtlichen Erfordernissen Genüge getan sei.[492] Mangelt es aber an verfassungsrechtlichen Leitlinien, hat dies zur Folge, dass die Abwägungsentscheidungen der Gerichte stark einzelfallbezogen sind und ein Grundmuster für das Medienpersönlichkeitsrecht kaum auszumachen ist. Hinzu kommt die französische Eigenart, Gerichtsurteile so kurz wie möglich zu fassen.[493] Der Richter urteilt, er argumentiert nicht, lautet das Motto. Entscheidungsgründe und Erklärungen, die über den Einzelfall hinauswirken könnten, bleiben so oft im Verborgenen. Die nun folgende Interessenauflösung zu den medienrelevanten Persönlichkeitsbereichen wird zwar die Resultate der langjährigen Rechtsprechung offenlegen. Ein allgemeines Abwägungsmodell lässt sich aber nur durch eigene Hypothesen schlussfolgern.[494]

b) Interessenausgleich hinsichtlich des Schutzes des privaten Lebensbereichs

Der wachsende Einfluss des Konventionsrechts auf die nationalen Rechtsordnungen hat auch in Frankreich zu Änderungen des Schutzes des priva-

---

490 Art. 4 DDHC: »*La liberté consiste à pouvoir faire tout ce qui ne nuit pas à autrui.*« Vgl. auch Art. 11 DDHC.

491 So auch in Bezug auf die Grundfreiheiten insgesamt *Gornig*, Äußerungsfreiheit und Informationsfreiheit (1988), S. 648.; *Stegmann*, Tatsachenbehauptung und Werturteil (2004), S. 24.

492 Vgl. vorstehend unter C. III. 2. a).

493 Vgl. dazu *Mimin*, Jugements (1970), Rn. 36 u. 88 ff.; *Touffait/Tunc*, Rev. trim. dr. civ. 1974, 487 (490).

494 So auch *Touffait/Tunc*, Rev. trim. dr. civ. 1974, 487 (489).

ten Lebensbereichs geführt. Seine Reichweite lässt sich daher, wie im deutschen Recht, in eine Phase vor und nach der (konventionsrechtlich bedingten) Änderung der Rechtsprechung aufteilen. Allerdings hat der Schutz des privaten Lebensbereichs eine der deutschen gegenläufige Entwicklung genommen.

aa) Frühere Reichweite des Schutzes des privaten Lebensbereichs

Die weite Auslegung des Art. 9 C.civ. hat angedeutet, welch hohe Schutzwürdigkeit dem privaten Lebensbereich in Frankreich seit jeher beigemessen wird. Danach sind alle Sachverhalte geschützt, die *»ihrer Natur nach«*[495] privat sind oder, wie *Carbonnier* formuliert, typischerweise nicht *»unter aller Augen«*[496] stattfinden. Wie weit der Schutz im Verhältnis zur Medienfreiheit reicht, wird dabei vom legitimen Informationsinteresse der Allgemeinheit abhängig gemacht.[497] Entscheidend für die Rechtmäßigkeit der Veröffentlichung sei, dass diese ein Ereignis von allgemeinem Interesse wiedergebe und zur öffentlichen Meinungsbildung beitrage.[498]

Die Rechtsprechung hat beim Ausgleich zwischen Privatheitsschutz und Medienfreiheit lange ein anderes Vorgehen gewählt als die deutschen Gerichte. Eine Einteilung nach Persönlichkeitssphären,[499] von denen jede unterschiedliche Zulässigkeitsanforderungen an eine Medienveröffentlichung stellte, gab es nicht. Auch eine Abstufung nach der Schwere des Eingriffs war den französischen Richtern fremd. Vielmehr vertrat man die Auffassung, dass schlechthin alles, was privat sei, ausnahmslos geschützt werde.[500] Ein legitimes Informationsinteresse sei dann abzulehnen, eine Interessenabwägung von vornherein entbehrlich.

---

495 *Bigot*, D 2002 jur 3164 (3165).

496 *Carbonnier*, Droit civil I (2004), Rn. 279.

497 *Cour cass.*, no. 00-20289; *CA Paris*, D 2002 jur 2372; D 1998 IR 32; D 1981 jur 457; *TGI Nanterre*, LP no. 148 I, 10; vgl. dazu *Ravanas*, La protection des personnes (1978), Rn. 120 ff.

498 *Cour cass.*, no. 00-20289; *Ravanas*, La protection des personnes (1978), Rn. 116.

499 Namentlich in Intim-, Privat- und Sozialsphäre (Sphärentheorie), vgl. vorstehend unter B. III. 3. b).

500 *Cour cass.*, no. 00-20289; *Ravanas*, La protection des personnes (1978), Rn. 175 ff.

(1) Wortberichterstattung

Diese Auslegung bedeutete ein absolutes Berichtsverbot für den privaten Lebensbereich, und zwar unabhängig von der Bekanntheit oder gesellschaftlichen Stellung einer Person. Vor allem das Familienleben prominenter Personen, das seit jeher die Aufmerksamkeit der Medien erregt, wurde umfassend vor ungewollter Berichterstattung geschützt. Angaben über das Eheleben[501] oder das Gefühls- und Liebesleben[502] waren per se untersagt, und zwar selbst dann, wenn sie nur Mutmaßungen oder Gerüchte enthielten.[503] Gleiches galt für die Veröffentlichung eines Romans, der eine angeblich fiktive Familiengeschichte erzählte, sich zugleich dem Verdacht aber nicht erwehren konnte, dass ihm reale Personen als Vorlage gedient hatten.[504] Eine Rechtsverletzung sei selbst dann gegeben, wenn der Autor eine Identifizierung der Personen gar nicht beabsichtige.

Zum unantastbaren Familienleben wurden darüber hinaus Fragen der Abstammung[505], der Schulausbildung eines Kindes oder der häuslichen Erziehung gezählt.[506] Auch die Nachricht über die Schwangerschaft eines Fotomodels und einer Schauspielerin wurde untersagt, da beide Frauen versucht hatten, diesen Umstand geheimzuhalten.[507] Der Schutz gelte selbst dann, wenn sich die Person zuvor in einer begrenzten Öffentlichkeit bewegt habe und die Schwangerschaft dadurch einem bestimmten Personenkreis bekannt geworden sei.[508] Hier zeigt sich, dass der häuslich-familiäre Schutz auch in der Öffentlichkeit fortwirken kann und nicht an der eigenen Haustür endet. Entscheidend soll nicht der Ort sein, an dem ein bestimmtes Ereignis stattgefunden hat, sondern allein der Inhalt desselben.[509]

---

501 *Cour cass.*, D 1999 somm 376; *TGI Paris*, D 1974 somm 112.

502 *Cour cass.*, D 1997 jur 403; *CA Paris*, D 1998 IR 204; D 1996 somm 75; *TGI Paris*, D 1977 jur 364 (365).

503 Etwa im Hinblick auf Hochzeitspläne, *Cour cass.*, D 1976 somm 40, oder vermutete Gesundheits- und Gefühlszustände, *Cour cass.*, no. 01-01851; *CA Paris*, D 1987 somm 140.

504 *Cour cass.*, JCP 1997 I 22873 m.Anm. *Ravanas*; a.A. noch *CA Paris*, Gaz. Pal. 1966 I jur 37 (39 f.); *TGI Paris*, JCP 1970 II 16550.

505 *CA Paris*, D 1998 IR 32.

506 *Cour cass.*, no. 89-13163.

507 *CA Paris*, D 2002, 2372; D 1981 jur 457.

508 Am deutlichsten *CA Paris*, D 1981 jur 457: »*Si des journalistes ont rencontré [la plaignante] dans un lieu public, elle y était à titre strictement privé.*«

509 *CA Paris*, D 1981 jur 457.

In diesem Zusammenhang hat die Rechtsprechung wiederholt betont, dass selbst eine frühere Erlaubnis oder Tolerierung der Person, über eine bestimmte Angelegenheit zu berichten, nicht jede weitere Veröffentlichung hierüber rechtfertigt.[510] Vielmehr behalte die Person das Recht, später erneut darüber zu entscheiden, durch wen, in welchem Zusammenhang und in welcher Form die Tatsache verbreitet werden dürfe. Daraus folgt, dass selbst bereits bekannte Tatsachen aus dem Privatleben grundsätzlich nicht ohne Zustimmung des Betroffenen zu einem späteren Zeitpunkt veröffentlicht werden dürfen.[511]

Darüber hinaus wurde ein strenges Berichtsverbot für alle Fragen zum körperlichen Befinden angenommen.[512] Insbesondere sei es untersagt, über den Krankheitszustand einer Person zu berichten, ganz gleich, ob es sich um private Personen oder um solche mit öffentlichen Aufgaben handele. So wurde die Ankündigung einer Zeitung, ein amtierender Bürgermeister und Kandidat der kommenden Gemeindewahlen werde in eine psychiatrische Klinik eingewiesen, als Verletzung der Privatsphäre angesehen.[513] Die bloße Tatsache der Einweisung habe noch keine Auswirkungen auf das öffentliche Leben und begründe insoweit kein Informationsinteresse, das eine Veröffentlichung rechtfertige. Vielmehr sei die Nachricht geeignet, die geistige Integrität des Betroffenen in Frage zu stellen, und daher rechtswidrig. Ohne weitere Abwägung hat die Rechtsprechung schließlich auch Beiträge über die Freizeitgestaltung,[514] Vermögensverhältnisse[515] oder die religiöse Ausrichtung[516] von Personen untersagt.

---

510 *Cour cass.*, no. 98-14610; D 1971 jur 263; *CA Versailles*, D 2000 IR 40; *CA Paris*, D 1998 IR 204; D 1987 somm 386; *TGI Nanterre*, D 2000 somm 274.

511 *Cour cass.*, no. 98-14610: *»[...] sans que leur révélation antérieure par l'intéressé soit de nature à en justifier la publication.«* Vgl. auch *Marino*, D 2001 somm 1989; *Bigot*, D 2002 jur 3164 (3165); a.A. aber *TGI Paris*, D 2000 somm 271.

512 *Cour cass.*, D 1967 jur 181; *CA Paris*, D 1987 somm 140; *TGI Paris*, D 1996 IR 61.

513 *CA Paris*, D 1998 IR 32.

514 *Cour cass.*, no. 86-15524; *TGI Nanterre*, LP no. 154 I, 107.

515 *Cour cass.*, no. 02-21193; no. 98-14610; no. 89-13163.

516 *Cour cass.*, D 2002 jur 248; *CA Paris*, Gaz. Pal 1987 II jur 430.

(2) Bildberichterstattung

Einen absoluten Schutz hat die Rechtsprechung auch für die Bildberichterstattung über das Privatleben angenommen.[517] Danach ist die Veröffentlichung eines privaten Bildnisses ohne vorherige Zustimmung des Betroffenen stets rechtswidrig. Den privaten Charakter hat die Rechtsprechung aber verneint, wenn die Abbildung ein aktuelles Ereignis *(événement d'actualité)* darstellt.[518] Hier überwiege das Informationsinteresse der Öffentlichkeit. Ein solcher Fall sei etwa bei Unfällen, politischen Demonstrationen oder beim Strafverfahren gegen ein Elternpaar gegeben. Zwingende Voraussetzung ist aber, dass die Veröffentlichung in direkter Verbindung mit dem Ereignis steht.[519] Eine weitere Ausnahme wurde für Bildnisse von Personen des öffentlichen Lebens gemacht. Hier sei die Privatsphäre dann nicht berührt, sofern das Bildnis lediglich das offizielle Leben *(vie officielle)* der Person dokumentiert. Umgekehrt waren Bildnisse aus ihrem Privatleben und ohne Bezug zur öffentlichen Funktion aber weiterhin tabu. So durften Urlaubsfotos eines Schauspielers oder einer Adelsfamilie[520], Freizeitaufnahmen der persischen Kaiserin[521] oder Aufnahmen vom Ferienhaus eines Politikers[522] nicht verbreitet werden.

Damit ist festzuhalten, dass die französische Rechtsprechung den privaten Lebensbereich auch für Personen des öffentlichen Lebens bislang nahezu absolut geschützt hat. Das legitime Informationsinteresse der Öffentlichkeit wurde demgegenüber nachrangig behandelt. Während nach deutschem Recht in bestimmten Fällen auch private Sachverhalte verbreitet

---

517 *Cour cass.*, D 1998 jur 474; D 1993 jur 614; *CA Paris*, D 1995 IR 238; D 1993 jur 366.

518 So bspw. *Cour cass.*, no. 02-19599: Dem Verfahren lag eine Klage wegen der Veröffentlichung einer Fotoaufnahme zugrunde, die den Kläger beim Begräbnis seines Vaters zeigte. Das Foto war neben einem Artikel über die damals diskutierte *Leuna*-Affäre abgedruckt. Die *Cour de cassation* bestätigte die Klageabweisung der Vorinstanz: Zwar entstamme das Foto ursprünglich dem Privatbereich des Klägers, die Verbreitung sei aber gleichwohl zulässig, da das Foto einen Artikel zu einem *»aktuelles Ereignis«* illustriere, an dem der Kläger beteiligt sei. Ähnlich auch *Cour cass.*, no. 97-15163; no. 95-14503; *CA Paris*, D 1997 somm 71.

519 *Cour cass.*, no. 03-13416; D 2001 jur 1199. Parallelen zur Rechtsfigur der relativen Person der Zeitgeschichte aus der deutschen Rechtsordnung sind hier also offensichtlich.

520 *TGI Nanterre*, LP no. 174 I, 110; LP no. 148 I, 10.

521 *Cour cass.*, no. 86-15524

522 *Cour cass.*, no. 02-12853.

werden dürfen,[523] waren derartige Veröffentlichungen in Frankreich bislang ohne Ausnahme untersagt.

bb) Heutige Reichweite des Schutzes des privaten Lebensbereichs

Diese Rechtsprechung hat im vergangenen Jahrzehnt einen grundlegenden Wandel erfahren. Grund dafür ist der wachsende Einfluss der *EMRK* und der Rechtsprechung des *EGMR* auf die nationale Spruchpraxis, der nicht zuletzt darin Ausdruck findet, dass die Gerichte in ihren Urteilen immer häufiger auf Art. 10 EMRK verweisen.[524] Während der Persönlichkeitsrechtsschutz jedoch hierzulande überhaupt erst auf ein konventionsrechtskonformes Niveau gebracht werden musste, wollte man in Frankreich den Schutzbereich gerade eingrenzen und die Berichterstattungsrechte der Medien ausdehnen.[525] Die faktische Hierarchie zwischen beiden Rechten, wie sie die Gerichte in der Vergangenheit aufgestellt hatten, sollte von nun an wegfallen.[526]

Den Wendepunkt des Privatsphärenschutzes markiert eine Entscheidung der *Cour de cassation* aus dem Jahr 2002.[527] In dem Verfahren ging es um einen Zeitungsartikel, der die Scheidung von *Prinzessin Stephanie von Monaco* und ihrem Mann ausführlich darlegte und die beiden beim abendlichen Restaurantbesuch zeigte. Die obersten Richter bestätigten die Auffassung der Vorinstanz, wonach der Bericht keinen unzulässigen Eingriff in die Privatsphäre darstellte. Sie waren der Auffassung, die Nachricht über das Eheaus sei keine Enthüllung aus dem Privatleben, sie betreffe vielmehr eine seit langem öffentlich gelebte Beziehung. Auch die Meldung über den Restaurantbesuch selbst habe bloß harmlosen und unverfänglichen Charakter.

---

523 Vgl. die Beispiele in Fn. 293-297; Näheres dazu unter B. III. 3. b).

524 Siehe beispielhaft *Cour cass.*, no. 04-10359; no. 04-11068; no. 00-22249; no. 00-20289.

525 Beispielhaft *Bertrand*, Droit à la vie privée et droit à l'image (1999), Rn. 319: *»La notion de droit à l'information doit être interprétée de manière extensive.«*

526 Vgl. *CA Versailles*, JCP (G) 2001 II 10085; *Ravanas*, JCP 2003 II 10139.

527 *Cour cass.*, no. 99-19852.

Trotz der gewohnt kurzen Begründung wird hier die tiefgreifende Kursänderung der Rechtsprechung offensichtlich.[528] Während zuvor noch jede private Meldung – sei sie noch so banal – ein Berichtsverbot hatte rechtfertigen können,[529] sollten fortan zwei bedeutende Einschränkungen des Persönlichkeitsrechtsschutzes gelten: Zum einen sei das Privatleben i.S. des Art. 9 C.civ. nur dann berührt, wenn es sich tatsächlich um eine private, der Öffentlichkeit noch unbekannte Angelegenheit handele. Einmal veröffentlichte Tatsachen über das Privatleben, etwa im Rahmen eines Strafverfahrens, seien nicht länger geeignet, eine Rechtsverletzung zu begründen. Zum anderen bedürfe es nunmehr einer hinreichenden Schwere der verbreiteten Information. Unbedeutende Mitteilungen über das Privatleben könnten fortan ohne Weiteres verbreitet werden.

Diesen Kurswechsel hat der Kassationshof in einer Reihe weiterer Entscheidungen bestätigt.[530] Sie wurden inzwischen auf bildliche Berichte ausgedehnt. Bekannt geworden ist hierbei ein Verfahren, das im Zusammenhang mit der Geburt eines Kindes von *Prinzessin Caroline von Hannover* sowohl textliche Darstellungen als auch Bildaufnahmen zum Gegenstand hatte.[531] Die hierzu ergangenen Urteile offenbaren, dass vor allem der Kassationshof eine medienfreundlichere Haltung vorantreibt. Was die Wortberichterstattung betraf, billigte die *Cour d'appel* die Nachricht über die Geburt selbst, untersagte jedoch die Verbreitung weiterer Details. Dem widersprach der Kassationshof und erachtete den gesamten Text für rechtmäßig, weil sämtliche Informationen darin unbedeutend *(anodins)* seien. Gleiches ergab sich für die dem Bericht beigefügten Bildaufnahmen. Sie zeigten die noch schwangere Prinzessin in offizieller Funktion. Die Vorinstanz bejahte eine Rechtsverletzung, weil die Aufnahmen nicht unmittelbar mit der vermeldeten Geburt in Verbindung standen. Auch diese Auffassung verwarf das oberste Gericht, da die Schwangerschaft als solche bereits bekannt *(manifeste)* und damit nicht mehr privat sei.

---

528 *Bigot*, D 2002 jur 3164 (3166) spricht gar von einer *»neuen Ära des Privatsphärenschutzes.«* Vgl. auch die Urteilsanmerkungen von *Caron*, D 2003 somm 1543 und *Loiseau*, LP no. 195 III, 170.

529 Vgl. vorstehend unter C. III. 3. b) aa). Beispielhaft sei die Entscheidung der *Cour cass.*, no. 98-18304 erwähnt, wonach die Behauptung, ein Fotomodel benutze Schönheitsprodukte einer bestimmten Marke, eine Verletzung des Art. 9 C.civ. darstellte.

530 *Cour cass.*, no. 02-20424; no. 02-17458; no. 03-11533; ebenso *CA Versailles*, no. 04-06767; w.Nachw. bei *Bigot*, D 2003 jur 1855.

531 *Cour cass.*, no. 02-11122.

Soweit die Urteile die inhaltliche Neuausrichtung der Rechtsprechung wiedergeben, sagen sie doch nichts über ihre dogmatische Herleitung aus. Hierzu haben sich die Gerichte an anderer Stelle geäußert.[532] Darin machen sie deutlich, nicht länger auf das legitime Informationsinteresse abstellen, sondern eine echte Güterabwägung zwischen Persönlichkeitsrecht und Medienfreiheit vornehmen zu wollen.[533] In dieser Abwägung sollten sich Persönlichkeitsrecht und Medienfreiheit fortan gleichrangig gegenüberstehen.

cc) Zwischenergebnis

Der private Lebensbereich wird in Frankreich seit jeher umfassend geschützt. Dies ist vor allem historisch begründet und hat über viele Jahre zu einem absoluten Berichtsverbot geführt. Eine Interessenabwägung nach deutscher Art gab es zunächst nicht. Unter Berücksichtigung der europäischen Rechtsprechung nimmt die *Cour de cassation* aber eine zunehmend medienfreundlichere Haltung ein. Unter bestimmten Voraussetzungen dürfen danach auch private Angelegenheiten einer Person verbreitet werden. Dies soll dann der Fall sein, wenn die verbreitete Tatsache entweder vorher bekannt war oder nur einen harmlosen Inhalt hat. Hierzu kommt es auf die Schwere der Veröffentlichung an. Was die Umsetzung dieser Ausnahmen angeht, steckt die höchstrichterliche Rechtsprechung freilich noch in ihren Anfängen, so dass ein abschließendes Abwägungsmodell noch nicht auszumachen ist. Zudem haben erste Instanzgerichte erkennen lassen, dass sie der neuen Ausrichtung nur sehr zögerlich Folge leisten wollen.[534]

c) Interessenausgleich hinsichtlich des Schutzes der Ehre

Wie im Rahmen der Schutzbereichsbestimmung dargelegt, kommt der Abgrenzung zwischen Werturteil und Tatsachenbehauptung im französi-

---

532 *Cour cass.*, no. 02-19440; no. 02-17458; no. 01-01851; no. 00-20289.

533 Hieran zeigt sich die zum deutschen Recht gegenläufige Entwicklung, vgl. vorstehend unter B. III. 3. b) bb) (4).

534 Vgl. dazu bereits *Bigot*, D 2003 jur 1855 m.w.Nachw. und dem Befund, dass einige Instanzgerichte der *Cour de cassation* die Gefolgschaft gar gänzlich verweigern wollen.

schen Recht nur eine untergeordnete Rolle zu. Der Gesetzgeber hat den Unterschied zwischen beiden Äußerungsformen zwar erkannt und durch die Trennung von *injure* und *diffamation* zum Ausdruck gebracht. Die Rechtsprechung hat aber eigene Parameter zur Ermittlung einer Ehrverletzung entwickelt.

Dessen ungeachtet orientiert sich die folgende Darstellung an der gewohnten Aufteilung zwischen Werturteil und Tatsachenbehauptung. Dies macht es einfacher, die für beide Äußerungsformen typischen (Tatbestands- und Rechtfertigungs-)Merkmale herauszustellen und in der späteren rechtsvergleichenden Analyse einzubringen.

aa) Ehrverletzung durch Werturteil

Die Reichweite des Schutzes gegenüber Werturteilen ist zum einen von der einschlägigen Rechtsgrundlage abhängig *(unter [1] und [2])*, zum anderen vom situativen Kontext der Äußerung *(unter [3].)*.

(1) Bewertung des indirekten Ehrschutzes

Wann ein Werturteil unter dem Gesichtspunkt des Ehrschutzes rechtswidrig ist, bestimmt zunächst Art. 29 Abs. 2 des Pressegesetzes. Unzulässig sind danach Äußerungen, die eine Beleidigung *(expression outrageante)*, Missachtung *(mépris)* und Beschimpfung *(invective)* enthalten. Letzteres Merkmal sieht die Rechtsprechung bei typischen Kraftausdrücken als erfüllt an.[535] Schwieriger beurteilt sich die Lage bei der Beleidigung und Missachtung. Hier haben die Gerichte eine Rechtsverletzung bei bloßer Ironie verneint,[536] ebenso bei polemischer und überzogener Kritik.[537] Dagegen soll die Ehre verletzt sein, wenn die Person offensichtlich gedemütigt und ihr jede geistige oder berufliche Befähigung abgesprochen wird.[538] Erforderlich ist demnach ein persönlicher Angriff *(attaque per-*

535 *Cour cass.*, no. 09-83256: *»la dernière des pourritures«*; no. 05-82971: *»dangereux salaud«*; no. 05-84694: *»lâche«*; no. 96-85094: *»menteuse«*; no. 94-82523: *»nain de la politique locale, nabot du canton«*; *CA Paris*, LP no. 309, 524: *»mec con comme une bite«*, *CA Amiens*, no. 08/00753: *»patron pervers«*.

536 *Cour cass.*, no. 00-85853; no. 91-85998; vgl. auch *TGI Paris*, no. 2007-327959.

537 Vgl. *Cour cass.*, no. 05-82971; no. 00-81853; no. 80-91397.

538 *Cour cass.*, no. 87-84498; *TGI Paris*, D 1975 jur 322.

sonnelle) auf den Betroffenen. Die Kritik ziele dann nicht mehr auf die Sache selbst, zum Beispiel das Werk oder die Leistung einer Person, sondern allein auf deren Herabwürdigung.[539] Ein anschauliches Beispiel bietet eine Entscheidung des *TGI Paris* über die Zulässigkeit eines kritischen Zeitungsartikels: Dessen Autor, ein Regisseur, hatte als Reaktion auf eine negative Bewertung seines Films den verantwortlichen Filmkritiker als geistig geschädigt und weltfremd bezeichnet. Sein Gehirn sei ein *»alter Schwamm«* und zu einer sinnvollen Beurteilung nicht fähig; vielmehr müsse er sich einer ordentlichen Gehirnwäsche unterziehen.[540] Die Richter erkannten in den Äußerungen eine Ehrverletzung, weil sie nicht mehr die Filmkritik als solche betrafen, sondern allein die dahinterstehende Person. An dieser Stelle werden die Parallelen der *attaque personnelle* zum Begriff der Schmähkritik deutlich, die beide die Grenze der zulässigen Berichterstattung markieren. Wann eine *attaque personnelle* im Einzelfall gegeben ist, ermitteln die Gerichte ebenfalls unter Berücksichtigung des Gesamtzusammenhangs und der Motive des Äußernden.[541]

(2) Bewertung des direkten Ehrschutzes

Nach (umstrittener)[542] Auffassung des Kassationshofs konnte ein Werturteil bislang auch ohne Verletzung des Pressegesetzes rechtswidrig sein. Eine *injure* i.S. des Art. 29 Abs. 2 des Pressegesetzes war nicht erforderlich. Vielmehr genügte es, wenn die getane Äußerung *fautive* i.S. des Art. 1382 C.civ. war. Diese Haltung führte ohne Zweifel zu einer Stärkung des Ehrschutzes, weil die formellen[543] und inhaltlichen[544] Anforderungen an eine *faute* generell niedriger waren als an die *injure*.

Aus den Entscheidungen zu Art. 1382 C.civ. lassen sich bestimmte Äußerungstypen entnehmen, die die Gerichte, allen voran die *Cour de cassa-*

539 Vgl. *Cour cass.*, no. 07-86486; no. 05-82971; no. 87-84498; no. 91-84253; no. 87-84498; *TGI Paris*, D 1975 jur 322.

540 *TGI Paris*, D 1975 jur 322.

541 Siehe dazu sogleich unter (3).

542 Vgl. vorstehend unter C. III. 1. b).

543 Vgl. etwa Art. 65 des Pressegesetzes im Blick auf die Verjährungsfrist.

544 Die inhaltlichen Unterschiede zeigten sich nicht zuletzt in den Formulierungen einiger Gerichte, die eine Ehrverletzung mit der Begründung ablehnten, dass die Äußerung nicht *injurieux* und *»noch nicht einmal« fautive* sei, vgl. etwa *CA Chambéry*, Dr. ouvr. 2003, 426; *CA Paris*, no. 95-4631/95-5748.

tion, als *faute* qualifiziert haben. Hierzu zählen insbesondere solche Äußerungen, durch die eine Person öffentlich bloßgestellt oder der Lächerlichkeit preisgegeben wird. So hielt der Kassationshof einen parodistischen Text in einer Tageszeitung für *fautif*, der den kubanischen Schriftsteller *Armando Valladares* als zynischen und unmoralischen Polizisten karikierte, obwohl sich dieser jahrelang für die Achtung der Menschenrechte in Kuba eingesetzt hatte.[545] Durch den Artikel werde der Dichter lächerlich *(dérisoire)* gemacht und als niederträchtig *(odieux)* dargestellt. Ähnliches hatte die *CA Paris* in einem früheren Urteil festgestellt und eine *faute* i.S. des Art. 1382 C.civ. bejaht, wenn jemand in Gestalt einer scheinbar fiktiven Romanfigur verspottet werde.[546]

Auch sonstige abwertende Darstellungen *(dénigrement)*, die noch nicht die Intensität einer *injure* erreichten, wurden von der Rechtsprechung als Ehrverletzung angesehen. Im Unterschied zur *injure* i.S. des Art. 29 des Pressegesetzes, die einen unmittelbaren Angriff auf die Person voraussetzt, wurden als *dénigrement* auch Werturteile über Produkte oder Leistungen eines Wirtschaftsteilnehmers erfasst. So hielt der *TGI Lyon* die Kritik eines Redakteurs, in einem Restaurant würden verdorbene Gerichte serviert, die einen erbrechen ließen, für ehrverletzend.[547] Ebenso wurde ein Abschnitt in einem Gastronomieführer für rechtswidrig erklärt, wonach die Küche des darin beschriebenen Restaurants *»fade, scheußlich, kurzum ungenießbar«* sei.[548] Letzteres Urteil wurde allerdings vom Berufungsgericht wieder verworfen, weil die vorgebrachte Kritik zwar heftig, aber nicht unsachlich gewesen sei.[549] Außerdem habe der Autor an anderen Stellen auch lobende Worte gefunden, so dass keine unzulässige Herabwürdigung vorliege.

Hervorzuheben sind schließlich noch Fälle, in denen eine *faute* wegen offensichtlicher Feindseligkeit *(animosité manifeste)* oder Schädigungsabsicht *(intention de nuire)* angenommen wurde.[550] Hierin zeigte sich, dass nicht nur die äußere Form einer Äußerung, sondern darüber hinaus auch

---

545 *Cour cass.*, no. 89-19654; so bereits *CA Paris*, no. 88-10766, 88-10765.

546 Im konkreten Fall verneinte das Gericht jedoch eine *faute*, weil die Darstellungen nicht geeignet waren, dem Betroffenen die beschriebenen Eigenschaften ernsthaft anzulasten, vgl. *CA Paris*, D heb 1936, 319.

547 *TGI Lyon*, D 1994 IR 149.

548 *TGI Villefranche-sur-Saône*, Urt. v. 6.11.1999 (unveröff., zit. nach *CA Dijon*, no. 03/00132).

549 *CA Dijon*, no. 03/00132; ähnlich *CA Paris*, Gaz. Pal. 1992, 1, somm 63 ff.

550 *CA Nîmes*, no. 06/746; *CA Paris*, no. 95-4631/95-5748.

das dahinterstehende Motiv zu berücksichtigen war. Das subjektive Element konnte also in zweierlei Hinsicht – zugunsten und zulasten des Äußernden – ausschlaggebend sein: Einerseits vermochte ein guter Wille eine festgestellte Herabwürdigung zu entschuldigen, andererseits konnten äußerlich harmlose Aussagen bei entsprechender Bosheit rechtswidrig sein. Wenngleich es in der Praxis durchaus Schwierigkeiten bereitete, die hinter einer Äußerung stehenden Absichten festzustellen, bot das subjektive Kriterium doch eine zusätzliche Möglichkeit, Äußerungen zugunsten eines effektiven Ehrschutzes zu sanktionieren.

In den letzten Jahren ist jedoch – in auffälliger zeitlicher Parallele zum Privatsphärenschutz[551] – eine Abkehr vom hohen Schutz gegenüber Werturteilen auszumachen. So nimmt auch der Kassationshof inzwischen an, dass eine Anwendung des Art. 1382 C.civ. im Rahmen von Mediendelikten ausscheidet.[552] Hierdurch soll eine Umgehung der Verbürgungen des Pressegesetzes verhindert werden.[553] Mit dieser Haltung setzen die Gerichte die allgemein zunehmende Gewichtung der Medienfreiheit gegenüber dem Persönlichkeitsrecht auch im Bereich des Ehrschutzes fort.

(3) Kontext der Äußerung

Bei der Beurteilung der Zulässigkeit einer ehrverletzenden Äußerung kommt dem Gesamtzusammenhang eine mitentscheidende Rolle zu. Das ergibt sich ausdrücklich aus Art. 33 Abs. 2 des Pressegesetzes, wonach eine *injure* gegenüber einer Privatperson nicht bestraft wird, wenn ihr eine Provokation vorausgegangen ist. A fortiori gilt dies auch für die weniger schwere *faute*. Art. 29 des Pressegesetzes und Art. 1382 C.civ. scheiden demnach aus, wenn der Äußernde zuvor provoziert wurde.

Bei der Frage, wann sich der Beschuldigte auf ein provozierendes Vorverhalten berufen kann, sind sowohl inhaltliche als auch zeitliche Anforderungen zu beachten. Inhaltlich muss die Reaktion vor allem verhältnismäßig sein, d.h. sie muss in Intensität und Schärfe der vorherigen Provokation in etwa gleichkommen.[554] Nicht erforderlich ist dagegen, dass beide Äußerungen in identischer Form, beispielsweise nur mündlich oder nur

551 Vgl. vorstehend unter C. III. 3. b) bb).

552 *Ass. plén.*, no. 98-10160; 98-11155; *Cour cass.*, no. 00-13917; no. 02-12747; no. 08-22.111; no. 00-16934; no. 10-18142.

553 Eingehend dazu *Bigot*, D 2011, p. 1467.

554 *CA Montpellier*, no. 07/00274; *CA Paris*, no. 97/06723.

schriftlich, oder über den gleichen Verbreitungsweg erfolgen. Die Verhältnismäßigkeit der Reaktion hat der Kassationshof in einem Fall verneint, in dem ein rechtspopulistischer Parteiführer auf den Vorwurf eines schwarzen Politikers, er habe *»Blut an den Händen«*, diesen als *»dicken verrückten Zebu«* bezeichnete.[555] Die Gegenäußerung darf folglich nicht heftiger ausfallen, als zur inneren Genugtuung notwendig. Verlangt wird hierbei nicht, dass die vorherige Provokation strafbar war, sie muss aber *fautif* i.S. des Art. 1382 C.civ. gewesen sein.[556] Ein bloß unmoralisches oder nachteiliges Vorverhalten rechtfertigt eine ehrverletzende Reaktion regelmäßig nicht. Über die Verhältnismäßigkeit hinaus ist erforderlich, dass beide Äußerungen unmittelbaren inhaltlichen Bezug zueinander haben.[557] Die begangene Ehrverletzung muss sich unmittelbar aus der Provokation ergeben und darf nicht andersartig motiviert sein. Aus dem Grund kommt nur dem Provozierten selbst ein Recht zum Gegenschlag zu.

In zeitlicher Sicht wird verlangt, dass der Gegenschlag in einem Moment erfolgt, in dem der Beschuldigte noch unter dem Einfluss der Provokation steht.[558] Ist seine emotionale Erregung abgeflaut, darf er keinen Gegenschlag mehr vornehmen. Die Rechtsprechung hat den zeitlichen Zusammenhang dabei vom Einzelfall abhängig gemacht, insbesondere von der Schwere der Äußerung und den Umständen der Kenntniserlangung. Tendenziell ist zu erkennen, dass der zeitliche Aspekt eher streng ausgelegt wird. Schon ab einer Spanne von einem Tag zwischen erkannter Provokation und Reaktion wurde ein Verteidigungsrecht mitunter abgelehnt.[559]

bb) Ehrverletzung durch Tatsachenbehauptung

Im Hinblick auf Tatsachenbehauptungen ergibt sich eine den Werturteilen vergleichbare Kategorisierung: Es kommt sowohl ein indirekter, d.h. strafrechtlich vermittelter Ehrschutz als auch ein direkter Ehrschutz nach Art. 1382 C.civ. in Betracht.

---

555 *Cour cass.*, no. 98-81625.
556 *Cour cass.*, Bull. civ. no. 671.
557 *Cour cass.*, no. 05-82971; no. 70-90853.
558 *Cour cass.*, no. 70-90853; no. 65-90156; *CA Paris*, no. 97/06723.
559 Etwa *CA Paris*, no. 97/06723.

(1) Bewertung des indirekten Ehrschutzes

Nach Art. 29 Abs. 1 des Pressegesetzes ist eine Tatsachenbehauptung unzulässig, wenn sie die Ehre oder das Ansehen einer Person verletzt. Auch wenn die Vorschrift nicht ausdrücklich differenziert, betrifft das Verbot doch allein unwahre Tatsachenbehauptungen. Dies ergibt sich aus Art. 35 Abs. 4 S. 2 des Pressegesetzes, wonach eine Aussage dann nicht strafbar – genauer gesagt gerechtfertigt – ist, wenn ihre Wahrheit bewiesen wurde. Tatbestandlich erfasst sind auch solche Aussagen, bei denen der Äußernde selbst Zweifel über deren Wahrheit zum Ausdruck bringt *(sous forme dubitative)*.[560] Eine Ehrverletzung kann außer durch Anschuldigungen und Behauptungen auch durch Mutmaßung, Spekulation oder mehrdeutige Fragen begangen werden. Unstreitig wahre Tatsachenbehauptungen werden dagegen nur ausnahmsweise sanktioniert, wenn sie ihrer Natur nach auf eine Herabwürdigung der Person ausgerichtet sind.[561]

Bei der Verbreitung unwahrer oder nicht erweisbarer Tatsachen ist die Schwelle zur Rechtswidrigkeit vergleichsweise niedrig. Anders als nach deutschem Recht ist nicht erforderlich, dass die Behauptung eine gewisse Persönlichkeitsrelevanz aufweist.[562] So wurde die schwerwiegende Anschuldigung eines Politikers, er sei *»der geistige Sohn Hitlers«*,[563] ebenso geahndet wie die vergleichsweise harmlose Behauptung über einen Arbeitskollegen, dieser würde *»schlecht riechen«*.[564] Weitere Fälle behandelten den Vorwurf, ein Politiker habe sich *»aus der Kasse bedient«*, oder die Behauptung, die Kontrollen der örtlichen Polizei seien *»ethnisch motiviert.«*[565] Ob eine geäußerte Tatsache wahr ist, ist vom Beschuldigten in einem äußerst formalistischen Verfahren zu beweisen: Nach Art. 55 des Pressegesetzes müssen dem Kläger, d.h. der Staatsanwaltschaft oder einer Privatperson, innerhalb einer Zehntagefrist die zu beweisenden Tatsachen inklusive weiterer in der Vorschrift aufgelisteter Unterlagen eingereicht werden. Wird eine der Vorgaben nicht erfüllt, scheitert der Wahrheitsbeweis.

---

560 Vgl. Art. 29 S. 2 des Pressegesetzes.

561 *Trib. corr. Seine*, JCP 1963 II 13002: *»de nature à dégrader [la personne] moralement dans l'opinion publique.«*

562 Vgl. *BVerfG*, BVerfGE 99, 185 (194).

563 *CA Nancy*, no. 23/96; bestätigt durch *Cour cass.*, no. 96-11905.

564 *CA Paris*, no. 06/15709.

565 *CA Rouen*, no. 10/00694; *CA Paris*, no. 06/04345.

Wurde der Wahrheitsbeweis nicht erbracht, zieht dies jedoch nicht in jedem Fall eine Verurteilung nach sich. Im Interesse der Meinungs- und Medienfreiheit hat die Rechtsprechung das Institut der *bonne foi* entwickelt, wonach eine unwahre Behauptung ausnahmsweise straffrei bleibt, wenn sie der Beschuldigte in gutem Glauben an ihre Wahrheit getätigt hat. Auf den tatsächlichen Wahrheitsgehalt der Aussage kommt es dann nicht an, allein der Wille des Täters ist maßgeblich. Angesichts der genannten Hürden für die Erbringung des Wahrheitsbeweises ist die *bonne foi* zum wichtigsten Rechtfertigungsgrund des Art. 29 Abs. 1 des Pressegesetzes geworden.[566] Der gute Glaube wird anhand dreier Kriterien geprüft:[567] Zunächst ist erforderlich, dass die Äußerung objektiv und unparteiisch ist.[568] So wurde etwa einem Automobilzulieferer Schadensersatz von einem Zeitungsverlag zugesprochen, weil dieser einen Produkttest veröffentlicht hatte, der offenkundig undifferenziert und lückenhaft war.[569] Das Gericht stellte fest, das äußerst negative Ergebnis über das Produkt des Klägers würdige die eigentliche Qualität des Produktes unangemessen herab und sei ehrverletzend. Zweite Voraussetzung für den guten Glauben ist, dass der Äußernde umsichtig und zurückhaltend bei der Berichterstattung vorgeht.[570] Dies meint, dass sich der Äußernde erst gründlich über die Umstände eines Sachverhalts informieren muss, bevor er diesen veröffentlicht. Die allgemeine Annahme, dass eine Aussage der Wahrheit entspreche, begründe noch keinen guten Glauben. Als letzte Anforderung wird schließlich verlangt, dass der Äußernde ein legitimes Ziel und keinerlei bösen Absichten verfolgt.[571] Ein solches Ziel soll insbesondere dann gegeben sein, wenn die Behauptung Fragen der Politik, des wirtschaftlichen Lebens oder der Volksgesundheit betrifft.

Liegt eine der genannten Voraussetzungen nicht vor, ist die unwahre Behauptung rechtswidrig.[572]

---

566 *Derieux*, Droit des médias (2010), Rn. 1617.

567 Vgl. dazu die umfassenden Nachweise bei *Derieux*, Droit de la communication (1999), S. 419 Anm. 17.

568 *Cour cass.*, no. 06-81326; no. 01-88595; no. 93-10330; no. 92-86866; no. 79-92374.

569 *CA Lyon*, no. 09/07165.

570 *Cour cass.*, no. 01-88595; no. 97-84035; no. 92-86866; *CA Paris*, no. 08/02588; no. 2000/08886.

571 *Cour cass.*, no. 92-86866; *CA Versailles*, no. 10/01456; *CA Paris*, no. 08/02588; no. 03/01484; no. 97/14585.

572 Vgl. aus jüngerer Zeit *Cour cass.*, no. 12-19783; no. 11-84235; no. 10-81984; 10-85184.

(2) Bewertung des direkten Ehrschutzes

Auch im Rahmen von Tatsachenbehauptungen wurde neben dem Pressegesetz lange Zeit auf Art. 1382 C.civ. zurückgegriffen. Relevant wurde ein solcher Fall immer dann, wenn aus formellen oder inhaltlichen Gründen eine *diffamation* i.S. des Art. 29 Abs. 1 des Pressegesetzes verneint wurde. Zu prüfen war dann, ob die Voraussetzungen einer *faute* nach Art. 1382 C.civ. vorlagen. Im Zuge der oben beschriebenen Rechtsprechungsänderung, die eine parallele Anwendung des Art. 1382 C.civ. nunmehr ausschloss,[573] hat der Ehrschutz hier ebenfalls Einschränkungen erfahren.

Gleichwohl soll zur Verdeutlichung der persönlichkeitsrechtlichen Entwicklung in Frankreich die frühere Spruchpraxis an folgendem Beispiel aus dem Jahr 1951 skizziert werden:[574] Der Physiker *Albert Turpain* hatte in einer wissenschaftlichen Fachzeitschrift einen Artikel über die Geschichte der drahtlosen Telegrafie veröffentlicht und darin die Verdienste verschiedener Forscher hervorgehoben. Der Forscher *Édouard Branly*, der in dem Artikel nicht erwähnt wurde, klagte daraufhin vor der *Cour de Poitiers*, weil er in der Nichtnennung seines Namens eine Pflichtverletzung nach Art. 1382 C.civ. erkannt hatte. Eine *diffamation* i.S. des Pressegesetzes kam nicht in Betracht, weil das bloße Weglassen des Namens keine tatbestandliche Herabwürdigung darstellte. Während die Vorinstanz den Art. 1382 C.civ. noch unberücksichtigt gelassen hatte, bejahte der Kassationshof eine Anwendbarkeit des Art. 1382 C.civ. und verwies die Sache zurück.

Das Beispiel offenbarte die Haltung der obersten Richter, die Ehre über die (begrenzte) Reichweite des Pressegesetzes hinaus umfassend zu schützen. Die Erweiterung auf Tatbestandsebene wirkte dabei umso stärker, als zugleich die Rechtfertigungsmöglichkeiten des Äußernden im Vergleich zum indirekten Ehrschutz enger waren: Zum einen führte im Rahmen des Art. 1382 C.civ. der Wahrheitsbeweis nicht zwangsläufig zur Rechtmäßigkeit der Behauptung. Eine *faute* konnte daher trotz Wahrheit der Äußerung vorliegen, etwa wenn die Aussage den besonderen Umständen nach ehrverletzend war.[575] Zum anderen konnte eine unwahre Behauptung trotz

573 Vgl. vorstehend unter C. III. 3. c) aa) (2); siehe insbesondere den Nachw. in Fn. 553.

574 *Cour cass.*, D 1951 jur 329.

575 *CA Riom*, S 1951 II 117; zustimmend *Lemercier*, S 1951 II 117 (119): *»La vérité des faits diffamatoires est exclusive du délit, elle n'est pas nécessairement exclusive de toute faute.«*

guten Glaubens – besser gesagt: ungeachtet dessen – eine *faute* darstellen.[576]

cc) Zwischenergebnis

Die im Rahmen des Privatsphärenschutzes herausragende Bedeutung des Persönlichkeitsrechts gegenüber der Medienfreiheit setzt sich im Bereich des Ehrschutzes nicht (mehr) in gleicher Weise fort. Zwar wird der Einzelne, ähnlich dem deutschen Recht, vor solchen Werturteilen geschützt, die einzig auf einen persönlichen Angriff durch die Medien abzielen. Unzulässig sind ebenso bewusst falsche Tatsachenbehauptungen. Im Übrigen hat der Schutz der Ehre aber zuletzt eine merkliche Eingrenzung erfahren: So ist ein Rückgriff auf Art. 1382 C.civ. im Anwendungsbereich des Pressegesetzes fortan auch dann ausgeschlossen, wenn eine *injure* oder *diffamation* nicht festzustellen ist. Konnten nach früherer Spruchpraxis etwa auch wahre Äußerungen als Ehrverletzung geahndet werden oder solche, die eine Person lächerlich machten oder verspotteten, sind diese bei ausschließlicher Anwendung des Pressegesetzes nun nicht mehr angreifbar.

Die in den letzten Jahren aufkommende Tendenz der französischen Gerichte zur Ausweitung der Medienfreiheit lässt sich daher am deutlichsten im Bereich des Ehrschutzes ausmachen.

d) Interessenausgleich hinsichtlich des Schutzes des wirtschaftlichen Verwertungsinteresses

Das wirtschaftliche Verwertungsinteresse einer Person wird von den französischen Gerichten ähnlich umfassend geschützt wie in Deutschland. So will man verhindern, dass durch eine unbefugte Darstellung einer Person ein erheblicher Ansehensverlust mit einer unmittelbaren Herabsenkung des Marktwertes entsteht.[577] Der Darstellungsschutz gilt hier absolut: eine Veröffentlichung ist auch dann rechtswidrig, wenn sie ihrem journalistischen Inhalt nach harmlos ist. So kann der Abdruck eines Bildes unter dem Gesichtspunkt des Privatsphären- oder Ehrschutzes erlaubt, bei Hin-

---

576 Dazu *Stegmann*, Tatsachenbehauptung und Werturteil (2004), S. 363 f.

577 *CA Paris*, no. 92/6239: »*dégradation de la valeur marchande*«.

zutreten eines kommerziellen Zwecks aber unzulässig sein.[578] Kommerzielle Interessen sind dem Persönlichkeitsrecht somit stets nachrangig.

Gegenstand des Schutzes sind alle Persönlichkeitsmerkmale, die es erlauben, *»aus ihrer kommerziellen Nutzung Geld zu machen.«*[579] Der häufigste Fall betrifft auch hier die unbefugte Bildveröffentlichung zu Werbezwecken: Jede kommerzielle Verwendung eines Bildes ohne Zustimmung der abgebildeten Person ist rechtswidrig, unabhängig von der Bekanntheit dieser Person.[580] Ist einmal eine Erlaubnis erteilt, so kommt es bei späteren Veröffentlichungen darauf an, ob diese von der Erlaubnis gedeckt sind. Erforderlich ist somit stets ein zweckgebundener Gebrauch des Bildes.[581] Eine Rechtsverletzung liegt nicht nur dann vor, wenn die (prominente) Person selbst zu kommerziellen Zwecken abgebildet wird. Unzulässig ist es auch, einen Doppelgänger einzusetzen, sofern das dahinterstehende »Original« erkennbar ist. Dies gilt auch dann, wenn der Doppelgänger als solcher erkannt wird und dies sogar beabsichtigt war.[582]

Weitere Fälle zum Schutz des wirtschaftlichen Verwertungsinteresses betrafen vor allem die unerlaubte Nutzung des Namens[583] und der Stimme[584] einer Person. So wurde der Verkauf und das Bewerben von Gedenkmünzen mit dem Namen und Konterfei des ehemaligen Staatspräsidenten *de Gaulle* nach dessen Tod untersagt, weil seine Erben ihre Zustimmung hierzu verweigert hatten.[585] Weder die Tatsache, dass *de Gaulle* eine historische Figur, noch dass seine Person bereits früher einmal vermarktet worden sei, könnten eine kommerzielle Ausnutzung rechtfertigen. In gleicher Weise wurde auch die Wiedergabe der Stimme von bekannten Personen zu kommerziellen Zwecken untersagt. Dabei sei nicht erforder-

578 Aus dem Grund verwarf die *Cour cass.*, no. 95-13694 ein Urteil der Vorinstanz, welche in dem Recht, eine Person zu karikieren *(droit à la caricature)*, zugleich das Recht erkannte, diese Karikatur für kommerzielle Zwecke einzusetzen.

579 *TGI Paris*, no. 10-285.

580 *CA St. Denis de la Réunion*, no. 08/00229; *CA Pau*, no. 1809/08; *CA Versailles*, D 2002 somm 2374; *CA Paris*, D 2002 somm 2374; D 1990 somm 239 f.; D 1987 IR 116.

581 *CA Paris*, D 1995 jur 185 m.Anm. *Ravanas*; *TGI Paris*, D 1990 somm 240.

582 *CA Douai*, no. 4146/89. Die Entscheidung erging zur Verwendung eines »realen« Doubles im Rahmen eines Werbetages eines Autohauses. Das Gericht sah hier u.a. das *droit à l'image* als verletzt an.

583 *CA Paris*, no. 06/20595; *CA Nîmes*, D 2002 somm 2376; *TGI Paris*, Urt. v. 22.10.1997, no. 10-285.

584 *CA Paris*, JCP 1957 II 9838; *TGI Paris*, D 1977 jur 700; D 1977 jur 211.

585 *TGI Paris*, no. 10-285.

lich, dass die wiedergegebene Stimme tatsächlich von einer prominenten Person stammt. In Anlehnung an das zur unbefugten Bildverwendung Gesagte kommt eine Rechtsverletzung auch dann in Betracht, wenn es sich um eine bloße Stimmenimitation handelt.[586]

IV. Zusammenfassung

Seit nunmehr über 150 Jahren markiert der Schutz der Persönlichkeit einen Grundpfeiler des französischen Rechtssystems. Ausgehend von den Freiheitsrechten der Menschenrechtserklärung von 1789 hat sich der Gedanke eines Persönlichkeitsrechts unter dem *Code civil* stetig weiterentwickelt und bereits zur Mitte des 19. Jahrhunderts seine richterliche Anerkennung gefunden.[587] Dieser Vorsprung von fast einhundert Jahren gegenüber dem Persönlichkeitsrecht in Deutschland drückt sich auch in der Abwägung mit den das Persönlichkeitsrecht einschränkenden Rechten aus. So wird seit jeher dem Persönlichkeitsrecht ein weitreichender Schutz gegenüber Angriffen von außen gewährt.

Die Rechtsprechung hat lange Zeit einen absoluten Schutz für all jenes angenommen, was typischerweise *»privat«* sei. Dabei richtete sich Privatheit nicht nach dem Ort, an dem ein bestimmtes Ereignis stattfand, sondern allein nach dessen Inhalt.[588] Dies bedeutete im Ergebnis eine völlige Gleichbehandlung von Privatpersonen und Personen des öffentlichen Lebens.[589] Durch den Einfluss des *EGMR* ist diese Rechtsprechung in den letzten Jahren korrigiert worden. So darf nunmehr auch über Ereignisse aus dem Privatleben berichtet werden, solange sie harmlos und unbedeutend sind.[590]

Auch unter dem Gesichtspunkt des Ehrschutzes war das Persönlichkeitsrecht lange Zeit vorrangig. Dies lag vor allem an der (umstrittenen) Haltung der *Cour de cassation*, neben dem strafrechtlichen Schutz auch einen deliktischen weiterhin anzuerkennen. Im Hinblick auf Meinungsäußerungen führte die Anwendung des Art. 1382 C.civ. dazu, dass neben offenen Beleidigungen, Missachtung und Schmähkritik auch unterschwelli-

586 Etwa *TGI Paris*, D 1977 jur 211 m.Anm. *Lindon*.
587 Vgl. die Nachw. in Fn. 409.
588 *CA Paris*, D 1981 jur 457.
589 Vgl. etwa den Nachw. in Fn. 513.
590 Vgl. den Nachw. in Fn. 527.

ge, zynische oder unmoralische Kritik sanktioniert werden konnte.[591] Eine ähnliche Privilegierung ergab sich für Tatsachenbehauptungen.[592] Nach der diesbezüglichen Änderung der Spruchpraxis, die einen Rückgriff auf Art. 1382 C.civ. neben dem Pressegesetz nunmehr ausschließt, hat das Recht der persönlichen Ehre jedoch an Gewicht verloren. In der Praxis betroffen, so legen es neuere Urteile nahe, sind hiervon vor allem Unternehmer und Verkäufer, deren Leistungen und Produkte in den Medien herabgesetzt werden. Eine Verletzung des Art. 29 des Pressegesetzes wird hier wegen (angeblich) fehlender *unmittelbarer* Beeinträchtigung des Betroffenen nunmehr abgelehnt.[593]

Hinsichtlich des Schutzes des wirtschaftlichen Verwertungsinteresses besteht ein dem deutschen vergleichbar hohes Schutzniveau: Die unbefugte Darstellung einer Person zu kommerziellen Zwecken ist per se unzulässig. Der Schutz bezieht sich dabei auf sämtliche Persönlichkeitsmerkmale, aus deren Nutzung *»Geld zu machen«* ist.[594]

Aus alledem ergibt sich – insbesondere für die in der Praxis häufigsten Fälle der Privatsphärenverletzung – ein weitgehender Vorrang des Persönlichkeitsrechts gegenüber der Medienfreiheit. Im europäischen Vergleich hat sich Frankreich auch nach der Annäherung an die *EGMR*-Rechtsprechung als Hort des Persönlichkeitsrechts behauptet.

D. Persönlichkeitsrechtsschutz in England

Als dritte und letzte Rechtsordnung wird nachfolgend das englische Recht daraufhin untersucht, inwieweit es Schutz vor Angriffen der Medien auf die Persönlichkeit des Einzelnen gewährt. Schon die geschichtliche Entwicklung des Persönlichkeitsrechts, mit der die Untersuchung beginnt *(unter I.)*, kündet einen englischen Sonderweg, der die Ausgestaltung des Persönlichkeitsrechtsschutzes bis heute maßgeblich beherrscht *(unter II. und III.)*.

---

591 Vgl. die Nachw. in Fn. 547 u. 548.

592 Vgl. die Nachw. in Fn. 575.

593 Etwa *Cour cass.*, no. 11-863; no. 11-86311; Gaz. Pal. 2010, 1743; Gaz. Pal. 2003, 3845; no. 01-12848;

594 Vgl. die Nachw. in Fn. 579.

I. Geschichtlicher Hintergrund

Das Persönlichkeitsrecht in England hat sich gänzlich losgelöst von kontinentaleuropäischen Einflüssen herausgebildet. Während in anderen Staaten der Persönlichkeitsrechtsschutz über Jahrzehnte hinweg stetig ausgebaut wurde, hat in England keine vergleichbare Entwicklung stattgefunden. Vielmehr entspricht das Schutzniveau in weiten Teilen einem jahrzehntealten Stand.[595]

Ein Grund für diese Rückständigkeit[596] liegt darin, dass der freien Meinungsäußerung als einer das Persönlichkeitsinteresse begrenzenden Freiheit seit jeher eine alles überragende Stellung zugewiesen wird.[597] In seinem Schatten hat die Ausgestaltung des Persönlichkeitsrechtsschutzes von Beginn an nur geringe Beachtung gefunden. Hinzu kommt die in England in besonderem Maße ausgeprägte Traditionsgebundenheit des Gerichtswesens. Die überwiegende Ausprägung des Rechtssystems als *common law* führt zu einer strengen Bindung an Präjudizien und drängt die Bedeutung von abstrakten Gesetzesnormen in den Hintergrund (sog. *doctrine of stare decisis*).[598] Eine flexible Anpassung des Rechts an gesellschaftliche und technische Veränderungen ist dadurch kaum möglich. Insbesondere haben es die englischen Gerichte, anders als der *Bundesgerichtshof*,[599] abgelehnt, ohne ausdrückliche Rechtsgrundlage ein weitergehendes Persönlichkeitsrecht anzuerkennen.[600] Dies sei vielmehr Aufgabe des Gesetzgebers. Daraus folgt, dass der bestehende Persönlichkeitsrechtsschutz in England weitgehend aus Präzedenzfällen früherer Tage besteht.[601] Zwar konnten

595 In diesem Sinne auch *Gounalakis*, Privacy and the Media (2000), S. 33.

596 Siehe im Einzelnen dazu unter D. III. 3. b)-d).

597 Beispielhaft hierfür ist *R v Central Television Plc.*, (1994) Fam 192 (203): *»It cannot be too strongly emphasised that outside the established exceptions, or any new ones which Parliament may enact in accordance with its obligations under the Convention, there is no question of balancing freedom of speech against other interests. It is a trump card which always wins.«* Ausführlich zur Meinungsfreiheit siehe unter D. III. 2.

598 Dazu ausführlich *Blumenwitz*, Einführung in das anglo-amerikanische Recht (2003), S. 38 ff.

599 Siehe vorstehend unter B. II. 2. a).

600 Statt vieler *Malone v Metropolitan Police Commissioner* (1979) Ch 344 (372): *»It is no function of the courts to legislate a new field. The extension of the existing laws and principles is one thing, the creation of an altogether new right is another.«* In diesem Sinne auch *Cassell & Co. Ltd. v Broome* (1972) AC 1027 (1085).

601 Dazu sogleich unter II.

sich über die Jahre einige feste Tatbestandskonturen herausbilden; wo aber ein historischer Anknüpfungspunkt für bestimmte Persönlichkeitsinteressen fehlt, hat sich bis heute kein oder ein nur sehr fragmentarischer Schutz herausgebildet.[602]

Die Historie des Persönlichkeitsrechts in England wurde weitgehend vom Ehrschutz geprägt. Dessen Anfänge reichen bis ins 17. Jahrhundert zurück[603] und haben sich seither zu einem umfassenden Ansehensschutz in persönlichen und wirtschaftlichen Angelegenheiten weiterentwickelt.[604] In diesem Zusammenhang wird oft auf eine frühe Entscheidung des *Court of Queen's Bench* verwiesen, die belegt, dass bereits im Jahr 1882 jeder Person das umfassende Recht zukam, *»unberührt von falschen Behauptungen, die [ihren] Ruf schädigen, von anderen beurteilt zu werden.«*[605] In zentralen Fragen des Ehrschutzes ist diese Entscheidung noch heute eine wichtige Orientierungsgrundlage.

Eine lange Rechtstradition hat darüber hinaus der Schutz bestimmter Bereiche der Privatsphäre, wenngleich seine Reichweite seit jeher eng begrenzt ist. Dazu gehört insbesondere der Schutz vor der Verbreitung persönlicher Informationen. Er wurde gegen Mitte des 19. Jahrhunderts aus der Figur des *breach of confidence* hergeleitet. Ursprünglich zur Sicherung wirtschaftlicher Interessen entwickelt, zum Beispiel von Betriebs- oder Geschäftsgeheimnissen,[606] fand der *breach of confidence* in zwei Entscheidungen von 1849 erstmals auch auf immaterielle Persönlichkeitsinteressen Anwendung.[607] In den beiden Verfahren ging es um Radierungen, die die königliche Familie um *Queen Victoria* zeigten und für private Zwecke angefertigt worden waren. Nachdem man die Radierungen zum Nachdruck einer Druckerei überlassen hatte, gelangten Kopien hiervon unzulässigerweise in die Hände einer Kunstgalerie. Diese wollte die Kopien in einer Ausstellung veröffentlichen und in einem Katalog abdrucken.

602 In diesem Sinne auch *Atiyah*, Pragmatism and Theory (1987), S. 7: *»The system of precedent [...] means that in a common law court you can destroy your opponent's arguments by showing that nobody has ever thought of them before«*.

603 Vgl. *King v Lake* (1670) Hardr 470. Bis ins 11. Jahrhundert zurück blicken *Robertson/Nicol*, Media Law (2002), S. 73 ff.

604 Vgl. nur *Berkoff v Burchill* (1996) 4 All ER 1008 m.w.Nachw.

605 *Scott v Sampson* (1882) 8 QBD 491 (503): *»[...] the law recognizes in every man a right to have the estimation in which he stands in the opinion of others unaffected by false statements to his discredit.«*

606 Vgl. *Yovatt v Winyard* (1820) 1 Jac & W 394, 37 ER 425.

607 *Prince Albert v Strange* (1849) 2 De G & Sm 652; bestätigt in *dies.*, (1849) 1 Mac & G 25.

Beides wurde jedoch vom *High Court of Chancery* untersagt. Das Gericht stellte fest, dass die Abbildungen rein privater Natur und der Druckerei nur zu einem bestimmten Zweck anvertraut worden seien. Die Weitergabe an Dritte stelle daher einen *»Vertrauensbruch« (breach of confidence)* gegenüber den Betroffenen dar, und jede weitere Veröffentlichung sei unzulässig.[608] Erstmals beurteilten die Richter die Veröffentlichung privater Informationen und Dokumente damit nicht mehr nur am Maßstab des geistigen Eigentums,[609] sondern nach dem bislang auf den materiellen Rechtsschutz beschränkten *breach of confidence*-Tatbestand.[610] Wer allerdings nach dieser Entscheidung eine Öffnung der Rechtsprechung hin zu einem umfassenden Privatsphärenschutz erwartet hatte, wurde enttäuscht. Die Gerichte begrenzten den *breach of confidence* bald wieder auf seinen ursprünglichen, wirtschaftsrechtlichen Anwendungsbereich.[611] Die Verbreitung von privaten Informationen wurde nur in Ausnahmefällen untersagt.[612]

Daneben wird die Privatsphäre traditionell durch den *trespass to land* und die *nuisance* geschützt. Beide Tatbestände betreffen den räumlichen Aspekt der Privatsphäre: im einen Fall soll ein körperliches Eindringen durch Dritte,[613] im anderen Fall jede Störung der Nutzung der privaten Räumlichkeiten abgewehrt werden.[614] Auch hier werden die Grenzen des

608 *Prince Albert v Strange* (1849) 1 Mac & G 25 (45): *»I am bound to assume that the possession of the etchings by the Defendant [...] has its foundation in a breach of trust, confidence, or contract [...]; and upon this ground also I think the Plaintiff's title to the injunction sought to be discharged, fully established.«*

609 So noch *Pope v Curl* (1741) 2 Atk 342; *Gee v Pritchard* (1818) 2 Swans 402.

610 *Prince Albert v Strange* (1849) 1 Mac & G 25 (42): *»It was said by one of the learned counsel for the Defendant, that the injunction must rest upon the ground of property or breach of trust; both appear to me to exist."*

611 Dennoch war die Entscheidung *Prince Albert v Strange* für die spätere Ausweitung des Privatsphärenschutzes durchaus von Bedeutung. Dies zeigte sich nicht zuletzt in einer Debatte des *House of Lords*, in der es hieß, dass bereits 1848 *»the courts of this country were ready to give a remedy for the infringement of privacy.«* in *HL Debates, Lord Denning,* 13.03.1961, vol. 229, col. 638.

612 Soweit ersichtlich nur *Argyll v Argyll* (1965) 1 All ER 611; *Stephens v Avery* (1988) 2 All ER 477; *X v Y* (1988) 2 All ER 648; *Barrymore v News Group Newspaper Ltd.* (1997) FSR 600.

613 *Entick v Carrington* (1765) 19 St Tri 1029; *Gregory v Piper* (1829) 9 B & C 591; *Ellis v Loftus, Iron Co.* (1874) LR 10 CP 10.

614 *Bamford v Turnley* (1860) 3 B & S 62; *Harrison v Good* (1871) LR 11 Eq 338 (351). Zur Unterscheidung zwischen *trespass to land* und *nuisance* siehe unter D. II. 1.

Schutzbereichs von jahrzehntealten Entscheidungen bestimmt. Eine ernsthafte Anpassung an heutige Konfliktfälle hat nicht stattgefunden.

Diese Erstarrung des Persönlichkeitsrechts ist in erster Linie darauf zurückführen, dass der Gesetzgeber einer Ausweitung des Schutzbereichs stets ablehnend gegenüberstand.[615] Wenngleich sich der Eindruck aufdrängt, dass die englische Medienindustrie diese Haltung zu verantworten hatte,[616] wurden offiziell definitorische und konzeptionelle Schwierigkeiten als Gründe angeführt.[617] Erst als in den 1990er Jahren gemeinsame Stimmen aus Rechtsprechung und Schrifttum nach einem stärkeren Persönlichkeitsrechtsschutz verlangten,[618] erwog der Gesetzgeber schließlich die Einführung einer gesetzlichen Regelung.[619] Die Forderungen waren überwiegend auf die *EMRK* gestützt, die auch über 40 Jahre nach ihrer Ratifikation noch immer nicht umgesetzt worden war.[620] Ein subjektives Recht auf Achtung des Privat- und Familienlebens, wie Art. 8 EMRK es zwingend vorschreibt, bestand somit weiterhin nicht. In Folge dieser Auseinandersetzung verabschiedete das Parlament schließlich den *Human Rights Act 1998*, der im Oktober 2000 in Kraft trat.[621] Weil er mit der Pri-

---

615 Zu den erfolglosen Reformversuchen *Christie/Wolanski*, in Tugendhat/Christie: Privacy and media (2011), para. 1.51 ff.

616 So auch *The Times* v. 18.07.1995, S. 9: *»bowing to media pressure«*.

617 Vgl. etwa *Younger Committee*, Report on Privacy (1972), col. 105 ff.; *Calcutt Committee*, Report on Privacy and Related Matters (1990), para. 12.12. Letztmals *Culture Media and Sport Committee*, Report on press standards, privacy and libel (2010), para. 67: *»Given the infinitely different circumstances which can arise in different cases, and the obligations of the Human Rights Act, judges would inevitably still exercise wide discretion. We conclude therefore that for now matters relating to privacy should continue to be determined according to common law, and the flexibility that permits, rather than set down in statute."*

618 Vgl. *Kaye v Robertson* (1991) FSR 62 (66, 70); *Attorney General v Guardian Newspaper (No. 2)*, (1990) 1 AC 109 (255); *Hunt*, (1998) PL 423 (435 ff.); *Hartmann*, (1995) 16 MLP 10; *Feldman*, (1994) 47 CLP 41; *Lester*, (1993) PL 269 (284 ff.); *Markesinis*, (1990) 53 MLR 802 (808); ähnlich bereits *Malone v Metropolitan Police Commissioner* (1979) Ch 344 (380).

619 Vgl. *Lord Chancellor's Department*, Infringement of Privacy, Consultation Paper (1993), para. 5.22.

620 Sinnbildlich für das Misstrauen des englischen Gesetzgebers gegenüber der *EMRK* ist die Äußerung des damaligen Lordkanzlers *Lord Jowitt*, der die Konvention als *»some half-baked scheme to be administered by some unknown court«* beschreibt, *»so vague and woolly that it may mean almost anything."* (zit. nach *Wade*, Constitutional Reform (1998), S. 61.

621 Die Gründe für die Einführung des *Human Rights Act* fasst der *Court of Appeal* in der Entscheidung *Douglas v Hello! Ltd.* (2001) 2 WLR 992 (1021) mit folgen-

vatsphäre erstmals einen zentralen Teil des Persönlichkeitsrechts positivrechtlich schützt, wurde dieser Schritt nicht weniger als der *»Beginn einer neuen Verfassungsära«*[622] in England deklariert. Das neue Gesetz erschien als Vorbote einer Entwicklung, die sich von der althergebrachten, auf Präjudizien aufgebauten Rechtstradition weg- in Richtung eines Systems des positiven, abstrakt-generellen Rechts hinbewegt.[623] Neuen Gefahren und Herausforderungen für das Persönlichkeitsrecht und andere Rechtsgüter könne fortan einfacher und flexibler begegnet werden.[624]

II. Persönlichkeitsrechtsschutz im Allgemeinen

Vor Erlass des *Human Rights Act* im Jahr 1998 glich der Persönlichkeitsrechtsschutz in England gleichsam einem Flickenteppich.[625] Ein allgemeines Recht wie in Deutschland oder Frankreich, das die immateriellen Interessen des Einzelnen umfassend berücksichtigt, suchte man vergeblich. Vielmehr waren nur einzelne, eng umgrenzte Teile der Persönlichkeit gegen Angriffe von außen geschützt. Der *Human Rights Act* hat diese Schutzlücken für den Privatsphärenschutz zwar verringern können, ein übergeordnetes *right to one's personality* ist dem englischen Recht aber weiterhin fremd.[626]

Will man die bestehenden Rechtspositionen gleichwohl als Persönlichkeitsrechte zusammenfassen, so lassen sie sich gemäß ihrer historischen und systematischen Entstehung wie folgt untergliedern: zum einen in Per-

---

den Worten zusammen: *»The reasons are twofold. First, equity and the common law are today in a position to respond to an increasingly invasive social environment by affirming that everybody has a right to some private space. Secondly, and in any event, the Human Rights Act 1998 requires the courts of this country to give appropriate effect to the right to respect for private and family life set out in article 8 of the European convention for the Protection of Human Rights and Fundamental Freedom.«*

622 *Wade*, Constitutional Reform (1998), S. 61 (62); *HL Debates, Lord Scarman*, 3.11.1997, vol. 582, col. 1256.

623 Vgl. *Ohly*, RabelsZ 65 (2001), 39 (77).

624 Näheres zum *Human Rights Act 1998*, insbesondere seiner horizontalen Wirkung, unter II. 2. d)

625 So auch *Markesinis*, (1990) 53 MLR 802 (805); *Singh*, Privacy and the media (1999), S. 169 (190).

626 Ein *»general right to one's personality«* verneinen auch *Neill*, Privacy (1999), S. 1 (22) und *Rogers*, Personality Rights (2005), S. 59.

sönlichkeitsrechte des *common law (unter 1.)*, zum anderen in solche des geschriebenen Rechts *(unter 2.)*.

1. Persönlichkeitsrechtsschutz im common law

Persönlichkeitsrechtliche Rechtspositionen existierten im englischen Recht, wie dargelegt, lange Zeit nur als Richterrecht.[627] Dieses stellt bis heute die wichtigste Rechtsquelle für das Persönlichkeitsrecht dar.

a) Trespass to land und nuisance

Zwei frühe Ausprägungen des Persönlichkeitsrechts stellen der *trespass to land* und die *nuisance* dar.[628] Beide Tatbestände schützen den räumlich-gegenständlichen Bereich der Privatsphäre. Der *trespass to land* setzt eine physische Einwirkung auf fremdem Grund voraus. Dies kann nicht nur durch Betreten des Täters selbst, sondern auch durch Ablagerung von Gegenständen oder Anbringen von Abhörgeräten auf dem Grundstück des Verletzten erfolgen.[629] Da Verletzungen des Medienpersönlichkeitsrechts typischerweise ohne physisches Eindringen stattfinden, hat dieser Tatbestand für die untersuchungsgegenständliche Frage keine Bedeutung.

Die *nuisance* erfasst dagegen jedwede, auch körperlose Beeinträchtigung des Grundbesitzes wie akustische oder Geruchsemissionen, ständiges Belagern oder Ausspähen des Grundstücks von außen. Dafür ist hier aber ein Schadensnachweis erforderlich. Relevant wird die *nuisance* insbesondere bei Handlungen, die in der Umgebung des Grundstücks stattfinden und daher nicht als *trespass to land* geahndet werden können. Beide Tatbestände ergänzen sich, um den Radius des geschützten Privatbereichs auszudehnen. Verdeutlichen lässt sich dies an einem Verfahren im Zusammenhang mit Luftbildern eines Grundstücks, die von aus einem He-

---

627 Der folgende Abschnitt ist auf die Grundzüge des von der Rechtsprechung entwickelten Persönlichkeitsrechtsschutzes beschränkt. Eine tiefergehende Untersuchung des medienrelevanten Schutzbereichs erfolgt unter D. III. 1.

628 Dazu ausführlich *Deakin/Johnston/Markesinis*, in Markesinis/Deakin's Tort Law (2013), S. 401 ff. u. 414 ff.; *Murphy*, in Clerk/Lindsell on Torts (2006), para. 19-01 ff.; *Buckley*, in Clerk/Lindsell on Torts (2006), para. 20-01 ff.

629 Weitere Bsp. bei *Murphy*, in Clerk/Lindsell on Torts (2006), para. 19-02.

likopter aus aufgenommen wurden.[630] *Trespass to land* kam hier nicht in Betracht, weil die bloße Durchquerung des Luftraums kein körperliches Eindringen auf das Grundstück darstellte. *Nuisance* war zwar im konkreten Fall zwar ebenso wenig einschlägig, hätte aber vorgelegen, wenn der Überflug über einen längeren Zeitraum oder wiederholt vorgenommen worden wäre.[631]

Anspruchsberechtigt aus *trespass to land* und *nuisance* sind nur Personen mit einem eigentumsartigen Recht *(proprietary interest).*[632] Dies ist gewöhnlich der unmittelbare, ausschließliche Besitzer. Die Eingrenzung führt dazu, dass selbst betroffene Angehörige oder Hausgäste, die üblicherweise kein solches Besitzrecht haben, nicht geschützt sind.[633] Vor diesem Hintergrund ist der praktische Nutzen der beiden Tatbestände zum Zwecke des Persönlichkeitsrechtsschutzes entsprechend begrenzt.

b) Breach of confidence

Eine Persönlichkeitsrechtsverletzung wegen *breach of confidence* meint im Ursprung die rechtswidrige Verbreitung vertraulicher Informationen, die aus einer Sonderbeziehung zwischen Verletzer und Verletztem erlangt worden sind.[634] Unter einer solchen Beziehung verstand man lange Zeit ein vertragliches oder vertragsähnliches Verhältnis, aufgrund dessen eine Verschwiegenheitspflicht *(obligation of confidence)* bestand.[635] Daher fand der Tatbestand fast ausschließlich im Wirtschaftsverkehr Anwendung. Als weitere Voraussetzung wurde verlangt, dass der Informations-

630 *Bernstein v Skyviews Ltd.* (1978) 1 QB 479.

631 *Bernstein v Skyviews Ltd.* (1978) 1 QB 479 (489): *»But if the circumstances were such that a plaintiff was subjected to the harassment of constant surveillance of his house from the air, accompanied by the photographing of his every activity, I am far from saying that the court would not regard such a monstrous invasion of his privacy as an actionable nuisance [...].«*

632 Zum *trespass John Trenberth v National Westminster Bank* (1979) 39 P & CR 104; zur *nuisance Inchbald v Robinson, Inchbald v Barrington* (1869) LR 4 Ch App 388; *Jones v Chappell* (1875) LR 20 Eq 539. Ausführlich zu beiden Tatbeständen *Rogers*, in Winfield/Jolowicz on Torts (2010), S. 685 ff. u. 705 ff.

633 Vgl. *Smith v Overseers of St Michael's Cambridge* (1860) 121 ER 486 (489); *Hunter v Canary Wharf* (1997) AC 655 (691 ff.).

634 Eingehend dazu *Aplin/Bently/Johnson/Malynicz*, Gurry on Breach of confidence (2012), §§ 2 u. 3.

635 *Prince Albert v Strange* (1849) 2 De G & Sm 652.

empfänger die Nachricht unbefugt und zum Nachteil des Informationsgebers verwendet hat.[636]

Seit den 1990er Jahren wird der Tatbestand kontinuierlich ausgedehnt. Teile der Rechtsprechung waren zu der Überzeugung gelangt, dass ein Vertrauensbruch auch außerhalb einer vertraglichen oder persönlichen Beziehung vorliegen könne.[637] Es reiche vielmehr aus, dass der verbreitete Sachverhalt offensichtlich vertraulich *(obviously confidential)* sei.[638] Danach sollen auch solche Fälle erfasst sein, in denen die Information durch jemanden verbreitet wird, der in keinerlei Beziehung zum Verletzten steht.[639]

Ein *breach of confidence* kommt nach neuerer Auffassung der Gerichte somit ohne ein näheres Verhältnis zwischen den Beteiligten in Betracht.[640] Durch die tatbestandliche Ausweitung hat sich der *breach of confidence* inzwischen als effektivstes Rechtsmittel zum Schutz der Privatsphäre etabliert.[641]

c) Defamation und injurious falsehood

Die Tatbestände der *defamation* und *injurious falsehood*[642] wurden von der Rechtsprechung zum Schutz vor ehrschädigenden Äußerungen entwi-

---

636 Vgl. zusammenfassend *Coco v A N Clark (Engineers) Ltd.* (1969) RPC 41 (47): *»Three elements are normally required if [...] a case of breach of confidence is to succeed. First, the information itself [...] must have the necessary quality of confidence about it. Secondly, that information must have been imparted in circumstances importing an obligation of confidence. Thirdly, there must be an unauthorised use of that information to the detriment of the party communicating it."*

637 *Attorney General v Guardian Newspaper* (1990) 1 AC 109 (281): *»It is well settled that a duty of confidence may arise in equity independently of [a transaction or relationship between the parties.]«* Vgl. dazu *Thompson* in Clarke, Confidentiality (1990), S. 65 (71 ff.).

638 *Attorney General v Guardian Newspaper* (1990) 1 AC 109 (281).

639 Ausführlich dazu *Aplin/Bently/Johnson/Malynicz*, Gurry on Breach of confidence (2012), §§ 7 ff.; *Robertson/Nicol*, Media Law (2002), S. 223 ff.

640 Zu Voraussetzungen und Auslegung des *breach of confidence* siehe unter D. III. 3. b).

641 Vgl. *Wee Loon*, (1996) EIPR 307 (310).

642 Die *injurious falsehood* wird mitunter – insbesondere von der Rspr. – auch *malicious falsehood* genannt.

ckelt.[643] Dadurch soll verhindert werden, dass jemand durch Aussagen eines anderen in ein falsches Licht gestellt oder sonstwie in seinem Wert herabgesetzt wird. Beide Delikte schützen im weiteren Sinne dasselbe Rechtsgut; eine Handlung kann daher beide Tatbestände gleichzeitig erfüllen.[644] Ein wesentlicher Unterschied zwischen der *defamation* und der *injurious falsehood* besteht aber darin, dass Erstere allein solche Aussagen erfasst, die unmittelbar den Ruf einer Person schädigen, sei es durch Beleidigung, Verunglimpfung oder ähnliche Herabsetzungen. Die *injurious falsehood* meint demgegenüber Äußerungen, die aus anderen Gründen als einer Herabwürdigung ehrenrührig – *»deeply upsetting«*[645] – sind.[646] Beispielhaft nennt der *Court of Appeal* die falsche Behauptung, ein Verkäufer sei nicht der rechtmäßige Eigentümer seiner Waren, oder die wahrheitswidrige Mitteilung, jemand habe seinen Geschäftsbetrieb eingestellt.[647] Hierin zeigt sich, dass die *injurious falsehood*, ähnlich dem § 824 BGB, in erster Linie geschäftliche Interessen schützt. Gleichwohl ist in Fällen, in denen der Tatbestand erfüllt ist, häufig auch die persönliche Ehre betroffen.[648] Für die Wahrung der Persönlichkeitsinteressen gegenüber den Medien sind die *defamation* und die *injurious falsehood* daher gleichermaßen relevant.

---

643 Dazu ausführlich *Deakin/Johnston/Markesinis*, in Markesinis/Deakin's Tort Law (2013), S. 633 ff.; *Parkes*, in Tugendhat/Christie: Privacy and media (2011), para. 7.08 ff.

644 Die Nähe der beiden Delikte zeigt sich auch in *Khodaparast v Shad* (2000) 1 WLR 618 (630 f.): *»Malicious falsehood is a species of defamation. It is well established that aggravated damages can be awarded for defamation of character for the additional injury to feelings caused by the defendant's conduct both before and after the issue of proceedings. In my judgment, once the plaintiff is entitled to sue for malicious falsehood [...], I can see no reason why, in an appropriate case, he or she should not recover aggravated damages for injury to feelings."* Vgl. auch *Carty*, in Clerk/Lindsell on Torts (2006), para. 24-03.

645 *Robertson/Nicol*, Media Law (2002), S. 88.

646 *Joyce v Sengupta* (1993) 1 WLR 337 (341): *»The remedy provided by the law for words which injure a person's reputation is defamation. Words may also injure a person without damaging his reputation. [...] The remedy for this is malicious falsehood.«* Siehe dazu auch *Deakin/Johnston/Markesinis*, in Markesinis/Deakin's Tort Law (2013), S. 699 f.

647 *Joyce v Sengupta* (1993) 1 WLR 337 (341).

648 Im Einzelnen dazu siehe unter D. III. 1. b).

2. Persönlichkeitsrechtsschutz im geschriebenen Recht

Der Persönlichkeitsrechtsschutz in England ist in weiten Teilen das Ergebnis richterlicher Rechtsfortbildung. Entsprechend überschaubar ist die Bedeutung des positiven Rechts in diesem Bereich. Der folgende Überblick über die relevanten Vorschriften zeigt jedoch die Tendenz von Seiten des Gesetzgebers, persönlichkeitsrechtliche Positionen mehr und mehr zu kodifizieren. Ihren vorläufigen Höhepunkt hat diese Entwicklung mit der Verabschiedung des *Human Rights Act 1998* erreicht.

a) Copyright, Designs and Patents Act 1988

In Anlehnung an das kontinentaleuropäische Urheberpersönlichkeitsrecht[649] enthält der *Copyright, Designs and Patents Act 1988* Vorschriften zur Behandlung fremder Schriften und künstlerischer Werke.[650] Der Kreis der geschützten Gegenstände wird dabei weit gezogen und ist nicht auf geistige Werke beschränkt.[651] Anders als im deutschen Recht wird auch keine bestimmte Schöpfungshöhe verlangt. Die Gerichte verfahren vielmehr nach der Prämisse *»what is worth copying is prima facie worth protecting.«*[652] Ziel ist also ein möglichst umfassender Schutz von kreativen Leistungen einer Person.

Die aus persönlichkeitsrechtlicher Sicht bedeutendste Vorschrift regelt die Pflicht zur Namensnennung. Danach darf der Urheber eines jeden Werkes verlangen, als solcher kenntlich gemacht zu werden *(moral right of paternity)*.[653] Umgekehrt ist jedermann davor geschützt, dass er wahrheitswidrig als Urheber eines literarischen, musikalischen oder künstlerischen Werkes bezeichnet wird.[654] Unzulässig ist es zudem, das schöpferische Werk eines anderen zu entstellen, zu verunstalten oder sonstwie ehrenrührig zu behandeln.[655]

---

649 Vgl. dazu vorstehend unter B. I.

650 Zum Urheberpersönlichkeitsrecht in England *Bate/Hirst*, in Tugendhat/Christie: Privacy and media (2011), para. 9.80 ff.; *Cornish/Llewelyn/Aplin*, Intellectual Property (2010), para. 12-64 ff.

651 Vgl. sect. 4 (1) CDPA.

652 *University of London Press Ltd. v University Tutorial Press Ltd.*, (1916) 2 Ch 601 (610).

653 Sect. 77 CDPA.

654 Sect. 84 CDPA.

655 Sect. 80 CDPA.

Wenngleich der englische Gesetzgeber einer Ausweitung des Persönlichkeitsrechtsschutzes seit jeher zurückhaltend gegenübersteht, ist im Rahmen des Urheberpersönlichkeitsrechts ein Schutzniveau geschaffen worden, das den kontinentaleuropäischen Standards durchaus nahekommt.[656] Dies zeigt, dass der Gesetzgeber persönlichkeitsrechtliche Bedürfnisse nicht per se ignoriert, sondern er aus anderen Gründen[657] einen umfassenden Schutz in diesem Bereich versagt.

b) Protection from Harassment Act 1997

Der *Protection from Harassment Act 1997* wurde im Interesse eines stärkeren Privatsphärenschutzes erlassen und statuiert in sect. 1(1) das Verbot, andere Personen zu belästigen.[658] Angesichts der apodiktischen Haltung des Gesetzgebers, aus angeblichen Gründen der Rechtssicherheit auf ein umfassendes Recht auf Privatsphäre zu verzichten, muss die generalklauselartige Weite der Vorschrift überraschen. So bleibt zunächst offen, was überhaupt unter Belästigung zu verstehen ist. Die Vorgabe, auf die Beurteilung einer verständigen Person *(reasonable person)* abzustellen,[659] vermag dabei nur wenig aufzuklären. An anderer Stelle wird der Tatbestand immerhin insoweit konkretisiert, als dieser ein Verhalten erfordert, das den Betroffenen in Angst *(alarm)* und Bedrängnis *(distress)* versetzt.[660]

Auf den ersten Blick erscheint die Generalklausel geeignet, das Eindringen Dritter in den Privatbereich weitreichend zu verhindern. Allerdings wird die Anwendung des *Protection from Harassment Act* für bestimmte Fälle ausgeschlossen, die vor allem im Rahmen der Medienberichterstattung von Bedeutung sind.[661] So liegt nach sect. 1(3)(c) PfHA keine Belästigung vor, wenn das Verhalten den Umständen nach angemessen *(reasonable)* war. Bedeutend ist auch, dass eine Belästigung min-

656 *Cornish*, Intellectual Property (1996), para. 11-89.
657 Vgl. den Nachw. in Teil 3: Fn. 107.
658 Sect. 1(1) PfHA: *»A person must not pursue a course of conduct (a) which amounts to harassment of another, and (b) which he knows or ought to know amounts to harassment of the other.«*
659 Vgl. sect. 1(2) PfHA.
660 Sect. 7(2) PfHA.
661 Vgl. *Neill*, Privacy (1999), S. 1 (8).

destens zweimal stattgefunden haben muss.[662] Ist der Tatbestand erfüllt, legt das Gesetz in sect. 2 und 3 strafrechtliche Sanktionen sowie Schadensersatz- und Schmerzensgeldansprüche des Betroffenen fest.

c) Data Protection Act 1998

Als Reaktion auf die fortschreitende technologische Entwicklung und die damit verbundenen Gefahren für den Datenschutz wurde im Jahr 1995 die EG-Datenschutzrichtlinie[663] erlassen, deren Umsetzung der *Data Protection Act 1998* darstellt.[664] Dieser knüpft die Zulässigkeit der Verwendung personenbezogener Daten an das Vorliegen spezieller Rechtfertigungsgründe, sofern der Betroffene keine Einwilligung zur Datennutzung erteilt hat.[665] Damit soll nach den Vorstellungen des Gesetzgebers das Recht auf informationelle Selbstbestimmung als besondere Ausformung des Privatsphärenschutzes gestärkt werden.[666]

Das Kernstück des Gesetzes bilden die sog. *principles*, die einen bestimmten Umgang mit den erhobenen Daten vorschreiben, beispielsweise in Bezug auf ihre Weitergabe oder zeitliche Nutzung.[667] Die Bestimmungen betreffen im Grundsatz staatliche und private Stellen in gleicher Weise. Eine wichtige Ausnahme gilt aber für den Bereich der Medienberichterstattung: Danach finden die Vorgaben des Gesetzes in weiten Teilen keine Anwendung, wenn die Verarbeitung der Daten journalistischen Zwecken dient.[668]

d) Human Rights Act 1998

Mit dem *Human Rights Act 1998* wurde erstmals ein zentraler Teil der Persönlichkeit positivrechtlich geschützt. Aus rechtssystematischer Sicht

---

662 Sect. 7(3) PfHA.

663 Richtlinie 95/46/EG des Europäischen Parlaments und des Rates vom 24. Oktober 1995 zum Schutz natürlicher Personen bei der Verarbeitung personenbezogener Daten und zum freien Datenverkehr, ABl. EG Nr. L 281, 31.

664 *Barnes*, in Tugendhat/Christie: Privacy and media (2011), para. 6.01 ff.

665 Vgl. sect. 4(3) i.V.m. Schedule 2 DPA. Ausgenommen ist der rein häusliche Gebrauch, vgl. sect. 36 DPA.

666 Vgl. *HL Debates*, *Lord Williams of Mostyn,* 2.02.1998, vol. 585, col. 436.

667 Vgl. sect. 4(1) i.V.m. Schedule 1 DPA.

668 Vgl. sect. 32 DPA.

erfolgte dies dadurch, dass die in der *EMRK* garantierten Grundrechte sowie einige Zusatzartikel für direkt anwendbar erklärt wurden.[669] Damit wird auch das Recht auf Achtung des Privat- und Familienlebens nach Art. 8 EMRK zum unmittelbaren Bestandteil des englischen Rechts. Darüber hinaus verpflichtet sect. 2(1) HRA die innerstaatlichen Gerichte, sämtliche Entscheidungen oder Stellungnahmen der Konventionsorgane,[670] sofern entscheidungserheblich, zu berücksichtigen. Diese Vorgabe ist nicht ganz unproblematisch, ist das englische Rechtssystem doch überwiegend Präjudizienrecht, das die Richter wiederum an die Entscheidungen der übergeordneten Gerichtsinstanzen bindet. Die Frage, wie zu entscheiden ist, wenn sich nationale und europäische Spruchpraxis widersprechen, hat das *House of Lords* zugunsten der nationalen Rechtsprechung beantwortet und den englischen Präjudizien den Vorrang eingeräumt.[671]

Soll dem *Human Rights Act* nun tatsächlich die vom Schrifttum zugesprochene historische Bedeutung für den Persönlichkeitsrechtsschutz zukommen, sind vorher noch seine horizontalen Wirkungen zu hinterfragen. Denn es steht außer Frage, dass sich die weit überwiegende Zahl persönlichkeitsrechtlicher Konflikte nicht in der Beziehung zwischen Bürger und Staat zuträgt, sondern unter Privatpersonen. Zu klären ist deshalb, ob und inwieweit die vom *Human Rights Act* inkorporierten Art. 8 und Art. 10 EMRK auch im privatrechtlichen Verhältnis (zumindest mittelbare) Wirkung entfalten. Als ein ablehnendes Argument wird diesbezüglich vereinzelt vorgebracht, dass die *EMRK* selbst nur den öffentlichen Bereich regele.[672] Aus dem Grund sei auch der *Human Rights Act* auf dieses Anwendungsfeld beschränkt. Die Befürworter einer horizontalen Wirkung heben dagegen hervor, dass die *EMRK* neben ihrer abwehrrechtlichen Funktion auch positive Schutzpflichten des Staates begründe.[673] Art. 8 EMRK strahle daher unweigerlich auch auf das Privatrecht aus. Die Drittwirkung folge

---

669 Vgl. sect. 1(1) HRA: *»In this Act 'the Convention rights' means the rights and fundamental freedoms set out in [...] Articles 2 to 12 and 14 of the Convention.«* Ausführlich zum neuen Gesetz *Baum*, EuGRZ 2000, 281 (294 ff.); *Ewing*, (1999) 62 MLR 79; *Feldman*, (1999) 19 LS 165; *Grote*, ZaöRV 58 (1998), 309; *Palmer*, (1998) CYELS 125.

670 Gemeint sind nunmehr der *EGMR* sowie das Ministerkomitee.

671 Vgl. dazu *Kay v Lambeth*, (2006) 2 WLR 570 (589 ff.).

672 *Buxton*, (2000) 116 LQ Rev 48 (50).

673 *Campbell v MGN Ltd.* (2004) 2 All ER 995, Rzi. 132; *Douglas v Hello Ltd.* (2001) 2 WLR 992 (1025 ff.); *Markesinis*, (1999) 115 LQ Rev 47 (84); *Baker*, HRA 1998 (1998), S. 29; *Hunt*, (1998) PL 423 (442).

nicht zuletzt aus sect. 6(3) HRA, der die englischen Gerichte verpflichte, die Konventionsrechte unabhängig von der Rechtsnatur der Streitigkeit zu berücksichtigen.[674] Dies bedeute, dass letztlich jede, auch private Rechtsnorm im Lichte der *EMRK* auszulegen und fortzuentwickeln sei.

Aus teleologischen Erwägungen und im Sinne eines effektiven Schutzes der Privatsphäre haben sich die Gerichte inzwischen der bejahenden Auffassung angeschlossen.[675] Der *Human Rights Act* entfaltet damit auch in privatrechtlichen Beziehungen seine Wirkung.

III. Persönlichkeitsrechtsschutz in den Medien

Die vorstehende Einführung in das Persönlichkeitsrecht in England hat neben inhaltlichen auch die systematischen Unterschiede zu den übrigen Rechtsordnungen aufgezeigt. Während der Persönlichkeitsrechtsschutz in Deutschland und Frankreich überwiegend aus wenigen, generalklauselartigen Vorschriften besteht,[676] begegnet dem englischen Rechtsanwender gleich eine Vielzahl einzelner (geschriebener oder richterlicher) Tatbestände in diesem Bereich.[677] Dieser Umstand gründet in der traditionellen Ablehnung des englischen Gesetzgebers gegenüber weiten und unbestimmten Rechtsfiguren, denen konkrete, eng umschriebene Tatbestände seit jeher vorgezogen werden.[678]

Auf die Bestimmung des Persönlichkeitsrechtsschutzes in den Medien wirkt sich die genannte Vielzahl indes nicht nachteilig aus, da die Anzahl der tatsächlich medienrelevanten *torts* letztlich überschaubar ist. Die Tatbestände des geschriebenen Rechts fallen – mit Ausnahme des *Human Rights Act* – gar gänzlich aus der vorliegenden Untersuchung heraus.

---

674 *Wade*, (2000) 116 LQ Rev 217 f.

675 Vgl. hierzu die Nachw. bei *Straky*, Das Privatleben Prominenter (2006), S. 47; *Young*, (2002) PL 232; *Wade*, (2000) 116 LQ Rev 217; *Oliver*, (2000) EHRLR 343; *Raphael*, (2000) EHRLR 493; *Hunt*, (1998) PL 423.

676 Insbesondere in Form des § 823 Abs. 1 BGB und des Art. 1382 C.civ., vgl. vorstehend unter B. II. und C. II.

677 Neben den unter D. II. genannten Persönlichkeitsdelikten kommen vor allem die Ausformungen des *trespass to the person (battery, assault, false imprisonment)* und der *passing-off* in der Rechtspraxis vor. Im vorliegenden Zusammenhang haben sie jedoch keine Bedeutung. Zu ersterem *tort* siehe *Jones*, in Clerk/Lindsell on Torts, (2006), para. 15-01 ff.; *Tiernan*, Tort (1996), c. 1; zu letzterem *v. Westerholt*, Passing off-Klage (1976).

678 Vgl. *Ohly*, RabelsZ 65 (2001), 39 (76 f.).

1. Schutzbereich des Medienpersönlichkeitsrechts

Die Darstellung der im medialen Kontext relevanten Persönlichkeitsinteressen folgt dem bekannten dreiteiligen Aufbau.[679]

a) Schutz des privaten Lebensbereichs

Der Schutz des privaten Lebensbereichs war lange Jahre gleichsam ein Stiefkind des englischen Gesetzgebers. Man begnügte sich mit den wenigen *torts* aus vormedialen Zeiten und sah im Wesentlichen davon ab, deren Schutzbereiche fortzuentwickeln und anzupassen.[680] Ein allgemeines *right to privacy* wurde vom Gesetzgeber ebenso beharrlich abgelehnt wie von den Gerichten, weil hierdurch inakzeptable Einschränkungen für die Medientätigkeit entstünden.[681] Dabei wurde auch in England das Recht, sich in einen abgeschiedenen und ungestörten Privatbereich zurückziehen zu können, seit jeher für *»unverzichtbar für das Gedeihen des Einzelnen« (human flourishing)* erachtet.[682] Als Vorlage diente den Autoren der viel beachtete Aufsatz der US-Amerikaner *Warren* und *Brandeis*, die bereits 1890 ein umfassendes Recht auf Privatheit gegenüber den Medien eingefordert hatten.[683] In seiner Folge konnte sich der Gedanke der Selbstbestimmung des Einzelnen auch in England ausbreiten. Jeder sollte selbst entscheiden dürfen, *»when, how and to what extent information about [him] is communicated to others.«*[684] Wiederholt wurden dabei auch Be-

---

679 Vgl. vorstehend unter B. III. 1. und C. III. 1.

680 Vgl. die Nachw. in Fn. 600.

681 Aus der Vielzahl an Entscheidungen siehe nur *Kaye v Robertson* (1991) FSR 62 (66): *»It is well-known that in English law there is no right to privacy.«* Zum damaligen Meinungsstand eingehend *Wacks*, (1980) 96 LQ Rev 73.

682 *Moreham*, in Tugendhat/Christie: Privacy and media (2011), para. 2.43.

683 *Warren/Brandeis*, (1890) 4 HLR 193 (insbesondere 206): *»If we are correct in this conclusion, the existing law affords a principle which may be invoked to protect the privacy of the individual from invasion either by the too enterprising press, the photographer, or the possessor of any other modern device for recording or reproducing scenes or sounds.«* Zu den Auswirkungen auf das englische Recht *Pratt*, Privacy in Britain (1979), S. 19 ff.

684 *Westin*, Privacy and Freedom (1970), S. 7; in diesem Sinne bereits *Bloustein*, 39 (1964) NYU LR 962 (1003): *»The man who is compelled to live every minute of his life among others and whose every need, thought, desire, fancy or gratification is subject to public scrutiny, has been deprived of his individuality and human dignity. [...] And our law of privacy attempts to preserve individuality by*

züge zur Menschenwürde hergestellt: Der Wunsch nach ungestörtem Privatleben spiegele ein grundlegendes Bedürfnis des Menschen wider, das es absolut zu schütze gelte.[685]

Begrifflich, so lässt sich festhalten, wird unter *privacy* und ihrer Bedeutung für die persönliche Entfaltung somit kaum Anderes verstanden als hierzulande. Doch im Gegensatz zur kontinentaleuropäischen[686] und US-amerikanischen Entwicklung[687] haben die Erkenntnisse im englischen Recht lange Zeit keinen entsprechenden Niederschlag gefunden. Statt weitgefassten, umfassenden Schutz bietenden Generalklauseln wurden zunächst nur einzelne Rechte wie *trespass to land* und *nuisance*, die Teile der räumlichen Privatsphäre abdecken, sowie der *breach of confidence*, der ein mehr oder weniger ausgeprägtes Vertrauensverhältnis verlangt, anerkannt.[688] Seit der glanzvollen Einführung des *Human Rights Act 1998* ist zwar der gesamte Privatbereich nunmehr formell geschützt. Was die tatsächlichen Auswirkungen in der Praxis angeht, ist aber weiterhin Skepsis angebracht: Denn schon vor Einführung des Gesetzes war es den Gerichten sehr wohl möglich, die Grundfreiheiten der *EMRK* bei ihren Entscheidungen zu beachten. Da sie sich schon damals weigerten, ihre traditionelle Linie zu verlassen, bleibt fraglich, ob das neue Gesetz die jahrzehntealte Rechtsprechung tatsächlich verändern wird.[689]

b) Schutz der Ehre

Anders als in kontinentaleuropäischen Rechtsordnungen zielt der Ehrschutz in England primär auf den Erhalt des Ansehens gegenüber der Öffentlichkeit. Der inneren Ehre i.S. einer Selbstachtung des Einzelnen kommt nur eine untergeordnete Rolle zu. Dies zeigt sich insbesondere an dem Umstand, dass der *tort of defamation* als wichtigster Tatbestand nur

---

placing sanctions upon outrageous or unreasonable violations of the conditions of its sustenance."

685 Vgl. statt vieler *Moreham*, in Tugendhat/Christie: Privacy and media (2011), para. 2.44 ff. m.w.Nachw.

686 Vgl. vorstehend unter B. III. 1. a) und C. III. 1. a).

687 Vgl. das Restatement (Second) of Torts, § 652A (2)(a)-(d). Eine ausführliche Darstellung des *right of privacy* findet sich bei *Dobbs*, Law of torts II (2001), c. 29 m.w.Nachw.

688 Vgl. vorstehend unter D. II. 1.

689 Siehe im Einzelnen dazu unter D. III. 3. b) bb).

dann greift, wenn jemandes Ansehen in der Gemeinschaft herabgesetzt wird, nicht aber dort, wo unter vier Augen beleidigt wird.[690]

Dessen ungeachtet kommt gerade der *defamation* seit jeher eine große Bedeutung zu. Mit Nachdruck betont das *House of Lords* die Bedeutung der Ehre nicht nur für den einzelnen Bürger, sondern für die demokratische Gesellschaft insgesamt.[691] Nach der Rechtsprechung sind daher Äußerungen unzulässig, die *»tend to lower him in the estimation of right-thinking men«*.[692] Andere fassen unter den Tatbestand, was *»would be likely to make reasonable and respectable people think less of him"*.[693] Ist man solch unscharfen Definitionen sonst eher abgeneigt, erklärt sich der weite Schutzbereich vor allem mit dem Versuch, auf diese Weise den ansonsten lückenhaften Privatheitsschutz auszugleichen.[694] Besonderes Gewicht erhält die *defamation* durch den Umstand, dass sie kein persönliches Verschulden des Äußernden voraussetzt. Dies bedeutet, dass ohne jede Fahrlässigkeit eine Ehrverletzung vorliegen kann, beispielsweise wenn sich die Beteiligten gar nicht kennen.[695] Stellt sich die Äußerung aber als wahr heraus, ist der Tatbestand nicht erfüllt.[696]

Unterteilt wird die *defamation* nicht nach Art und Inhalt der Aussage,[697] sondern danach, ob sie verkörpert und sichtbar ist oder in sonstiger Form

---

690 Vgl. *Scott v Sampson* (1882) 8 QBD 491; *Deakin/Johnston/Markesinis*, in Markesinis/Deakin's Tort Law (2013), S. 639.

691 *Reynolds v Times Newspapers Ltd.*, (2001) 2 AC 127 (201): *»Reputation is an integral and important part of the dignity of the individual. It also forms the basis of many decisions in a democratic society which are fundamental to its well-being: whom to employ or work for, whom to promote, whom to do business with or to vote for.«*

692 *Silkin v Beaverbrook Newspaper Ltd.* (1958) 1 WLR 743 (746); *Sim v Stretch* (1936) All ER 1237 (1240).

693 *Robertson/Nicol*, Media Law (2002), S. 79.

694 Nichtsdestotrotz sind auch die Gerichte an die natürlichen Grenzen des Tatbestands gebunden. Diese seien erreicht, sobald die Anwendung der *defamation* zu atypischen Ergebnissen führten und außerhalb ihres eigentlichen Schutzzwecks lägen; vgl. statt vieler *Markesinis*, (1992) 55 MLR 118 (120): *»The unfortunate effects [...] are seen in practice in many cases where deserving plaintiffs were left unprotected because the old torts could be stretched so far and no further.«*

695 *Hulton & Co. v Jones* (1910) AC 20; *Newstead v London Express Newspapers Ltd.*, (1940) 1 KB 377.

696 Siehe im Einzelnen dazu unter 3. c) cc).

697 Vgl. im Gegensatz dazu §§ 185 ff. StGB und Art. 29 des Pressegesetzes; im Einzelnen siehe unter B. III. 1. b) und C. III. 1. b).

erfolgt. Ersterenfalls ist *libel* gegeben, letzterenfalls *slander.*[698] Beiden *torts* ist gemeinsam, dass ihr ehrverletzender Charakter aus der Sicht eines verständigen Dritten *(ordinary man)* beurteilt wird.[699] Maßgeblich ist nicht, was der Äußernde ausdrücken wollte, sondern wie er von Dritten verstanden wird.[700] Ein weiterer Unterschied besteht hinsichtlich des auszugleichenden Schadens und der diesbezüglichen Beweislast: Das Opfer einer *slander* muss das Vorliegen eines bestimmten Vermögensschadens grundsätzlich nachweisen,[701] während dies bei einer *libel* nicht erforderlich ist. Ein Schaden wird hier vermutet.[702] Dieser Umstand führt zu dem zweifelhaften Ergebnis, dass etwa eine brieflich geäußerte Diffamierung einer Person gegenüber einem Dritten unmittelbar zu einer Haftung führt, eine mündliche Beleidigung vor einer großen Menschenmenge hingegen nur, wenn der Betroffene tatsächlich einen Vermögensnachteil nachweisen kann.

Angesichts der Unterschiede ist somit eine Abgrenzung zwischen beiden Delikten erforderlich. Während die Unterscheidung von *libel* und *slander* bei körperlichen Gegenständen wie Büchern, Zeitschriften, Kunstfiguren,[703] selbst Himmelsschreiben[704] keine größeren Probleme bereitet, kann die Einordnung etwa bei technischen Aufzeichnungen wie Radio- oder Fernsehsendungen schwierig sein. Hier liegt die Äußerung sowohl verkörpert – weil elektronisch gespeichert – als auch mündlich vor. Der Gesetzgeber hat auf dieses Problem inzwischen reagiert und behandelt die wichtigsten solcher Grenzfälle nunmehr als *»publication in permanent form«.*[705]

---

698 Dazu ausführlich *Mullis/Parkes/Busuttil* (Hrsg.), Gatley on libel and slander (2013); *Deakin/Johnston/Markesinis*, in Markesinis/Deakin's Tort Law (2013), S. 636 ff.; *McBride/Bagshaw*, Tort Law (2008), S. 308 ff.

699 *Gillick v BBC* (1996) EMLR 267; *Lewis v Daily Telegraph Ltd.* (1963) 2 All ER 151 (174); *Allsop v Church of England Newspaper Ltd.* (1972) 2 WLR 600 (603).

700 *Cassidy v Daily Mirror Newspapers Ltd.* (1929) 2 KB 331 (354): *»Liability for libel does not depend on the intention of the defamer; but on the fact of defamation.«*

701 Hiervon werden allerdings vier Ausnahmen gemacht, vgl. *Duodu/Price*, in Clerk/Lindsell on Torts (2006), para. 23-58; *Rogers*, Personality Rights (2005), S. 59 (61).

702 *English and Scottish Co-op Properties Mortgage and Investment society Ltd. v Odhams Press Ltd.* (1940) 1 All ER 1 (12).

703 *Monson v Tussauds Ltd.* (1894) QB 671.

704 *Faulks Committee*, Report on Defamation (1975), Cmnd. 5909, S. 17.

705 Siehe etwa sect. 16(1) Broadcasting Act 1990; sect. 1 Defamation Act 1952; ebenso sect. 4(1) Theatres Act 1968; siehe dazu auch *Dea-*

Ein weiterer Tatbestand zum Schutz der Ehre ist die *injurious falsehood*. Sie kommt in den Fällen in Betracht, in denen keine Herabwürdigung oder Beleidigung im klassischen Sinne vorliegt, das Verhalten aber dennoch ehrantastend – *»spiteful, dishonest or reckless«*[706] – ist. Notwendig ist hier, dass der Geschädigte die Unwahrheit der Aussage nachweist. In der Praxis tritt die *injurious falsehood* überwiegend im Zusammenhang mit durch unwahre Äußerungen verursachten materiellen Schäden auf, ist aber nicht hierauf beschränkt.[707] Im Unterschied zur *defamation* wird verlangt, dass der Äußernde entweder mit böser Absicht oder grob fahrlässig gehandelt hat.[708] Dieses Kriterium schränkt den Anwendungsbereich der *injurious falsehood* erheblich ein, da ein Kläger die Voraussetzungen des subjektiven Tatbestands regelmäßig nicht nachweisen kann.

c) Schutz des wirtschaftlichen Verwertungsinteresses

Der Schutz des wirtschaftlichen Verwertungsinteresses *(right to publicity)* hat sich wie in anderen europäischen Staaten aus dem Selbstbestimmungsgedanken entwickelt. Danach soll die Entscheidung über die öffentliche Darstellung seiner Person und gegebenenfalls eine kommerzielle Nutzung seiner Persönlichkeitsmerkmale jedem selbst überlassen sein.[709] Angesichts der bisherigen Feststellungen über den Umfang des Persönlichkeitsrechtsschutzes in England überrascht es jedoch kaum, dass auch dem *right to publicity* lange Zeit nur wenig Beachtung geschenkt wur-

---

kin/Johnston/Markesinis, in Markesinis/Deakin's Tort Law (2013), S. 637; weitere Beispiele bei *Duodu/Price*, in Clerk/Lindsell on Torts (2006), para. 23-21.

706 *Robertson/Nicol*, Media Law (2002), S. 88.

707 Vgl. bereits sect. 3(1) Defamation Act 1952, wonach in bestimmten Fällen gar kein Schaden vorzuliegen brauchte; siehe dazu *Deakin/Johnston/Markesinis*, in Markesinis/Deakin's Tort Law (2013), S. 699 f.

708 *Joyce v Sengupta* (1993) 1 WLR 337 (345): *»[...] the defendants went ahead and published the police suspicions as though they were fact and did so without taking any steps to check or verify them. This showed a calculated, reckless indifference to the truth or falsity of the allegations. Malice is to be inferred from the grossness and falsity of the assertions and the cavalier way they were published.«* Vgl. auch *Robertson/Nicol*, Media Law (2002), S. 109 ff.

709 Vgl. etwa *Edmund Irvine Tidswell Ltd. v Talksport Ltd* (2002) FSR 943, Rzi. 38: *»The law will vindicate the claimant's exclusive right to the reputation or goodwill. It will not allow others to so use goodwill as to reduce, blur or diminish its exclusivity.«* In diesem Sinne auch *Douglas v Hello! Ltd.* (2003) EWHC 786.

de.[710] Dies lag zum einen am fehlenden Schutzempfinden, weil die kommerzielle Nutzung fremder Persönlichkeiten als weitgehend unschädlich angesehen wurde.[711] Zum anderen wurden die für den Schutz des wirtschaftlichen Verwertungsinteresses bedeutsamen Rechte am eigenen Bild und am eigenen Namen bislang weder vom Gesetzgeber noch von der Rechtsprechung anerkannt.[712] Begründen lässt sich dies wohl mit denselben Motiven, aus denen auch der Privatheitsschutz seit langem eng begrenzt ist.[713]

Vor diesem Hintergrund existieren nur vereinzelte Tatbestände, die das wirtschaftliche Persönlichkeitsrecht schützen. Ursprünglich zur Verteidigung ganz anderer Rechtsgüter entwickelt, wird diesen *torts* inzwischen auch das Verwertungsinteresse zugeordnet.

aa) Schutz vor passing off

Zu nennen ist zunächst das *passing off*-Delikt, das an sich dem Kennzeichenschutz dient.[714] Es soll verhindern, dass jemand seine Waren oder Dienstleistungen so anbietet, dass der unzutreffende Eindruck entsteht, sie kämen von einem anderen. Es geht also darum, eine Verwechslung zweier Anbieter im Hinblick auf ihre Angebote und Leistungen abzuwenden *(misrepresentation)*. An dieser Stelle wird der Persönlichkeitsbezug des Tatbestands deutlich: Ähnlich dem Urheberrecht will auch das *passing off* Leistungen und Verdienste einer Person schützen, da sie den Wert und das Selbstbild einer Person bestimmten.[715] In gleicher Weise soll verhindert werden, dass andere sich fremde Leistungen zu Eigen machen. Allerdings

---

710 Zur jüngeren Entwicklung in der Rechtsprechung siehe unter D. III. 3. d).

711 Siehe beispielhaft hierfür *American Greetings Corporation's Application* (1984) 1 WLR 189 (191): *»Character merchandising deceives nobody.«*

712 So zuletzt (zum sog. *image right*) *Robyn Rihanna Fenty v Arcadia Group Brand Ltd* (2013) EWHC 2310, Rzi. 2; in diesem Sinne bereits *Douglas v Hello Ltd.* (2008) 1 AC 1 (48), Rzi. 124; *Campbell v MGN Ltd.* (2004) 2 All ER 995, Rzi. 154; *Elvis Presley Enterprises Inc. v Sid Shaw Elvisly Yours* (1997) RPC 543; bestätigt durch (1999) RPC 567; vgl. auch *Sherman/Kaganas*, (1991) EIPR 340 (342).

713 Vgl. vorstehend unter D. III. 1. a).

714 Dazu ausführlich *Deakin/Johnston/Markesinis*, in Markesinis/Deakin's Tort Law (2013), S. 699 f.; *Carty*, in Clerk/Lindsell on Torts (2006), para. 27-01 ff.; *Robinson*, (2004) Ent LR 151.

715 Siehe dazu auch unter B. I.

setzt das *passing off* im Kern eine Konkurrenzsituation zwischen den Beteiligten voraus und ist daher weitgehend auf den geschäftlichen Bereich beschränkt.[716] Eine solche Konkurrenzsituation kann etwa bei Namensgleichheit von Musikgruppen vorliegen.[717]

bb) Schutz vor injurious falsehood

Materielle Persönlichkeitsinteressen werden auch im Rahmen der *injurious falsehood* geschützt. Im Gegensatz zum *passing off*, das irreführende Aussagen sanktioniert, sollen hier unwahre Äußerungen abgewehrt werden.[718] Oft genannt wird in diesem Zusammenhang ein Verfahren vor dem *Court of Appeal*, in dem der renommierte Pariser Musiker *Stéphane Grappelli* eine Verletzung seines wirtschaftlichen Persönlichkeitsrechts durch seine Konzertagentur geltend machte.[719] Diese hatte ein – eigenmächtig angesetztes – Konzert *Grappellis* absagen müssen und dies wahrheitswidrig damit begründet, dass *Grappelli* ernsthaft erkrankt und es nicht absehbar sei, ob er jemals wieder auftreten könne. Nach Ablehnung einer *defamation* – die Behauptung, jemand sei krank, habe keinen unmittelbaren Ansehensverlust der Person zur Folge – bejahte das Gericht eine *injurious falsehood*, da die Meldung offenkundig falsch war.[720] Der Kläger bekam den ihm entstandenen Schaden ersetzt.

---

716 *Henderson v Radio Corporation Pty. Ltd.* (1969) RPC 218 (234): *»The remedy of passing off is necessarily only available where the parties are engaged in business using that expression in its wides sense to include professions and calling.«* In diesem Sinne bereits *McCulloch v May* (1948) RPC 58; *Sim v Heinz* (1959) 1 All ER 547.

717 *Treadwell's Drifters v RCL Ltd.* (1996) SLT 1048; *Hines v Winnick* (1947) 1 Ch 708.

718 *Fleming*, The Law of Torts (1992), S. 714 liefert folgende treffende Unterscheidung zwischen beiden Delikten: *»While it is injurious falsehood for a defendant to claim that your goods are his, it is passing off for him to claim that his goods are yours.«*

719 *Grappelli v Derek Block Holdings Ltd.* (1981) 2 All ER 272.

720 *Grappelli v Derek Block Holdings Ltd.* (1981) 2 All ER 272 (275).

cc) Schutz vor defamation

Schließlich können Verletzungen des wirtschaftlichen Persönlichkeitsrechts auch dem Tatbestand der *defamation* unterfallen. Voraussetzung für einen Anspruch ist eine Ehrverletzung,[721] die zugleich wirtschaftliche Nachteile für den Betroffenen bewirkt. Im Rahmen der Schadensermittlung sind daher allein die finanziellen Einbußen von Belang, nicht auch eine mögliche ideelle Beeinträchtigung. Vergleichbar der Lizenzanalogie nach deutschem Recht, wird gewöhnlich der Betrag ersetzt, den der Betroffene im Falle der Einwilligung in die kommerzielle Nutzung seiner Person erlangt hätte.[722]

Trotz verschiedener Anknüpfungspunkte findet das kommerzielle Verwertungsinteresse in England insgesamt eher randläufig Erwähnung. Die einschlägigen Rechtsinstrumente entstammen meist anderen Rechtsbereichen, insbesondere dem Ehrschutz und dem Kennzeichenschutz. Ein umfassendes *»wirtschaftliches Persönlichkeitsrecht«* nach deutschem Vorbild existiert nicht.[723]

2. Schutzbereich der Medienfreiheit

Spiegelbildlich zum zumeist restriktiven Schutzbereich des Persönlichkeitsrechts wird die Medienfreiheit in England sehr weitreichend geschützt. Schon im 18. Jahrhundert, weit vor Beginn des medialen Zeitalters, sah man in ihr das *»palladium of liberty«*,[724] das Fundament aller übrigen Freiheiten. Ein offener und freier Austausch von Meinungen und Nachrichten galt danach als Grundlage jeder demokratischen Verfassungsordnung, die alles freiheitliche Leben überhaupt erst möglich mache.[725] Einige Stimmen gingen gar so weit, jeglichen Informationsfluss vorab zu

---

721 Siehe dazu auch unter D. III. 3. c).

722 Vgl. *Kaye v Robertson* (1991) FSR 62 (68).

723 Vgl. *Elvis Presley Enterprises Inc. v Sid Shaw Elvisly Yours* (1999) RPC 567 f.: *»None creates [...] a free standing general right to character exploitation enjoyable exclusively by the celebrity.«* Ebenso zuletzt *Robyn Rihanna Fenty v Arcadia Group Brand Ltd* (2013) EWHC 2310, Rzi. 2.

724 *Stanhope*, The rights of juries defended (1792), S. 144.

725 Vgl. *Attorney General v Guardian Newspapers Ltd. (No. 2)*, (1990) 1 AC 109 (183), wonach die Medien *»the eyes and ears of the general public"* seien. In diesem Sinne bereits *Blackstone*, Commentaries IV (1773), S. 151 f.; *Stanhope*, The rights of juries defended (1792), S. 1 ff.

gestatten und mögliche entgegenstehende Rechte erst in einem späteren Gerichtsprozess zu berücksichtigen.[726] Auch die Rechtsprechung – wenngleich sie dieser liberalen Haltung nicht folgte – erkannte die *»unschätzbare Funktion«* der Medien und gestand ihnen weitreichende Befugnisse zu.[727]

Angesichts der klaren Bekenntnisse überrascht es, dass die Medienfreiheit wie auch die übrigen Kommunikationsfreiheiten bis heute keinen positivrechtlichen Niederschlag gefunden haben. So ist die Medienfreiheit ebenfalls überwiegend durch *common law* geregelt. Zwar wurde mit dem *Human Rights Act* in jüngerer Zeit ein Regelungswerk geschaffen, das dem Einzelnen ein freies Äußerungsrecht gesetzlich zuerkennt.[728] Umfang und Grenzen liegen aber weiter in der Hand der Gerichte.[729]

a) Anwendungsbereich und Abgrenzung

Die traditionelle Stärke der Medienfreiheit in England erklärt sich in erster Linie mit der langen demokratischen Historie des Landes. Ein Beteiligungsrecht der Öffentlichkeit an politischen Vorgängen war, anders als auf dem Kontinent, schon früh im englischen Rechtssystem etabliert. Um dieses Privileg aufrechtzuerhalten, um öffentliche Angelegenheiten fortlaufend kontrollieren und kommentieren zu können, stand man einem weitgefassten Äußerungs- und Berichterstattungsrecht stets offen gegenüber. Den Medien wurde dabei die Rolle eines staatskritischen Regulativs, des *watchdog of democracy*, zugeteilt. Ihre hervorgehobene Stellung ist

726 *Blackstone*, Commentaries IV (1773), S. 151 f.: *»The liberty of the press is indeed essential to the nature of a free state: but this consists in laying no previous restraints upon publications, and not in freedom from censure for criminal matter when published. Every freeman has an undoubted right to lay what sentiments he pleases before the public: to forbid this, is to destroy the freedom of the press; but if he publishes what is improper, mischievous, or illegal, he must take the consequences of his own temerity."*

727 Beispielhaft *Francome v Mirror Group Newspapers Ltd.* (1984), 1 WLR 892 (898): *»The media [...] are an essential foundation of any democracy. In exposing crime, anti-social behavior and hypocrisy and in campaigning for reform and propagating the views of minorities, they perform an invaluable function.«*

728 Art. 10 EMRK i.V.m. sect. 1(1) HRA.

729 Kaum von seiner Gültigkeit verloren hat daher die Feststellung *Diceys*, Law of the constitution (1889), S. 231: *»Freedom of discussion is [...] in England little else than the right to write or say anything which a jury, consisting of twelve shopkeepers, think it expedient should be said or written."*

demzufolge an die Erwartung geknüpft, gesellschaftliche und politische Missstände und Fehlentwicklungen frühzeitig anzuzeigen. Die Medien sollen die Demokratie verteidigen, *»wann immer sie bedroht ist.«*[730]

Angesichts dieser Entwicklung nimmt die Medienfreiheit in England heute vorwiegend eine objektiv-rechtliche Rolle ein. Ihre Aufgabe ist es, die politischen Kräfte zu lenken und zu überwachen und den demokratischen Willen der Öffentlichkeit durchzusetzen. Die Rechtsprechung bringt dies dadurch zum Ausdruck, dass sie Einschränkungen in die Medienfreiheit nur erlaubt, wenn diese *»demokratisch begründet«* sind.[731] Darüber hinaus enthält die Medienfreiheit, wenn auch nur mittelbar,[732] eine individualschützende Komponente und wird als Entfaltungsrecht eines jeden Bürgers verstanden.[733] Im Vergleich zum deutschen und französischen Recht spielt eine Trennung von Meinungs- und Medienfreiheit, also subjektiv-abwehrrechtlicher und institutioneller Freiheit, eher untergeordnete Rolle. Zum einen besteht schon kein legislativer Ansatz, der eine solche Trennung vorschreibt;[734] zum anderen ist sie auch aus inhaltlicher Sicht nicht angezeigt, da in England die Medienfreiheit gemeinhin als Unterfall der Meinungsfreiheit angesehen wird. Die englische *media freedom* umfasst also neben der institutionellen auch die inhaltliche (privatrechtliche) Komponente.

730 *Cohen-Almagor*, Speech, Media and Ethics (2005), S. 90: *»It is for the media to take a firm stand to defend democracy whenever it is threatened.«*

731 *Reynolds v Times Newspapers Ltd.* (2001) 2 AC 127 (208): *»Exceptions to freedom of expression must be justified as being necessary in a democracy."*

732 Vgl. insoweit die Feststellung *Cohen-Almagors*, Speech, Media and Ethics (2005), S. 92: *»Journalists who live in a democracy are not abstract humans living in some sort of natural state. They are citizens who are expected to support the democratic process by which they operate, and to exhibit responsibility in their reporting.«*

733 Zum Ganzen siehe *R v Secretary of State for the Home Department* (2000) 2 AC 115 (126): *»[Freedom of expression] serves a number of broad objectives. First, it promotes the self-fulfilment of individuals in society. Secondly, [...] 'the best test of truth is the power of the thought to get itself accepted in the competition of the market'. Thirdly, freedom of speech is the lifeblood of democracy. The free flow of information and ideas informs political debate."*

734 Vgl. im Unterschied hierzu Art. 5 Abs. 1 u. 2 GG; siehe dazu unter B. III. 2. a).

b) Schutzgegenstand

Nach den zuvor betrachteten Rechtsordnungen ist der Schutzgegenstand der Medienfreiheit zunächst nach der Äußerungsart zu unterscheiden.[735] Es wird danach gefragt, ob eine Äußerung ein Werturteil oder eine Tatsachenmitteilung darstellt. Diese Differenzierung hat ihren Ursprung im Ehrschutzrecht[736] und erweist sich deshalb als notwendig, da von ihr sowohl die Reichweite des Schutzbereichs als auch die spätere Abwägungsentscheidung mit dem Persönlichkeitsrecht abhängt.[737]

Ob nun eine derartige Abgrenzung auch im englischen Recht vorzunehmen ist, erscheint fraglich, denn dort besteht keine dem Art. 5 Abs. 1 S. 1 GG vergleichbare Verfassungsgrundlage, die Werturteile von Tatsachenbehauptungen trennt.[738] Eine solche Unterscheidung zwischen *value judgement* und *statement* könnte aber mit Hinblick auf Art. 10 EMRK geboten sein. Dies wäre dann der Fall, wenn der *EGMR*, auf dessen Rechtsprechung die Auslegung des *Human Rights Act* fußt, beide Äußerungsformen unterschiedlich behandelt. Diese Wertung würde dann auch auf die englische Rechtslage durchschlagen.[739]

In zahlreichen Entscheidungen hat der *EGMR* hervorgehoben, dass zwischen Werturteilen und Tatsachenbehauptungen sorgfältig abzugrenzen ist.[740] Wichtigstes Unterscheidungsmerkmal sei die Möglichkeit des Wahrheitsbeweises: Während das Vorliegen von Tatsachen ohne Weiteres belegt werden könne, seien Werturteile keinem Wahrheitsbeweis zugänglich, weil sie stets ein subjektives Element *(subjective appraisal)* enthielten. Insoweit hat der *EGMR* wiederholt Urteile kassiert, in denen Äußerungen fälschlicherweise als Werturteil oder umgekehrt als Tatsachenbehauptung angesehen wurden. Oft ging es um Fälle, in denen die Vorinstanz eine Ehrverletzung bejaht hatte, weil der Wahrheitsbeweis für die an-

---

735 Vgl. vorstehend unter B. III. 2. b) sowie C. III. 2. b).

736 Vgl. §§ 185 ff. StGB und Art. 29 des Pressegesetzes.

737 Zusammenfassend siehe vorstehend unter B. III. 2. b) sowie C. III. 2. b).

738 Zur verfassungsrechtlichen Ausgangslage in England siehe unter D. III. 3. a).

739 Vgl. *Clayton/Tomlinson*, Privacy and freedom of expression (2010), para. 15.236 ff.; *Robertson/Nicol*, Media Law (2002), S. 36 f.; Näheres dazu sogleich unter 3. a).

740 *EGMR*, Urt. v. 8.07.1986, Nr. 9815/82, Rzi. 46 – Lingens gegen Österreich; *EGMR*, Urt. v. 23.05.1991, Nr. 11662/85, Rzi. 63 – Oberschlick (Nr. 1) gegen Österreich; *EGMR*, Urt. v. 28.08.1992, Schwabe gegen Österreich, Nr. 13704/88, Rzi. 34; *EGMR*, Urt. v. 21.07.2005, Nr. 23472/03, Rzi. 28 – Grinberg gegen Russland.

gebliche Tatsachenäußerung ausgeblieben war. Der Gerichtshof legte die fraglichen Äußerungen jedoch als Werturteil aus und wies die Entscheidungen als fehlerhaft zurück.[741]

Es lässt sich mithin feststellen, dass die Abgrenzung zwischen Werturteil und Tatsachenäußerung auch im englischen Recht nicht gänzlich unbedeutend ist: Kann eine Äußerung als wahr belegt werden, schließt dies eine Ehrverletzung aus.[742] Dennoch kommt der Unterscheidung ein geringerer Stellenwert zu als im deutschen Recht. Stattdessen wird, wie oben gezeigt,[743] nach der Darbietungsform differenziert: über den Umfang der Medienfreiheit entscheidet in erster Linie, ob die Äußerung in verkörperter Form oder auf andere Weise getätigt wurde. Vor diesem Hintergrund erübrigt sich die Frage, wie die Rechtsprechung in Zweifelsfällen, sog. Mischäußerungen, urteilt. Die Abgrenzung nach der äußeren Form ist weitgehend geklärt.[744]

3. Kollision von Medienpersönlichkeitsrecht und Medienfreiheit

Die voranstehende Untersuchung der Schutzbereiche von Medienpersönlichkeitsrecht und Medienfreiheit deutet eine von der kontinentaleuropäischen stark abweichende Gewichtung der beiden Grundrechte an: Der Medienfreiheit wird in England eine überragende Bedeutung für Demokratie und Gesellschaft beigemessen, die sämtliche andere (z.B. Persönlichkeits- oder Eigentums-)Rechte weit zurückdrängt. Angesichts dieses formalen Ungleichgewichts ist nachfolgend zu prüfen, ob und inwieweit konventionsrechtliche Vorgaben[745] auch die englische Rechtsprechung beschäftigt und die Abwägung zwischen Medienpersönlichkeitsrecht und Medienfreiheit beeinflusst haben.

---

741 Etwa *EGMR*, Urt. v. 8.07.1986, Nr. 9815/82 – Lingens gegen Österreich; *EGMR*, Urt. v. 20.05.1999, Nr. 21980/93 – Bladet Tromsø & Stensaas gegen Norwegen, *EGMR*, Urt. v. 21.07.2005, Nr. 23472/03 – Grinberg gegen Russland.

742 Eine dem § 192 StGB vergleichbare Regelung besteht im englischen Recht nicht.

743 Vgl. vorstehend unter D. III. 1. b).

744 Vgl. dazu die Nachw. in Fn. 703-705.

745 Vgl. dazu vorstehend unter B. III. 3. b) bb) (4) sowie C. III. 3. b) bb).

a) Verfassungssystematisches Verhältnis

England ist bis heute einer der wenigen Staaten der Welt, die über keine kodifizierte Verfassung verfügen.[746] Dieser Umstand ist dem traditionellen Rechtsverständnis geschuldet, wonach der rechtlich nicht geregelte Raum als Freiheitsraum verstanden wird. Danach gilt: Was nicht verboten ist, ist erlaubt.[747] Im Gegensatz zu einem grundrechtsbasierten System, das ein Recht gewährt, um es gegebenenfalls einzuschränken, ist man von vornherein zu allem Tun berechtigt, das nicht vorab untersagt ist.[748] Vor diesem Hintergrund hielt man es bislang für entbehrlich, gesonderte verfassungsrechtliche Freiheiten wie das Persönlichkeits- oder das Meinungsäußerungsrecht gesetzlich festzuschreiben. Darüber hinaus wird auch der Stellenwert eines Verfassungswerkes als solches gänzlich anders beurteilt als im übrigen Europa. Denn das Verfassungsrecht wird in England nicht als Grundlage, sondern nur als Folge der Rechte des Bürgers betrachtet, wie sie von den Gerichten bestimmt und durchgesetzt werden.[749] Entscheidend ist nicht, in welchem normativen Rahmen die Freiheitsrechte bestehen, sondern dass sie überhaupt gewährt werden.[750] Eine Normenhierarchie wie hierzulande ist im englischen Rechtssystem daher ebenso fremd wie überflüssig.

Vor diesem Hintergrund finden sich die Grundfreiheiten des englischen Bürgers nicht in einem in sich geschlossenen Katalog, sondern vielmehr über das Richter- und einfache Gesetzesrecht verteilt. Die bedeutendste Quelle derartiger Freiheiten ist seit jüngerer Zeit der *Human Rights Act*, der die Grundrechte der *EMRK* ins nationale Recht transformiert.[751] Für die vorliegende Untersuchung sind die Regelungen in Art. 8 und Art. 10 EMRK von besonderer Relevanz, die das Recht auf Achtung des Privatle-

---

746 Dazu ausführlich *Pollard/Parpworth/Hughes*, Constitutional and administrative law (2007), S. 2 ff. Weitere Staaten ohne geschriebene Verfassung sind Israel, Neuseeland.

747 *Attorney General v Guardian Newspapers Ltd. (No. 2)*, (1990) 1 AC 109 (178): *»The starting point of our domestic law is that every citizen has a right to do what he likes, unless restrained by the common law [...] or by statute.«*

748 Vgl. auch *Douglas v Hello* (2001) 2 WLR 992 (1009).

749 So bereits *Dicey*, Law of the constitution (1889), S. 190: *»The law of the constitution [...] [is] not the source but the consequence of the rights of the individuals, as defined and enforced by the courts.«*

750 Zum verfassungsrechtlichen Ausgangslage *Neukamm*, Bildnisschutz (2007), S. 159 ff.; *Straky*, Das Privatleben Prominenter (2006), S. 43 ff.

751 Siehe vorstehend unter D. II. 2. d).

bens sowie das Recht auf freie Meinungsäußerung gewährleisten. Die Schranken beider Rechte bestimmen sich nach Abs. 2 der Vorschriften: Danach sind Eingriffe in die Privatsphäre und die Meinungsfreiheit erlaubt, soweit sie *»in einer demokratischen Gesellschaft notwendig«* sind. Der identische Wortlaut verdeutlicht die Gleichwertigkeit beider Grundrechte, von der die *EMRK* im Grundsatz ausgeht.[752] Art. 10 Abs. 2 EMRK präzisiert die Beschränkungen der Meinungsfreiheit insoweit, als sie auch *»zum Schutz des guten Rufes oder der Rechte anderer«* möglich sind.

Daraus folgt, dass die Abwägung zwischen Persönlichkeits- und Äußerungsrecht jedenfalls am Notwendigkeitsbegriff vorzunehmen ist. Der *EGMR*, an dessen Beurteilung sich die englischen Gerichte orientieren, hat die Notwendigkeit einer Maßnahme in ständiger Rechtsprechung für den Fall bejaht, dass ein *»dringendes soziales Bedürfnis«*[753] für die Beschränkung besteht.[754] Dies sei für jeden Einzelfall gesondert festzustellen.

b) Interessenausgleich hinsichtlich des Schutzes des privaten Lebensbereichs

Auch in England hat der Schutz des privaten Lebensbereichs in jüngerer Zeit eine bemerkenswerte Entwicklung durchlaufen. Vor diesem Hintergrund bietet sich eine Aufteilung der Darstellung nach früherer und heutiger Rechtslage an.[755]

aa) Frühere Reichweite des Schutzes des privaten Lebensbereichs

Der Schutz des privaten Lebensbereichs, wie er bis in die späten 1990er Jahre in England vorherrschte, lässt sich treffend mit den Worten *Marke-*

---

752 Siehe Art. 8 Abs. 2 und Art. 10 Abs. 2 EMRK. Ausführlich zur Schrankensystematik im Rahmen der Medienfreiheit *Kloepfer*, Innere Pressefreiheit (1996), S. 111 ff.

753 *EGMR*, Urt. v. 26.11.1991, Nr. 13585/88 – Observer und Guardian gegen Vereinigtes Königreich, EuGRZ 1995, 16; *EGMR*, Urt. v. 24.05.1988, Nr. 10737/84 – Müller gegen Schweiz, EuGRZ 1988, 543; *EGMR*, Urt. v. 26.04.1979, Nr. 6538/74 – Times Newspaper Ltd. gegen Vereinigtes Königreich, EuGRZ 1979, 386. Ausführlich zur Schrankensystematik *Amelung*, Privatheit (2002), S. 150 ff.

754 Eingehend dazu *Kloepfer*, Innere Pressefreiheit (1996), S. 119 ff.

755 Vgl. vorstehend unter B. III. 3. b) sowie C. III. 3. b).

sinis' als *»patchy, capricious and uncertain«* zusammenfassen.[756] Diese Beschreibung kommt dem Rechtszustand erstaunlich nahe, der auch in Deutschland nach Einführung des *BGB* über viele Jahre vorgeherrscht und zu langanhaltenden Diskussionen geführt hatte.[757] Da die Interessen der englischen Medien aber aus benannten Gründen stets stärkere Berücksichtigung fanden als hierzulande, ist eine der *BGH*-Rechtsprechung vergleichbare Entwicklung in England hin zu einem umfassenden Privatheitsschutz ausgeblieben. Die Rechtslage blieb daher in hohem Maße unsicher.

(1) Kaye v Robertson

Ein aussagekräftiges Bild über die frühere Reichweite des Schutzes des Privatlebens bietet eine Entscheidung des *Court of Appeal* aus dem Jahr 1990:[758] Zwei Journalisten waren unzulässigerweise in das Krankenzimmer des Schauspielers *Gordon Kaye* vorgedrungen, der sich von den Folgen eines schweren Autounfalls erholte. Von schweren Kopfverletzungen gezeichnet, wurde *Kaye* fotografiert und befragt, obwohl er offensichtlich nicht im Stande war, hierzu seine (wirksame) Zustimmung zu erteilen. Die anschließende Klage *Kayes* richtete sich darauf, die Veröffentlichung des »Interviews« und der Bildaufnahmen zu verbieten. Das Besondere an dem Fall war nun, dass die Richter das Verhalten der Reporter zwar einhellig als *»a monstrous invasion of his privacy«* missbilligten,[759] auf der anderen Seite aber erkennen mussten, dass mit den bestehenden Regelungen kein hinreichender Privatsphären- und Bildnisschutz zu erzielen war.[760] Sowohl eine Verletzung der persönlichen Integrität *(trespass to the person)* als auch eine Beleidigung im klassischen Sinne *(defamation)*[761], die dem Gericht noch am ehesten einschlägig erschienen, wurden letztlich verneint.[762]

756 *Markesinis*, (1990) 53 MLR 802 (805).

757 Siehe vorstehend unter B. II. 1. a).

758 *Kaye v Robertson* (1991) FSR 62. Dazu ausführlich *Markesinis*, (1990) 53 MLR 802; *Prescott*, (1991) 54 MLR 451.

759 *Kaye v Robertson* (1991) FSR 62 (70).

760 *Kaye v Robertson* (1991) FSR 62 (70): *»This case [...] highlights, yet again, the failure of both the common law of England and statute to protect in an effective way the personal privacy of individual citizens."*

761 Zu den jeweiligen Voraussetzungen siehe vorstehend unter D. II. 1.

762 Auf den *breach of confidence* hatte sich der Kläger nicht berufen, wohl ahnend, dass die gerade erst aufkommende Tendenz zur Erweiterung des Tatbestands noch nicht durchgreifen würde; vgl. hierzu den Nachw. in Fn. 637.

Um die Veröffentlichung dennoch untersagen zu können, konstruierten die Richter schließlich einen Anspruch aus *injurious falsehood*, weil die Veröffentlichung den unzutreffenden Eindruck erweckt habe, *Kaye* habe dem Ganzen zugestimmt. Somit bekam *Kaye* zwar sein Unterlassungsbegehren erfüllt. Umgekehrt bedeutete das Urteil aber, dass die fragliche Veröffentlichung für den Fall zulässig gewesen wäre, dass die fehlende Einwilligung *Kayes* dem Leser mitgeteilt worden wäre.[763]

Neben dieser Schwäche des *injurious falsehood*-Tatbestands offenbarte das Urteil, dass offenkundig inakzeptable Eingriffe der Medien in das Privatleben Dritter nicht wirksam verhindert oder sanktioniert werden konnten. Zwar hatte der *Court of Appeal* vorliegend versucht, die bestehenden Mängel durch die Ausdehnung anderer, bereichsfremder Tatbestände zu überwinden, um so zum gewünschten Ergebnis zu gelangen. Doch zeigte sich einmal mehr, dass dieses Vorgehen bald an seine Grenzen stieß.

(2) Malone v Metropolitan Police Commissioner

Den ihrer Auffassung nach unzureichenden Schutz der Privatsphäre hatten zuvor bereits andere Gerichte beklagt und den Gesetzgeber wiederholt zum Handeln aufgefordert. In der viel beachteten Entscheidung *Malone v Metropolitan Police Commissioner* aus dem Jahr 1979 hatte der *High Court* festgestellt, dass Rechtsfragen zum Privatleben einen Bereich beträfen, *»which cries out for legislation«*.[764] Es sei dringend wünschenswert, einen jedenfalls teilweisen gesetzlichen Privatsphärenschutz zu verankern. Das Verfahren hatte die Frage der Zulässigkeit von behördlichen Abhörmaßnahmen zum Gegenstand, die das Gericht trotz des intensiven Eingriffscharakters in Ermangelung eines Verbotstatbestands letztlich bejahen musste.[765] In einem anderen Fall standen Fotoaufnahmen in Rede, die während eines Helikopterfluges über ein privates Grundstück angefertigt

763 Denn die *injurious falsehood* schützt im einstweiligen Verfahren nur vor der weiteren Verbreitung von Unwahrheiten, nicht aber vor der Veröffentlichung als solcher; vgl. vorstehend unter D. II. 1. c). Siehe auch (zum insoweit ähnlichen *defamation*-Tatbestand) *Charleston v News Group Newspapers* (1995) 2 All ER 313.

764 *Malone v Metropolitan Police Commissioner* (1979) Ch 344 (380).

765 *Malone v Metropolitan Police Commissioner* (1979) Ch 344 (345 f.); vgl. dazu *Wee Loon*, (1996) EIPR 307 (310 ff.).

worden waren.[766] Nachdem die Richter ein klassisches *right to privacy* abermals verneint hatten, versuchten sie, über die Eigentumsdelikte *trespass to land* und *nuisance* zum Erfolg des Klägers zu gelangen. Doch auch dieser Umweg brachte kein rechtswidriges Verhalten des Beklagten hervor, weil die Voraussetzungen der Tatbestände am Ende nicht vorlagen.[767]

(3) Tolley v Fry

Einen Eindruck von der höchst unbefriedigenden Rechtslage vermögen auch mehrere Urteile zum Bildnisschutz zu vermitteln. In Ermangelung eines eigenständigen *right to one's image* sahen sich die Gerichte gezwungen, bei bildlichen Veröffentlichungen auf den Tatbestand der *defamation* zurückzugreifen. Sinnbildlich hierfür ist ein Verfahren vor dem *House of Lords*, in dem sich ein bekannter Amateursportler gegen die karikierte Darstellung seiner Person zu Werbezwecken zur Wehr setzte.[768] Während derartige Fälle nach kontinentaleuropäischem Recht ohne Weiteres als Verletzung der Privatsphäre – genauer: Verletzung des wirtschaftlichen Verwertungsinteresses – bewertet würden,[769] bedurfte es in England des Rückgriffs auf den Ehrschutz.[770] Dass dieser Weg letztlich weniger effektiv war, wurde alsbald klar, da trotz aller Aufweichungen des Tatbestands letztlich kein Weg am Erfordernis der Ehrverletzung – also Missachtung, Geringschätzung oder Schmähung – vorbeiführte. Wenngleich im konkreten Fall eine Ehrverletzung bejaht wurde,[771] lässt sich daraus keineswegs der Schluss ziehen, dass Bildaufnahmen stets von der *defamation* erfasst waren.

Diese Beispiele aus der Zeit vor dem *Human Rights Act* verdeutlichen die unzureichende, mitunter widersprüchliche Absicherung des privaten

766 Vgl. den Nachw. in Fn. 630.

767 *Trespass to land* wurde abgelehnt, weil es am physischen Eindringen des Beklagten mangelte, denn zähle der Luftraum oberhalb eines Privatgrundstücks nicht mehr zum geschützten Bereich. *Nuisance* schied nach Ansicht der Richter ebenfalls aus, weil durch den einmaligen Überflug noch keine Belästigung i.S. des Tatbestands vorlag. Siehe *Bernstein v Skyviews Ltd.* (1978) 1 QB 479 (483 ff.).

768 *Tolley v Fry* (1931) AC 333.

769 Vgl. vorstehend unter B. III. 1. c) sowie C. III. 1. c), die das wirtschaftliche Verwertungsinteresse als Ausfluss des privatschützenden Selbstbestimmungsrechts hervorheben.

770 *Tolley v Fry* (1931) AC 333 (339 ff.).

771 *Tolley v Fry* (1931) AC 333 (342).

Lebensbereichs im englischen Recht. Zwar waren die Gerichte sichtlich bemüht, ein zweckmäßiges und mit der *EMRK* vereinbares Maß an Privatheit zu gewähren, sahen ihrem Gestaltungsspielraum aber Grenzen gesetzt.[772] So hing der Klageerfolg des Betroffenen nicht selten von traditionsbedingten Zufälligkeiten des *common law* ab.[773]

Gänzlich schutzlos war der Privatbereich zu dieser Zeit jedoch nicht. Hervorzuheben ist insbesondere der *breach of confidence*, der seit seiner Ausdehnung in den 1990er Jahre auf nichtvertragliche Verhältnisse[774] immerhin den Kernbereich des Privatlebens vor äußeren Eingriffen schützte. Der Intimsphäre nach deutschem Recht vergleichbar, wurden in England *»all types of confidential information«* absolut geschützt.[775] Hierzu zählte die Rechtsprechung Einzelheiten aus dem Eheleben,[776] sexuelle Neigungen[777] oder schwerwiegende Erkrankungen.[778] Derartige Angelegenheiten gehörten zur innersten Gefühls- und Gedankenwelt eines Menschen und gingen nur ihn etwas an. Jedenfalls im Hinblick auf diesen Kernbereich des Privatlebens lässt sich somit ein dem kontinentaleuropäischen vergleichbares Schutzniveau feststellen.

Während der dortige Schutz des privaten Lebensbereichs aber weiterging und auch den außerhäuslichen Bereich (bei offensichtlich privaten Ereignissen) erfasste, war er in England an dieser Stelle ausgeschöpft. Zur

---

772 So bezweifelte der *Court of Appeal*, sc. Richter *Megarry*, die Vereinbarkeit der englischen Rechtslage mit der *EMRK* ausdrücklich in *Malone v Metropolitan Police Commissioner* (1979) Ch 344 (380): *»I therefore find it impossible to see how English law could be said to satisfy the requirements of the Convention [...].«*

773 Dies lässt sich an einer Klage von *Prinzessin Diana von Wales* gegen die Veröffentlichung von Fotos verdeutlichen, die sie beim Training im Fitnessstudio zeigten: Da die Fotos vom Betreiber des Studios aufgenommen worden waren, kam eine Verletzung des *breach of confidence* in Betracht. (Wohl deswegen hat der Betreiber schließlich auf eine Veröffentlichung verzichtet.) Wären die Fotos von einem Dritten, bspw. einem Paparazzo, angefertigt worden, wäre eine Veröffentlichung wohl nicht angreifbar gewesen; vgl. dazu *Hartmann*, (1995) 16 MLP 10 (16).

774 Vgl. vorstehend unter D. II. 1. b).

775 Vgl. *Attorney General v Guardian Newspapers Ltd. (No. 2)*, (1990) 1 AC 109 (282).

776 So bereits *Argyll v Argyll* (1967) Ch 302.

777 *Stephens v Avery* (1988) 1 Ch 449; *Barrymore v News Group Newspapers Ltd.* (1997) FSR 600.

778 *X v Y* (1988) 2 All ER 648; vgl. auch *H v Associated Newspapers Ltd.* (2002) EWCA Civ 195.

Begründung führten die Gerichte an, dass man keinen Privatheitsschutz mehr erwarten könne, wenn die Öffentlichkeit bereits informiert oder ihre Belange berührt seien.[779] Diese Kriterien lesen sich zwar ähnlich denen, die auch in Deutschland und Frankreich den Persönlichkeitsrechtsschutz ausschließen, wurden vor englischen Gerichten aber weit strenger ausgelegt. So wurde ein Sachverhalt schon als *»öffentlich bekannt«* auslegt, wenn ihn nur eine kleine Personengruppe wahrgenommen hatte.[780]

bb) Heutige Reichweite des Schutzes des privaten Lebensbereichs

Die zunehmende Kritik aus Reihen der Rechtsprechung an der bestehenden Rechtslage und die damit verbundenen Forderungen nach einer Ausweitung des Privatsphärenschutzes[781] haben den englischen Gesetzgeber in den 1990er Jahren zum Umdenken veranlasst. Nachdem das Justizministerium im Jahr 1993 ein Diskussionspapier vorgelegt hatte, in dem erstmals die Einführung eines privatrechtlichen Rechtsbehelfs gegen Verletzungen der Privatsphäre erwogen wurde,[782] kam es schließlich zur Verabschiedung des *Human Rights Act*, der dem *right to privacy* zum endgültigen Durchbruch verhalf. Dessen heutige Form lässt sich anhand der nachfolgend dargestellten Entscheidungen veranschaulichen.

(1) Douglas v Hello! Ltd.

Den ersten und vielbeachteten Fall, der auf Grundlage des neuen Gesetzes erging, bildet das Verfahren um das Schauspielerehepaar *Michael Douglas* und *Catherine Zeta-Jones* aus dem Jahr 2000.[783] Seine historische

---

779 *Attorney General v Guardian Newspaper (No. 2)*, (1990) 1 AC 109 (255); *X v Y* (1988) 2 All ER 648 (661).

780 *Woodward v Hutchins* (1977) 2 All ER 751 (755); *Attorney General v Guardian Newspaper (No. 2)*, (1990) 1 AC 109 (282). Siehe im Unterschied dazu die Entscheidungen des *BGH*, NJW 1996, 1128, bestätigt durch *BVerfG*, BVerfGE 101, 361, wonach eine Teilöffentlichkeit gerade nicht ausreicht, um die Angelegenheit als öffentlich einzuordnen.

781 Siehe etwa *Kaye v Robertson* (1991) FSR 62 (66, 70); *Hellewell v Chief Constable of Derbyshire* (1995) 1 WLR 804 (807); *R v Khan* (1997) AC 558 (582 f.).

782 Siehe den Nachw. in Fn. 619.

783 *Douglas v Hello Ltd.* (2001) 2 WLR 992; dazu *Kearns*, (2001) NLJ 377; *Baloch*, (2001) NLJ 50; *Moreham*, (2001) 64 MLR 767. Weitere nennenswerte Entschei-

Tragweite brachte *Lord Sedley* mit den abschließenden Worten zum Ausdruck: *»We have reached a point at which it can be said with confidence that the law recognises and will appropriately protect a right of personal privacy."*[784] Zum ersten Mal erkannte die Rechtsprechung damit ausdrücklich ein Recht auf Achtung des Privatlebens an. Vorbei waren also die Zeiten, in denen untragbare Rechtsverstöße in gänzlich ungeeignete Tatbestände gezwängt werden mussten, um doch irgendwie zu einem hinreichenden Persönlichkeitsrechtsschutz zu gelangen.[785]

Gegenstand des Verfahrens waren unerlaubte Fotoaufnahmen von der Hochzeit der *Douglases*. Das Paar hatte dem Zeitungsmagazin *OK!* Exklusivrechte übertragen, die nur ihm es erlaubten, Hochzeitsbilder aufzunehmen und zu veröffentlichen. Personal und Gästen wurde ausdrücklich untersagt, Fotos zu machen. Gleichwohl tauchten wenig später Bilder von der Veranstaltung auf, die ein Anwesender unerlaubt geschossen und an das Konkurrenzblatt *Hello!* verkauft hatte. Nachdem der *Court of Appeal* das Paar im einstweiligen Rechtsschutzverfahren noch abgewiesen hatte, erklärte er die Veröffentlichung der Fotos in der Hauptsache für rechtswidrig. Als Begründung gab das Gericht an, dass – bezogen auf die eingeladenen Personen, die über das Fotografieverbot unterrichtet worden waren – die Aufnahmen gegen ihre Geheimhaltungspflicht *(obligation of confidence)* verstießen.[786] Insoweit wäre man bereits durch Anwendung des *breach of confidence* zur Rechtswidrigkeit gelangt. Darüber hinaus stellten die Richter klar, dass selbst dann, wenn ein Dritter die Fotos auf-

dungen in diesem Rechtsstreit sind das Hauptsacheverfahren des *High Court of Justice* zum Schadensgrund *Douglas v Hello! Ltd.* (2003) EWHC 786 und zur Schadenshöhe *Douglas v Hello! Ltd.* (2003) EWHC 2629 sowie das Bestätigungsurteil des *Court of Appeal* im Hauptsacheverfahren *Douglas v Hello! Ltd.* (2005) 3 WLR 881.

784 *Douglas v Hello Ltd.* (2001) 2 WLR 992 (1021), Rzi. 110.

785 Sinnbildlich hierfür die Beschreibung von *Deakin/Johnston/Markesinis*, in Markesinis/Deakin's Tort Law (2013), S. 719: *»The result was to call meat ‚fish' and thus make it edible on a Friday [...].«* Ähnlich auch *Douglas v Hello* (2001) 2 WLR 992 (1025), Rzi. 126: *»The law no longer needs to construct an artificial relationship of confidentiality between intruder and victim: it can recognise privacy itself as a legal principle drawn from the fundamental value of personal autonomy.«*

786 *Douglas v Hello Ltd.* (2001) 2 WLR 992 (1012), Rzi. 71: *»[I]f on some private occasion the prospective claimants make it clear, expressly or impliedly, that no photographic images are to be taken of them, then all those who are present will be bound by the obligations of confidence created by their knowledge (or imputed knowledge) of this restriction.«*

genommen hätte, der selbst keiner Geheimhaltungspflicht unterlag, ein gesetzliches *right to privacy* bestanden hätte, das vor derartigen Aufnahmen schütze.[787] Hierin zeigt sich, worauf der neue Rechtsanspruch abzielt: Aufbauend auf den klassischen *breach of confidence*, der im Verhältnis zweier Personen die *vertrauliche* Information schützt, soll nunmehr jede *private* Information geschützt sein. Der entscheidende Unterschied liegt dabei darin, dass die Vertraulichkeit einer Information subjektiv bestimmt wird, d.h. aus Sicht des Informierenden, die Privatheit hingegen auch objektiven Kriterien unterliegt.[788] Gefragt wird nun nicht mehr, *wer* eine Information weitergegeben hat, sondern *was* verbreitet wurde.[789]

Die Schaffung eines Anspruchs wegen *breach of privacy*[790] stellt somit eine spürbare Erweiterung des bisherigen Schutzes dar.

(2) Venables v News Group Newspapers

Die *Douglas*-Entscheidung war der Auftakt für eine an die kontinentaleuropäische Rechtslage angenäherte Ausgestaltung des Persönlichkeitsrechts. In nachfolgenden Urteilen wurden Medienberichte immer wieder wegen Verletzung der Privatsphäre untersagt, was wenige Jahre zuvor noch undenkbar gewesen wäre. In dem Verfahren *Venables v News Group Newspapers Ltd.* vom Januar 2001 ging es um die Frage, ob die Identität und der Aufenthaltsort zweier verurteilter Straftäter nach ihrer Haftentlassung verbreitet werden dürften.[791] Nach umfassender Güterabwägung urteilte das Gericht, dass eine Offenlegung der Daten die Privatsphäre verletze und daher rechtswidrig sei. Es wurde befürchtet, dass die schwer-

---

787 *Douglas v Hello Ltd.* (2001) 2 WLR 992 (1021 f.), Rzi. 111 f.

788 Vgl. dazu *Moreham*, (2001) 64 MLR 767 (770 f.).

789 *Markesinis/O'Cinneide/Fedtke/Hunter-Henin*, (2004) 52 AJCL 133 (143).

790 Dieser durchaus treffende Begriff, der vom *Court of Appeal* in *Campbell v MGN Ltd.* (2003) QB 633 (663) erstmals aufgegriffen wurde, konnte sich in der Rechtsprechung nicht durchsetzen. Die meisten Gerichte hielten für das Recht auf Privatsphäre am *tort of breach of confidence* fest, obwohl sie diese Bezeichnung nach der Abkehr vom Vertrauenserfordernis selbst als irreführend wahrnahmen (etwa *Campbell v MGN Ltd.* (2004) 2 AC 457 (464): »*This nomenclature is misleading.*«) Letztlich geht es hier aber eher um eine terminologische, als um eine inhaltliche Unterscheidung.

791 *Venables v News Group Newspapers* (2001) 2 WLR 1038; siehe dazu *Deakin/Johnston/Markesinis*, in Markesinis/Deakin's Tort Law (2013), S. 720 f.; *Hennigan*, (2005) 16 Ent LR 184 (185).

wiegenden Verbrechen, dessentwegen die Täter zu langjährigen Haftstrafen verurteilt worden waren, Rachehandlungen aus der Bevölkerung hervorrufen und das Leben der Täter gefährden könnten.[792] Sämtlichen Medien wurde die Veröffentlichung untersagt.

Das Urteil bestätigte die bereits getroffene Feststellung: Nicht auf ein mögliches (Vertrauens-)Verhältnis zwischen den Beteiligten kam es an, sondern allein auf die Frage, ob der verbreitete Inhalt privat war. Das oftmals hemmende Kriterium der *confidence* wurde damit endgültig aufgegeben. Abgesehen von den tatbestandlichen Neuerungen ist auch das Abwägungsergebnis selbst beachtenswert. Denn die Richter versäumten nicht, das *»huge and intense media interest to an almost unparalleled extent«*[793] hervorzuheben, um dann dennoch dem Geheimhaltungsinteresse den Vorzug zu geben.

(3) A v B plc

Einen weiteren Schritt in der Entwicklung des *breach of privacy*-Tatbestands markiert der Fall *A v B plc.*[794] Der *Court of Appeal* nahm das Verfahren zum Anlass, die Anspruchsvoraussetzungen für den Schutz des Privatlebens zu konkretisieren. Gegenstand des Falles bildete die geplante Publikmachung von außerehelichen Beziehungen des englischen Fußballprofis *Garry Flitcroft*. Nachdem in erster Instanz eine einstweilige Verfügung gegen die Veröffentlichung ergangen war, hatten die Berufungsrichter nun über den Fortbestand zu entscheiden. Zu Beginn erinnerten sie daran, dass die *EMRK* neue Maßstäbe an den Privatheitsschutz gesetzt habe.[795] Diese müssten die englischen Gerichte bei der Beurteilung einer *breach of privacy* berücksichtigen, um dem Tatbestand *»neue Kraft und Breite«* zu verleihen.[796] Was dies meint, fasst das Gericht in seinen *»gui-*

792 *Venables v News Group Newspapers* (2001) 2 WLR 1038 (1069).
793 *Venables v News Group Newspapers* (2001) 2 WLR 1038 (1067).
794 *A v B plc*, (2002) 3 WLR 542.
795 *A v B plc* (2002) 3 WLR 542 (546), Rzi. 4: *»[Articles 8 and 10 of the European Convention] have provided new parameters within which the court will decide [...] whether a person is entitled to have his privacy protected by the court or whether the restriction of freedom of expression which such protection involves cannot be justified.«*
796 *A v B plc* (2002) 3 WLR 542 (546), Rzi. 4.

delines« zusammen:[797] Danach greift der Tatbestand immer dann ein, wenn den Medien bekannt ist oder bekannt sein muss, dass der Betroffene *»vernünftigerweise den Schutz seiner Privatsphäre erwarten darf.«*[798] Anders formuliert muss der Eingriff in hohem Maße anstößig *(highly offensive)* sein.[799] Wann diese Voraussetzung vorliegt, sei durch umfassende Abwägung zwischen Persönlichkeitsinteressen und Medienfreiheit zu ermitteln.

Allerdings machten die Richter auch deutlich, dass zunächst von einem breiten Interesse der Öffentlichkeit auszugehen sei.[800] Aus dem Grund urteilten sie schließlich gegen den Kläger *Flitcroft* und hoben die Vorinstanz auf. Die Entscheidung gründete im Wesentlichen auf zwei Aspekten, zum einen der Eigenschaft des Klägers als Person des öffentlichen Lebens *(public figure)*, zum anderen dem Grad an Intimität der Berichterstattung. Zwar hätten auch öffentliche Personen Anspruch auf Privatsphäre, müssten aber hinnehmen, dass ihre Handlungen stärker hinterfragt und beurteilt würden. Ihnen komme in der Öffentlichkeit eine Vorbildfunktion *(role model)* zu, die auch bei alltäglichen Ereignissen ein hinreichendes Informationsinteresse begründen könne.[801] Auch sei der Sachverhalt nicht derart intim, dass er absoluten Schutz verdiene. Angelegenheiten des Sexuallebens seien zwar stets privat. Die Darstellung einer flüchtigen Affäre sei aber nicht in gleichem Maße geschützt wie Enthüllungen aus der Ehe.[802]

Der Fall *A v B plc* ist ein weiterer Beleg für die zunehmende Gewichtung des Persönlichkeitsrechts im verfassungsrechtlichen Gefüge. Schon die Tatsache, dass nunmehr ein ausführlicher Abwägungsprozess zwischen den Rechtsgütern erfolgte, dokumentiert die beachtliche Kursänderung der englischen Gerichte. Gleichwohl darf nicht übersehen werden, dass die Einschätzung, wann der Betroffene *»vernünftigerweise den*

797 *A v B plc* (2002) 3 WLR 542 (546), Rzi. 11 f.

798 *A v B plc* (2002) 3 WLR 542 (551), Rzi. 11 (ix): *»A duty of confidence will arise whenever the party subject to the duty is in a situation where he either knows or ought to know that the other person can reasonably expect his privacy to be protected. [...] The range of situations in which protection can be provided is therefore extensive.«*

799 *A v B plc* (2002) 3 WLR 542 (551), Rzi. 11 (v).

800 *A v B plc* (2002) 3 WLR 542 (549), Rzi. 11 (iv).

801 *A v B plc* (2002) 3 WLR 542 (552), Rzi. 11 (xii).

802 *A v B plc* (2002) 3 WLR 542 (560), Rzi. 43 (ii).

Schutz seiner Privatsphäre erwarten darf«, noch immer deutlich von kontinentaleuropäischen Standards abweicht.[803]

(4) Campbell v MGN Ltd.

Schließlich hat auch das Verfahren *Campbell v MGN Ltd.* aus dem Jahr 2004 den Privatheitsschutz mitgeprägt.[804] Das Topmodel *Naomi Campbell* hatte gegen die Text- und Bildberichterstattung im Zusammenhang mit ihrer – stets bestrittenen – Drogensucht geklagt und Schadensersatz verlangt. Nachdem die Vorinstanz die Mitteilung über die Krankheit zugelassen hatte,[805] musste das *House of Lords* noch die Frage klären, ob auch über die näheren Details ihrer Behandlung – die Teilnahme an einer Selbsthilfegruppe, Zeitpunkt und Ort der Behandlung etc. – berichtet werden dürfe. Anknüpfend an die vorherigen Urteile waren sich die Richter einig, dass es auf eine Vertrauensbeziehung nicht mehr ankomme.[806] Entscheidend sei vielmehr, ob der Sachverhalt als *»obviously private«*[807] erschien. Nach einer umfassenden Güterabwägung bewerteten die Richter die Veröffentlichung schließlich wegen *»misuse of private information«* als unzulässig. Die Bekanntgabe von Einzelheiten der Therapie, verbunden mit der Möglichkeit der ständigen Belagerung durch Journalisten, könne die Betroffene davon abhalten, die Behandlungen weiter zu besuchen, und deren Erfolg dadurch gefährden. Es überwiege daher das Geheimhaltungsinteresse.[808]

Neben der Entscheidung in der Sache ist das Urteil vor allem für das systematische Verständnis des Privatsphärenschutzes relevant. Es verdeutlicht, dass die Rechtsprechung auch weiterhin am *breach of confidence*-Tatbestand als rechtlicher Grundlage festhält, obwohl mit dem Vertrau-

803 Vgl. etwa *Goodwin v NGN Ltd.* (2011) EWHC 1437, Rzi. 3; *Murray v Express Newspapers plc* (2009) Ch 481 (502), Rzi. 35; *HRH The Prince of Wales v Associated Newspapers Ltd.* (2006) EWHC 522, Rzi. 98 ff.; *Campbell v MGN Ltd.* (2004) 2 AC 457 (466), Rzi. 21.

804 *Campbell v MGN Ltd.* (2004) 2 AC 457.

805 *Campbell v MGN Ltd.* (2002) EWCA Civ 1373.

806 *Campbell v MGN Ltd.* (2004) 2 AC 457 (464) Rzi. 14: *»This cause of action has now firmly shaken off the limiting constraint of the need for an initial confidential relationship. [...] The essence of the tort is better encapsulated now as misuse of private information.«*

807 *Campbell v MGN Ltd.* (2004) 2 AC 457 (483) Rzi. 96.

808 *Campbell v MGN Ltd.* (2004) 2 AC 457 (468) Rzi. 30.

enserfordernis sein charakteristisches Merkmal längst weggefallen ist. Der in Art. 8 EMRK garantierte Schutz des Privatlebens stellt demnach kein eigenständiges Recht dar, sondern wird vom *breach of confidence* gewissermaßen *»absorbiert«.*[809] Damit setzten die Richter auch Forderungen nach einem gesonderten Tatbestand für die Privatsphäre endgültig ein Ende.[810] Wenngleich das Festhalten am alten Begriff auf eine gewisse Nostalgie der Richter hindeutet, bestehen doch keine Zweifel am neuen sog. *tort of invasion of privacy*, der die Reichweite des ursprünglichen *breach of confidence* bei weitem übersteigt.

Gleichwohl stellt sich die Frage, welche Auswirkungen die Fortgeltung des *breach of confidence* auf das Internationale Privatrecht hat. Weil der Tatbestand angesichts seiner ursprünglichen Verwendung nicht zwangsläufig ein deliktischer ist, wird noch zu klären sein, inwieweit die Normen des englischen Deliktskollisionsrechts auf den *breach of confidence* überhaupt Anwendung finden.[811]

cc) Weitere Fälle und Zwischenergebnis

Die gesonderte Darstellung einiger Urteile war erforderlich, um die für englische Maßstäbe bahnbrechende Anerkennung eines (teilweisen) Privatsphärenschutzes nachzuzeichnen. Es zeigte sich, dass die Gerichte die zwingenden Erfordernisse der *EMRK* zwar erkannten, zugleich aber ihre Sorge vor allzu großen Nachteilen für die Medien nicht ablegen konnten. Diese traditionsbehaftete Denkweise ist der Grund dafür, weshalb das Schutzniveau in England nur langsam ansteigt.

Zweierlei Erkenntnisse lassen sich festhalten: Zum einen ist eine private Information immer dann geschützt, wenn sie offensichtlich privat *(obviously private)* ist, zum anderen, wenn die Publikation in hohem Maße anstößig *(highly offensive)* erscheint.[812] Verschiedene Gerichtsurteile aus

---

809 Siehe bereits *A v B plc* (2002) 3 WLR 542 (546), in dem der *Court of Appeal* in Bezug auf die Umsetzung der Konventionsrechte äußerte: *»The court is able to achieve this by absorbing the rights which articles 8 and 10 protect into the long-established action for breach of confidence.«*

810 Vgl. *Singh/Strachan*, (2002) EHRLR 129.

811 Siehe im Einzelnen dazu Teil 2: E. II. 1. b).

812 Vgl. insoweit die ähnliche Beschreibung des *BVerfG*, BVerfGE 101, 361 (382): Danach umfasst der Schutz der Privatsphäre solche Angelegenheiten, *»die wegen ihres Informationsinhalts typischerweise als ‚privat' eingestuft werden, weil ihre*

jüngerer Zeit lassen erkennen, dass beide Kriterien in Situationen erfüllt sind, die üblicherweise unter Ausschluss der Öffentlichkeit stattfinden. Dazu gehören Informationen über sexuelle Aktivitäten,[813] private Enthüllungen aus einer langjährigen Freundschaft[814] oder Berichte über das innerhäusliche Leben.[815] In letzterem Fall hatte eine langjährige Hausangestellte, die zu ihrer Arbeitgeberin einen engen und vertraulichen Kontakt aufgebaut und tiefe Einblicke in deren Privatleben erlangt hatte, ihre Erfahrungen an eine Wochenzeitung verkauft. Dieser schilderte sie unter anderem vom Arbeitsalltag der Klägerin, von privaten Treffen, Reisen oder einer Schönheitsoperation. Angesichts der sensiblen Angaben verneinten die Richter ein berechtigtes Informationsinteresse der Öffentlichkeit und erkannten der Betroffenen Schadensersatz zu.[816]

Allerdings ist die Rechtsprechung deutlich zurückhaltender, wenn es um Angelegenheiten geht, die sich in der Öffentlichkeit abspielen. Dies gilt zum einen, wenn ein Sachverhalt einem gewissen Personenkreis bekannt war[817] – gleichwohl ist auch hier eine Annäherung an deutschen und französischen Auffassung in dieser Frage erkennbar; zum anderen, wenn das Ereignis im außerhäuslichen Bereich stattfindet. Im letzteren Fall zeigt sich die gravierendste Schwäche des englischen Privatsphärenschutzes: Während das *Bundesverfassungsgericht* die Persönlichkeitsentfaltung auch außerhalb des unmittelbaren Wohnbereichs annimmt und schützt,[818] soll in England insofern das Informationsinteresse überwiegen. So hebt das *House of Lords* hervor, *»once information gets into the public domain, it can no longer be the subject of confidence.«*[819]

öffentliche Erörterung oder Zurschaustellung als unschicklich gilt, das Bekanntwerden als peinlich empfunden wird […].«

813 *Mosley v News Group Newspapers* (2008) EWHC 1777.

814 *McKennitt v Ash* (2008) QB 73.

815 *Lady Archer v Williams* (2003) EMLR 38; vgl. auch *Blair v Associated Newspapers Plc*, QBD, Urt. v. 13.11.2000 (unveröff.); *Beckham v MGN Ltd.*, QBD, Urt. v. 28.06.2001 (unveröff.).

816 Ähnlich *HRH The Prince of Wales v Associated Newspapers Ltd.* (2006) EWHC 522; weitere Beispiele bei *Deakin/Johnston/Markesinis*, in Markesinis/Deakin's Tort Law (2013), S. 716 ff.

817 Etwa *Theakston v Mirror Group Newspapers Ltd.* (2002) EWHC 137.

818 Vgl. vorstehend unter B. III. 3. b) bb) (1).

819 *Douglas v Hello Ltd.* (2008) 1 AC 1 (48), Rzi. 122; vgl. in diesem Zusammenhang auch die jüngste Entscheidung des *Court of Appeal* zum Umfang des Bildnisschutzes von Kindern bei bestimmtem Vorverhalten der Eltern, *AAA v Associated Newspapers Ltd.* (2013) EWCA Civ 554.

Damit lässt sich festhalten, dass die Einwirkung des *Human Rights Act* auf den *breach of confidence* eine spürbare Erweiterung der Privatsphäre geschaffen hat. Dennoch hat – trotz aller Beteuerungen zur Gleichwertigkeit beider Rechte[820] – die Medienfreiheit noch immer Vorrang vor dem Persönlichkeitsrecht. Daran hat auch der *Human Rights Act* bislang nichts ändern können. Die Rechtsprechung selbst ist sichtlich bemüht, die Hoffnungen auf einen umfassenden Persönlichkeitsrechtsschutz kleinzuhalten.[821] Ein kontinentaleuropäisches Niveau ist vor diesem Hintergrund noch lange nicht erreicht.

c) Interessenausgleich hinsichtlich des Schutzes der Ehre

Die Darstellung des Schutzbereichs hat bereits angedeutet, welch hoher Stellenwert der Ehre seit jeher zukommt. Die Wertschätzung geht gar so weit, dass die Gerichte ausnahmsweise sonst ungeliebte Allgemeindefinitionen verwenden, um die Weite des Tatbestands zu untermauern.[822] Während der Begriff der Ehrverletzung früher weit ausgelegt wurde, um ansonsten nicht geschützte Persönlichkeitsaspekte, etwa das Privatleben, zu erfassen, hat der Tatbestand seit der (teilweisen) Anerkennung des *right to privacy* weitgehend in seine ursprünglichen Grenzen zurückgefunden. Mit Blick auf den Untersuchungsgegenstand dieser Arbeit werden nachfolgend daher nur solche Verletzungen berücksichtigt, die die Ehre im klassischen Sinne betreffen, d.h. das Ansehen und die Wertschätzung einer Person. Die Unterscheidung zwischen Werturteil und Tatsachenäußerung, die im deutschen Recht eine wichtige Weiche für die Abwägungsentscheidung darstellt, kann wie dargelegt[823] vernachlässigt werden. Die nachfolgende Rechtsprechungsübersicht gliedert sich daher nach der äußeren Erscheinungsform der Verletzungshandlung (*libel* und *slander*).

820 So etwa *In Re S* (2005) 1 AC 593 (603), Rzi. 17; *Campbell v MGN Ltd.* (2004) AC 457 (485 ff.); *Douglas v Hello! Ltd.* (2001) 2 WLR 992 (1029).

821 Unmissverständlich nochmals *Campbell v MGN Ltd.* (2004) 2 AC 457 (464): *»In this country [...] there is no over-arching, all-embracing cause of action for 'invasion of privacy'.«*

822 Vgl. vorstehend unter D. III. 1. b).

823 Vgl. vorstehend unter D. III. 2. b).

aa) Ehrverletzung in Form einer libel

Die Rechtsprechung hat eine Ehrverletzung in Form einer *libel* bei Äußerungen angenommen, die den anderen in der Öffentlichkeit herabwürdigen, lächerlich machen oder abschätzige Gefühle über ihn erwecken. Die vergleichsweise niedrigen Haftungshürden dieses *tort* sollen am Beispiel einiger Entscheidungen verdeutlicht werden.

(1) Objektiver Tatbestand

In einem ersten Schritt haben die Gerichte das *defamatory behaviour* als objektives Tatbestandsmerkmal stets großzügig ausgelegt. Danach kommen nicht nur Äußerungen in Betracht, die unmittelbar die Person betreffen, sondern auch solche über deren bisherige Leistungen oder Qualifikationen.[824] So wurden neben direkten Beleidigungen[825] ebenso Unwahrheiten über die beruflichen Verhältnisse oder angeblich unlautere Geschäftspraktiken untersagt.[826] Entscheidend sei, dass die Äußerung auf die dahinterstehende Person zurückfalle und diese in den Augen eines durchschnittlichen Betrachters herabwürdige.

Ausgangspunkt der richterlichen Prüfung ist der gewöhnliche Wortsinn der Äußerung *(ordinary and natural meaning)*.[827] Wird hiernach eine Äußerung als ehrverletzend erkannt, kann der Betroffene ohne Weiteres dagegen vorgehen.[828] Ausnahmsweise können aber auch Aussagen geahndet werden, die auf den ersten Blick harmlos erscheinen. Dieser sog. *innuendo*

---

824 Allgemein *Drummond-Jackson v British Medical Association* (1970) 1 WLR 688 (698 f.): »*Words may be defamatory of a trader or business man or professional man, though they do not impute any moral fault or defect of personal character. They can be defamatory of him if they impute lack of qualification, knowledge, skill, capacity, judgment or efficiency in the conduct of his trade or business or professional activity.*« Vgl. auch *Parkes* in Tugendhat/Christie: Privacy and media (2011), para. 7.09.

825 *Berkoff v Burchill* (1996) 4 All ER 1008: »*hideously ugly*«; *Winyard v Tatler Co. Ltd.* (1991) Independent, 16 August: »*old ugly harridan*«; *Villers v Monsley* (1769) 2 Wils 403: »*old stinking, old nasty, old itchy, old toad.*«

826 *Marks & Spencer plc v Granada Television Ltd.* (1998) EWCA Civ 207; *Aspro Travel v Owners Abroad Group* (1996) 1 WLR 132; *Drummond-Jackson v British Medical Association* (1970) 1 WLR 688; *A.B. v C.D.*, (1904) 7 F 22.

827 St. Rspr. seit *Capital and Counties Bank Ltd. v George Henty & Sons* (1882) 7 App Cas 741 (772).

828 Vgl. dazu die Nachw. in Fn. 698.

wird relevant, wenn die Aussage eine außertextliche Bedeutung enthält, die erst mit weiteren Kenntnissen einen ehrverletzenden Schluss suggeriert. Das Vorliegen des *innuendo* zu beweisen, ist dabei Aufgabe des Klägers.

Ein bekanntes Beispiel stellt der Fall *Cassidy v Daily Mirror Newspaper Ltd.* dar, in dem eine gewisse *Mrs. Cassidy* einen Zeitungsverlag wegen *innuendo* verklagte.[829] Der Verlag hatte die Nachricht verbreitet, *Mr. Cassidy* verlobe sich mit einer gewissen Frau X. Diese zunächst harmlos wirkende Meldung erweckte allerdings den Anschein, dass *Mrs. Cassidy* nicht dessen Ehefrau, sondern die Geliebte sei. Der *High Court* erkannte deshalb einen *innuendo* und sprach der Klägerin Schadensersatz zu. Bemerkenswert ist der Fall auch deswegen, weil die »Verlobung« zuvor selbst von *Mr. Cassidy* angekündigt worden war und der Verlag sich hierauf verlassen hatte. Dennoch sah das Gericht eine Haftung des Verlags als gegeben.

Ähnlich lag der Fall um den Amateurgolfer *Cyril Tolley*, mit dessen Abbild eine Süßwarenfirma geworben hatte.[830] Das *House of Lords* kam zu dem Ergebnis, dass die ungenehmigte Nutzung von dessen Bildern rechtswidrig sei, weil der ehrenrührige Eindruck bestehe, der Sportler habe seine Person kommerzialisiert.[831] Die herabwürdigende Aussage lag gerade darin, dass *Tolley* mit seiner Vermarktung dem Amateurstatus zuwiderhandele.[832] Die Richter stützten ihre Entscheidung unter anderem auf die Tatsache, dass Amateurspieler üblicherweise von ihren Vereinen ausgeschlossen würden, sobald bekannt würde, dass sie gegen Entgelt geworben hätten. Wäre *Tolley* also Profigolfer gewesen, wäre keine Ehrverletzung erkannt worden. Das Gericht bejahte schließlich einen *innuendo* zumindest gegenüber solchen Lesern, die wussten, dass *Tolley* Amateursportler war.

Die Beispiele zeigen, dass der *innuendo* ein durchaus effektives Instrumentarium zum Schutz der Ehre darstellt. So haftungsfreundlich dieser Tatbestand auch ist, so sehr wurde sich aber bemüht, seine Reichweite nicht ausufern zu lassen und verlässliche Grenzen festzulegen. Danach

---

829 *Cassidy v Daily Mirror Newspapers Ltd.* (1929) 2 KB 331.

830 *Tolley v Fry* (1931) AC 333.

831 *Tolley v Fry* (1931) AC 333 (342).

832 *Tolley v Fry* (1931) AC 333 (337): *»The innuendo alleged 'that the defendants [...] had prostituted his reputation as an amateur golf player for advertising purposes, that he was seeking notoriety [...]; and that he had been guilty of conduct unworthy of his status as an amateur golfer.'«*

scheidet der *innuendo* aus, sobald die Bewertung einer *»strained or forced or utterly unreasonable interpretation«* gleichkommt.[833] Die Rechtsprechung fordert demnach, bei allem richterlichen Freiraum, ein gesundes Maß an Tatsachenverstand ein, der eine unnatürliche Auslegung des Wortsinns verbietet. So wurde der *innuendo* beispielsweise im Zusammenhang mit Verdachtsberichterstattungen eng ausgelegt. Hierbei ging es wiederholt um die Frage, ob Meldungen über strafrechtliche Ermittlungen aus Lesersicht eine Vorverurteilung darstellen, also eine indirekte Andeutung enthalten, dass die Straftat begangen wurde. In einer grundlegenden Entscheidung lehnte das *House of Lords* einen *innuendo* für den Fall ab, dass lediglich die Meldung über eingeleitete Ermittlungen verkündet wird.[834] Auch wenn dadurch oft der Eindruck entstehe, dass ein strafrechtliches Fehlverhalten vorliegt, sei dies noch nicht ehrenrührig. Habe der Adressat allerdings zusätzliche Tatsachenkenntnis, komme ein *innuendo* in Betracht.[835] Die Schwierigkeit der Abgrenzung zeigt sich nicht zuletzt darin, dass der Fall drei Instanzen beschäftigte, bis schließlich die Zulässigkeit der Verdachtsberichterstattung festgestellt wurde.[836] Für die Medien bleibt der *innuendo* in jedem Fall ein beachtenswertes Rechtsinstitut.

(2) Subjektiver Tatbestand

An den subjektiven Tatbestand hat die Rechtsprechung ebenfalls vergleichsweise niedrige Anforderungen gestellt.[837] Dies verdeutlicht eine Entscheidung aus dem Jahr 1910, die noch heute Bestand hat:[838] In einem Zeitungsbericht der *Sunday Chronicle* wurde sich über das Verhalten englischer Badegäste im französischen Seebad Dieppe mokiert. Am Beispiel einer fiktiven Figur namens *Artemus Jones* schilderte der Autor, wie sich

833 *Jones v Skelton* (1963) 1 WLR 1362 (1370).

834 *Lewis v Daily Telegraph* (1964) 2 All ER 151.

835 *Lewis v Daily Telegraph* (1964) AC 151 (165); vgl. auch *Deakin/Johnston/Markesinis*, in Markesinis/Deakin's Tort Law (2013), S. 640 m.w.N.; *Robertson/Nicol*, Media Law (2002), S. 86 f.

836 Weitere Fälle zum *innuendo* etwa *Morrison v Ritchie & Co.* (1902) 4 F 645; *Plumb v Jeyes Sanitary Compounds*, The Times v. 15.04.1937 (unveröff.); *Grappelli v Derek Block Holdings Ltd.* (1981) 2 All ER 272; *Charleston v News Group Newspaper* (1995) 2 All ER 313.

837 Vgl. demgegenüber die Vorsatz- und/oder Verschuldenserfordernisse im deutschen und französischen Recht unter B. II. 1. a) und C. II. 1. a).

838 *Hulton v Jones* (1910) AC 20.

der sonst so biedere Engländer im Ausland in einen unsittlichen und exzessiven Touristen verwandle. Zuhause ein nüchterner Kirchendiener mache *Artemus Jones* im Urlaub die Nacht zum Tag, spiele den Frauenheld und streife durch die Casinos.[839] Auf diesen Bericht meldete sich tatsächlich ein englischer Herr mit bürgerlichem Namen *Artemus Jones* und beklagte, von seinen Bekannten mit der Figur aus dem Zeitungsartikel verwechselt zu werden. Obwohl der Herausgeber des Artikels offensichtlich nichts von der Existenz des »wahren« *Artemus Jones* wusste, geschweige denn diesen beleidigen wollte, bestätigte das *House of Lords* die vorinstanzlichen Entscheidungen und bejahte eine ersatzpflichtige Ehrverletzung.[840] Der Fall verdeutlicht, dass eine Ehrverletzung auch dann möglich ist, wenn der ehrenrührige Charakter auf gänzlich unbekannten Tatsachen beruht. Eine Haftung ist somit auch ohne Fahrlässigkeit möglich.

bb) Ehrverletzung in Form einer slander

Die für einen deutschen Juristen ungewöhnliche Abgrenzung nach der äußeren Erscheinungsform ist für die englischen Gerichte von zentraler Bedeutung, denn für die *slander* gelten höhere Anforderungen als für die *libel*. Dies ist der Tatsache geschuldet, dass von schriftlichen Äußerungen in der Regel eine höhere Verletzungsgefahr ausgeht.[841] Zum einen hat die *libel* üblicherweise eine höhere Reichweite und erlangt einen größeren Adressatenkreis. Zum anderen entfalten verkörperte Mitteilungen eine stärkere Suggestivkraft. Sie wirken auf den Empfänger weit intensiver als Äußerungen in flüchtiger Form. Schließlich erfordert auch die Planmäßigkeit, die oftmals hinter schriftlichen Aussagen steckt, eine schärfere Sanktionierung.

Daraus folgt, dass eine Äußerung, die wegen ihres Inhalts als *libel* qualifiziert wird, nicht notwendig auch in gesprochener Form rechtswidrig ist. Dieselbe Aussage, die in Schriftform ehrverletzend ist, kann also in Gestalt eines Ausrufes oder einer Gestik zulässig sein. Eine genaue Abgren-

---

839 Vgl. das Urteil der Vorinstanz, *Hulton v Jones* (1909) 2 KB 444 (445): »*'Here, in the atmosphere of Dieppe, on the French side of the Channel, he is the life and soul of a gay little band that haunts the Casino and turns night into day, besides betraying a most unholy delight in the society of female butterflies.'*«

840 *Hulton v Jones* (1910) AC 20.

841 Vgl. bereits *Villers v Mousley* (1769) 2 Wils 403; *De Crespigny v Wellesley* (1829) 5 Bing 392; *Ratcliffe v Evans* (1892) 2 QB 524.

zung ist daher erforderlich. Bei der Prüfung einer *slander* hat die Rechtsprechung dieselben Begriffsmerkmale verwandt wie bei der *libel*, diese aber inhaltlich strenger ausgelegt. Danach ist zwar ebenfalls erforderlich, dass der Verletzer den Betroffenen herabwürdigt oder lächerlich macht, doch reichen hier »einfache« Beleidigungen üblicherweise nicht aus. Das verdeutlichen zwei frühe Entscheidungen des *Court of Common Pleas*, in denen die Bezeichnung als *»swindler«* unterschiedlich bewertet wurde: Im einen Fall[842] wurde die Behauptung in einer Zeitschrift, jemand sei ein *»swindler«* vom Gericht als *libel* gewertet, im anderen Fall[843] in mündlicher Form nicht beanstandet. An dieser Abstufung hält die Rechtsprechung bis heute fest.

Im Gegensatz zur *libel* wird bei der *slander* weniger auf die Tathandlung abgestellt als auf deren Folgen beim Betroffenen. Selbst die Kundgabe einer offensichtlich herabwürdigenden Äußerung *(hatred, spite, disrespect etc.)*[844] führt nicht zu einer Sanktion, solange der Verletzte keinen messbaren Schaden nachweist. Psychische Kränkungen, persönliches Diffamierung oder öffentliches Bloßstellen bleiben – solange nicht schriftlich existent – mit wenigen Ausnahmen[845] ungestraft. Der Tatbestand der *slander* bietet mithin deutlich weniger Schutz als die *libel*. Andererseits hat der *slander* im Zusammenhang mit Medienveröffentlichungen schon deshalb keine allzu große Bedeutung, weil neben den ohnehin erfassten Printmedien auch die digitalen Medien wie Fernsehen und Radio allein am Maßstab der *libel* geprüft werden.[846]

cc) Defamation Act 2013

Wie sich aus der vorstehenden Darstellung ergibt, ist der Schutz der persönlichen Ehre im englischen Recht vergleichsweise stark ausgeprägt. Während die Persönlichkeitsinteressen des Einzelnen ansonsten nur fragmentarisch Berücksichtigung finden, haben die Gerichte mit der *defamation* einen generalklauselartigen Tatbestand geschaffen, der die Ehre und das Ansehen der Person weitreichend schützen soll.

---

842 *J Anson v Stuart* (1789) 1 Term Rep 478.
843 *Savile v Jardine* (1795) 2 Hy Bl 531.
844 Vgl. vorstehend unter D. III. 1. b).
845 Siehe *Duodu/Price*, in Clerk/Lindsell on Torts (2006), para. 23-58 ff.; *Robertson/Nicol*, Media Law (2002), S. 87.
846 Vgl. die Nachw. in Fn. 705.

Dieser Rechtsprechung ist der englische Gesetzgeber jüngst mit dem *Defamation Act 2013* entgegengetreten.[847] Durch das zum 1. Januar 2014 in Kraft getretene Gesetz werden die Anforderungen an eine Ehrverletzung merklich erhöht.[848] Die Rechtsänderungen werden als Reaktion auf mehrere US-Gesetze gewertet, die die Vollstreckung ausländischer Gerichtsentscheidungen wegen Ehrverletzung verhindern sollen.[849] Hintergrund dieser Gesetze ist die in Teilen der USA vorherrschende Auffassung, dass der ausländische, insbesondere der englische Ehrschutz zu klägerfreundlich sei und dem sog. *libel tourism* vor dortigen Gerichten Vorschub leiste.[850] Konkret wurde beklagt, dass US-Medien und -Autoren häufig gerade in England wegen der vergleichsweise niedrigen Haftungsstandards verklagt würden, obwohl dort nur ein geringer Anteil der beanstandeten Veröffentlichung erfolgt sei.[851] Die neuen US-Gesetze, etwa der sog. *SPEECH Act*, stehen einer Durchsetzung derartiger Urteile in den USA künftig entgegen.[852]

Als wichtigste Neuerung fordert der *Defamation Act 2013* in sec. 1(1) nunmehr den Nachweis einer eingetretenen oder drohenden *»schwerwiegenden Beeinträchtigung« (serious harm)* des Ansehens des Klägers. Ist

---

847 Ausführlich dazu *Price/McMahon* (Hrsg.), Defamation Act (2013); *Bennett*, Yb PIL 14 (2012/2013), 173.

848 Siehe statt vieler das Impact Assessment des *Ministery of Justice* vom 1.04.2012, S. 3: *»Claimants will find it harder to bring defamation cases against material published now.«*

849 Im Einzelnen dazu *Price/McMahon* (Hrsg.), Defamation Act (2013), Rn. 1.01 ff.

850 Vgl. etwa den Fünften Beitrag im Rahmen der *»Dame Ann Ebsworth Memorial Lecture«* von *Lord Hoffmann* vom 2.02.2010; *Deakin/Johnston/Markesinis*, in Markesinis/Deakin's Tort Law (2013), S. 656 Anm. 140; kritisch aber insoweit *Melkonian*, Defamation (2011), S. 297 ff.: *»Overzealous assumptions that the common law cannot secure essential rights are unjustified and the strong presumption in favour of comity should no longer be disregarded«* (297). Eingehend zum Phänomen des Klagetourismus *Melkonian*, Defamation (2011), S. IX ff.; *Hartley*, (2010) 59 ICLQ 25.

851 Als Sinnbild für den Klagetourismus steht der Fall *Bin Mahfouz v Ehrenfeld* (2005) EWHC 1156 aus dem Jahr 2005: Darin wurde die US-Autorin *Rachel Ehrenfeld* wegen ehrverletzender Äußerungen in ihrem Buch *»Funding Evil«* über einen saudischen Geschäftsmann – angeblich unterhalte dieser Verbindungen zu einer Terrororganisation – vom englischen *High Court* zur Schadensersatzzahlung in Höhe von £ 60.000 sowie Unterlassung verurteilt. Das Buch war ausschließlich in den USA vertrieben worden; nur via Onlinekauf waren gut zwei Dutzend Exemplare nach England gelangt. Siehe hierzu auch *Beauchamp*, 74 (2006) Fordham LR 3073.

852 Eingehend dazu *Melkonian*, Defamation (2011).

der Kläger eine gewerbetreibende Person, wird der Nachweis eines ernsthaften Vermögensschadens verlangt, sec. 1(2) DA.[853]

dd) Defences

Neben der tatbestandlichen Eingrenzung durch den *Defamation Act 2013* wird der Schutz der Ehre zudem durch weitreichende Verteidigungsmöglichkeiten eingeschränkt, die der Äußernde zu seiner Entlastung vorbringen kann. Diese sog. *defences* gehen über die in Deutschland und Frankreich bestehenden Rechtfertigungsgründe[854] weit hinaus und werten das Recht auf Meinungs- und Medienfreiheit erheblich auf. Sie entstammen sowohl dem *Defamation Act* selbst als auch dem *common law* und sollen nachfolgend in gebotener Kürze dargestellt werden.[855]

(1) Truth

Das schärfste Verteidigungsinstrument bei einer Ehrverletzung ist die in sec. 2 DA geregelte *truth.*[856] Sie besagt, dass wahre Aussagen niemals eine Ehrverletzung darstellen. Im Unterschied zu anderen Rechtsordnungen gilt dies ausnahmslos; Formalbeleidigungen oder ähnliche Vergehen werden nicht geahndet.[857] Auch die Motive des Äußernden sind unbeachtlich, seien sie auch noch so verwerflich. Die *truth* ersetzt den bisherigen Rechtfertigungsgrund der *justification*, so dass insoweit deren frühere Grundsätze herangezogen werden können.[858]

Die uneingeschränkte Zulässigkeit wahrer Aussagen erklärt sich mit der einseitigen Ausrichtung des Schutzbereichs, der allein die *äußere* Ehre, also den Ruf in der Öffentlichkeit erfasst.[859] Steht nun eine Äußerung im

853 Im Einzelnen dazu *Price/McMahon* (Hrsg.), Defamation Act (2013), Rn. 2.01 ff.

854 Vgl. vorstehend unter B. III. 3. c) aa) (1) u. (2) sowie C. III. 3. c) aa) (3).

855 Dazu ausführlich *Deakin/Johnston/Markesinis*, in Markesinis/Deakin's Tort Law (2013), S. 749 ff.; *Rogers*, in Winfield/Jolowicz on Torts (2010), S. 601 ff.; *Duodu/Price*, in Clerk/Lindsell on Torts (2006), para. 23-77 ff.

856 Im Einzelnen dazu *Price/McMahon* (Hrsg.), Defamation Act (2013), Rn. 3.01 ff.

857 Vgl. § 192 StGB.

858 Vgl. Defamation Act 2013 – Explanatory Notes (Bill 139), Rn. 13 ff.

859 Vgl. vorstehend unter D. III. 1. b); siehe im Unterschied dazu die doppelte Schutzrichtung im deutschen und französischen Recht unter B. III. 1. b) und C. III. 1. b).

Raum, die zwar das Ansehen einer Person herabsetzt, aber erwiesenermaßen wahr ist, hieße dies nur, dass das Ansehen der Person auf das zutreffende Maß zurückgesetzt wird.[860] Daher soll es stets rechtmäßig sein, wenn bloße Tatsachen ausgesprochen werden. Das Wahrheitserfordernis betrifft dabei nicht jedes Detail der Äußerung, sondern nur deren Kernaussage.[861] Erlaubt ist also *»a degree of exaggeration even in the context of factual assertions.«*[862] Vor Gericht hat der Äußernde die Möglichkeit, jede in Frage kommende Auslegung seiner Äußerung als wahr zu beweisen, unabhängig davon, wie der Kläger die Äußerung verstanden hat.[863]

(2) Honest opinion

Ebenfalls neu eingeführt wurde sec. 3 DA, wonach die Äußerung einer *»ehrlichen Meinung« (honest opinion)* stets zulässig sein soll.[864] Voraussetzung ist lediglich, dass jede *»ehrliche und aufrichtige Person«* diese Meinung auf Grundlage der gegebenen Tatsachen ebenfalls hätte vertreten können, sec. 3(4) DA.

Auch die *honest opinion* findet ihren Ursprung in der Rechtsprechung, wo sie seit langem in Gestalt des *fair comment* anerkannt ist. Danach ist eine Meinungsäußerung gerechtfertigt, wenn sie im öffentlichen Interesse liegt und jedenfalls auf wahren Tatsachen gründet. Beide Merkmale werden im Sinne der Meinungsfreiheit weit ausgelegt. Die Rechtsprechung umschreibt das öffentliche Interesse hierbei wie folgt: *»Whenever a matter is such as to affect people at large, so that they may be legitimately interested in, or concerned at, what is going on; or what may happen to them or to others; then it is a matter of public interest on which everyone is entitled to make fair comment.«*[865] Die Formulierung macht deutlich, dass prinzipiell jede Angelegenheit, die über die persönlichen Belange hinausreicht, für den *fair comment* in Betracht kommt. Mit der Vorgabe, entweder *»interessiert«* oder *»betroffen«* zu sein, soll be-

860 So bereits *McPherson v Daniels* (1829) 109 ER 448 (451): *»The law will not permit a man to recover damages in respect of an injury to a character which he either does not, or ought not to possess.«*

861 *Duodu/Price*, in Clerk/Lindsell on Torts (2006), para. 23-84.

862 *Turcu v News Group Newspapers Ltd.* (2005) All ER 34, Rzi. 108.

863 *Prager v Times Newspapers Ltd.* (1988) 1 WLR 77 (86).

864 Im Einzelnen dazu *Price/McMahon* (Hrsg.), Defamation Act (2013), Rn. 4.01 ff.

865 *London Artists Ltd. v Littler* (1969) 2 QB 375 (391).

wusst ein breiter Personenkreis eingeschlossen sein. Daneben ist erforderlich, dass der Äußerung wahre Tatsachen zugrundeliegen. Im Vergleich zur *truth* sind die Anforderungen hier nochmals herabgesenkt: So genügt bereits der gute Glaube an die Wahrheit, während im Rahmen der *truth* die behauptete Tatsache wirklich wahr sein muss.[866]

(3) Privilege

Als weitere wichtige Verteidigungsmöglichkeit besteht schließlich das *privilege*. Man trennt zwischen sog. absoluten und qualifizierten Privileg, die sich im Wesentlichen in den Vorsatzanforderungen unterscheiden.[867] Kennzeichnend ist in beiden Fällen, dass die Veröffentlichung in einem bestimmten privilegierten Kontext erfolgt. Hierzu gehören beispielsweise sachliche Berichte *(fair and accurate report)* über Beratungen und Entscheidungen bestimmter Spruchkörper, Parlamente oder Gremien, auch wenn sie ehrverletzende Aussagen enthalten.[868] Außerhalb dieser Bereiche können sonstige Ereignisse privilegiert sein, sofern sie von hohem öffentlichem Interesse sind.[869]

ee) Zwischenergebnis

Wie sich in der voranstehenden Untersuchung gezeigt hat, blickt das Recht der Ehre in England auf eine lange Tradition zurück. Es ist umfangreicher und differenzierter ausgestaltet als die übrigen Persönlichkeitsrechte und stellt die stärkste Beschränkung der Medienfreiheit dar. Sein besonderes Kennzeichen ist die Unterscheidung von *libel* und *slander*, die nach der äußeren Erscheinungsform der Mitteilung erfolgt. Anders als in Deutschland und Frankreich, wo die Bewertung eines Werturteils und einer Tatsachenbehauptung von der Schutzwürdigkeit des Äußernden ab-

---

866 Vgl. in Bezug auf die *justification Telnikoff v Matusevitch* (1990) 3 WLR 725 (741); *Lyon v The Daily Telegraph Ltd.* (1943) KB 746 (750).

867 Dazu ausführlich *Deakin/Johnston/Markesinis*, in Markesinis/Deakin's Tort Law (2013), S. 669 ff.; *Duodu/Price*, in Clerk/Lindsell on Torts (2006), para. 23-111.

868 Sec. 14 Defamation Act 1996.

869 *Blackshaw v Lord* (1984) QB 1 (27). Das *privilege* hat in Teilen auch Eingang in den *Defamation Act 2013* gefunden; vgl. dazu Defamation Act 2013 – Explanatory Notes [Bill 139], Rn. 44 ff.

hängt, machen englische Gerichte ihre Entscheidung am entstandenen Schaden fest. Es kommt weniger auf die Motive für die Äußerung an als vielmehr auf die durch sie hervorgerufenen Folgen. Darüber hinaus besteht mit dem *innuendo* die Möglichkeit, auch solche Äußerungen zu sanktionieren, deren ehrverletzender Inhalt sich erst bei genauerem Hinsehen ergibt.

Die zahlreichen Verteidigungsmöglichkeiten *(defences)* grenzen den Schutz der Ehre jedoch erheblich ein: Soweit es um wahre Tatsachen geht, ist jede Berichterstattung erlaubt. Weitere Einschränkungen ergeben sich aus dem neuen *Defamation Act 2013*, durch den insbesondere Werturteile weitreichend geschützt sind.

d) Interessenausgleich hinsichtlich des Schutzes des wirtschaftlichen Verwertungsinteresses

Das wirtschaftliche Verwertungsinteresse ist in der englischen Rechtsprechung seit langem als persönlichkeitsrechtliche Position anerkannt.[870] Allerdings wurde es zunächst nicht als eigenständiges Persönlichkeitsrecht betrachtet, sondern als Teilaspekt anderer Rechtsgüter, etwa der persönlichen Ehre. Erst in neueren Urteilen ist ein von deren Voraussetzungen losgelöster Schutz erkennbar.

aa) Frühere Reichweite des Schutzes des wirtschaftlichen Verwertungsinteresses

Die Verknüpfung mit anderen Tatbeständen wie etwa der *defamation* hatte zur Folge, dass beispielsweise nur solche Handlungen abgewehrt werden konnten, die zugleich auch eine Ehrverletzung darstellten. Während in Deutschland und Frankreich also jeder ungenehmigte Inhalt untersagt ist, der bloße kommerzielle Absichten verfolgt, verlangte das englische Recht stets weitere rechtsgutspezifische Voraussetzungen.

Vor diesem Hintergrund kann insbesondere auf die Feststellungen zum Schutz der Ehre verwiesen werden.[871] Zwei richtungsweisende Urteile aus

870 Vgl. dazu die ausführliche Darstellungen bei *Carty*, (2004) IPQ 209; *Nevett*, Advertising and defamation (1991), S. 252 ff. jeweils m.w.Nachw.

871 Siehe vorstehend unter D. III. 3. c).

dem 19. Jahrhundert dokumentieren, dass die Rechtsprechung die Frage der unerlaubten Namensverwendung stets am Tatbestand der *libel* festgemacht hat. In dem Verfahren *Clark v Freeman*[872] klagte der renommierte Wissenschaftler *James Clark*, nachdem ein Apotheker mit seinem Namen für ein Medizinprodukt geworben hatte *(»Sir J. Clark's Consumption Pills«)*. Das Vorgehen wog umso schwerer, als es sich bei dem beworbenen Heilmittel augenscheinlich um nutzlose Medizin handelte und der Kläger seinen Ruf gefährdet sah. Die Richter nahmen zwar eine missbräuchliche Verwendung des Namens des Klägers an, lehnten eine Ehrverletzung aber mit dem Hinweis ab, dass keine ernsthafte Rufschädigung des Klägers festzustellen sei.[873] Ähnlich lag der Fall *Dockerell v Dougall* aus dem Jahr 1899, in dem eine eigenmächtige Namensverwendung ebenfalls am Maßstab der *libel* geprüft wurde.[874] Zunächst untersuchten die Richter eine mögliche Verletzung von Eigentumsrechten, lehnten diese aber mit dem Hinweis ab, dass dem Kläger kein uneingeschränktes Namensrecht zustehe.[875] Damit bestätigten sie, dass ein Verwertungsrecht stets im Lichte des Ehrschutzes zu betrachten sei.

Lange Zeit prägend für den wirtschaftlichen Persönlichkeitsrechtsschutz war auch der erwähnte Fall *Tolley v Fry* aus dem Jahr 1931.[876] Gegenstand der Entscheidung war die Abbildung eines prominenten Amateursportlers zu Werbezwecken, ohne dass zuvor dessen Einwilligung eingeholt worden war. Das *House of Lords* qualifizierte die Darstellung als ehrverletzend, weil sie den Eindruck eines grob amateurwidrigen Verhaltens des Sportlers, nämlich seiner entgeltlichen Vermarktung, vermittle. Die Richter stellten hiermit klar, dass grundsätzlich jede kommerzielle Verwendung einen Ersatzanspruch begründen könne. Dadurch solle die Selbstbestimmung der betroffenen Person gewahrt und vor den wirtschaftlichen Folgen der Rufschädigung geschützt werden.[877] Eine Verletzung sollte indes nicht vorliegen, wenn der Betroffene zwar als vermeintlich Werbender erkannt wird, die fehlende Einwilligung einem durchschnittlichen Betrachter aber ersichtlich war.[878]

872 *Clark v Freeman*, (1848) 11 Beav 112.
873 *Clark v Freeman*, (1848) 11 Beav 112 (118).
874 *Dockerell v Dougall*, (1899) 80 LT 556.
875 *Dockerell v Dougall*, (1899) 80 LT 556 (557).
876 Siehe den Nachw. in Fn. 768.
877 Vgl. auch *Khashoggi v Smith*, (1980) 124 Sol Jo 149; *Lion Laboratories Ltd. v Evans*, (1985) QB 526.
878 *Nevett*, Advertising and defamation (1991), S. 252 (268).

In Anlehnung an den *libel*-Tatbestand setzte die Rechtsprechung dabei kein vorsätzliches Handeln voraus.[879] Ein bewusstes Ausnutzen des gutes Rufes oder der Bekanntheit einer Person wurde, wie folgendes Beispiel verdeutlicht, nicht verlangt: Ein Spielzeughersteller hatte sich zur Vermarktung eines seiner Produkte einen gewissen *Mr. Blennerhassett*, einen seriösen Makler der Londoner Stock Exchange, als fiktive Werbefigur ausgedacht. Überraschenderweise tauchte wenig später auf dem Londoner Parkett tatsächlich ein Broker mit demselben Namen auf und klagte gegen die Werbung.[880] Zwar scheiterte letztlich ein Anspruch des »wahren« *Mr. Blennerhassett*, allerdings nicht, wie das Gericht betonte, am Vorsatz des Werbenden, sondern weil die ehrverletzende Wirkung der Werbung nicht hinreichend dargelegt worden war.[881] Unabhängig vom Ergebnis unterstrich der Fall aber die vollständige Übertragbarkeit der *libel*-Voraussetzungen auf das wirtschaftliche Persönlichkeitsrecht. Hierdurch wurde, mit Blick auf die weiten Verteidigungsmöglichkeiten *(defences)*,[882] die Reichweite des Rechtsschutzes erheblich eingeschränkt.

Ein ähnliches Bild für den Schutz des wirtschaftlichen Verwertungsinteresses ergab sich im Rahmen des *passing off*. Weil der Tatbestand im Kern eine Konkurrenzsituation zwischen den Beteiligten verlangt, waren persönlichkeitsrechtliche Interessen des Einzelnen üblicherweise nicht geschützt. So war insbesondere der häufige Fall der unerlaubten Abbildung zu Werbezwecken nicht vom Schutzbereich erfasst.[883]

bb) Heutige Reichweite des Schutzes des wirtschaftlichen Verwertungsinteresses

Erst in den letzten Jahren ist in der Rechtsprechung eine Tendenz erkennbar, den Schutz des wirtschaftlichen Verwertungsinteresses vorsichtig ausweiten zu wollen. Aus einer Entscheidung des *High Court* aus dem Jahr 2002 ergibt sich, dass die ungenehmigte kommerzielle Nutzung

879 Vgl. auch *Hulton v Jones* (1910) AC 20.

880 *Blennerhassett v Novelty Sales Services Ltd.* (1933) 175 LTJ 393.

881 *Blennerhassett v Novelty Sales Services Ltd.* (1933) 175 LTJ 393 f.

882 Vgl. vorstehend unter D. III. 3. c) cc).

883 Vgl. etwa das Verfahren *Lyngstad v Anabas Products Ltd.* (1977) FSR 62, in dem sich die Popgruppe *ABBA* als Klägerin und ein Produktionsunternehmen als Beklagte gegenüberstanden und eine Verletzung wegen *passing off* deshalb abgelehnt wurde.

fremder Persönlichkeitsmerkmale auch ohne Vorliegen einer Ehrverletzung *(defamation)*, einer Konkurrenzsituation *(passing off)* oder wahrheitswidrigen Aussage *(injuriuos falsehood)*[884] rechtswidrig sein kann.[885] Geklagt hatte der damalige Formel 1-Fahrer *Eddie Irvine* gegen eine Bildveröffentlichung des Radiosenders *Talksport Ltd.* Das Foto zeigte *Irvine*, wie er vermeintlich ein Radio mit dem Namenszug des Beklagten an sein Ohr hielt. Die Abbildung war jedoch eine Retusche eines Fotos, auf dem *Irvine* mit einem Handy telefonierte. Die Richter sahen hierin den *passing off* erfüllt, weil der falsche Eindruck erweckt werde, dass *Irvine* willentlich für den Radiosender geworben habe *(false endorsement)*. Eine Konkurrenzsituation wurde nicht verlangt. In der Berufung, die das Ersturteil in der Sache bestätigte, wurde *Irvine* eine Lizenzgebühr in Höhe von 25.000 Pfund zugesprochen.[886]

Diesen Weg hat der *High Court* jüngst in einem ähnlichen Verfahren bestätigt.[887] Der Entscheidung vom Juli 2013 lag eine Klage der Sängerin *Rihanna* zugrunde, die sich gegen den Verkauf von T-Shirts mit ihrem Konterfei zur Wehr setzte. Das Gericht bejahte, wie schon im *Irvine*-Urteil, ein *passing off*, weil die Öffentlichkeit den Eindruck erhalte, dass die Klägerin selbst hinter dem Verkauf stehe oder ihm jedenfalls zugestimmt habe.[888]

Die begrenzte Reichweite der beiden Entscheidungen soll jedoch folgender Umstand verdeutlichen: Schon in der *Irvine*-Entscheidung hatten die Richter eine Unterscheidung von *false endorsement* und *merchandising* hervorgehoben: Ersteres liege vor, wenn eine Person – vermeintlich – ein bestimmtes Produkt bewerbe; letzteres meine den Absatz von Souvenirs und Fanartikeln bestimmter Persönlichkeiten ohne deren Zustimmung.[889] Während das *false endorsement* aufgrund seiner irreführenden Wirkung auf die Öffentlichkeit rechtswidrig sei, sollte das *merchandising*

---

884 Siehe die Darstellungen hierzu unter D. III. 1. c).

885 *Edmund Irvine Tidswell Ltd. v Talksport Ltd* (2002) FSR 943.

886 *Edmund Irvine Tidswell Ltd. v Talksport Ltd* (2003) FSR 619.

887 *Robyn Rihanna Fenty v Arcadia Group Brand Ltd* (2013) EWHC 2310; siehe dazu *Meale*, GRUR Int 2013, 1088.

888 Richter *Birss* stellte dabei auf die besonderen Umstände ab, die eine Irreführung vorliegend begründeten, vgl. *Robyn Rihanna Fenty v Arcadia Group Brand Ltd* (2013) EWHC 2310, Rzi. 56 ff., ebenso Rzi. 75: »*The mere sale by a trader of a t-shirt bearing an image of a famous person is not, without more, an act of passing off. However, the sale of the image of this person on this garment by this shop in these circumstances is a different matter.*«

889 Vgl. *Edmund Irvine Tidswell Ltd. v Talksport Ltd* (2002) FSR 943, Rzi. 9 u. 44.

grundsätzlich zulässig sein, da hierbei üblicherweise erkennbar sei, dass die dargestellte Person nichts mit der Abbildung oder Ware zu tun habe.[890] Daraus ergibt sich nun, dass die kommerzielle Nutzung von Persönlichkeitsmerkmalen immer dann zulässig ist, wenn hinreichend zum Ausdruck kommt, dass eine bestimmte Werbung nicht von der dargestellten Person ausgeht. Im Vergleich zur deutschen und französischen Rechtslage, wo jedwede ungenehmigte kommerzielle Nutzung fremder Persönlichkeitsmerkmale untersagt ist,[891] ist der Rechtsschutz in England somit deutlich begrenzt.

Im Rahmen des Anwendungsbereichs der beschriebenen *torts* werden neben dem Namen und den Bildern einer Person sämtliche Persönlichkeitsgüter geschützt, die einen wirtschaftlichen Wert haben *(goodwill)*. Hierzu kann das unerlaubte Imitieren einer Stimme[892] oder der Einsatz von Doppelgängern gehören, die dem Betroffenen zum Verwechseln ähnlich sehen.[893] Allerdings scheidet auch hier ein Ersatzanspruch aus, wenn niemand eine gedankliche Verbindung zwischen Geschädigtem und dem beworbenen Produkt herstellen kann.[894]

IV. Zusammenfassung

Die Abwägung zwischen dem Medienpersönlichkeitsrecht und der Medienfreiheit hat in doppelter Hinsicht die Sonderstellung des englischen Rechts untermauert: Zum einen bestehen kaum geschriebene Rechtssätze, auf die sich der Einzelne im Falle des Angriffs auf seine Persönlichkeit stützen kann. Zwar hat sich insoweit eine einigermaßen gefestigte Spruchpraxis herausgebildet, diese kann aber – im Unterschied zur geschriebenen Generalklausel[895] – im Zweifel nicht die notwendigen Anpassungen des Rechtsschutzes gewährleisten.

890 *Edmund Irvine Tidswell Ltd. v Talksport Ltd* (2002) FSR 943, Rzi. 9.

891 Vgl. statt vieler die Nachw. in Fn. 393 *(»Jetzt aber ran, Berti)* u. 585 *(Charles de Gaulle)*.

892 Vgl. *Sim v Heinz* (1959) 1 All ER 547, wo jedoch eine Verletzung mangels Konkurrenzsituation verneint wurde. Näheres dazu siehe vorstehend unter D. III. 1. c) aa).

893 *Kerry O'Shea v MGN Ltd. and another* (2001) All ER (D) 65.

894 Vgl. *Nevett*, Advertising and defamation (1991), S. 252 (268) mit Verweis auf *Blennerhassett v Novelty Sales Services Ltd.* (1933) 175 LTJ 393.

895 § 823 Abs. 1 BGB oder Art. 1382 C.civ; vgl. dazu unter B. II. 2. sowie C. II. 1. a).

Zum anderen kennzeichnet die englische Rechtsprechung eine eklatante Bevorzugung der Meinungs- und Medienfreiheit gegen sämtliche widerstreitende Interessen. Wenngleich der Gesetzgeber mit dem *Human Rights Act* einen ersten Schritt vollzogen hat, um das Persönlichkeitsrecht des Einzelnen zu stärken, bleibt Zurückhaltung angebracht. Wie das Beispiel zum Schutz der außerhäuslichen Privatsphäre zeigt,[896] ist es bis zum Erreichen eines kontinentaleuropäischen Schutzniveaus noch ein langer Weg. Auch der *Defamation Act 2013* hat jüngst noch einmal bestätigt, dass die Meinungs- und Medienfreiheit in England unmissverständlich Vorrang genießt.

E. Ergebnis zum materiellrechtlichen Teil

Der Abschluss der Prüfung des materiellen Persönlichkeitsrechts in den Medien gibt Anlass zu einer rechtsvergleichenden Betrachtung, welche die Gemeinsamkeiten, die wesentlichen Unterschiede und die Besonderheiten der untersuchten Rechtsordnungen zusammenfasst *(unter I.)*. Das Bewusstsein für die materiellrechtlichen Unterschiede und deren Ursachen bildet die wichtigste Grundlage für die Konzeption der gesuchten Kollisionsnorm.

Angesichts der gegenwärtig unerreichbaren Sachrechtsvereinheitlichung bietet sich an dieser Stelle darüber hinaus die Gelegenheit, die (unstreitigen) Vorzüge einer kollisionsrechtlichen Vereinheitlichung hervorzuheben, für die es sich lohnt, die bisherigen langjährigen Harmonisierungsbemühungen voranzutreiben und alsbald zu einem Abschluss zu bringen *(unter II.)*.

I. Rechtsvergleichende Betrachtung

Im voranstehenden Kapitel wurden die zentralen Eckpfeiler des materiellen Persönlichkeitsrechtsschutzes in verschiedenen Teilen Europas herausgearbeitet. Es hat sich gezeigt, dass trotz des zunehmenden Einflusses von *EMRK* und *EGMR*-Rechtsprechung und der darauf folgenden Änderungen der nationalen Spruchpraxis weiter erhebliche Unterschiede zwi-

896 Vgl. den Nachw. in Fn. 819.

schen den Mitgliedstaaten bestehen.[897] Die Analyse der französischen und englischen Rechtsprechung hat dies in besonderer Weise verdeutlicht, fallen doch die dortigen Auffassungen zum Persönlichkeitsrechtsschutz besonders stark auseinander: Während in Frankreich das Persönlichkeitsrecht seit jeher weitreichend geschützt ist und nur wenige Eingriffe (insbesondere in die Privatsphäre) zulässt,[898] tritt dieses Recht in England zuallermeist hinter dem Schutz der Meinungs- und Medienfreiheit zurück.[899] Nur offenkundig intime Berichte sowie in hohem Maße anstößige oder herabwürdigende Äußerungen werden hier untersagt. Die Darstellung der deutschen Rechtslage hat indes ergeben, dass die dortige Abwägung zwischen Persönlichkeitsrecht und Medienfreiheit vergleichsweise geringer Anpassungen an die konventionsrechtlichen Vorgaben bedurfte.[900]

Um die heutigen Rechtsauffassungen nachvollziehbar zu machen, wurde zunächst die historische Entwicklung des Persönlichkeitsrechts nachgezeichnet. Eine zentrale Erkenntnis war, dass das Persönlichkeitsrecht in den untersuchten Staaten zu ganz unterschiedlichen Zeiten entstanden ist und insoweit ungleichen Rahmenbedingungen ausgesetzt war. So ist das um 1800 entstandene Privatrecht in Frankreich im Wesentlichen geprägt von naturrechtlichen Vorstellungen der Französischen Revolution, in denen es darum ging, nach einer langen Ära der Unterdrückung überhaupt erst eine Rechtsordnung zu schaffen, die jeden Bürger als Träger unveräußerlicher Rechte anerkannte. Hiervon ausgehend wurde das Persönlichkeitsrecht[901] dort als Voraussetzung und Grundlage für alle weiteren Rechte und Freiheiten gesehen und seither weit ausgelegt. In England war seinerzeit diese Phase bereits überwunden, und man konzentrierte sich nunmehr darauf, bestehende subjektive Rechte der Bürger durch weitreichende Mitsprache am öffentlichen Diskurs zu erhalten. Der Schutz der freien Meinungsäußerung rückte in den Vordergrund und wurde bald als unentbehrlich für die freiheitlich-demokratische Gesellschaftsordnung angese-

897 Nichts von seiner Gültigkeit verloren hat daher die Feststellung *Rixeckers*, in MünchKomm BGB (2001), Anh. zu § 12 Rn. 11, dass im europäischen Rechtsraum eine *»kaum bunter denkbare Verschiedenheit«* des Persönlichkeitsrechtsschutzes vorherrsche.

898 Vgl. vorstehend unter C. III. 3.

899 Vgl. vorstehend unter D. III. 3.

900 Vgl. vorstehend unter B. III. 3. b) bb) (4).

901 Genauer sollte hier von persönlichkeitsrechtsähnlichen Rechtspositionen gesprochen werden, vgl. unter C. I.

hen.[902] Es herrschte die Auffassung, dass Transparenz und Kontrolle von politischen Vorgängen nur geschehen könne, wenn Meinungen und Informationen möglichst schrankenlos verbreitet werden dürften. Von diesem politischen Recht entwickelte sich das Äußerungsrecht schließlich zu einem allgemeinen Recht auf Meinungsfreiheit, das in allen Bereichen des Privatrechts weitgehenden Vorrang genießen sollte.

Im Gegensatz hierzu setzte in Deutschland erst nach den Erfahrungen des Dritten Reiches ein breites Bewusstsein dafür ein, Persönlichkeitsrecht und Meinungsfreiheit als (nicht nur in der Theorie) gleichwertige Verfassungsgüter zu achten und sorgfältig miteinander in Einklang zu bringen. Hier wie kaum anderswo erfolgt seitdem eine umfangreiche, einzelfallbezogene Interessenabwägung, was nicht zuletzt in der Länge verfassungsgerichtlicher Entscheidungen Ausdruck findet.[903]

Die unterschiedlichen Rahmenbedingungen haben aber nicht nur die Anfänge des Persönlichkeitsrechts bestimmt, sondern prägen die Rechtslage bis heute. Es zeigt sich, dass über viele Jahre entstandene Umgangsformen und Verhaltensregeln, die eine Gesellschaft innerhalb ihrer Staatsgrenzen aufgebaut hat, sich nicht einfach »von oben« diktieren und europäisieren lassen. Mag dies auf einigen Rechtsfeldern gelingen, für das Persönlichkeitsrecht erscheinen solche Versuche als wenig zielführend. Gerade hier, so scheint es, sind örtliche Bräuche und Vorstellungen verwurzelt wie in kaum einem anderen Bereich.[904] Deshalb liegt ein europäischer Konsens auch sechs Jahrzehnte nach Unterzeichnung der *EMRK* noch in weiter Ferne.[905]

II. Auswirkungen auf die weitere Untersuchung

An dieser Stelle gelangt man zu der Erkenntnis, dass ein materiellrechtlicher Entscheidungseinklang, also eine in allen europäischen Staaten einheitliche Sachentscheidung, (vorerst) nicht zu verwirklichen ist. Es müssen daher andere Wege gefunden werden, um internationale Verletzungen des Persönlichkeitsrechts vorhersehbar, sachgerecht und verfahrensökonomisch zu entscheiden.

902 Vgl. vorstehend unter D. I. und III. 2.

903 Vgl. im Gegensatz hierzu die französische Praxis, siehe den Nachw. in Fn. 493.

904 So auch *Prescott*, (1991) 54 MLR 451 (455).

905 Zur Perspektive legislatorischer Sachrechtsvereinheitlichung *Lehr*, Harmonisierung des Persönlichkeitsrechts (2009), S. 368 ff.

Die Vereinheitlichung auf Ebene des Kollisionsrechts ist dabei in mehrerlei Hinsicht geeignet, diese Ziele zu erreichen: Vergegenwärtigt man sich, dass letztlich jede Form der Rechtsvereinheitlichung einen Verlust staatlicher Souveränität bedeutet, stellt sich der Weg über das IPR als weitaus schonendere Variante dar.[906] So würden von den rechtlichen Veränderungen überhaupt nur solche Rechtsverhältnisse betroffen, die einen Auslandsbezug aufweisen. Reine Inlandsfälle blieben unberührt. Vor allem aber bliebe ein Staat auch nach dem Verlust seiner Kollisionsrechtskompetenz weiter Herr der eigentlichen (Sach-)Entscheidung.[907] Als Zuweisungsrecht weist das IPR darüber hinaus einen höheren Abstraktionsgrad auf als das materielle Recht. So könnten durch wenige, weit gefasste Kollisionstatbestände ganze Teile des materiellen Rechts zugewiesen und Detailfragen in der Sache selbst umgangen werden.[908] Hierdurch dürften auch die Kompromissbereitschaft der 28 Staaten steigen, nationale Interessen eher zurückgestellt und eine Harmonisierung wahrscheinlicher werden. Gerade in sensiblen Materien wie dem Persönlichkeitsrecht könnte sich dies als entscheidender Vorteil erweisen.

Zusammenfassend und mit Blick auf den nachfolgenden kollisionsrechtlichen Abschnitt lässt sich Folgendes festhalten: Die Ernüchterung über die noch immer bestehenden tiefen Gräben im materiellen Persönlichkeitsrechtsschutz hält sich in Grenzen, solange man die Kollisionsrechtsvereinheitlichung als gleichwertigen Ersatz für das Erreichen der europäischen Rechtseinheit begreift. Sowohl aus rechtstechnischer als auch rechtspolitischer Sicht erweist sich dieser Weg jedenfalls als vorzugswürdig. Wenngleich unterschiedliche Rechtsstandards bleiben, ist doch gewährleistet, dass derselbe Fall stets nach denselben Regeln entschieden wird, ohne Unterschied, in welchem Staat das Urteil gesprochen wird.[909] Dadurch wird die Beurteilung grenzüberschreitender Persönlichkeitsrechtsverletzungen wieder vorhersehbarer, das Rechtsverfolgungsrisiko der Medien kalkulierbar und die Klageaussichten geschädigter Personen sicherer.

---

906 Zum Ganzen siehe *v. Bar/Mankowski*, IPR I (2003), § 3 Rn. 50; *Taupitz*, Europäische Privatrechtsvereinheitlichung (1993), S. 60 ff.; *Hay/Lando/Rotunda*, Conflict of laws (1986), S. 161 (168 ff.); kritisch zur Sachrechtsvereinheitlichung daher auch *Roth*, IPRax 1994, 165.

907 *v. Bar/Mankowski*, IPR I (2003), § 3 Rn. 50.

908 *v. Bar/Mankowski*, IPR I (2003), § 3 Rn. 50; siehe dazu bereits Teil 2: A.

909 So bereits *v. Savigny*, System des heutigen römischen Rechts VIII (1849), S. 27.

Auch wenn die Europäisierung des Persönlichkeitsrechts somit allenfalls auf internationalprivatrechtlicher Ebene erfolgen kann, war die Darstellung der materiellen Rechtslage für die weitere Untersuchung unerlässlich: nicht nur, weil überhaupt erst die festgestellten materiellrechtlichen Unterschiede eine Kollisionsrechtsvereinheitlichung ins Spiel bringen, sondern weil sie für die Konzeption der IPR-Norm selbst von hervorgehobener Bedeutung sind. Wie noch an späterer Stelle auszuführen sein wird,[910] sind neben kollisionsrechtlichen ebenso die Wertungen des materiellen Rechts zu berücksichtigen, um dessen Funktionen auch in grenzüberschreitenden Fällen zu verwirklichen. Der Einfluss des Sachrechts reicht gar so weit, dass im Zweifel materiellrechtliche Interessen den kollisionsrechtlichen vorgehen *(ordre public)*.[911] Kurzum: eine interessengerechte Anknüpfungsentscheidung ist nur bei Kenntnis und Verständnis persönlichkeitsrechtlicher Wertungen möglich.

---

910 Siehe dazu Teil 3: A.

911 Siehe die Nachw. in Teil 3: Fn. 29.

Teil 2: Internationales Persönlichkeitsrecht und Medien

Die materiellrechtsvergleichende Untersuchung hat aufgezeigt, dass die Reichweite des Persönlichkeitsrechts in den untersuchten Staaten mitunter erheblich voneinander abweicht. Für die beteiligten Rechtssubjekte – üblicherweise eine Privatperson auf der einen und ein Medienunternehmen auf der anderen Seite – stellt sich daher die zentrale Frage, welche Rechtsordnung auf ihren Fall Anwendung findet und welche Ansprüche und Rechte diese Rechtsordnung vorsieht.[1]

Der Beantwortung der Rechtsanwendungsfrage unmittelbar vorgelagert ist dabei die Ermittlung der passenden Kollisionsnorm, welche die anzuwendende Rechtsordnung überhaupt erst benennt. Dieser – rechtstechnisch Qualifikation genannte – Prozess erfolgt durch Subsumtion des zu beurteilenden Sachverhalts unter den Tatbestand einer Kollisionsnorm.[2] Im Folgenden soll zunächst die Methode der Qualifikation im Allgemeinen umrissen, im Anschluss daran die Qualifikation von Persönlichkeitsrechtsverletzungen im Besonderen erörtert werden.

A. Qualifikation im Internationalen Privatrecht

Qualifikation im IPR meint also die Zuordnung eines Sachverhalts zu einer bestimmten Kollisionsnorm. Dies geschieht durch Auslegung des Systembegriffs, der den Anknüpfungsgegenstand einer Kollisionsnorm beschreibt, beispielsweise der Geschäftsfähigkeit (Art. 7 EGBGB), der Eheschließung (Art. 13 EGBGB) oder einer unerlaubten Handlung (Art. 40 EGBGB).[3] Das spezifische Problem der auslandsbezogenen[4] Qualifikation

---

1 Vgl. hierzu bereits die Ausführungen in der Einleitung, insbesondere die dortigen Nachw. in Fn. 21.

2 Ausführlich zur Qualifikation *Rabel*, RabelsZ 5 (1931), 241; *Schurig*, Kollisionsnorm und Sachrecht (1981), S. 214 ff.; *v. Bar/Mankowski*, IPR I (2003), § 7 Rn. 138 ff.; *Loussouarn/Bourel/de Vareilles-Sommières*, Dip (2013), S. 249 ff.; *Collins*, in Dicey/Morris/Collins on Conflict of laws I (2012), c. 2.

3 Vgl. dazu *Sonnenberger*, in MünchKomm BGB (2010), Einl IPR Rn. 480; *Sturm/Sturm*, in Staudinger BGB (2003), Einl IPR Rn. 210; *v. Bar/Mankowski*, IPR I (2003), § 7 Rn. 138.

erwächst nun daraus, dass die Systembegriffe einerseits dem eigenen Sachrecht entnommen sind, andererseits aber zur Bestimmung anwendbarer Normen aus einer durch sie bezeichneten fremden Rechtsordnung taugen sollen.[5] Dies erweist sich vor dem Hintergrund als bedeutsam, als dass zwischen dem eigenen und dem fremden Sachrecht regelmäßig Systemunterschiede bestehen: Wenn beispielsweise die Eheschließung nach deutschem Recht zweier übereinstimmender Erklärungen der Eheschließenden bedarf (Konsensehe), muss dies nicht auch nach ausländischem Recht erforderlich sein.

Zur Lösung dieses Problems, mithin der Frage, nach welcher Methode die Qualifikation geschehen soll, bestehen im Schrifttum unterschiedliche Ansätze:[6] Einer verbreiteten Auffassung zufolge soll die Qualifikation nach der *lex fori* erfolgen, also dem Recht, das am Ort des mit dem Fall befassten Gerichts gilt.[7] Dies wird vornehmlich damit begründet, dass jede Rechtsordnung zuerst selbst über ihre Auslegung zu befinden habe.[8] Auch der Gesetzgeber gehe bei der Konzeption seiner Kollisionsnormen üblicherweise von den Systembegriffen des eigenen Rechts aus.

Demgegenüber soll nach der *lex causae*-Theorie stets das zur Anwendung berufene Recht darüber entscheiden, unter welche Kollisionsnorm ein bestimmtes Rechtsinstitut einzuordnen ist.[9] Zwar wird hier, dem *lex fori*-Ansatz vergleichbar, der Systembegriff nach materiellrechtlichen Maßstäben bestimmt, dies erfolgt aber nicht zwingend nach den Regeln des eigenen, sondern unter Umständen des ausländischen Rechts. Auf diese Weise werde verhindert, dass das ausländische Recht *»dem Geiste dieses Rechts zuwider«* anwendet wird.[10]

---

4 In Abgrenzung zur (unproblematischen) Qualifikation bei innerstaatlichen Sachverhalten; siehe dazu *v. Bar/Mankowski*, IPR I (2003), § 7 Rn. 141.

5 *Kropholler*, IPR (2006), S. 114; *Kegel/Schurig*, IPR (2004), S. 336.

6 Eingehend dazu *v. Hoffmann/Thorn*, IPR (2007), § 2 Rn. 11 ff.; *Kropholler*, IPR (2006), S. 121 ff.; *v. Bar/Mankowski*, IPR I (2003), § 7 Rn. 142 ff.; *Kegel/Schurig*, IPR (2004), S. 336 ff. jeweils m.w.Nachw.

7 *v. Hoffmann/Thorn*, IPR (2007), § 11 Rn. 13; *Kropholler*, IPR (2006), S. 121; *Kegel/Schurig*, IPR (2004), S. 337; *Siehr, Kurt*, IPR (2001), S. 431.

8 *Kropholler*, IPR (2006), S. 121; *Kegel/Schurig*, IPR (2004), S. 337.

9 Eingehend dazu *Wolff*, IPR (1954), S. 54 ff.; *v. Bar/Mankowski*, IPR I (2003), § 7 Rn. 145 ff.

10 *Wolff*, IPR (1954), S. 54.

Einen vermittelnden Weg schlagen Befürworter der rechtsvergleichenden Qualifikation ein:[11] Sie wollen weder stets das eigene Sachrecht (als die *lex fori*) noch das fremde Sachrecht (als die *lex causae*) anwenden, sondern den gegenständlichen Systembegriff autonom bestimmen. Dieser soll losgelöst von einer bestimmten Rechtsordnung allein durch rechtsvergleichende Betrachtung ermittelt werden.

Als weitere Qualifikationsvariante wird die sog. funktionelle Qualifikation vorgeschlagen. Sie verbindet Elemente der *lex fori*- und der rechtsvergleichenden Lösung:[12] Die Auslegung des Systembegriffs richtet sich zunächst danach, welche Funktion die den Sachverhalt regelnden Sachnormen im Rechtsverkehr einnehmen; darüber hinaus sollen auch die Zwecke des in der Kollisionsnorm enthaltenen Verweisungsbegriffs miteinfließen. Letzteres führt dazu, dass bei der Qualifikation nach eigenem Sachrecht auch unbekannte Rechtsinstitute des ausländischen Rechts Berücksichtigung finden können.[13]

I. Qualifikation von Persönlichkeitsrechtsverletzungen im deutschen Recht

Was den Bereich der Persönlichkeitsrechtsverletzungen (in den Medien) angeht, war man lange Zeit uneins darüber, welches Statut maßgeblich sein sollte. In Deutschland vertrat ein Teil des Schrifttums die Ansicht, dass für Persönlichkeitsrechte das Personalstatut zu gelten habe.[14] Begründet wurde dies damit, dass Persönlichkeitsrechte die Herrschaft über den engen Lebensbereich sicherten und eng mit der Person verbunden seien.[15] Auch sei das Personalstatut weitgehend manipulationsfest und für alle Beteiligten vorhersehbar. Die Gegenauffassung plädierte indes für eine Qualifikation nach der *lex fori*.[16] Danach sollte die Bestimmung und Aus-

---

11 Eingehend dazu *Rabel*, RabelsZ 5 (1931), 241; *v. Bar/Mankowski*, IPR I (2003), § 7 Rn. 161 ff.

12 *v. Hoffmann/Thorn*, IPR (2007), § 11 Rn. 27 ff.; *Kropholler*, IPR (2006), S. 126 ff.

13 *Kropholler*, IPR (2006), S. 127.

14 *Ferid*, IPR (1986), Rn. 7-118; *M. Wolff*, IPR (1954), S. 112; *Frankenstein*, IPR (1926), S. 393 ff.; vgl. dazu auch die ausführliche Darstellung bei *Danckwerts*, Persönlichkeitsrechtsverletzungen (1999), S. 146 ff. m.w.Nachw.

15 *Ferid*, IPR (1986), Rn. 7-118.

16 *R. Wagner*, JZ 1993, 1034 (1038 ff.); *ders.*, Das deutsche IPR (1986), S. 92; *v. Bar*, IPR II (1991), § 6 Rn. 694; *ders.*, in FS Waseda (1988), S. 575 (591 f.);

legung des Anknüpfungsgegenstands nach den Vorstellungen des materiellen Rechts des Forumstaates erfolgen. Was materiellrechtlich dem Deliktsrecht unterfalle, sei auch kollisionsrechtlich nach dem Deliktsstatut zu behandeln. Obgleich das Persönlichkeitsrecht zwar eng mit der Person verbunden sei, gelte dies aber auch für die übrigen Rechtsgüter des § 823 Abs. 1 BGB, die unstreitig unter das Deliktsstatut fielen.[17] Für das Deliktsstatut spreche ferner, dass Verletzungen des Persönlichkeitsrechts überwiegend Schadensersatzbegehren zur Folge haben. Hierfür sei klassischerweise das Deliktsstatut zuständig.

Inzwischen hat sich die letztgenannte Auffassung im Schrifttum durchsetzt.[18] Auch die Rechtsprechung hat Persönlichkeitsrechtsverletzungen seither ausschließlich nach dem Deliktsstatut behandelt[19] und dabei zur Begründung auf das einschlägige Schrifttum verwiesen.[20]

II. Qualifikation von Persönlichkeitsrechtsverletzungen im französischen Recht

In Frankreich wird die Frage nach dem persönlichkeitsrechtlichen Statut ebenfalls seit langem diskutiert: Einige Autoren wollen Persönlichkeitsrechte dem Personalstatut zuordnen.[21] Auch sie argumentieren, dass diese Rechte untrennbar der Person anhafteten. Zudem folge dies aus der nichtvermögensrechtlichen Natur der Persönlichkeitsrechte, welche generell unter das Personalstatut fielen.[22] Vertreter der Gegenauffassung argumentieren mit einem Beispiel, das die Schwäche des Personalstatuts für be-

---

Hohloch, ZUM 1986, 165 (176); *Heldrich*, Persönlichkeitsverletzungen (1983), S. 361 (377).

17 *R. Wagner*, JZ 1993, 1034 (1039).

18 *Spickhoff*, in Bamberger/Roth BGB (2012), Art. 40 EGBGB Rn. 34; *Junker*, in MünchKomm BGB (2010), Art. 40 EGBGB Rn. 83; *Kropholler*, IPR (2006), S. 540; *v. Hoffmann*, in Staudinger BGB (2001), Art. 40 EGBGB Rn. 53; vgl. auch den Entwurf eines Gesetzes zum Internationalen Privatrecht für außervertragliche Schuldverhältnisse und Sachen, BT-Drucks. 14/343, S. 10.

19 Etwa *BVerfG*, DtZ 1991, 27; *BGH*, BGHZ 131, 332 (335); NJW 1977, 1590 (1591); *OLG Hamburg*, NJW-RR 1995, 790 (792); Ufita 60 (1971), 322 (327); *OLG Köln*, OLGZ 1973, 330 (335).

20 So etwa *BGH*, BGHZ 131, 332 (335); *OLG Hamburg*, NJW-RR 1995, 790 (792).

21 Statt vieler *Lardeux*, JCl Droit int (2008), fasc. 553-1 Rn. 87 m.w.Nachw.; vgl. auch *Audit*, Dip (2008), Rn. 636; *Bourel*, Rec. des cours 214 (1989), 251 (317 f.); *Holleaux/Foyer/de Geouffre de la Pradelle*, Dip (1987), Rn. 1104.

22 *Bourel*, Rec. des cours 214 (1989), 251 (318).

stimmte Auslandsfälle aufzeigen soll: Klagte ein in Frankreich weilender Ausländer wegen eines dort gegen ihn begangenen Delikts und käme nunmehr dessen Heimatrecht zur Anwendung, würde dies den Geltungsanspruch des französischen Rechts innerhalb seiner Staatsgrenzen untergraben. Umgekehrt bestünde die Gefahr, dass als Gegenreaktion verstärkt auf den *ordre public* zurückgegriffen werde, was wiederum das französische Recht unangemessen bevorzugen würde.[23] Der *ordre public* solle vielmehr nur dann zum Einsatz kommen, wenn grundlegende Werte der inländischen Rechtsordnung missachtet würden.[24] Im Ergebnis sprechen sich Rechtsprechung und Schrifttum daher überwiegend für eine deliktsrechtliche Qualifikation aus.[25] Verletzungen des Persönlichkeitsrechts seien so näher am Einzelfall und im Sinne eines gerechten Interessenausgleichs zwischen den Parteien aufzulösen.

Geht es um Verletzungen der Privatsphäre (Art. 9 C.civ.)[26], wollen einige Autoren allerdings gesondert qualifizieren. Hier sei weder das Personal- noch das Deliktsstatut einschlägig. In ihren Augen sei Art. 9 C.civ. vielmehr als *loi de police* zu behandeln,[27] also als eine Vorschrift, dessen uneingeschränkte Geltung für den Schutz politischer, sozialer und wirtschaftlicher Interessen als notwendig angesehen wird und die ausländische Vorschriften schlechthin verdrängt.[28] Sofern sein sachlicher Anwendungsbereich eröffnet ist, soll in grenzüberschreitenden Fällen somit stets Art. 9 C.civ. zur Anwendung kommen. Von der herrschenden Auffassung wird diese Sonderbehandlung jedoch abgelehnt: Zum einen sei bereits fraglich, ob Art. 9 C.civ. als privatrechtliche Vorschrift überhaupt als *loi de police* gelten könne.[29] Zum anderen führe dies zu einer übergebührlichen Ausbreitung des französischen Rechts, die die Grenzen des *ordre public-*

---

23 *Audit*, Dip (2008), Rn. 636; *Edelman*, JDI 115 (1988), 754 (759).

24 Ablehnend daher auch *Cour cass.*, JDI 115 (1988), 752 (753); *CA Paris*, D 1990 jur 48. Zum *ordre public* siehe unter D. II. 2. b).

25 *Cour cass.*, JDI 115 (1988), 752; *CA Paris*, D 1990 jur 48 f.; *TGI Paris*, Rev. crit. dip 67 (1978), 132 (133 f.); *Audit*, Dip (2008), Rn. 637; *Courbe*, Dip (2000), S. 216; *Chenaux*, Droit de la personnalité (1990), S. 78 f.; vgl. dazu *Heldrich*, Persönlichkeitsverletzungen (1983), S. 361 (367).

26 Vgl. dazu Teil 1: C. II. 1. b).

27 *Batiffol/Lagarde*, Dip II (1983), Rn. 392; *Mestre*, Etudes Pierre Kayser II (1979), S. 239 (247); vgl. auch *Audit*, Dip (2008), Rn. 638; *Luciani*, Droits de la personnalité (1996), Rn. 115.

28 *Francescakis*, Conflits de lois (1968), Rn. 137.

29 *Cour cass.*, JDI 115 (1988), 752; *Kayser*, Vie privée (1995), Rn. 321; *Lardeux*, JCl Droit int (2008), fasc. 553-1 Rn. 88.

Gedanken weit übersteige.[30] Aus dem Grund seien Verletzungen der Privatsphäre wie auch sonstiger Persönlichkeitsrechte dem Deliktsstatut zu unterstellen.

III. Qualifikation von Persönlichkeitsrechtsverletzungen im englischen Recht

Eine Qualifikation von Persönlichkeitsrechtsverletzungen nach dem Deliktsstatut wird auch im englischen Recht befürwortet. Angriffe auf das Persönlichkeitsrecht werden seit jeher nach der *lex fori* behandelt.[31] Dies ergibt sich – was die überwiegende Zahl der Persönlichkeitsrechte, insbesondere dem Schutz des Privatlebens, angeht – nunmehr unmittelbar aus dem *Private International Law (Miscellaneous Provisions) Act 1995*.[32] Mit Blick auf die materiellrechtliche Einordnung als *tort* bzw. *delict*[33] folgt daraus, dass Verletzungen im Anwendungsbereich des Gesetzes dem Deliktsstatut unterfallen. Wo das Gesetz nicht eingreift,[34] gelten weiterhin die Vorgaben der Rechtsprechung: Danach ist eine rechtswidrige Handlung nur unter der Voraussetzung verfolgbar, *»that it would have been actionable if committed in England."*[35] Hieraus ergibt sich, dass auch für alle übrigen *torts* das Deliktsstatut gilt.

30 *Courbe*, Dip (2000), Rn. 478 ; *Kayser*, Vie privée (1995), Rn. 322; *Rigaux*, Rev. crit. dip 69 (1980), 443 (451).

31 St. Rspr. seit *Mostyn v Fabrigas* (1774) 1 Cowp 161.

32 Art. 9(2) PIL Act 1995: *»The characterisation for the purposes of private international law of issues arising in a claim as issues relating to tort or delict is a matter for the courts of the forum.«*

33 Als nichtdeliktisches Persönlichkeitsrecht mag allenfalls der *breach of confidence*-Tatbestand erscheinen, der einen starken vertragsrechtlichen Einschlag aufweist, vgl. dazu Teil 1: D. II. 1. b). Dieser Umstand kann jedoch ignoriert werden, weil es sich hierbei nur um eine lückenfüllende Ausdehnung des Tatbestands handelt. Materiellrechtlich handelt es sich weiterhin um Deliktsrecht. Zu diesbezüglichen kollisionsrechtlichen Schwierigkeiten siehe unter E. II. 2. b).

34 So sind Ehrverletzungen ausdrücklich vom Anwendungsbereich ausgenommen, vgl. Art. 13 (1) PIL Act 1995: *»Nothing in this Part applies to affect the determination of issues arising in any defamation claim."*

35 *Phillips v Eyre* (1870) LR 6 QB 1 (28 f.); siehe ausführlich dazu unter E. I.

IV. Zusammenfassung

Im Ergebnis werden grenzüberschreitende Verletzungen des Persönlichkeitsrechts in Deutschland, Frankreich und England somit gleichermaßen deliktsrechtlich qualifiziert.[36] Die Gegenauffassungen, wonach wegen der Nähe des Verletzungserfolges zum Persönlichkeitskern das Personalstatut eingreifen soll, haben in der Rechtsprechung keinen Niederschlag gefunden.[37] Dies ist vor dem Hintergrund der eigentlichen materiellrechtlichen Problemstellung zweckmäßig. So besteht die richterliche Entscheidung über Persönlichkeitsrechtsverletzungen im Grunde darin, die widerstreitenden Rechtspositionen – das Persönlichkeitsrecht auf der einen und die Medienfreiheit auf der anderen Seite – miteinander abzuwägen. Diese Vorgabe muss auch bei der kollisionsrechtlichen Zuweisung Beachtung finden.[38] Es wäre sachwidrig, eine Qualifikation nach dem einseitig auf die persönlichen Verhältnisse des Betroffenen abstellenden Personalstatut vorzunehmen. Daher sind allein das Deliktsstatut und die ihm zugrundeliegende Tatortregel geeignet, den Interessenkonflikt angemessen zu entscheiden.

B. Internationale Zuständigkeit

Für die Beurteilung einer grenzüberschreitenden Rechtshandlung ist in einem ersten Schritt die internationale Zuständigkeit zu bestimmen. Es gilt zu klären, welchen Staates Gericht den Rechtsstreit entscheidet. Die Frage ist nicht nur in prozessualer Hinsicht von Bedeutung, sondern stellt zugleich auch die Weichen für den materiellrechtlichen Ausgang des Prozesses. Denn hängt vom zuständigen Gericht ab, welches IPR (und damit welches Sachrecht) zur Anwendung kommt, wird dadurch, jedenfalls mittelbar, auch die Sachentscheidung bestimmt.[39]

Die Nähe von Internationalem Prozessrecht und IPR drückt sich besonders auf methodischer Ebene aus. Verfolgt Letzteres das Ziel, das räum-

36 Zur deliktsrechtlichen Qualifikation in anderen europäischen Staaten siehe *Kadner Graziano*, Gemeineuropäisches IPR (2002), S. 295 ff.

37 Vgl. die Nachw. in Fn. 19, 25 u. 31.

38 *Chenaux*, Droit de la personnalité (1990), S. 78 f.; *Heldrich*, Persönlichkeitsverletzungen (1983), S. 361 (370).

39 Vgl. nur *BGH*, NJW-RR 2005, 581 (583) m.w.Nachw.

lich am besten geeignete Sachrecht zur Anwendung zu bringen,[40] dient die internationale Zuständigkeit der Findung des räumlich am besten geeigneten Gerichts.[41] In beiden Fällen geht es nicht darum, das für eine Partei profitabelste Resultat zu erzielen, sondern den Streit durch möglichst sachnahe Kriterien zu entscheiden. Die verfahrens- und kollisionsrechtliche Gerechtigkeit ist der materiellrechtlichen daher im Grundsatz vorrangig.[42] Im Rahmen des Persönlichkeitsrechts zeigen sich die Parallelen zwischen Internationalem Prozessrecht und IPR besonders deutlich: Der Gerichtsstand ebenso wie die Rechtsanwendungsfrage richtet sich in den meisten europäischen Rechtsordnungen nach der sog. Tatortregel,[43] weil der Tatort die *»engste Verbindung«*[44] zu einem deliktischen Sachverhalt aufweise. Dies gilt sowohl auf nationaler[45] als auch auf europäischer[46] Ebene.

Vor diesem Hintergrund sollen die Grundregeln und zentralen Auslegungsfragen des Internationalen Prozessrechts im Folgenden dargestellt und bewertet werden. Die inhaltlichen und strukturellen Verflechtungen mit dem IPR erlauben es, die gefundenen Ergebnisse auch für die kollisionsrechtliche Untersuchung zu verwenden. Das gilt sowohl, was die Auslegung der Anknüpfungsbegriffe, insbesondere von Handlungs- oder Erfolgsort, angeht, als auch im Hinblick auf eine möglicherweise an dem Zuständigkeitsrecht auszurichtende Konzeption der Kollisionsnorm.

---

40 *BGH*, BGHZ 90, 294 (299); *v. Bar/Mankowski*, IPR I (2003), § 6 Rn. 94. Im Unterschied dazu wird im amerikanischen Rechtsraum mitunter der *better law approach* angewandt, der allein das *materiell* beste Recht bevorzugt; dazu *Mühl*, Die Lehre vom »besseren« und »günstigeren« Recht (1982).

41 *Kegel/Schurig*, IPR (2004), S. 1049. Trotz der Parallelen bestehen gleichwohl gewisse (interessenbezogene) Unterschiede, siehe dazu *Geimer*, IZPR (2009), S. 402 f. m.w.Nachw.

42 *Kegel/Schurig*, IPR (2004), S. 131.

43 Hiernach ist dasjenige Gericht zuständig bzw. dasjenige Sachrecht anwendbar, an dem die Tat begangen wurde. Die Auslegung dieses Merkmals ist gleichwohl umstritten; vgl. im Einzelnen dazu unter B. II. (zur zuständigkeitsrechtlichen Tatortregel) sowie C. II. 1., D. II. 1. und E. II. 1 (zur internationalprivatrechtlichen Tatortregel).

44 Eingehend dazu *Geisler*, Engste Verbindung (2001), S. 59 ff.

45 Vgl. im deutschen Recht § 32 ZPO und Art. 40 Abs. 1 EGBGB, im französischen Recht Art. 46 tir. 2 CPC und (mangels gesetzlicher Regelung) das Grundsatzurteil der *Cour cass.*, Rev. crit. dip 38 (1949), 89 sowie im englischen Recht CPR PD 6B, para 3.1(9) und sec. 11 PIL Act.

46 Siehe Näheres unter B. II. sowie C. II. 1., D. II. 1. und E. II. 1.

I. Allgemeine Zuständigkeit nach Art. 2 EuGVVO

Seit dem Jahr 2002 ist die internationale Zuständigkeit für Zivilsachen gemeineuropäisch in der *EuGVVO*[47] geregelt. Die Verordnung sieht drei Kategorien von Gerichtsständen vor: den allgemeinen (Art. 2), den besonderen (Art. 5-7) und den ausschließlichen Gerichtsstand (Art. 22). Art. 2 Abs. 1 EuGVVO bestimmt die Zuständigkeit für Ansprüche jeder Art, es sei denn, dass nach der Parteivereinbarung oder dem Gesetz ausnahmsweise eine andere Zuständigkeit gegeben ist. Die Vorschrift sieht die Anknüpfung an den Beklagtenwohnsitz vor, sofern dieser im Hoheitsgebiet eines Mitgliedstaates liegt (*actor sequitur forum rei*). Auf die Staatsangehörigkeit der Parteien kommt es nicht an.

Die Grundregel des Art. 2 EuGVVO wird gemeinhin als sachgerecht empfunden. Denn liegt es in der Hand des Klägers, über Inhalt und Zeitpunkt seiner Klage zu entscheiden, sollen dem Beklagten zumindest solche Erschwerungen erspart bleiben, die sich aus der Zuständigkeit eines auswärtigen Gerichts ergeben. Dieser *»Heimspielvorteil«*[48] sei notwendig, um ihm eine effektive Verteidigung zu ermöglichen.[49] Die Anknüpfung an den Wohnsitz des Beklagten ist somit weniger das Resultat ökonomischer oder praktischer Erwägungen, als vielmehr dem Wunsch nach prozessualer Gerechtigkeit geschuldet.

II. Besondere Zuständigkeit nach Art. 5 Nr. 3 EuGVVO

Die Verordnung hält neben dem allgemeinen Gerichtsstand noch weitere Gerichtsstände bereit, die dem Kläger für bestimmte Klageansprüche offenstehen. Für Ansprüche aus unerlaubter Handlung stellt Art. 5 Nr. 3

---

47 Verordnung (EG) Nr. 44/2001 über die gerichtliche Zuständigkeit und die Anerkennung und Vollstreckung von Entscheidungen in Zivil- und Handelssachen; eingehend hierzu *Kropholler/v. Hein*, EuZPR (2011), S. 83 ff.; *Schlosser*, EuZPR (2009), S. 17 ff.; *Czernich/Tiefenthaler/Kodek* (Hrsg.), Europäisches Gerichtsstands- und Vollstreckungsrecht (2009), S. 1 ff.

48 *OLG Hamm*, NJW 1987, 138.

49 *EuGH*, Urt. v. 13.07.2000, *Group Josi Reinsurance Co. SA ./. Universal General Insurance Co.*, Rs. C-412/98, Slg. 2000 I 5925, Rzi. 35; *BGH*, BGHZ 88, 331 (335); NJW 1986, 3209; *Vollkommer*, in Zöller ZPO (2014), § 12 Rn. 2 (zu § 12 ZPO).

EuGVVO eine besondere Zuständigkeitsregelung dar.[50] Danach kann eine Person, die ihren Wohnsitz im Hoheitsgebiet eines Mitgliedstaats hat, vor dem Gericht des Ortes verklagt werden, *»an dem das schädigende Ereignis eingetreten ist.«* Das dortige Gericht habe eine besonders enge Verbindung zu der Streitigkeit, die ein Abweichen von der allgemeinen Zuständigkeit ausnahmsweise rechtfertige.[51]

Für eine Klage wegen Verletzung des Persönlichkeitsrechts stehen dem Geschädigten demnach zwei Gerichtsstände zur Wahl: entweder der Wohnsitz des Beklagten (Art. 2 Abs. 1 EuGVVO) oder der Ort des schädigenden Ereignisses (Art. 5 Nr. 3 EuGVVO). Während der Wohnsitz regelmäßig leicht auszumachen ist, kann die Feststellung in letzterem Fall schwierig sein. In Betracht kommt sowohl der Ort, an dem das schädigende Ereignis veranlasst worden ist (Handlungsort), als auch der Ort, an dem sich der Schaden verwirklicht hat (Erfolgsort). Weil auch die ausländischen Verordnungstexte nicht mehr Klarheit bringen, ist zu vermuten, dass der Verordnungsgeber die Formulierung bewusst neutral halten wollte.[52] Ist laut französischer Fassung der Ort maßgeblich, *»où le fait dommageable s'est produit«*, deutet *»le fait«* eher auf den Handlungsort hin, während *»s'est produit«* ein erfolgsbezogenes Verständnis nahelegt. Nach der englischen Übersetzung soll das Gericht zuständig sein, *»where the harmful event occurred."* Auch hiernach stehen beide Auslegungsvarianten offen. Da bei Verletzungen des Persönlichkeitsrechts beide Orte üblicherweise auseinanderfallen, ist eine Konkretisierung des Begriffs erforderlich.

---

50 Die zivilprozessuale Qualifikation der unerlaubten Handlung erfolgt anders als im IPR autonom und nicht nach der *lex fori*. Es kommt allein auf die Zielsetzung der EuGVVO an. Der Begriff der unerlaubten Handlung umfasst danach alle Klagen, mit denen eine Schadenshaftung des Beklagten geltend gemacht wird, die nicht an einen Vertrag i.S. des Art. 5 Nr. 1 EuGVVO anknüpft, vgl. *EuGH*, Urt. v. 20.01.2005, *Engler ./. Janus Versand GmbH*, C-27/02, Slg. 2005 I 481, Rzi. 29; dazu ausführlich *Roth*, Internationale Zuständigkeit (2007), S. 127 ff.

51 Zuletzt *EuGH*, Urt. v. 25.10.2011, *eDate Advertising GmbH ./. X*, Rs. C-509/09 und *Martinez ./. MGN Limited*, Rs. C-161/10, JZ 2012, 199 (200).

52 So auch *König*, EuR 10 (1975), 289 (311) zur wortgleichen Formulierung des Art. 10 Abs. 1 des Vorentwurfs zum Internationalen Privatrecht (vgl. Teil 3: Fn. 51). Ausführlich zur Vorschrift *Leible*, in Rauscher EuZPR/EuIPR (2011), Art. 5 Brüssel I-VO, Rn. 78 ff.; *Kropholler/v. Hein*, EuZPR (2011), Art. 5 EuGVO Rn. 72 ff.; *Schlosser*, EuZPR (2009), Art. 5 EuGVVO Rn. 15 ff.

1. Ubiquitätsprinzip

Im Urteil *Mines de potasse d'Alsace* hat der *EuGH* klargestellt, dass die Formulierung in Art. 5 Nr. 3 EuGVVO[53] ubiquitär zu verstehen ist. Danach können bei unerlaubten Handlungen beide Gerichtsstände – der des Handlungs- und des Erfolgsortes – herangezogen werden. Die Vorschrift erfasse *»sowohl den Ort, an dem der Schaden eingetreten ist, als auch den Ort des ursächlichen Geschehens.«*[54] Grund dafür sei, dass üblicherweise beide Orte für die gerichtliche Zuständigkeit eine enge Verknüpfung begründeten und sachgerechte Lösungen erzielen könnten.[55] Das Urteil erging auf die Klage einer niederländischen Gärtnerei, die ihre Pflanzen mit Wasser aus dem Rhein bewässerte. Der Beklagte, ein elsässisches Kalibergwerk, hatte belastete Salzabfälle in den Rhein geleitet, was dazu führte, dass flussabwärts die Pflanzen des Klägers Schaden nahmen. Für die Frage, ob dem Kläger daraus ein Schadensersatzanspruch erwachse, erklärte der *EuGH* die niederländische und die französische Gerichtsbarkeit für zuständig.

Was sich wie ein ausgleichender Kompromiss zwischen den Parteien liest, stellt im Kern ein deutliches Bekenntnis für die Interessen des Geschädigten dar. Zwar werden der Handlungs- und Erfolgsort als gleichrangige Anknüpfungsvarianten i.S. des Art. 5 Nr. 3 EuGVVO betont, faktisch schafft der *EuGH* aber einen neuen, einseitig den Kläger privilegierenden Gerichtsstand. Denn schon vor der Entscheidung lag die allgemeine Zuständigkeit häufig am Handlungsort, weil dieser üblicherweise mit dem Beklagtenwohnsitz zusammenfällt. Wolle man Art. 5 Nr. 3 EuGVVO nicht seine praktische Wirksamkeit entziehen, müsse die Norm daher so ausgelegt werden, dass – zumindest auch – das Gericht am Erfolgsort zuständig ist.[56]

---

53 Die Entscheidung erging noch zur (im Wesentlichen) wortgleichen Vorgängernorm Art. 5 Nr. 3 EuGVÜ.

54 *EuGH*, Urt. v. 30.11.1976, *Bier ./. Mines de potasse d'Alsace*, Rs. 21/76, Slg. 1976, 1735 (1747) Rzi. 24/25.

55 *EuGH*, Urt. v. 30.11.1976, *Bier ./. Mines de potasse d'Alsace*, Rs. 21/76, Slg. 1976, 1735 (1746) Rzi. 15/19 ; vgl. dazu *Coester-Waltjen*, in FS Schütze (1999), S. 175 (177).

56 *EuGH*, Urt. v. 30.11.1976, *Bier ./. Mines de potasse d'Alsace*, Rs. 21/76, Slg. 1976, 1735 (1747) Rzi. 20/23; in Bezug auf die *EuGVVO* auch *EuGH*, Urt. v. 16.07.2009, *Zuid-Chemie BV ./. Philippos Mineralenfabriek NV/SA*, Rs. C-189/08, Slg. 2009 I-6917 Rzi. 17 ff.; *Kropholler/v. Hein*, EuZPR (2011), Art. 5 EuGVO Rn. 82.

2. Einschränkung des Ubiquitätsprinzips

Die Einbeziehung des Erfolgsortes durch die Rechtsprechung stellt eine notwendige Ergänzung zur handlungsbezogenen Anknüpfung dar. Sie bringt jedoch einige Besonderheiten mit sich, die die Suche nach dem geeigneten Gerichtsstand erschweren. Denn während der Kreis der relevanten Handlungsorte regelmäßig überschaubar sein dürfte,[57] kann die Zahl der Erfolgsorte mitunter hoch ausfallen. Insbesondere Verletzungen des Persönlichkeitsrechts, die unter Einsatz von modernen Massenmedien begangen werden, entfalten üblicherweise an zahlreichen Orten ihre Wirkung. Bei derartigen sog. Streudelikten stellt sich aus rechtspraktischer Sicht die Frage, ob das Ubiquitätsprinzip uneingeschränkte Anwendung finden kann.

a) Ausgangslage nach »Mines de potasse«

Nach der *Mines de potasse*-Rechtsprechung war bei sog. Streudelikten jedes Gericht zuständig, in dessen Bereich der Verletzungserfolg eingetreten war, und dies mit der vollen Kognitionsbefugnis. Das bedeutete, das angerufene Gericht konnte den durch die schädigende Handlung verursachten Schaden vollständig ermitteln, unabhängig vom tatsächlichen Ausmaß des vor Ort erlittenen Schadens. Auch marginale Auswirkungen in einem Staat konnten die Zuständigkeit des dortigen Gerichts begründen. Zwar ergingen die folgenden Klagen im Zusammenhang mit unerlaubter Handlung aus verschiedenen Gründen ohnehin am Klägerwohnsitz.[58] Es verblieb aber jedenfalls theoretisch die Möglichkeit, dass ein Kläger einen Gerichtsstand auswählte, an dem sich nur ein unerheblicher Teil des Schadens realisiert hatte, für den Kläger aber günstigeres Sachrecht vorherrschte. Dieses *forum shopping* ermöglichte die willkürliche Wahl eines Gerichtsstandes durch den Kläger. Das Grundprinzip des Internationalen Prozessrechts, das Gericht mit der größten Sachnähe zu berufen und den Belangen beider Parteien Rechnung zu tragen, wurde auf diese Weise gefährdet.

---

57 Zur Lokalisierung des Handlungsortes siehe die Ausführungen im international-privatrechtlichen Teil unter C. II. 2. a).

58 *EuGH*, Urt. v. 27.09.1988, *Kalfelis ./. Bankhaus Schröder u.a.*, Rs. 189/87, Slg. 1988, 5565; *EuGH*, Urt. v. 11.01.1990, *Dumez France und Tracoba ./. Helaba*, Rs. C-220/88, Slg. 1990, 49.

b) Eingrenzung durch »Shevill«

In der sog. *Shevill*-Entscheidung aus dem Jahr 1995 hat der *EuGH* daher eine Eingrenzung des Ubiquitätsprinzips vorgenommen.[59] Anlass des Verfahrens war ein Zeitungsbericht der in Paris niedergelassenen Verlagsgesellschaft *Presse Alliance SA*, in dem der Eindruck erweckt wurde, die Kläger hätten als Mitglied eines Drogenkartells Geldwäsche betrieben. Die Betroffenen, unter anderem die in England wohnhafte *Fiona Shevill*, sahen darin eine Ehrverletzung und klagten vor dem Londoner *High Court*. Der Zeitungsbericht war allerdings in einer Ausgabe des *France Soir* erschienen, die überwiegend in Frankreich verkauft wurde. Im übrigen Europa lag nur eine marginale Verbreitung vor. Aus dem Grund rügte die Beklagte die Unzuständigkeit des englischen Gerichts und bestritt, dass in England ein schädigendes Ereignis i.S. des Art. 5 Nr. 3 EuGVVO eingetreten sei. Nach der Vorlage des *House of Lords* hatte der *EuGH* somit erneut zu klären, wo der Ort des schädigenden Ereignisses anzusiedeln war.

In dem dann folgenden Verfahren bestätigte der *EuGH*, dass nach Art. 5 Nr. 3 EuGVVO sowohl das Gericht des Handlungsortes als auch des Erfolgsortes zuständig sei. Der Handlungsort liege dabei am Niederlassungsort des Herausgebers, der Erfolgsort an allen Verbreitungsorten der Zeitung.[60] Damit seien auch die englischen Gerichte – wie schon erstinstanzlich festgestellt[61] – zur Entscheidung berufen, weil auch in England Ausgaben der Zeitung verkauft worden seien. Sodann erfolgte jedoch eine entscheidende Eingrenzung: Während die Zuständigkeit des Handlungsortgerichts für den gesamten Schaden bestehe, sei das Gericht am Erfolgsort nur für den dort erlittenen Schaden zuständig.[62] Letzteres kann folglich nicht mehr über einen in anderen Staaten eingetretenen Verletzungserfolg entscheiden. Die Richter befanden sich offenkundig in einem Konflikt: Einerseits waren sie bestrebt, die Ubiquität des Gerichtsstands für deliktische Ansprüche zu bewahren, um dem Kläger neben dem allgemeinen

---

59 *EuGH*, Urt. v. 7.03.1995, *Shevill u.a. ./. Presse Alliance SA*, Rs. C-68/93, Slg. 1995 I 415; ausführlich zur Entscheidung *Kreuzer/Klötgen*, IPRax 1997, 90; *Rauscher*, ZZPInt. 1 (1996), 151.

60 *EuGH*, Urt. v. 7.03.1995, *Shevill u.a. ./. Presse Alliance SA*, Rs. C-68/93, Slg. 1995 I 415, Rzi. 29.

61 Vgl. *Shevill v Presse Alliance SA*, (1992) 2 WLR 1 (3).

62 *EuGH*, Urt. v. 7.03.1995, *Shevill u.a. ./. Presse Alliance SA*, Rs. C-68/93, Slg. 1995 I 415 Rzi. 33; so bereits *CA Paris*, Rev. crit. dip 74 (1985), 141.

(Art. 2 EuGVVO) weitere Gerichtsstände zur Verfügung zu stellen. Andererseits erkannten sie die dadurch geschaffene Gefahr des *forum shopping*, die nur durch eine beschränkte Kognitionsbefugnis am Erfolgsort einzudämmen war.

c) Stellungnahme

So nachvollziehbar die vom *EuGH* vorgebrachten Gründe auch sind, die Lösung ist aus rechtssystematischer Sicht wie auch unter Billigkeitsgesichtspunkten bedenklich.[63] Zunächst sollte die Verhinderung des *forum shopping* weniger Aufgabe des Zuständigkeitsrechts sein, als eher dem Internationalen Privatrecht zufallen. Hier lassen sich Benachteiligungen einer Partei bereits durch die Schaffung einer in allen Staaten einheitlichen Kollisionsregel entgegenwirken. Auf das zu entscheidende Gericht käme es dann nicht mehr an. Will man die Problematik dennoch bereits auf Zuständigkeitsebene lösen, erscheint die Begrenzung der Kognitionsbefugnis gleichwohl als sachwidrig, weil sie einheitliche Sachverhalte in mehrere Prozesse aufspaltet. Dies widerspricht dem ernannten Ziel der *EuGVVO*, einen Rechtsstreit möglichst vor ein und demselben Gericht zu verhandeln.[64] In der Rechtspraxis dürfte dies zu einer erneuten Privilegierung des *forum rei* führen, welche der *EuGH* bei unerlaubten Handlungen gerade abwenden wollte.[65] Denn es lässt sich nur schwer annehmen, dass ein Kläger, der üblicherweise den gesamten Schaden einklagen will, mehrere Prozesse an unterschiedlichen Erfolgsorten anstrengt, anstatt einheitlich am Handlungsort zu klagen. Letztlich wird dadurch auch Art. 5 Nr. 3 EuGVVO wieder entwertet, der die Anknüpfung an den Erfolgsort eigentlich fördern sollte.

Um daher materiell und prozessökonomisch ein sinnvolles Ergebnis zu erzielen, sollte jedem Erfolgsortgericht die Kognitionsbefugnis für den Gesamtschaden überlassen bleiben. Falls man fürchtete, dass dann ein sachfernes Gericht angerufen würde, bliebe immer noch die Möglichkeit einer Eingrenzung des Erfolgsortbegriffs.[66] Auch der Vorwurf, der Kläger

63 Zur Kritik an der mosaikartigen Aufspaltung (auf kollisionsrechtlicher Ebene) siehe auch Teil 3: B. III. 1. a) sowie C. I. 1.

64 Vgl. etwa Art. 6 Nr. 1 und Art. 27 f. EuGVVO.

65 *EuGH*, Urt. v. 30.11.1976, *Bier ./. Mines de potasse d'Alsace*, Rs. 21/76, Slg. 1976, 1735 (1747) Rzi. 20/23.

66 Siehe dazu unter C. II. 2. b) bb).

werde zu Unrecht bevorzugt, greift nicht. Unabhängig vom Umfang der Kognitionsbefugnis werden die Parteien nämlich in gleichem Maße an der Gerichtswahl beteiligt: Während der Beklagte den Kreis möglicher Anknüpfungsorte überhaupt erst festlegt (Niederlassungsort, Handlungs- oder Verletzungsort), ist es Sache des Klägers, unter diesen Orten den ihm günstigsten auszuwählen.

3. Erneute Korrektur durch »eDate«

Der hier vertretenen Auffassung hat sich zuletzt auch der *EuGH* angenähert und die bisherige *Shevill*-Rechtsprechung ergänzt:[67] In einem verbundenen Verfahren zu Persönlichkeitsrechtsverletzungen über das Internet stellte der Gerichtshof fest, dass neben dem Gericht am Handlungsort nunmehr auch das Gericht, an dem der Geschädigte den *»Mittelpunkt seiner Interessen«* hat, für den Gesamtschaden zuständig ist.[68] Dieser Ort entspreche in aller Regel dem gewöhnlichen Aufenthaltsort des Geschädigten.[69] Der *EuGH* begründete seine Auffassung mit der globalen Präsenz von Webinhalten, die von einer unbestimmten Zahl von Internetnutzern überall abgerufen werden könnten. Die im *Shevill*-Urteil aufgestellte Zuständigkeit der Erfolgsortgerichte sei insoweit ungeeignet, die Verbreitung der Inhalte und deren Folgen für den Geschädigten zuverlässig zu benennen. Daher müsse auch ein Gericht am Erfolgsort, namentlich am Mittelpunkt seiner Interessen, über sämtliche Schäden entscheiden können.[70]

Die Übertragung der vollen Kognitionsbefugnis auf ein klägernahes Gericht verdient aus den genannten Gründen Zustimmung. Zu beachten ist gleichwohl, dass die Lösung bislang nur für Internetdelikte ausdrücklich festgestellt wurde.[71]

---

67 Die Entscheidung soll an dieser Stelle nur im Überblick angesprochen werden. Eine tiefergehende Erörterung erfolgt im Rahmen der kollisionsrechtlichen Untersuchung in Teil 3: C. III. 2. c).

68 *EuGH*, Urt. v. 25.10.2011, *eDate Advertising GmbH ./. X*, Rs. C-509/09 und *Martinez ./. MGN Limited*, Rs. C-161/10, JZ 2012, 199 (201); siehe auch aus der deutschen Rechtsprechung *BGH*, VersR 2012, 994 (995).

69 *EuGH*, Urt. v. 25.10.2011, *eDate Advertising GmbH ./. X*, Rs. C-509/09 und *Martinez ./. MGN Limited*, Rs. C-161/10, JZ 2012, 199 (201).

70 *EuGH*, Urt. v. 25.10.2011, *eDate Advertising GmbH ./. X*, Rs. C-509/09 und *Martinez ./. MGN Limited*, Rs. C-161/10, JZ 2012, 199 (201).

71 Zur möglichen Übertragbarkeit auf Offlinedelikte siehe Teil 3: C. III. 2. c) bb).

C. Internationales Deliktsrecht in Deutschland

Der Gang der kollisionsrechtlichen Untersuchung folgt dem aus dem materiellrechtlichen Teil bekannten Aufbau: In einem ersten Schritt wird die geschichtliche Entwicklung des Internationalen (Delikts-)Rechts in Deutschland skizziert *(unter I.)*. Hierauf aufbauend erfolgt die Erörterung der heutigen Rechtslage, in deren Zentrum die Auslegung der Tatortregel im Allgemeinen und für Verletzungen des Persönlichkeitsrechts im Besonderen steht *(unter II.)*.

I. Geschichtlicher Hintergrund

Das Internationale Privatrecht einschließlich des Internationalen Deliktsrechts war lange Zeit gleichsam ein Stiefkind des deutschen Gesetzgebers.[72] Erste Entwürfe wurden zwar bereits im 19. Jahrhundert erörtert mit dem Ziel, das Kollisions- und das Sachrecht in Deutschland in einem gemeinsamen Gesetz zu kodifizieren.[73] Nachdem aber die Reichsregierung unter den damaligen Reichskanzler *von Bismarck* hiergegen Vorbehalte angemeldet hatte,[74] entschloss man sich, zunächst das außervertragliche Schuldrecht zu streichen[75] und schließlich das gesamte Internationale Privatrecht aus dem *BGB* auszulagern. Mit der Verabschiedung des *Einführungsgesetzes zum BGB (EGBGB)* 1896 gelang es dann, das Internationale Privatrecht erstmals zu kodifizieren. Im Vergleich zum ursprünglichen Vorhaben war das Gesetz allerdings auf einen schmalen Anwen-

---

72 Ausführlich zur historischen Entwicklung *Niemeyer*, Vorgeschichte (1915); *Kreuzer*, RabelsZ 65 (2001), 383 (386 ff.).

73 Vorentwürfe des badischen Ministerialrats *Gebhard* (abgedruckt bei *Hartwieg/Korkisch*, Die geheimen Materialien [1973], S. 62 ff.) sowie die darauf gründenden Entwürfe der Ersten und Zweiten Kommission zum BGB (abgedruckt bei *Mugdan*, Die gesamten Materialien I [1899], S. 265 ff.).

74 Wie aus einem Schreiben des Auswärtige Amtes vom 30.09.1887 an das Reichsjustizamt hervorgeht, war der Reichskanzler der Auffassung, *»daß Bestimmungen über das internationale Privatrecht auch nicht in ein Gesetzbuch hineingehören, sondern dem Völkerrecht in seiner fortlaufenden Entwicklung zu überlassen sind.«* Er hielt es für bedenklich, *»wenn wir Normen für die Beurtheilung internationaler Privatrechtsfragen in einem deutschen Gesetzbuch festlegen und uns dadurch in perpetuum binden.«* (In Teilen abgedruckt bei *Hartwieg/Korkisch*, Die geheimen Materialien (1973), S. 159 f.).

75 Vgl. den Entwurf der IPR-Kommission (zu § 2367), abgedruckt bei *Hartwieg/Korkisch*, Die geheimen Materialien (1973), S. 380.

dungsbereich reduziert: So wurden die vorgeschlagenen Regelungen zum Schuld- und Sachenrecht nahezu vollständig ausgeklammert, die wenigen übernommenen Vorschriften zu einseitigen Kollisionsnormen modifiziert. Das Recht der unerlaubten Handlungen, für das die Entwürfe noch eine *lex loci*-Anknüpfung vorgesehen hatten,[76] blieb gar gänzlich unerwähnt.[77] Stattdessen begnügte man sich mit einer speziellen Vorbehaltsklausel, wonach für deutsche Auslandstäter das deutsche Deliktsrecht die Haftungsobergrenze bilden sollte (sog. *privilegium germanicum*).[78]

In Ermangelung einer gesetzlichen Grundlage sah sich die Rechtsprechung in der Folgezeit deshalb dazu veranlasst, eigene Regeln für das Internationale Deliktsrecht aufzustellen, insbesondere für Distanz- und Streudelikte. Seit den Anfängen orientierte sie sich dabei am Internationalen Prozessrecht und kam so zur Anwendung der *lex loci delicti commissi* (Tatortregel).[79] Allerdings blieb, wie auf Zuständigkeitsebene,[80] auch hier zunächst ungeklärt, wo genau der Tatort zu lokalisieren war. Nachdem das *Reichsgericht* den Begriff anfangs eher erfolgsortbezogen interpretiert hatte,[81] ging man bald dazu über, den Tatort ubiquitär auszulegen.[82] Danach war eine unerlaubte Handlung überall dort begangen, wo auch nur eines der Deliktsmerkmale verwirklicht worden war. Nach Wahl des Klägers[83] konnte damit sowohl das Recht des Handlungsortes als auch des Erfolgsortes den Rechtsstreit entscheiden. Diese Auffassung wurde vom *Bundesgerichtshof* nach dem Zweiten Weltkrieg übernommen.[84]

Die Entscheidung zugunsten der Ubiquitätstheorie, also der Gleichwertigkeit von Handlungs- und Erfolgsort, resultiert aus der zweigleisigen

---

76 Vgl. § 13 des Ersten bzw. § 12 des Zweiten Gebhardschen Entwurfs, § 6 des Entwurfs der Ersten Gesetzgebungskommission, § 2243 des Entwurfs der Zweiten Gesetzgebungskommission.

77 Zu den Gründen siehe *Kreuzer*, in MünchKomm BGB (1998), Art. 38 EGBGB Rn. 5 m.w.Nachw.

78 Art. 12 EGBGB a.F. (1900-1986).

79 *RG*, SeuffA 56 (1901), 308; RGZ 57, 142 (145); JW 1906, 297 (298); RGZ 96 (98).

80 Siehe dazu vorstehend unter B. II.

81 *RG*, RGZ 19, 382 (383).

82 St. Rspr. seit *RG*, RGZ 23, 305 (306).

83 So die überwiegende – zutreffende – Auffassung in Rspr. und Schrifttum. Die Gegenauffassung plädiert für eine Wahlpflicht des angerufenen Gerichts, das dem Kläger günstigere Recht auszuwählen. Zum damaligen Meinungstand siehe *Kreuzer*, in MünchKomm BGB (1998), Art. 38 EGBGB Rn. 51.

84 Etwa *BGH*, NJW 1964, 2012; NJW 1977, 1590.

Zielsetzung des deutschen Haftungsrechts:[85] Dieses kennzeichnet zunächst ein verhaltenssteuerndes Element, das den Einzelnen unter Androhung einer Ersatzpflicht zu sorgfältigem Handeln anhalten will. Indem insoweit der Verletzer angesprochen ist, läge eine Bevorzugung des Handlungsortes nahe. Daneben erfüllt das Haftungsrecht aber eine Ausgleichsfunktion, nach der eine begangene Rechtsgutverletzung durch Zubilligung eines Entschädigungsanspruchs kompensiert werden soll. Hier steht der Schadenseintritt im Vordergrund und spräche eher für eine Erfolgsortanknüpfung. Will man also der präventiven und der restitutiven Haftungsfunktion in gleichem Maße Rechnung tragen, sprechen gute Argumente für die wahlweise Anwendung von Handlungs- und Erfolgsortrecht.[86]

Diese Rechtslage blieb angesichts der kodifikationsfeindlichen Haltung des Gesetzgebers lange Zeit bestehen.[87] Auch das 1986 in Kraft getretene *Gesetz zur Neuregelung des Internationalen Privatrechts*[88] brachte insoweit keine Änderungen, da es das außervertragliche Schuldrecht zugunsten anderer Rechtsbereiche nahezu vollständig ausklammerte.[89] Erst mit Verabschiedung des *IPR-Gesetzes 1999*[90] erhielt das Internationale Deliktsrecht schließlich seine gesetzliche Verankerung. Das Gesetz war das Ergebnis eines seit den 1970er Jahren angestrebten und maßgeblich vom Deutschen Rat für Internationales Privatrecht vorangetriebenen Reform-

---

85 Dazu ausführlich *Bourel*, Conflits de lois (1961), S. 71 ff. ; *Deutsch*, Haftungsrecht I (1976), S. 68 ff.

86 Nach *Kropholler*, RabelsZ 33 (1969), 601 (609 f.) ergibt sich die Annahme der Tatortregel dagegen aus dem Umstand, dass *»kein anderes festes Kriterium als der ‚zufällige' Deliktsort«* zur Auswahl steht.

87 Dazu *Kropholler*, RabelsZ 33 (1969), 601 (613).

88 Gesetz vom 25.07.1986 (BGBl. 1986 I 1142); eingehend dazu *Lichtenberger*, DNotZ 1986, 644.

89 Einzige (systematische) Änderung betreffend das Deliktskollisionsrecht war die Umsetzung des früheren Art. 12 in Art. 38 EGBGB. Den größeren Handlungsbedarf sah der Gesetzgeber offensichtlich bei noch gar nicht geregelten Rechtsbereichen wie dem Schuldvertragsrecht; vgl. BT-Drucks. 10/504, S. 20.

90 Gesetz zum Internationalen Privatrecht für außervertragliche Schuldverhältnisse und für Sachen vom 21.05.1999 (BGBl. 1999 I 1026); dazu *Kreuzer*, RabelsZ 65 (2001), 383; *Stoll*, in GS Lüderitz (2000), S. 733 ff.; *Staudinger*, DB 1999, 1589; *Spickhoff*, NJW 1999, 2209; *R. Wagner*, IPRax 1999, 210; *ders.*, IPRax 1998, 429.

vorhabens,[91] um einen Kernbereich des deutschen Kollisionsrechts nunmehr abschließend zu regeln.

II. Heutige Rechtslage

Das Internationale Deliktsrecht in Deutschland ist maßgeblich geprägt von der Tatortregel gemäß Art. 40 EGBGB, die jedoch Ausnahmen zulässt. Nach einem kurzen Überblick über die systematische Einordnung der Norm soll die Auslegung der Tatortregel für den Bereich der Persönlichkeitsrechte erörtert werden.

1. Grundsatz der Tatortregel

Während weite Teile des *IPRG 1999* sich darin erschöpfen, die bisherige Rechtsprechung normativ umzusetzen, sieht es für das Internationale Deliktsrecht bedeutende Änderungen vor. Nach dem neu eingefügten Art. 40 Abs. 1 S. 1 EGBGB kommt bei allen unerlaubten Handlungen das Recht des Staates zur Anwendung, in dem der Ersatzpflichtige gehandelt hat. Nach S. 2 der Vorschrift kann der Verletzte verlangen, dass das Recht des Erfolgsortes angewandt wird. Der Gesetzgeber hat sich damit für eine Generalklausel entschieden und gegen spezielle, nach einzelnen Deliktstypen differenzierende Kollisionsnormen. So sollen die vielfältigen Fallgestaltungen des Deliktsrechts (Produkthaftung, Persönlichkeitsrechtsverletzungen, Verkehrsunfälle etc.) umfassend abgedeckt werden.[92] Durch die Maßgeblichkeit des Handlungs- und des Erfolgsortes hält der Gesetzgeber zwar an der Tatortregel fest, genau genommen sind die Orte nun aber nicht mehr gleichrangig. Will der Kläger das Recht des Erfolgsortes zur Anwendung bringen, muss er dies vielmehr ausdrücklich und im ersten Rechtszug einfordern (Art. 40 Abs. 1 S. 3 EGBGB). Die Norm verlagert somit den Schwerpunkt vom Rechtsgüterschutz hin zur täterbezogenen Verhaltenssteuerung.[93]

---

91 Vgl. den Entwurf eines Gesetzes zum Internationalen Privatrecht für außervertragliche Schuldverhältnisse und Sachen, BT-Drucks. 14/343, S. 6 f.; ausführlich zur kodifikatorischen Entwicklung *Kreuzer*, RabelsZ 65 (2001), 383 (388 ff.).

92 Vgl. den Entwurf eines Gesetzes zum Internationalen Privatrecht für außervertragliche Schuldverhältnisse und Sachen, BT-Drucks. 14/343, S. 10.

93 *Spickhoff*, in Bamberger/Roth BGB (2012), Art. 40 EGBGB Rn. 1.

Nach der Systematik des Gesetzes greift die Tatortregel allerdings nur subsidiär ein. Ihr sind verschiedene Sonderregelungen vorgelagert, mit denen der Gesetzgeber eine flexiblere Bewältigung von Auslandsfällen ermöglichen wollte.[94] Absoluter Vorrang kommt gemäß Art. 42 EGBGB dem Willen der Parteien zu. Diese können – wenn auch erst nach Eintritt des Ereignisses – das anzuwendende Recht frei vereinbaren. Der Gesetzgeber hat hier ein ähnliches Bedürfnis erkannt wie bei vertraglichen Schuldverhältnissen, bei denen die Parteien üblicherweise das ihnen günstigste und vertraute Recht auswählen wollen.[95] Haben Schädiger und Verletzter keine Rechtswahl getroffen, ist zu prüfen, ob ihr gewöhnlicher Aufenthalt in demselben Staat liegt (Art. 40 Abs. 2 EGBGB). In dem Fall geht auch dieser Ort dem Tatort vor. Erst wenn weder eine Parteivereinbarung noch ein gemeinsamer gewöhnlicher Aufenthalt festgestellt wurde, kommt die *lex loci delicti* nach Art. 40 Abs. 1 EGBGB tatsächlich zur Anwendung – allerdings unter dem weiteren Vorbehalt, dass keine wesentlich engere Verbindung mit einer anderen Rechtsordnung besteht (Art. 41 Abs. 1 EGBGB).[96] Insgesamt existieren demnach vier deliktische Anknüpfungsvarianten. Gleichwohl dürfte der Tatortregel – wenn auch rechtssystematisch am schwächsten – weiterhin die größte Bedeutung im internationalen Rechtsverkehr zukommen. Denn man kann davon ausgehen, dass bei einem grenzüberschreitenden Rechtsstreit die Parteien üblicherweise weder einen gemeinsamen gewöhnlichen Aufenthaltsort haben noch, angesichts der materiellrechtlichen Unterschiede, eine übereinstimmende Rechtswahl treffen (wollen) werden. Auch eine wesentlich engere Verbindung i.S. einer *»besonderen rechtlichen oder tatsächlichen Beziehung zwischen den Beteiligten«*[97] wird mutmaßlich eher selten vorliegen.

Die zentrale Frage des Deliktskollisionsrechts ist daher weiterhin, wie der Handlungs- und Erfolgsort i.S. des Art. 40 Abs. 1 EGBGB zu qualifizieren sind.

---

94 Vgl. den Entwurf eines Gesetzes zum Internationalen Privatrecht für außervertragliche Schuldverhältnisse und Sachen, BT-Drucks. 14/343, S. 1, 13.

95 Vgl. den Entwurf eines Gesetzes zum Internationalen Privatrecht für außervertragliche Schuldverhältnisse und Sachen, BT-Drucks. 14/343, S. 14.

96 Diese sog. Ausweichklausel gilt allerdings nur im Verhältnis zur Handlungsortanknüpfung nach Art. 40 Abs. 1 S. 1 EGBGB. Macht der Verletzte von seinem Wahlrecht nach Art. 40 Abs. 1 S. 2 EGBGB Gebrauch, so ist ungeachtet einer engeren Verbindung das Recht des Erfolgsortes anzuwenden.

97 Vgl. Art. 41 Abs 2 Nr. 1.

2. Anknüpfung bei Verletzung des Medienpersönlichkeitsrechts

Das *IPRG 1999* kommt wie erwähnt gänzlich ohne Sonderanknüpfungen für die einzelnen Deliktsgruppen aus. Eine Konkretisierung der für Persönlichkeitsrechtsverletzungen maßgeblichen Tatortregel hat der Gesetzgeber ebenfalls nicht für erforderlich gehalten. Im Gegenteil ist erkennbar, dass die Anknüpfung bewusst abstrakt bleiben sollte, um jede denkbare Form der Rechtsverletzung einzelfallgerecht behandeln zu können.[98] Ungeklärt bleibt darüber hinaus auch, ob die gewählte Rechtsordnung dann auf den gesamten Schaden oder nur hinsichtlich des in ihrem Geltungsbereich entstandenen Schadens anzuwenden ist.

Diese offenen Fragen haben seither zu umfangreichen Diskussionen geführt.[99] Inzwischen hat sich ein verlässlicher Meinungsstand herausgebildet, der im Folgenden wiedergegeben werden und eigenen Positionen als Grundlage dienen soll. Angesichts der (jedenfalls in der Praxis bestehenden) Gleichrangigkeit von Handlungs- und Erfolgsort ist eine isolierte Darstellung beider Anknüpfungsvarianten geboten.[100]

a) Handlungsort

Der für die Lokalisierung des Handlungsortes wesentliche Begriff der Handlung unterliegt gewissen tatbestandlichen Eingrenzungen. Sie betreffen die qualitative und die zeitliche Ebene der Handlung.

aa) Qualitative Bestimmung des Handlungsbegriffs

Der Handlungsort wird allgemein als der Ort beschrieben, an dem eine tatbestandsmäßige Handlung mit Außenwirkung vorgenommen wurde.[101] Eine solche Handlung ist insbesondere abzugrenzen von bloßen Vorberei-

98 Vgl. den Entwurf eines Gesetzes zum Internationalen Privatrecht für außervertragliche Schuldverhältnisse und Sachen, BT-Drucks. 14/343, S. 10; kritisch dazu *Sonnenberger*, Rev. crit. dip 88 (1999), 647 (659).

99 Siehe dazu die umfangreichen Nachweise bei *v. Hoffmann*, in Staudinger BGB (2001), Art. 40 EGBGB.

100 Vgl. im Unterschied dazu die französische Rechtslage unter D. II. 2. a).

101 *v. Bar*, IPR II (1991), § 6 Rn. 661; *v. Hoffmann/Thorn*, IPR (2007), § 11 Rn. 27; *Spickhoff* in Bamberger/Roth BGB (2012), Art. 40 EGBGB Rn. 18.

tungsakten, die keine ausreichende Qualität besitzen, um eine Handlungsortanknüpfung zu begründen.[102] Es genügt also nicht jedes Verhalten, das für den Schadenseintritt kausal ist, sondern erst die konkrete Gefährdung eines rechtlich geschützten Interesses.[103] Führt man sich die einzelnen Handlungsschritte vor Augen, die zu einer Verletzung des Persönlichkeitsrechts durch die Medien führen können, ergibt sich daher folgende Bewertung: Im Bereich der Printmedien stellt das bloße Schreiben oder Drucken eines Berichts eine unbeachtliche Vorbereitungshandlung dar.[104] Gleiches hat für Rundfunk- oder Onlineberichte zu gelten. Wenngleich solche Handlungen letztlich die Persönlichkeitsrechtsverletzung einleiten, fehlt ihnen doch das für die Erfüllung des materiellen Tatbestands erforderliche Verbreitungs- und Öffentlichkeitsmoment.

Kollisionsrechtlich relevant sind jedoch solche Handlungen, die zwar in Vorbereitung auf eine spätere Veröffentlichung geschehen, aber bereits einen eigenständigen Tatbestand erfüllen. Hierzu zählen beispielsweise heimliches oder ungefragtes Fotografieren oder das räumliche Eindringen in den Privatbereich.[105] In der Praxis stehen sich in derartigen Fällen häufig Privatpersonen gegenüber, Medien sind an dieser Stelle regelmäßig (noch) nicht beteiligt.[106] Hier ist der Handlungsort unproblematisch am tatsächlichen Ort des Geschehens zu sehen.

bb) Zeitliche Bestimmung des Handlungsbegriffs

Neben der qualitativen Eingrenzung des Handlungsbegriffs ist auch ein zeitlicher Gesichtspunkt zu beachten. Hierzu sei zunächst die materielle Rechtslage in Erinnerung gerufen: Wird eine private Information über eine Person verbreitet, kann dies nach deutschem Recht selbst dann eine Persönlichkeitsrechtsverletzung darstellen, wenn sie der Öffentlichkeit be-

---

102 *BGH*, MDR 1957, 31 (33); BGHZ 35, 329 (333 f.); BGHZ 126, 252 (258); *Thorn*, in Palandt BGB (2014), Art. 40 EGBGB Rn. 4; *Junker*, in MünchKomm BGB (2010), Art. 40 EGBGB Rn. 76; *v. Hoffmann/Thorn*, IPR (2007), § 11 Rn. 27.

103 *Hohloch*, in Erman BGB (2011), Art. 40 Rn. 14; *Stoll*, in GS Lüderitz (2000), S. 733 (742); *ders.*, IPRax 1989, 89 f.

104 So auch *v. Hoffmann*, in Staudinger BGB (2001), Art. 40 EGBGB Rn. 58; *Schack*, Ufita 108 (1988), 51 (65).

105 Eingehend dazu Teil 1: B. III. 3. b) bb) m.w.Nachw.

106 Etwa *BGH*, GRUR 2004, 442 (443); *OLG Hamm*, NJW-RR 1988, 425 (426).

kannt war.[107] Eine vormalige Veröffentlichung in den Medien steht einem Anspruch des Geschädigten nicht entgegen.[108] Liegt ein solcher Wiederholungsfall vor, stellt sich die Frage, ob auch aus internationalprivatrechtlicher Sicht eine Neubewertung notwendig und ein weiterer Handlungsort zu bestimmen ist. In der Praxis ist das Problem beispielsweise in der Form denkbar, dass ein rechtswidriger (z.B. Zeitungs- oder Film-)Inhalt zunächst in einem Land verbreitet wird, um dann – etwa aufgrund räumlicher oder sprachlicher Hindernisse – zeitlich versetzt in weiteren Ländern zu erscheinen. Die Problematik ist, soweit ersichtlich, in der Rechtsprechung bislang nicht näher erörtert worden. Auch im Schrifttum finden sich Beiträge, die die Frage des zeitlichen Handlungsbegriffs behandeln, lediglich für den Fall, dass eine Veröffentlichung gleichzeitig in mehreren Staaten erfolgt und dort eine Rechtsverletzung bewirkt.[109] Bei dieser Konstellation liegt aber, in Abgrenzung zum hier behandelten Fall, schon tatsächlich nur *eine* Handlung vor, so dass, wenig überraschend, auch aus rechtlicher Sicht nur *ein* Handlungsort gegeben sein soll.

Die kollisionsrechtliche Bewertung der vorliegend zu erörternden Mehrfachveröffentlichung hängt nun von der Frage ab, ob jede Veröffentlichung einer Information als neue, selbstständige Handlung anzusehen ist. Gegen eine solche Auslegung spricht, dass letztlich derselbe Inhalt, gegebenenfalls nur in anderer Sprache, wiedergegeben wird. Es handelt sich so gesehen um *einen*, inhaltlich zusammengehörigen Verbreitungsvorgang. Danach wäre als Handlungsort nur der Ort der Erstveröffentlichung maßgeblich. Dies entspräche auch dem Grundsatz, im Interesse der Rechtssicherheit möglichst wenige Anknüpfungsvarianten anzuerkennen.[110] Andererseits lässt sich eine schrittweise Veröffentlichung in mehreren Staaten kaum auf einen einzigen Willensentschluss zurückführen. Vielmehr wird in jedem Verbreitungsakt eine selbstständige Entscheidung des Urhebers zu sehen sein. Dies gilt umso mehr, je größer der zeitliche Abstand zur vorherigen Veröffentlichung ist. So dürfte die Überlegung, ob ein Buch oder Film auch im Ausland publiziert werden soll, nicht selten von der gesellschaftlichen Akzeptanz und dem wirtschaftlichen Erfolg im bisherigen

---

107 Vgl. vorstehend Teil 1: B. III. 3. b) aa).

108 Dies betrifft, wie festgestellt, neben Informationen aus dem Privatleben insbesondere solche Äußerungen, die die Ehre oder das wirtschaftliche Verwertungsinteresse verletzen.

109 Etwa *Junker*, in MünchKomm BGB (2010), Art. 40 EGBGB Rn. 28; *v. Hoffmann*, in Staudinger BGB (2001), Art. 40 EGBGB Rn. 19.

110 Eingehend dazu siehe Teil 3: C. I.

Verbreitungsgebiet abhängen. Bewertete man jede erneute Veröffentlichung als eigenständige Handlung, würde dies zudem der Gefahr von Anknüpfungsmanipulationen entgegenwirken. Denn wäre nur der Ort der Erstveröffentlichung maßgeblich, würde der Täter geradewegs dazu eingeladen, sich in einem beliebigen Staat einen günstigen Handlungsort zu »reservieren«, um anschließend ins eigentliche Verbreitungsgebiet überzugehen. Vor diesem Hintergrund ist von einem engen Handlungsbegriff, also einer Mehrzahl einzelner Handlungen, auszugehen. Nur wenn jeder Handlungsakt eine eigene internationalprivatrechtliche Bewertung erhält, lässt sich auch das erhöhte Handlungsunrecht des Täters angemessen würdigen. Die wiederholte Verbreitung einer persönlichkeitsrechtsverletzenden Äußerung oder Information begründet daher stets einen eigenständigen Handlungsort.

cc) Handlungsort bei konventionellen Medien

Liegt eine Handlung im materiellen Sinne vor, werden bei Presse- und Rundfunkdelikten im Wesentlichen zwei Handlungsorte vertreten: Die wohl überwiegende Ansicht will an den Sitz des Verlags bzw. der Sendeanstalt anknüpfen, weil dort die wesentlichen Betriebsabläufe zusammenlaufen.[111] Andere halten den Erscheinungsort für maßgeblich, weil erst dort die Äußerung willentlich ausgegeben und der Öffentlichkeit zugänglich gemacht wird.[112] Regelmäßig kommen die Ansichten aber zu gleichen Ergebnissen, weil und soweit beide Orte zusammenfallen. Eine dritte Auffassung stellt zusätzlich auf den Ort der Verbreitung ab, da diese einen eigenständigen Handlungsschritt darstelle.[113] Auf den Ort der Verbreitung

---

111 *Thorn*, in Palandt BGB (2014), Art. 40 EGBGB Rn. 10; *Spickhoff*, in Bamberger/Roth BGB (2012), Art. 40 EGBGB Rn. 36; *Junker*, in MünchKomm BGB (2010), Art. 40 EGBGB Rn. 74; *Kadner Graziano*, Rev. crit. dip 97 (2008), 445 (497); *G. Wagner*, IPRax 2006, 372 (385); *Kropholler*, IPR (2006), S. 541 f.; *v. Hoffmann*, in Staudinger BGB (2001), Art. 40 EGBGB Rn. 58; *Ehmann/Thorn*, AfP 1996, 20 (23); *Rabel*, Conflict of Laws II (1960), S. 322 f.; *R. Wagner*, JZ 1993, 1034 (1035).

112 *BGH*, BGHZ 131, 332 (335); *OLG Hamburg*, AfP 1998, 643; *OLG München*, IPRspr 1986 Nr. 142; *v. Bar*, IPR II (1991), § 6 Rn. 662; *ders.*, in FS Waseda (1988), S. 575 (578 f.); *Lüderitz*, in Soergel BGB (1996), Art. 38 Rn. 22.

113 Für *Schack*, Ufita 108 (1988), 51 (65); *M. Wolff*, IPR (1954), S. 164 ist Handlungsort allein der Verbreitungsort, während *v. Bar*, IPR II (1991), § 6 Rn. 662;

könnten sich die Verantwortlichen am ehesten einstellen, da sie Vertrieb und Reichweite ihrer Produkte selbst steuerten. Wenngleich diesem Ansatz zuzugeben ist, dass der Verbreitungsort bei Mediendelikten durchaus eine Rolle spielen kann, ist er an dieser Stelle verfehlt: Erfolgt die Informationsübertragung über die Medien, liegt ihr spezifischer Nutzen insbesondere darin, eine Vielzahl von Adressaten an unterschiedlichen Orten zu erreichen. Der Handelnde will sich gerade die Streuwirkung der Medien zu Nutze machen. Demgegenüber stellt sich der eigentliche Handlungsakt nicht anders dar als im nicht-medialen Kontext, etwa bei der Briefsendung oder im persönlichen Gespräch. Dieser Umstand spricht dafür, dass bei einer Verbreitung über die Medien die wirkungs- (genauer: erfolgs-)bezogene Komponente überwiegt. Die Handlung selbst tritt in den Hintergrund. Folglich ist der Verbreitungsort nicht als Handlungs-, sondern allenfalls als Erfolgsort zu qualifizieren. Er soll daher erst an späterer Stelle[114] erörtert werden.[115]

Vor diesem Hintergrund ist der Handlungsort nach hier vertretener Ansicht am Sitz des Medienunternehmens zu lokalisieren.[116] Zwar wird der haftungsbegründende Inhalt tatsächlich erst am Erscheinungsort in Verkehr gebracht mit der Folge, dass die Öffentlichkeit Kenntnis von ihm erlangt. Die Entscheidung über die Veröffentlichung – also zugunsten oder gegen eine Rechtsverletzung – findet aber am Unternehmenssitz statt

ders., in FS Waseda (1988), S. 575 (588 f.) sowohl den Verbreitungs- als auch Erscheinungsort für den Handlungsort hält.

114 Siehe dazu sogleich unter C. II. 2. b).

115 Eine weitere, vierte Ansicht ist noch fernliegender und bedarf deshalb keiner näheren Erörterung. Nach ihr gilt jeder Ort als Handlungsort, an dem ein publikationsrelevanter Betriebsvorgang stattgefunden hat. Je nach Medium kann also etwa der Sitz der Redaktion, der Senderaum, der Ort der Druckerei oder des Vertriebs maßgeblich. Diese Ansicht ist aus zweierlei Gründen abzulehnen: Zum einen führt sie zu einer Vielzahl von Handlungsorten, die dem Willen des Gesetzgebers nach Prozessökonomie offenkundig zuwiderläuft. Zum anderen kann, um eine uferlose Auslegung zu verhindern, für den Handlungsort nur der eigentlich haftungsbegründende Akt maßgeblich sein. Helferdienste am Redaktionssitz, der Druckerei etc. sind notwendigerweise auszuklammern. Als Vertreter dieser Auffassung siehe *Lüderitz*, in Soergel BGB (1996), Art. 38 Rn. 6; *Riegl*, Streudelikte im IPR (1986), S. 41 f.; wohl auch *Kegel/Schurig*, IPR (2004), S. 729.

116 Da der Handlungsort somit allein aus der Sphäre der Medien entstammt, ist eine Differenzierung nach Persönlichkeitsgütern an dieser Stelle entbehrlich. Anderes gilt für die Bestimmung des Erfolgsortes, siehe dazu unter C. II. 2. b) bb).

(»Verhaltenszentrale«).[117] Hier ist der Schwerpunkt der Tat anzusiedeln. Will man daher dem verhaltenssteuernden Zweck der Handlungsortanknüpfung angemessen Rechnung tragen, kann nur der Ort der Willensbildung entscheidend sein. Das spätere (eigentlich tatbestandmäßige) Erscheinen bildet dabei nur noch eine zwangsläufige Folge.

dd) Handlungsort bei Neuen Medien

Im Rahmen von Persönlichkeitsrechtsverletzungen über das Internet kommt es häufig vor, dass der Schädiger nicht in ein Medienunternehmen eingebunden ist, sondern als eigenverantwortlicher Autor publiziert (z.B. Blogger). Der Handlungsort muss hier gesondert festgestellt werden.[118] Während teilweise auf den Ort abgestellt wird, an dem der Server belegen ist,[119] will die Gegenauffassung an den Ort des Einspeisens ins Netz anknüpfen.[120] Für erstere Lösung spricht zwar, dass der fragliche Inhalt erst am Serverstandort seinen Ausgang nimmt. Er entspricht dem Erscheinungsort, der bei Presse- und Rundfunkdelikten für maßgeblich gehalten wird. Andererseits lässt sich der Ort des Servers – deutlich einfacher als der Unternehmenssitz – nahezu willkürlich wechseln, was auf eine einseitige Rechtswahl des Täters hinauslaufen könnte. Je nach dem, welche Rechtsordnung ihm am günstigsten erscheint, könnte der Täter den Server gezielt in einem Staat platzieren, in dem weniger strenge Haftungsregeln vorherrschen. Die notwendige Verbindung zwischen Verletzungshandlung und anwendbarem Recht würde damit ausgehebelt. Um derartige Fluchten in *»Haftungsparadiese«*[121] zu vermeiden, ist der Handlungsort daher richtigerweise am Ort des Einspeisens anzusiedeln, genauer gesagt an dem

117 So *v. Hoffmann*, in Staudinger BGB (2001), Art. 40 EGBGB Rn. 20; *Ehmann/Thorn*, AfP 1996, 20 (23).

118 Für Medienunternehmen ergeben sich indes keine Unterschiede, ob sie konventionell oder online publizieren. Es gilt das unter cc) Gesagte.

119 *Hoeren/Pichler*, Online-Recht (2001), S. 461; *Hoeren*, PHi 1999, 86 (93); *Ubber*, WRP 1997, 497 (502); *Strömer*, Online-Recht (1997), Rn. 4.4.1.

120 *LG Düsseldorf*, GRUR 1998, 159 (160); *Thorn*, in Palandt BGB (2014), Art. 40 EGBGB Rn. 10; *Spickhoff*, in Bamberger/Roth BGB (2012), Art. 40 EGBGB Rn. 40; *Junker*, in MünchKomm BGB (2010), Art. 40 EGBGB Rn. 75; *Kropholler*, IPR (2006), S. 542; *v. Hoffmann*, in Staudinger BGB (2001), Art. 40 EGBGB Rn. 58; *Kristin*, Deliktsstatut (2001), S. 128; *Mankowski*, RabelsZ 63 (1999), 203 (257); *Spindler*, ZUM 1996, 533 (559 f.).

121 *Heldrich*, Persönlichkeitsverletzungen (1983), S. 361 (376).

Ort, von dem aus die Information zur Einspeisung in das Netz abgesandt wurde.[122] In Anlehnung an das zu Presse- und Rundfunkdelikten Gesagte wird diese Lösung der verhaltenssteuernden Funktion der Handlungsortanknüpfung am ehesten gerecht. Abzustellen ist somit auf die Datenübermittlung des Täters an den Server, also auf den finalen Akt, durch den der Täter den weiteren Geschehensablauf aus der Hand gibt. Ebenso wie das Leitungsorgan einer Presse- oder Rundfunkanstalt bereits am Unternehmenssitz über die Veröffentlichung abschließend entscheidet, stellt auch die Übersendung an den Server den letzten relevanten Willensakt des Autors dar. Die Veröffentlichung erfolgt ab diesem Zeitpunkt automatisch. Hierdurch erscheint es gerechtfertigt, den Handlungsort nicht erst am Ort der Zugänglichmachung an die Außenwelt zu sehen, sondern dort, wo der letzte Handlungsschritt des Täters stattgefunden hat.

b) Erfolgsort

Die Bestimmung des Erfolgsortes stellt sich bei Streudelikten wie der Verletzung des Medienpersönlichkeitsrechts ungleich vielschichtiger und komplexer dar. Aus dem Grund soll zunächst eine allgemeine Erörterung des Erfolgsortes stattfinden, der im Anschluss eine differenzierte, an dem konkret beeinträchtigten Rechtsgut orientierte Betrachtung folgt.

aa) Pauschale Betrachtung

Als Erfolgsort wird nach allgemeiner Auffassung der Ort qualifiziert, *»an dem das unmittelbar betroffene Rechtsgut zur Zeit der Verletzung sich befindet bzw. lokalisiert wird.«*[123] Unerheblich ist, wo die Schadensfolgen eintreten.[124] Die Definition setzt somit voraus, dass das geschützte Interesse an einer bestimmten Stelle belegen ist. Dies ist unproblematisch, wenn und soweit ein gegenständliches Rechtsgut in Rede steht, also beispielsweise eine Sache zerstört oder die körperliche Integrität einer Person ver-

---

122 *v. Hoffmann*, in Staudinger BGB (2001), Art. 40 EGBGB Rn. 58.

123 *Kropholler*, IPR (2006), S. 523; ähnlich *Kegel/Schurig*, IPR (2004), S. 730; *v. Hoffmann/Thorn*, IPR (2007), § 11 Rn. 30; *Hohloch*, Deliktsstatut (1984), S. 111; *Riegl*, Streudelikte im IPR (1986), S. 43.

124 *RG*, RGZ 140, 25 (29); *BGH*, BGHZ 52, 108 (111); BGHZ 98, 263 (275); *Kegel/Schurig*, IPR (2004), S. 730; *Hohloch*, Deliktsstatut (1984), S. 111.

letzt wird. Der Erfolgsort ist dann der Ort der tatsächlichen Beeinträchtigung. Im Rahmen von Persönlichkeitsrechtsverletzungen ist die Festlegung schwieriger. Denn die Persönlichkeit besitzt kein physisches Substrat, das an einem bestimmten Ort belegen wäre. Sie ist geistig-ideeller Natur und breitet sich *»prinzipiell über die ganze Erde«* aus.[125] Daher lassen sich auch Persönlichkeitsrechte nicht abstrakt lokalisieren. Sie sind, wie *Schack* feststellt, *»überall und nirgends belegen«*.[126]

Angesichts dieser Schwierigkeiten haben sich frühere Autoren gegen die Existenz eines Erfolgsortes bei Persönlichkeitsrechtsverletzungen ausgesprochen.[127] Vielmehr sei nur eine Anknüpfung an den Handlungsort möglich, dieser sei im Gegenzug weit auszulegen. Mit Einführung des Art. 40 EGBGB, der auch die Persönlichkeitsrechte erfasst, ist dieser Auffassung nunmehr die Grundlage entzogen. Ohnehin kann der universale Charakter der Persönlichkeit der Annahme eines Erfolgsortes nicht entgegenstehen. Die wenn auch hohe Zahl von Erfolgsorten sollte kein Ausschlusskriterium darstellen, sondern gerade Anlass einer entsprechenden Präzisierung sein.[128]

Zu diesem Schluss führt auch ein Blick auf das Wesen und die Ziele des Persönlichkeitsrechts: Wie im Rahmen des materiellrechtlichen Teils erörtert wurde,[129] beschreibt das Persönlichkeitsrecht das umfassende Recht auf Selbstbestimmung über die eigenen Angelegenheiten. Der Einzelne hat ein grundlegendes Interesse daran, dass der persönliche Lebensbereich respektiert und sein innerer Wert als Mensch anerkannt wird: Was wissen andere Personen über das Privatleben, und welches Bild wird in der Öffentlichkeit verbreitet? Das Persönlichkeitsrecht ist demnach ein stark gemeinschaftsbezogenes Recht, das jede Störung des Sozialverhältnisses sanktioniert. Vor diesem Hintergrund lässt sich nur schwer vertreten, dass das vom Persönlichkeitsrecht geschützte Interesse keiner Lokalisierung zugänglich sei. Es besteht vielmehr an jedem Ort der Welt, weil auch der Wille jedermanns nach Selbstbestimmung überall zugegen ist. Ein Betroffener wird den Wunsch nach Achtung seiner Person oder Geheimhaltung seiner privaten Verhältnisse nicht auf ein bestimmtes Territorium be-

---

125 *Kohler*, Warenzeichenrecht (1910), S. 206.

126 *Schack*, Ufita 108 (1988), 51 (64).

127 *Lüderitz*, in Soergel BGB (1996), Art. 38 Rn. 22; *v. Bar*, IPR II (1991), § 6 Rn. 664; *ders.*, in FS Waseda (1988), S. 575 (588 f.); *Schack*, Rechtsschutz (1989), S. 113 (122 f.); *ders.*, Ufita 108 (1988), 51 (65).

128 So auch *Looschelders*, ZVglRWiss 95 (1996), 48 (75).

129 Vgl. statt vieler die Nachw. in Teil 1: Fn. 21 u. 122.

schränkt wissen, sondern in jedem Land der Welt einfordern. Insoweit sind Persönlichkeitsrechte zwar tatsächlich *»überall belegen«*, im Verletzungsfall aber, anders als *Schack* behauptet, doch lokalisierbar. Entscheidend ist, ob und wo das Sozialverhältnis konkret beeinträchtigt ist.[130]

Als kollisionsrechtlich relevanten Erfolgsort einer Persönlichkeitsrechtsverletzung nimmt eine verbreitete Auffassung daher all jene Orte an, an denen ein Eingriff in den Privatbereich erfolgt, ein anstößiger Inhalt verbreitet oder eine diffamierende Äußerung zur Kenntnis genommen wird.[131] Diese Lösung entspreche der Ausgleichsfunktion der Erfolgsortanknüpfung.[132] Solle ein aus einer Persönlichkeitsrechtsverletzung erlittener Schaden ausgeglichen werden, könne dies nur geschehen, wenn *jede* Schadensposition an allen Verletzungsorten – und sei sie noch so geringfügig – Berücksichtigung findet.

Andere Stimmen wollen die Zahl der relevanten Erfolgsorte dagegen begrenzen. Im Interesse der Rechtssicherheit soll allein der Wohnsitz bzw. gewöhnliche Aufenthalt des Betroffenen maßgeblich sein.[133] Begründet wird dies mit der Vermutung, dass der Verletzungserfolg am gewöhnlichen Aufenthalt einer Person am tiefgreifendsten sei. Danach ist es ausreichend und sachgerecht, das Recht desjenigen Staates anzuwenden, in dem der Betroffene seinen sozialen und beruflichen Lebensmittelpunkt hat.[134]

---

130 *Looschelders*, ZVglRWiss 95 (1996), 48 (77 f.).

131 *BGH*, BGHZ 131, 332 (335); *OLG Hamburg*, ZUM 1995, 878 (881); *Junker* in MünchKomm BGB (2010), Art. 40 EGBGB Rn. 77; *Kropholler*, IPR (2006), S. 542; *Kegel/Schurig*, IPR (2004), S. 732; *Looschelders*, ZVglRWiss 95 (1996), 48 (77); *R. Wagner*, IPR bei Persönlichkeitsrechtsverletzungen (1986), S. 78; *Riegl*, Streudelikte im IPR (1986), S. 44; *Beitzke*, Freiburger Kolloquium (1979), S. 54 (56).

132 Vgl. *Junker* in MünchKomm BGB (2010), Art. 40 EGBGB Rn. 4; *v. Hoffmann*, in Staudinger BGB (2001), Art. 40 EGBGB Rn. 4; *Deutsch*, Haftungsrecht I (1976), S. 68 ff. jeweils m.w.Nachw.

133 *OLG Oldenburg*, NJW 1989, 400; *Neu*, Persönlichkeitsrechtsverletzungen (2002), S. 110; *v. Hoffmann*, in Staudinger BGB (2001), Art. 40 EGBGB Rn. 61; *v. Hinden*, Persönlichkeitsverletzungen (1999), S. 186; *Ehmann/Thorn*, AfP 1996, 20 (23); *Schwiegel-Klein*, Persönlichkeitsrechtsverletzungen (1983), S. 82; *Heldrich*, Persönlichkeitsverletzungen (1983), S. 361 (377).

134 Auch unter den Verfechtern des Verbreitungsortes finden sich Stimmen, die die Vielzahl der Verbreitungsorte reduzieren wollen. So plädiert *Kropholler* dafür, nur vorhersehbare Erfolgsorte zu berücksichtigen; *Kropholler*, IPR (2006), S. 542. Ähnlich sehen es *Looschelders*, ZVglRWiss 95 (1996), 48 (78) und *v. Bar*, IPR II (1991), § 6 Rn. 662, die eine *»regelmäßige«* bzw. *»nennenswerte«* Verbreitung des Mediums verlangen.

bb) Differenzierte Betrachtung

Die genannten Auffassungen kommen zu unterschiedlichen Ergebnissen hinsichtlich der Lokalisierung und Eingrenzung des relevanten Erfolgsortes. Gemeinsam ist ihnen allerdings, dass sie nicht nach Persönlichkeitsgütern differenzieren, sondern einen einheitlichen Erfolgsort für sämtliche dieser Güter annehmen. Ein solches Vorgehen mag durchaus im Sinne einer schnellen und effizienten Rechtsfindung sein – aus demselben Grund wird auch bei der materiellen Prüfung mitunter auf eine genaue Abgrenzung der einzelnen Rechte verzichtet. Den kollisionsrechtlichen Interessen der Parteien, insbesondere des Beklagten, wird dies jedoch nicht gerecht. Es kann sehr wohl einen Unterschied machen, ob durch eine mediale Veröffentlichung die persönliche Ehre eines Menschen und damit ein Kerngrundrecht verletzt oder (nur) das wirtschaftliche Verwertungsinteresse als rein vermögensbezogenes Recht beeinträchtigt ist. Die persönlichen und räumlichen Wirkungen der Verletzung sind in diesen Fällen offenkundig verschieden. Für alle Persönlichkeitsmerkmale einen identischen Erfolgsort anzunehmen, erscheint nicht sachgerecht.

Im Folgenden soll der Erfolgsort daher für jedes in dieser Arbeit behandelte Rechtsinteresse gesondert ermittelt werden. Die Prüfung ist dabei allein an tatsächlichen Verletzungswirkungen orientiert, beispielsweise dem konkreten Ansehensverlust einer Person gegenüber einer bestimmten Öffentlichkeit. Darüber hinausgehende (z.B. prozessökonomische oder Praktikabilitäts-)Erwägungen bleiben daher zunächst unberücksichtigt. Sie kommen erst bei der rechtlichen Umsetzung der erlangten Erkenntnisse zum Tragen.[135]

(1) Ort der Verletzung des privaten Lebensbereichs

Der Schutz des privaten Lebensbereichs ist darauf gerichtet, dem Einzelnen eine Sphäre der Abgeschiedenheit und des Alleinseins zu gewähren, in der er sich frei von äußeren Einflüssen bewegen kann. Im Zentrum steht der Wunsch, privaten Aktivitäten und Bedürfnissen autonom und von der Öffentlichkeit unbeobachtet nachgehen zu können. Dem Betroffenen geht es also darum, Eingriffe in den privaten Lebensbereich von vornherein abzuwehren. Die spätere Veröffentlichung ist aus seiner Sicht nur noch eine

135 Siehe im Einzelnen dazu Teil 3: C.

Nebenfolge.[136] Dabei ist das Geheimhaltungsinteresse des Betroffenen nicht auf einen bestimmten Ort beschränkt; entscheidend für den Betroffenen ist, dass überhaupt eine private Angelegenheit verbreitet wurde. Vorgänge im eigenen Haus sind aus seiner Sicht ebenso schützenswert wie das Sonnenbad am Strand oder ein Besuch beim Arzt.[137]

Diese Erwägungen machen deutlich, dass der Schutz des privaten Lebensbereichs räumlich und ideell eng mit der Person verbunden ist. Rechtsverletzungen wirken unmittelbar am Ort des Geschehens, weil gerade dort die individuelle Sphäre gestört ist. Die anschließende Veröffentlichung in den Medien vermag das Unrecht zwar regelmäßig noch zu vertiefen, dies ändert aber nichts daran, dass der eigentliche Übergriff bereits vorher, am Aufenthaltsort des Betroffenen, stattgefunden hat. Andere Orte wie der Verbreitungsort oder der gewöhnliche Aufenthaltsort (i.S. des Lebensmittelpunktes) gehen daher am Kern der Rechtsverletzung vorbei und sind als Erfolgsort ungeeignet. Wird beispielsweise ein deutscher Urlauber in seinem Hotelzimmer heimlich gefilmt, kann der Erfolgsort nicht davon abhängen, wohin die Bilder später verbreitet werden (Verbreitungsort) oder wo die Person beheimatet ist (gewöhnlicher Aufenthaltsort). Dies wird umso deutlicher, wenn man sich vorstellt, dass seinem französischen Zimmernachbarn das gleiche Unrecht widerfährt. In beiden Fällen sind das Schutzinteresse und die Auswirkungen des Eingriffs zweifelsohne identisch, so dass auch dieselbe (kollisions- und sach-)rechtliche Bewertung geboten ist. Die Staatsangehörigkeit oder Herkunft des Betroffenen müssen hier ebenso außer Betracht bleiben wie Fragen zum späteren Verbreitungsgebiet. Hierfür spricht nicht zuletzt auch die Erwartungshaltung der Parteien: Auf der einen Seite darf der Verletzte den Schutz seiner Privatsphäre nur insoweit annehmen, wie es die Regelungen des Staates vorsehen, in dem er sich aufhält. Er kann nicht davon ausgehen, sein Heimatrecht *»wie unter einer Käseglocke«*[138] bei sich zu führen. Auf der anderen Seite muss der Verletzer darauf vertrauen können, dass nur diejenigen Vorschriften Anwendung finden, in deren Geltungsbereich sein Eingriff in die Privatsphäre tatsächlich erfolgt ist. Der Erfolgsort ist daher stets an

---

136 Da es auf die Sicht des Geschädigten ankommt, ist von dem zweigliedrigen Verletzungsakt – Eingriff in den Privatbereich einerseits, die spätere Veröffentlichung andererseits – folglich nur die erste Stufe relevant. Anders beim Handlungsort, bei dem es auf die Veröffentlichung ankommt, siehe vorstehend unter C. II. 2. a) cc).

137 Zum Ganzen siehe vorstehend Teil 1: B. III. 1. a).

138 *Looschelders*, ZVglRWiss 95 (1996), 48 (76).

dem Ort zu lokalisieren, an dem der Privatbereich im konkreten Fall gestört wurde.[139]

(2) Ort der Verletzung der persönlichen Ehre

Während der Schutz des privaten Lebensbereichs dem Verlangen Rechnung trägt, sich aus der Öffentlichkeit zurückziehen zu können – *»sich selber zu gehören«*[140] –, verfolgt der Ehrschutz das Ziel, das Ansehen und den guten Ruf nach außen zu wahren. Es geht weniger um das *Ob* der Darstellung in der Öffentlichkeit als um die Frage, *wie* die Person in den Medien präsentiert wird. Der Einzelne hat ein Interesse daran, dass sein Bild und seine Leistungen nicht verunglimpft, verfälscht oder entstellt werden. Dieses Interesse besteht aber nicht nur bestimmten Personen, sondern der gesamten Öffentlichkeit gegenüber. Ebenso wenig ist es auf den Wohnsitz oder den derzeitigen oder gewöhnlichen Aufenthaltsort des Geschädigten beschränkt. Eine Ehrverletzung ist daher überall dort gegeben, wo die Äußerung verbreitet und wahrgenommen wurde. Daran ändert auch nichts, dass die Wirkungen einer Äußerung lokal unterschiedlich ausfallen können, etwa je nach Bekanntheitsgrad der Person oder der Verkehrsauffassung einer Bevölkerung. Denn selbst wenn die Beeinträchtigung mancherorts stärker ausfällt, rechtfertigt dies keine Verdrängung anderer, weniger betroffener Erfolgsorte. Relevant ist damit jeder Verbreitungsort, an dem das Ansehen und das Bild einer Person beeinträchtigt sind.[141]

Diese Lösung hat sich zweierlei Einwänden zu stellen: Zunächst wird gelegentlich darauf hingewiesen, dass im modernen Medienbetrieb nicht jeder Verbreitungsort vorhersehbar, eine Eingrenzung des Erfolgsortbegriffs deshalb zugunsten der Rechtssicherheit notwendig sei.[142] Der Ein-

---

139 So auch *Looschelders*, ZVglRWiss 95 (1996), 48 (77), der seine Ansicht allerdings nicht auf den Schutz des privaten Lebensbereiches beschränkt, sondern irrigerweise auch auf andere Persönlichkeitsbereiche, etwa den Ehrschutz, bezieht. Hierzu sogleich unter (2).

140 Vgl. den Nachw. in Teil 1: Fn. 131.

141 So auch *v. Hoffmann*, in Staudinger BGB (2001), Art. 40 EGBGB Rn. 61; *G. Wagner*, RabelsZ 62 (1998), 243 (273 f.); *Beitzke*, SchwJb 35 (1979), 93 (110); *Delachaux*, Anknüpfung der Obligationen (1960), S. 181.

142 Zur Problematik siehe nur *v. Hinden*, Persönlichkeitsverletzungen (1999), S. 94 ff. m.w.Nachw.

wand ist jedoch schnell überwunden: Zwar ist insoweit zuzugeben, dass ein bloß zufälliger Verletzungserfolg nicht als Erfolgsort gelten darf.[143] Es ist aber bereits fraglich, ob bei medialen Veröffentlichungen überhaupt von einem zufälligen – i.S. eines unvorhersehbaren – Verbreitungsort gesprochen werden kann. Denn dem Äußernden dürfte es gerade darauf ankommen, einen möglichst weiten Empfängerkreis zu erreichen. Überdies ist die Vorhersehbarkeit kein kollisionsrechtliches Kriterium, sondern im materiellen Recht zu behandeln.[144] Einer Qualifizierung als Erfolgsort stehen (vermeintlich) unvorhersehbare Verbreitungsorte jedenfalls nicht entgegen.

Als zweiter Einwand wird vorgebracht, dass bei Maßgeblichkeit jedes Verbreitungsortes erhebliche rechtspraktische Probleme aufträten.[145] Hintergrund ist die Überlegung, dass eine mediale Äußerung eine Vielzahl von Verbreitungsorten mit ebenso vielen anwendbaren Rechtsordnungen begründet. Eine schnelle und effektive Rechtsdurchsetzung sei dann unmöglich.[146] Wie eingangs erwähnt, sind derartige Erwägungen jedoch deplatziert. Vorliegend geht es allein um die Feststellung des Erfolgsortes, die sich allein an tatsächlichen Kriterien orientiert. Rechtliche Erwägungen, auch rechtspraktischer Art, bleiben an dieser Stelle außen vor. Ob die Maßgeblichkeit jedes Verbreitungsortes dann tatsächlich als Anknüpfung einer europäischen Kollisionsnorm taugt, steht auf einem anderen Blatt, das erst an späterer Stelle aufzudecken ist.[147]

(3) Ort der Verletzung des wirtschaftlichen Verwertungsinteresses

Auch in der letzten untersuchten Fallgruppe hängt der Ort der Verletzung von den spezifischen Eigenschaften des Rechtsgutes ab. Als Teil des allgemeinen Persönlichkeitsrechts ist der Schutz des wirtschaftlichen Ver-

---

143 In diesem Sinne auch *BGH*, NJW 1977, 1590, der als (zuständigkeitsrechtlichen) Verbreitungsort nur solche Gebiete ansieht, die der Äußernde *»nach seinen Intentionen auch wirklich erreichen will oder in [denen] er mit einer Verbreitung rechnen muss.«*

144 *Spickhoff*, in Bamberger/Roth BGB (2012), Art. 40 EGBGB Rn. 37; *Looschelders*, ZVglRWiss 95 (1996), 48 (72); *Riegl*, Streudelikte im IPR (1986), S. 178 f.; *Beitzke*, Freiburger Kolloquium (1979), S. 54 (58).

145 Vgl. Näheres in Teil 3: B. III. 1. a) sowie C. I.

146 Vgl. die Nachw. in Teil 3: Fn. 124.

147 Vgl. dazu Teil 3: C. I.

wertungsinteresses darauf gerichtet, Selbstbestimmung des Einzelnen über seine kommerzielle Darstellung zu erhalten. Es soll jeder selbst berechtigt sein, die aus seiner Bekanntheit und Reputation resultierende Möglichkeit der Vermarktung zu nutzen und wirtschaftliche Vorteile daraus zu ziehen. Das Ziel ist allerdings nicht, die kommerzielle Veröffentlichung als solche zu verhindern, sondern einen geldwerten Ersatz hierfür zu erlangen. Darin liegt der grundlegende Unterschied zu den immateriellen Rechtsgütern Privatsphäre und Ehre, die sich gerade gegen den Inhalt der Veröffentlichung richten. Aus dem Grund ist hier ein differenzierter Ansatz für die Bestimmung des Erfolgsortes geboten.

Wenn soeben gesagt wurde, dass das wirtschaftliche Persönlichkeitsrecht auf dem Gedanken der Selbstbestimmung beruht, wird damit nur die dogmatische Seite zum Ausdruck gebracht. Konkret geht es dem Betroffenen letztlich allein um den materiellen Ausgleich für die Rechtsverletzung. Wird ohne Erlaubnis sein Bild, Name oder ein sonstiges Personenmerkmal durch einen Dritten kommerzialisiert, beeinträchtigt dies weniger sein Selbstbestimmungsrecht und die Möglichkeit, sich zu entfalten, als vielmehr seine finanziellen Belange.[148] Erst wenn die Darstellung anstößig und beleidigend wird, erreicht sie eine immaterielle Dimension, die den Kern seiner Persönlichkeit berührt. In einem solchen Fall wäre die Handlung dann unter dem Aspekt der Ehrverletzung zu beurteilen.

Soweit also rein wirtschaftliche Interessen in Rede stehen, sind personenbezogene Kriterien für die Bestimmung des Erfolgsortes unbeachtlich. Keine Bedeutung haben demzufolge die Staatsangehörigkeit und der Aufenthaltsort des Betroffenen im Zeitpunkt der Verletzung. Auch auf den Ort der Verwertung als rein täterbezogenes Moment kann es vorliegend nicht ankommen. Der Erfolgsort hat, seiner Entschädigungsfunktion entsprechend, sich allein an den Verletzungswirkungen bei dem Betroffenen zu orientieren.[149] Bedenkt man also, dass eine unerlaubte Kommerzialisierung stets Vermögenseinbußen beim Betroffenen bewirkt, kommt als Erfolgsort nur der Ort in Betracht, an dem der Betroffene seinen finanziellen Lebensmittelpunkt hat. Dies dürfte regelmäßig der Wohnsitz oder gewöhnliche Aufenthaltsort sein. Hier ist seine *»Vermögenszentrale«*[150] ge-

---

148 *Götting*, Persönlichkeitsrechte (1995), S. 266; *Schlechtriem*, in FS Hefermehl (1976), S. 445 (465).

149 Vgl. vorstehend unter C. I.

150 *v. Hoffmann*, in Staudinger BGB (2001), Art. 40 EGBGB Rn. 282; *Delachaux*, Anknüpfung der Obligationen (1960), S. 181.

legen, in die die Einnahmen einer entgeltlichen Verwertung geflossen wären.

D. Internationales Deliktsrecht in Frankreich

Die Erörterung des Internationalen Deliktsrechts beginnt mit einem geschichtlichen Überblick, um darauf aufbauend die heutige Rechtslage für den Bereich der Persönlichkeitsrechtsverletzungen zu erfassen und zu bewerten.

I. Geschichtlicher Hintergrund

Die Entwicklung des Internationalen Privatrechts in Frankreich beginnt bereits im ausgehenden 18. Jahrhundert im Zuge der Arbeiten zum *Code civil.*[151] Der schließlich 1804 eingeführte Art. 3 C.civ. sieht für bestimmte Auslandsfälle den Territorialitätsgrundsatz vor und stellt damit die älteste noch in Kraft befindliche Kollisionsnorm in Europa dar. Nach Abs. 1 der Vorschrift unterstehen alle Bürger, die in Frankreich leben, den dortigen *lois de police et de sureté*, ungeachtet ihrer Staatsangehörigkeit oder ihres Wohnsitzes.[152] Zu diesen Gesetzen zählten nach damaliger Auffassung auch die deliktsrechtlichen Vorschriften.[153] Daraus ergab sich seit den Anfängen die Geltung der »kleinen« Tatortregel: alle auf französischem Boden begangenen Delikte wurden nach französischem Recht behandelt.

In der Folgezeit kam man zu der Überzeugung, dass der einseitig gefasste Art. 3 C.civ. zur allseitigen Kollisionsnorm ausgeweitet und das Territorialitätsprinzip auf alle, auch außerhalb Frankreichs begangenen Delikte angewandt werden müsse.[154] Unerlaubte Handlungen sollten stets dem Recht des Begehungsortes unterfallen. Begründet wurde die Auffas-

---

151 Vgl. *Lainé*, Rev. de dip et de dr. pén. int. 1 (1905), 21 u. 443.

152 Art. 3 (1) C.civ.: *»Les lois de police et de sûreté obligent tous ceux qui habitent le territoire.«* Ausführlich zur Vorschrift *Lainé*, Rev. de dip et de dr. pén. int. 1 (1905), 21 (24 ff.).

153 Vgl. *Niboyet*, Manuel de dip (1928), Rn. 490; *Crémieu*, Répert. dr. int. 5 (1929), 491 (492); *Savatier*, Cours de dip (1953), Rn. 290.

154 *Fœlix/Demangeat*, Traité du dip II (1856), Rn. 573; *Audinet*, Principes du dip, (1906), Rn. 402; *Despagnet*, Précis de dip (1909), Rn. 322; *Crémieu*, Répert. dr. int. 5 (1929), 491 (493).

sung vor allem mit der Erwägung, dass ein Staat sein Deliktsrecht selbst festzulegen habe, da jedes Recht auf den spezifischen Gepflogenheiten und Bedürfnissen seiner Bürger beruhe. Auch sah man es als Ausdruck staatlicher Souveränität an, über Recht- und Unrechtmäßigkeit von Handlungen, die auf eigenem Territorium stattfänden, zu bestimmen.[155] Mit diesem Vorstoß griffen die Autoren einen aus früheren Zeiten in Frankreich und weiten Teilen Europas bekannten Grundsatz des Internationalen Deliktsrechts wieder auf: Seit dem 12. und 13. Jahrhundert, als das Deliktsrecht noch strafrechtlich interpretiert wurde, war es nahezu unstreitig gewesen, Verhaltensverstöße der *lex loci delicti* zu unterstellen.[156] Es sollte stets das Recht des Ortes gelten, der typischerweise am stärksten betroffen ist.

Nur sehr zögerlich nahmen die Gerichte – *»souvent confuse[s] à l'origine«*[157] – den Vorschlag des Schrifttums an. Bis Ende des 19. Jahrhunderts erließen sie sowohl Entscheidungen auf Grundlage der *lex loci delicti*[158] als auch solche, die der *lex fori* (zumindest in Teilen) folgten.[159] Es dauerte weitere fünf Jahrzehnte, ehe die Tatortregel uneingeschränkte Anerkennung fand: In einer Entscheidung aus dem Jahr 1948 legte die *Cour de cassation* erstmals die allgemeine Geltung des Tatortrechts fest.[160] Das Gericht hatte über die Schadensersatzklage einer Frau zu entscheiden, deren französischer Ehemann bei einem Verkehrsunfall in Spanien ums Leben gekommen war. Zu der Frage, welche Rechtsordnung dem Verfahren zugrundeliege, stellte es fest: *»en droit international privé la loi territoriale compétente pour régir la responsabilité civile extracontractuelle de la personne [...] est la loi du lieu où le délit a été commis.«*[161] Die Richter lehnten folglich einen Anspruch nach französischem

---

155 *Fœlix/Demangeat*, Traité du dip II (1856), Rn. 573.

156 Ausführlich zur Entwicklung der Tatortregel in Frankreich und Europa *Kadner Graziano*, Gemeineuropäisches IPR (2002), S. 131 ff.; siehe auch *Batiffol/Lagarde*, Dip I (1993), Rn. 284, die die Tatortregel als *»jahrhundertealte Tradition« (tradition séculaire)* beschreiben. Vgl. auch die Ausführungen zum deutschen Recht unter C. I.

157 *Bourel*, Conflits de lois (1961), S. 25.

158 *Cour cass.*, S 1891, 1, 509; JDI 23 (1896), 130 (136 f.); *CA Aix-en-Provence*, S 1893, 2, 201; *CA Paris*, JDI 28 (1901), 128.

159 *Cour cass.*, S 1894, 1, 481; *CA Montpellier*, S 1873, 2, 165; wohl auch *CA Aix-en-Provence*, S 1857, 2, 721; *CA Paris*, JDI 10 (1883), 145.

160 *Cour cass.*, Rev. crit. dip 38 (1949), 89 m.Anm. *Batiffol*.

161 *Cour cass.*, Rev. crit. dip 38 (1949), 89 (90).

Recht ab.[162] Damit hatte sich die Tatortregel nun auch auf höchstrichterlicher Ebene durchgesetzt; spätere Urteile bestätigten die Haltung des Kassationshofs.[163]

Obwohl – oder gerade weil – die Rechtsprechung feste Kriterien für das Internationale Deliktsrecht entwickelte, ist der französische Gesetzgeber auf diesem Feld bislang untätig geblieben. Wiederholte Versuche, eine eigenständige Kollisionsnorm zu verabschieden, scheiterten frühzeitig.[164] Damit werden grenzüberschreitende Persönlichkeitsrechtsverletzungen anders als in Deutschland[165] weiterhin durch Richterrecht bestimmt.

II. Heutige Rechtslage

Im französischen Deliktskollisionsrecht erfolgt die heutige Anknüpfung somit ausschließlich nach der Tatortregel. Zunächst soll die Auslegung und Anwendung der Regel im Allgemeinen und anschließend für den Bereich der Persönlichkeitsrechtsverletzungen im Speziellen erörtert werden.

---

162 Bereits einige Jahre zuvor hatte der Kassationshof in einem oft genannten Urteil das verfahrensgegenständliche Delikt zwar dem Recht des Begehungsortes zugeordnet, *Cour cass.*, S 1936, 1, 161 (164): »*Que cette atteinte à l'ordre public impose, en ce qui touche le fait délictueux et ses conséquences, l'application de la loi nationale du lieu du délit quelle que soit la nationalité de l'auteur du délit [...] et quelles que soient les dispositions des lois du pays dont il relève.*« – zitiert aus dem Urteil der *CA Douai* (JDI 63 (1936), 142), das vom Kassationshof bestätigt wurde. Die Reichweite des Urteils ist aber begrenzt: Die *lex loci delicti*, hier das französische Recht, wurde vorliegend nicht auf Grundlage der Tatortregel angewandt, sondern allein wegen Verletzung des französischen *ordre public*. Wird dieser verletzt, ist stets nach französischem Recht zu entscheiden. Welche Rechtsordnung also Anwendung findet, wenn der *ordre public* nicht berührt ist, etwa bei Delikten im Ausland, sagt die Entscheidung nicht.

163 Aus der Vielzahl der Entscheidungen der *Cour cass.* siehe etwa D 1963 jur 241; JCP 1965 IV 81; JCP 1968 II 15456; JCP 1968 II 16145; no. 70-12307; JDI 104 (1977), 91; no. 94-16861.

164 Siehe die Entwürfe der *Commission de Réforme du Code civil* von 1950 und 1952 (abgedruckt in Rev. crit. dip 38 [1950], 111 und Rev. crit. dip 41 [1952], 179) sowie die Entwürfe *Batiffols* von 1959 und 1967 (abgedruckt in Rev. crit. dip 59 [1970], 832); hierzu ausführlich *Simon-Depitre*, Liber Memorialis François Laurent (1989), S. 1039 ff.

165 Vgl. Art. 40 EGBG; siehe dazu vorstehend unter C. II.

1. Grundsatz der Tatortregel

Während sich die Auslegung und Anwendung der Tatortregel in Deutschland als ein Gemeinschaftsprodukt von Gesetzgeber,[166] Rechtsprechung[167] und geschädigtem Kläger[168] darstellt, wurden diese Aufgaben in Frankreich allein von der Rechtsprechung übernommen. Sowohl die Frage, was als Tatort anzusehen ist, als auch, welcher im Falle mehrerer Tatorte maßgeblich ist, haben die Gerichte selbstständig beantwortet.

a) Allgemeine Systematik

Eine den Art. 40 ff. EGBGB vergleichbare Systematik zur Lösung internationaler Deliktsfälle ist dem französischen Recht fremd. Die Tatortregel wird dort als alternativlos betrachtet und ohne Ausnahmen angewandt.[169] Ein Ausweichen auf den gemeinsamen Aufenthaltsort der Beteiligten oder eine andere engere Verbindung[170] im Einzelfall ist nicht vorgesehen.[171] Zwar ist die Rechtsprechung ebenso bestrebt, das Recht mit der engsten Verbindung zum Schadensereignis auszuwählen.[172] Diesem Grundsatz glaubt sie aber bereits durch die Tatortregel in vollem Umfang gerecht zu werden.

---

166 Siehe Art. 40 Abs. 1 EGBGB, der als Tatort sowohl den Handlungsort (S. 1) als auch den Erfolgsort (S. 2) bestimmt; vgl. vorstehend unter C. II. 1.

167 Vgl. vorstehend unter C. II. 2. (am Bsp. der Persönlichkeitsrechtsverletzungen).

168 Durch Ausübung des Wahlrechts nach Art. 40 Abs. 1 S. 2 EGBGB kann der Kläger selbst festlegen, das Recht welchen Tatortes maßgeblich sein soll.

169 So etwa *Batiffol/Lagarde*, Dip I (1993), Rn. 285: »*La soumission des délits à la loi du lieu où ils ont été commis s'explique simplement par le fait que ce rattachement est, de manière générale, le seul qu'offre objectivement la matière.*« Ähnlich *Mayer/Heuzé*, Dip (2007), Rn. 678; *Batiffol*, Rev. crit. dip 38 (1949), 91 (92).

170 Vgl. Art. 40 Abs. 2 und Art. 41 EGBGB.

171 Dies zeigt sich insbesondere im erwähnten Grundsatzurteil des Kassationshofs (vgl. in Fn. 160): An dem dort entschiedenen Rechtsstreit waren zwei französische Staatsbürger beteiligt. Weil die Rechtsverletzung aber in Spanien stattgefunden hatte, sollte allein spanisches Recht anwendbar sein.

172 Etwa *Cour cass.*, Rev. crit. dip 96 (2007), 405 m.Anm. *Bureau*; JCP (G) 1999 II 10183 m.Anm. *Muir Watt*: »*les liens les plus étroits avec le fait dommageable.*«

Die Haltung des Kassationshofs wird von Teilen des Schrifttums kritisiert.[173] Die strikte Anknüpfung an den Tatort sei zu unflexibel, bringe mitunter zufällige Ergebnisse und laufe so dem Grundanliegen des Kollisionsrechts zuwider. Zudem sei bei Delikten, die sich über mehrere Staaten erstreckten *(délits complexes)*, die Tatortsuche oftmals schwierig. So seien Fälle denkbar, in denen entweder kein oder gleich mehrere Tatortrechte in Frage kämen.[174] Andere Kriterien wie die Nationalität oder der Wohnsitz seien dagegen praktikabel und vorhersehbar.[175] Auch aus Reihen der Instanzgerichte wurden Bedenken geäußert. Um der höchstrichterlichen Rechtsprechung aber nicht offensichtlich entgegenzutreten, versuchte man, etwa über eine Beweislastumkehr oder die Qualifizierung als Vertragsverletzung die Tatortregel zu umgehen.[176]

Trotz dieser Einwände hält die *Cour de cassation* bis heute an ihrer Rechtsprechung fest.[177] Aus ihren Urteilen geht hervor, dass die Anknüpfung an den Tatort am ehesten den Erwartungen der Parteien entspreche. Zudem ließen sich Umfang und Reichweite der Haftung nicht an persönlichen Merkmalen der Beteiligten ausmachen, sondern nur am Tatort selbst. Das Gericht stellt sich damit in Opposition zu einer seit längerem zu beobachtenden Entwicklung in Europa, die sich vom strengen Grundsatz der *lex loci delicti* zunehmend abwendet.[178] So sind inzwischen mehrere Staaten dazu übergegangen, ihr Internationales Deliktsrecht in einzelne, den Besonderheiten des jeweiligen Deliktstyps entsprechende Anknüpfungstatbestände zu untergliedern.[179] Dies zeigt, dass in Frankreich auch[180] auf

---

173 *Clavel*, Dip (2009), Rn. 1017; *Bureau/Muir Watt*, Dip II (2007), Rn. 983; *Bourel*, Conflits de lois (1961), S. 29 ff.; *Mazeaud*, Traité III (1960), Rn. 2239 f. jeweils m.w.Nachw.

174 *Mazeaud*, Traité (1960), Rn. 2239-2.

175 Vgl. die Nachweise bei *Kadner Graziano*, Gemeineuropäisches IPR (2002), S. 147 ff.

176 Vgl. die ausführlichen Nachweise bei *Batiffol/Lagarde*, Dip II (1983), Rn. 557 Anm. 3-6.

177 Insofern sollte auch *Bourel*, Conflits de lois (1961), S. 25 f. mit seiner Voraussage Recht behalten, das Grundsatzurteil aus dem Jahr 1948 habe die zukünftige Rechtsprechung endgültig besiegelt: »*Les termes [...] dans l'arrêt du 25 mai 1948 peuvent être considérés comme fixant définitivement la jurisprudence française en ce sens.*«

178 *Bureau/Muir Watt*, Dip II (2007), Rn. 984.

179 Zum deutschen Recht siehe nur *v. Bar*, IPR II (1991), § 6 Rn. 652 f. Zum englischen Recht siehe sogleich unter E. II. 1.

180 Vgl. insoweit den Befund zum materiellen Recht in Teil 1: C. IV.

internationalprivatrechtlicher Ebene ein traditionsgebundenes Rechtsverständnis vorherrscht.

b) Bestimmung des Tatortes durch die Rechtsprechung

Gilt in Frankreich somit die Tatortregel, ist auch hier zunächst zu prüfen, wo der *locus delicti* belegen ist. Die dafür maßgebliche Frage, was unter der *»engsten Verbindung«*[181] zu verstehen ist, wird zwischen den Gerichten und im Schrifttum unterschiedlich beantwortet. Nach dem genannten Grundsatzurteil, in dem die *Cour de cassation* das Tatortprinzip endgültig angenommen hatte, hat die Rechtsprechung ein klares Bekenntnis für den einen (den Handlungs-) oder anderen (den Erfolgs-)Ort lange Zeit vermieden. In allen Instanzen finden sich sowohl Urteile, die ersterer Lösung folgen,[182] als auch solche, die letztere Anknüpfung bevorzugen.[183] Trotz der offenkundigen Differenzen sahen sich die Gerichte aber nicht dazu veranlasst, ihre Ansichten zu begründen, um so eine Grundlage für spätere Entscheidungen zu schaffen.[184] Daher wundert es kaum, dass die Äußerungen der Gerichte widersprüchlich interpretiert wurden.[185]

Im Schrifttum selbst wurde die deliktische Anknüpfung ebenfalls kontrovers diskutiert: Zunächst hielt man überwiegend den Handlungsort für

---

181 Vgl. die Nachw. in Fn. 172.

182 *Cour cass.*, Rev. crit. dip 77 (1988), 546; D 1977 jur 257; Rev. crit. 38 (1949), 89; *CA Paris*, Rev. crit. dip 53 (1964), 332; JDI 122 (1995), 952; *CA Nîmes*, no. 2000/5161; *TGI Seine*, Rev. crit. dip 58 (1969), 474; JCP 1966, II, 14585; *TGI Paris*, D 1970 jur 780; *TI Châteaudun*, Gaz. Pal. 1974, 1, somm. 38.

183 *Cour cass.*, JDI 111 (1984), 123; *CA Paris*, Urt. v. 7.03.1988, unveröff. (zit. nach *Bourel*, Rev. crit. dip 77 (1988), 548 [552]); *TGI Paris*, Rev. crit. dip 72 (1983), 671; Rev. crit. dip 72 (1983), 672; Rev. crit. dip 67 (1978), 132. Sofern diese Urteile vom Schadensort sprechen *(»lieu où le dommage s'est réalisé«)*, ist darunter wohl der Erfolgsort zu verstehen. Hierfür spricht die Tatsache, dass die Frage indirekter Schadensfolgen, die nach deutscher Lesart am Schadensort entstehen, dort an keiner Stelle erörtert wird. Der Begriff *dommage* meint folglich immer den direkten Schaden am *Erfolgs*ort.

184 Siehe dazu bereits Teil 1: C. III. 3. a), insbesondere die Nachw. in Fn. 493.

185 So wird unter der häufigen Formulierung *»loi du lieu où le fait dommageable s'est produit«* teilweise das Recht des Handlungsortes verstanden (etwa *Viney*, JCP (G) 2000 I 197 mit Verweis auf *Cour cass.*, Rev. crit. dip 1987, 584; *Chabas*, JCP 1979 II 19082 mit Verweis u.a. auf *Cour cass.*, JCP 1968 II 15456), teilweise das Recht des Erfolgsortes (etwa *Malaurie*, D 1967 jur 629 ebenfalls mit Verweis auf *Cour cass.*, JCP 1968 II 15456).

maßgeblich.[186] Die Vertreter stellten dabei auf die präventive Natur des Deliktsrechts ab, die das soziale Gefüge gerade am Ort des Geschehens erhalten wolle. Die Handlung als Ausgangspunkt des Delikts stehe gesamtbetrachtet im Vordergrund.[187] In späterer Zeit wurde zunehmend an den Erfolgsort angeknüpft mit der Begründung, der Schwerpunkt des Haftungsrechts liege in seiner Ausgleichsfunktion.[188] Zur Begründung wurde meist auf das Regime der verschuldensunabhängigen Haftung verwiesen: Dort zeige sich, dass im Deliktsrecht der Kompensationsgedanke überwiege.

Aus alledem ergibt sich, dass die Auslegung der Tatortregel letztlich allein vom dogmatischen Verständnis des materiellen Haftungsrechts abhing. Die uneinheitliche Rechtsprechung tat ihr Übriges, um die unklare Rechtslage zu erhalten. Im Jahr 1997 traf die *Cour de cassation* schließlich eine wegweisende Entscheidung, die das Internationale Delikts- und Persönlichkeitsrecht in Frankreich seither bestimmt.[189] Dem Verfahren lag die Veröffentlichung zweier Zeitungsartikel zugrunde, die in den USA verfasst, von dortigen Verlagen publiziert und ganz überwiegend dort verbreitet worden waren. Der Kläger, ebenfalls ein amerikanischer Verleger, sah in den Artikeln eine Verunglimpfung und einen Verstoß gegen das Verbot vergleichender Werbung. Zu Beginn wiederholten die Richter die Geltung der Tatortregel: *»La loi applicable à la responsabilité extracontractuelle est celle de l'État du lieu où le fait dommageable s'est produit.«*[190] Dem folgte schließlich die lang erwartete Präzisierung, die den Streit um die Auslegung der Tatortregel beenden sollte: *»ce lieu s'entend aussi bien de celui du fait générateur du dommage que du lieu de réalisation de ce dernier.«*[191] Damit war als *locus delicti* nicht mehr – je nach Auffassung – nur der Handlungsort[192] oder nur der Erfolgsort zu verste-

---

186 *Bartin*, Principes de dip II (1932), S. 416 f.; *Lerebours-Pigeonnière*, Précis de dip (1934), Rn. 252; *ders.*, D 1948 jur 357 (359 f.); *Hubert*, Socialisation (1947), S. 110 ff. Rn. 87-1; *Vasseur*, JCP 1948 II 4542; *Batiffol*, Rev. crit. dip 38 (1949), 91 (93); *Bourel*, Conflits de lois (1961), S. 88.

187 *Bourel*, Conflits de lois (1961), S. 72.

188 *Vignal*, Dip (2005), Rn. 357; *Bureau/Muir Watt*, Dip I (2007), Rn. 985; *Mayer/Heuzé*, Dip (2007), Rn. 685; *Batiffol/Lagarde*, Dip II (1983), Rn. 561. Zur Entwicklung von der verhaltensbezogenen zur ausgleichsbezogenen Interpretation des Haftungsrechts in Frankreich *Lambert-Faivre*, Rev. trim. dr. civ. 1987, 1.

189 *Cour cass.*, Rev. crit. dip 86 (1997), 504.

190 *Cour cass.*, Rev. crit. dip 86 (1997), 504 (505).

191 *Cour cass.*, Rev. crit. dip 86 (1997), 504 (505).

192 So noch die Vorinstanz *CA Paris*, JDI 122 (1995), 952.

hen, sondern es kamen nunmehr beide Orte als Anknüpfungspunkt in Betracht. Weder der eine noch der andere Ort sollte a priori vorrangig sein.[193] Die Geltung von Handlungs- *und* Erfolgsortrecht erinnert durchaus an die Rechtslage hierzulande, zu beachten ist aber, dass in Frankreich nicht zwei Rechtsordnungen zur Verfügung stehen, aus denen der Kläger wählen kann (Ubiquitätslösung). Anwendbar ist vielmehr nur ein Tatortrecht, nämlich dasjenige mit den *»liens les plus étroits avec le fait dommageable«*.[194] Ob dies im konkreten Fall der Handlungs- oder der Erfolgsort ist, fällt allein in die Zuständigkeit des Gerichts.[195]

Wenngleich dieses Vorgehen die Kollisionsfrage wenig vorhersehbar macht, ist doch nicht zu leugnen, dass sich so eine größere Einzelfallgerechtigkeit erzielen lässt. Mit Ausnahme zweier – scharf kritisierter – Urteile[196] hat sich die nachfolgende Rechtsprechung diesem *concept de proximité* uneingeschränkt angeschlossen.

2. Anknüpfung bei Verletzung des Medienpersönlichkeitsrechts

Im vorliegenden Abschnitt wurde festgestellt, dass die Tatortregel in Frankreich stets nach den konkreten Umständen des Einzelfalls ausgelegt wird. Einen allgemeinen Vorrang des Handlungs- oder des Erfolgsortes gibt es nicht. Die nachfolgende Auswertung der Rechtsprechung für den Bereich der Persönlichkeitsrechtsverletzungen soll gleichwohl aufzeigen, dass, losgelöst vom Handlungs- und Erfolgsortbegriff, eine Konkretisierung der Tatortregel möglich ist.

---

193 Wenngleich einige Autoren seit längerem eine Tendenz der Gerichte zum Erfolgsort ausmachen wollen, siehe *Azzi*, Rev. crit. dip 96 (2007), 771 (774); *Bischoff*, Rev. crit. dip 86 (1997), 505 (508); *Batiffol/Lagarde*, Dip II (1983), Rn. 561.

194 Vgl. die Nachw. in Fn. 172.

195 Zugunsten des Erfolgsortes etwa *Cour cass.*, no. 09-65906; D 2004 jur 233; JDI 126 (1999), 1048 (1049); *CA Paris*, JDI 124 (1997), 986 (989); zugunsten des Handlungsortes etwa *Cour cass.*, no. 05-10480.

196 *Cour cass.*, Rev. crit. dip 96 (2007), 769 m.Anm. *Azzi*; *Cour cass.*, Rev. crit. dip 96 (2007), 760 m.Anm. *Boskovic*.

a) Pauschale Betrachtung

Ist mit der Präzisierung der Tatortregel ein wichtiger Schritt getan, steht man gleichwohl vor der Frage, wo der Handlungs- und Erfolgsort bei Verletzungen des Medienpersönlichkeitsrechts lokalisiert werden soll. Ebenso ist zu klären, welchem der beiden Orte die Rechtsprechung im Zweifel den Vorrang einräumt.

Die französischen Gerichte haben bislang nur selten die Gelegenheit genutzt, diese Fragen aufzuklären. Soweit ersichtlich, hat sich erstmals das *TGI Paris* im Jahr 1982 mit der Thematik befasst: In zwei voneinander unabhängigen Verfahren, in denen Zeitungsinhalte zweier deutscher Verlagshäuser als Verletzung der Privatsphäre erachtet wurden, lokalisierte das Gericht den Handlungsort am Ausgabe- bzw. Erscheinungsort des Mediums *(lieu d'édition)*.[197] Der Erfolgsort liege dort, wo der Schaden eingetreten sei, mithin am Verbreitungsort. Wenngleich die Feststellungen zur internationalen Zuständigkeit ergingen, lassen sich hieraus auch kollisionsrechtliche Erkenntnis ziehen. Später bestätigte die *Cour de cassation* ihre Auffassung.[198] Von diesen Urteilen einmal abgesehen, haben die Gerichte aber darauf verzichtet, den Handlungs- und Erfolgsort pauschal zu lokalisieren. Der Grund dafür liegt in der französischen Auslegung der Tatortregel: Wie gezeigt[199] wird das anwendbare Recht nicht vom Kläger ausgewählt, sondern allein vom zuständigen Gericht. Demzufolge besteht auch keine Notwendigkeit, die möglichen Tatorte vorab zu bestimmen und dem Kläger etwaige Wahlmöglichkeiten anzubieten. Die Rechtsprechung hat sich allein am Prinzip der engsten Verbindung orientiert, nicht an abstrakten Anknüpfungsbegriffen.

Diese engste Verbindung wird, sofern keine besonderen Umstände vorliegen, üblicherweise zwei Orten zugeschrieben: zum einen dem Verbreitungsort, zum anderen dem Wohnsitz des Geschädigten. Die Anhänger der ersteren Lösung[200] führen an, dass die Verbreitung an sich den Schwerpunkt des Delikts darstelle. Dort finde der letzte, entscheidende Akt der Rechtsgutverletzung statt. Sämtliche vorgeschalteten Handlungen seien

197 *TGI Paris*, Rev. crit. dip 72 (1983), 670 (672).

198 *Cour cass.*, Rev. crit. dip 77 (1988), 546 (547) zum Handlungsort.

199 Vgl. vorstehend unter D. II. 1. b).

200 *CA Paris*, D 1990 jur 48; D 1988 IR 98; *TGI Paris*, Rev. crit. dip 1983, 670; Rev. crit. dip 67 (1978), 132 (134 f.); Rev. crit. dip 60 (1971), 281; *Kayser*, Vie privée (1995), Rn. 320, 322; *Mestre*, Etudes Pierre Kayser II (1979), S. 239 (254); *Bourel*, Conflits de lois (1961), S. 215.

zufällig und vom Täter manipulierbar. Für den Fall, dass mehrere Verbreitungsorte vorlägen und mehrere Rechtsordnungen Anwendung fänden, solle das berufene Recht nur für den jeweils vor Ort entstandenen Schaden gelten. Befürworter dieser Auffassung finden sich vor allem in der Rechtsprechung, was den Eindruck bestätigt, dass die Gerichte die Anwendung des Erfolgsortrechts bevorzugen.[201]

Dem treten Teile des Schrifttums entgegen, die allein dem Recht am Wohnsitz des Geschädigten den engsten Bezug zuschreiben.[202] Am Wohnsitz liege der soziale Mittelpunkt des Betroffenen, die Auswirkungen seien dort am stärksten spürbar. Im Übrigen komme so nur *eine* Rechtsordnung zur Anwendung, was Missbrauch durch den Täter ausschließe und Rechtsunsicherheiten vermeide. Den Wohnsitz als solchen qualifizieren einige aus der Meinungsgruppe als Handlungsort,[203] andere hingegen als Erfolgsort.[204] Im Ergebnis hat dies aber keine Auswirkungen, da der Wohnsitz als solcher von den Autoren einheitlich definiert wird.

Betrachtet man die nachfolgende Entwicklung des Internationalen Persönlichkeitsrechts, stellt man allerdings fest, dass das Recht des Klägerwohnsitzes heute keine Berücksichtigung mehr findet. Die vorsichtige Abkehr von der Tatortregel, wie ihn Teile des Schrifttums vollziehen wollten, hat sich in der Praxis nicht durchsetzen können. Die Anknüpfung bei Mediendelikten erfolgt also an den Verbreitungsort.

b) Ordre public

Einigen früheren Autoren zufolge kann die Regelanknüpfung allerdings vom *ordre public* verdrängt werden.[205] Bei Verletzungen des Persönlichkeitsrechts soll französisches Recht auch dann gelten, wenn der Verbreitungsort im Ausland liegt und an sich dortiges Recht anzuwenden wäre.

---

201 Vgl. die Nachw. in Fn. 183.

202 *Loussouarn/Bourel/de Vareilles-Sommières*, Dip (2013), Rn. 422; *Bourel*, Rev. crit. 77 (1988), 548 (553); *Gaudemet-Tallon*, Rev. crit dip 74 (1985), 146 (149); *dies.*, Rev. crit. dip 72 (1983), 674 (678), Anm. 3; ebenso noch *Cour cass.*, Bull. civ. I 216, 293.

203 *Bourel*, Rev. crit. 77 (1988), 548 (553).

204 *Loussouarn/Bourel/de Vareilles-Sommières*, Dip (2013), Rn. 422; *Gaudemet-Tallon*, Rev. crit. Dip 74 (1985), 146 (149); *dies.*, Rev. crit. dip 72 (1983), 674 (678), Anm. 3.

205 *Gaillard*, Rev. crit. dip 73 (1984), 1 (12); *Mestre*, Etudes Pierre Kayser II (1979), S. 239 (247); vgl. auch *Bourel*, Rev. crit. dip 77 (1988), 548 (550 f.).

Die Vertreter dieser Auffassung führen an, dass der Persönlichkeitsschutz für das Gemeinwesen in Frankreich von hoher Bedeutung sei, die es erfordere, den dort garantierten Schutz zwingend zu erhalten.[206]

Die Ansicht ist aus den bereits genannten Gründen abzulehnen.[207] Sie führt zu einer unbilligen Ausdehnung des französischen Rechts auch in solchen Fällen, die einen offensichtlich engeren Bezug zu anderen Rechtsordnungen aufweisen. Der Versuch, das französische Recht als Mindeststandard durchzusetzen, lässt sich in Anbetracht der geltenden, umfassenden Persönlichkeitsschutz bietenden *EMRK* jedenfalls im Verhältnis der europäischen Staaten untereinander nicht mehr rechtfertigen.

c) Differenzierte Betrachtung

Auch in der französischen Rechtspraxis wird bei der Bestimmung des Erfolgsortes nicht zwischen den einzelnen Rechtsgütern unterschieden. Immaterielle Persönlichkeitsaspekte – vorliegend der Schutz des privaten Lebensbereichs und der Ehre – und vermögensbezogene – das wirtschaftliche Verwertungsinteresse – werden diesbezüglich gleichbehandelt. Wie bereits dargelegt[208] ist diese Gleichstellung wenig sachgerecht. Weil die verschiedenen Persönlichkeitsbereiche jeweils unterschiedliche Interessen schützen, muss auch der Ort des Verletzungserfolges differenziert betrachtet werden. Im französischen Schrifttum wird die Thematik bislang nur vereinzelt behandelt, und wenn, dann zumeist nur oberflächlich.[209] Nach *Kayser* soll der immaterielle Schutz dem Recht des Verbreitungsortes folgen, der materielle Schutz dagegen dem Wohnsitzrecht.[210] Eine andere Auffassung will die *protection patrimoniale* nach Tatortrecht regeln, die *protection extrapatrimoniale* dem Personalstatut unterstellen.[211] Insgesamt blieben die Vorschläge aber ohne Auswirkungen auf die Praxis. Die in dieser Arbeit vertretene Forderung nach einer differenzierten Anknüpfung

206 *Mestre*, Etudes Pierre Kayser II (1979), S. 239 (247).
207 Vgl. vorstehend unter A. II.
208 Vgl. vorstehend unter C. II. 2. b) bb).
209 So finden sich Forderungen nach einer Auflockerung der Tatortregel sowohl bei *Clavel*, Dip (2009), Rn. 1017 ff. als auch bei *Mayer/Heuzé*, Dip (2007), Rn. 679-3, ohne jedoch konkrete Vorschläge zu beinhalten.
210 *Kayser*, Vie privée (1990), Rn. 323, 327.
211 *Edelman*, JDI 115 (1988), 754 (762).

der untersuchten Medienpersönlichkeitsrechte wurde bereits im oberen Abschnitt dargelegt und soll hier in gleicher Weise gelten.[212]

E. Internationales Deliktsrecht in England

Die Untersuchung des Internationalen Persönlichkeitsrechts in England beginnt mit einer geschichtlichen Einführung. Die daran anschließende Erörterung der heutigen Rechtslage soll erneut den Sonderweg des englischen Rechts aufzeigen.

I. Geschichtlicher Hintergrund

Angesichts der handelsgeschichtlichen Entwicklung des englischen Königreichs war das Land vergleichsweise früh mit kollisionsrechtlichen Fragestellungen konfrontiert.[213] Seit den Anfängen des Internationalen Privatrechts in England, das ab dem 18. Jahrhundert erstmals schärfere Konturen annahm, wurden dabei eigene, vom restlichen Europa abweichende Wege beschritten. Wenn im vorherigen Abschnitt also von der seit langem in Europa etablierten Tatortregel die Rede war, muss in Bezug auf den englischen Rechtsraum eine Ausnahme herausgestellt werden.

Der englischen Rechtstradition folgend wurde auch das Internationale Deliktsrecht lange Zeit von der Rechtsprechung beherrscht. Was im Inland begangene Delikte anging, war die Anwendung englischen Deliktsrechts unbestritten. Dies galt selbst dann, wenn das Delikt starke Bindungen zu anderen Rechtsordnungen aufwies.[214] Differenzierter wurde die Lage bei solchen Taten betrachtet, die außerhalb Englands begangen wurden. Die erste richtungsweisende Entscheidung hierzu ist das als *»The Halley«* bekannt gewordene Urteil aus dem Jahr 1868:[215] Der britische Dampfer *Halley* war in belgischen Gewässern aufgrund der Fahrlässigkeit eines Zwangslotsen mit einer norwegischen Barke kollidiert. Daraufhin wurde der Schiffseigner in England auf Schadensersatz verklagt. Nach belgi-

212 Siehe vorstehend unter C. II. 2. b) bb).

213 Eine anschauliche Darstellung bieten *Fawcett/Carruthers/North*, Cheshire/North/Fawcett PIL (2008), S. 20 ff.

214 St. Rspr. seit *Szalatnay-Stacho v Fink* (1947) KB 1.

215 *The Liverpool, Brazil and River Plate Steam Navigation Co Ltd. v Benham* (1868) LR 2 PC 193.

schem Recht hätte dieser für den Zwangslotsen gehaftet, nach englischem Recht nicht. Abweichend von der Vorinstanz,[216] die das Recht des belgischen Tatortes angewandt hatte, entschied der *Privy Council* auf Grundlage des englischen Rechts und wies die Klage ab. Mit folgenden Worten begründete das Gericht sein Urteil: »*It is [...] alike contrary to principle and to authority to hold that an English Court of Justice will enforce a foreign municipal law, and will give a remedy in the shape of damages in respect of an act which, according to its own principles, imposes no liability on the person from whom the damages are claimed.*«[217] Damit war, ungeachtet des belgischen Tatortes, allein die *lex fori*, also englisches Deliktsrecht maßgeblich.

Dem Urteil folgte nur kurze Zeit später eine Entscheidung des *High Court*, die das Internationale Deliktsrecht in England bis in die jüngere Zeit beherrschen sollte: Der *High Court* stellte fest, dass eine Haftung nur dann gegeben sei, wenn sowohl die Anspruchsvoraussetzungen des Forumrechts als auch des Tatortrechts erfüllt seien *(double actionability rule)*.[218] In dem Verfahren war der ehemalige Gouverneur von Jamaika, *Edward John Eyre*, wegen angeblicher Körperverletzung und Freiheitsberaubung während des Morant Bay-Aufstandes 1865 verklagt worden. Allerdings galt in Jamaika damals ein Indemnitätsgesetz, das *Eyre* von jeder Verantwortlichkeit für Handlungen im Rahmen des Aufstandes freistellte. Zu der Frage, ob der Gouverneur zu verurteilen sei, äußerte der *High Court*, »*two conditions must be fulfilled. First, the wrong must be of such a character that it would have been actionable if committed in England; [...] Secondly, the act must not have been justifiable by the law of the place where it was done.*"[219] Ein Anspruch des Klägers sollte also nur bestehen, wenn die Handlung zum einen nach der *lex fori* rechtswidrig, zum anderen nicht nach dem Tatortrecht[220] gerechtfertigt war. Im vorliegenden

216 *The Liverpool, Brazil and River Plate Steam Navigation Co Ltd. v Benham* (1867) LR 2 A & E 3.

217 *The Liverpool, Brazil and River Plate Steam Navigation Co Ltd. v Benham* (1868) LR 2 PC 193 (204).

218 *Phillips v Eyre* (1870) LR 6 QB 1. Ausführlich zur »*double rule" North/Fawcett*, Cheshire/North's PIL (1992), S. 533 ff.; *Collins*, in Dicey/Morris on Conflict of laws II (1987), S. 1366 ff.; *Rabel*, Conflict of Laws II (1960), S. 239; *Robertson*, (1940) 4 MLR 27.

219 *Phillips v Eyre* (1870) LR 6 QB 1 (28 f.).

220 Die Formulierung in *Philips v Eyre* lässt keinen Zweifel daran, dass mit dem Tatortrecht allein das Recht des Handlungsortes gemeint sein soll. Diese Interpre-

Fall war der Beklagte *Eyre* freizusprechen, weil letztere Voraussetzung nicht erfüllt war.

Die als *»general rule«*[221] bezeichneten Feststellungen des *High Court* blieben in der Folgezeit im Kern unangetastet. Zahlreiche Entscheidungen in allen Instanzen bestätigten und konkretisierten diese Regelung,[222] wenngleich mit gewissen Modifizierungen.[223] Dabei wurden auch die Motive der englischen Gerichte für das Festhalten an der *lex fori* immer deutlicher. Schon im *The Halley*-Urteil hatte das Gericht wie selbstverständlich formuliert, das ihnen vertraute Recht anwenden und eigene Rechtsüberzeugungen durchsetzen zu müssen. Diese Haltung bestätigte sich im Fall *McElroy v McAllister*, in dem es heißt: *»It would be too much to expect the court of the forum to entertain an action for what is not a wrong by the law of the forum.«*[224] Auch der *Court of Appeal* äußerte später, der

---

tation wurde in der Folgezeit von niemandem in Frage gestellt; vgl. statt vieler *Collins*, in Dicey/Morris on Conflict of laws II (1987), S. 1382 f.

221 *Phillips v Eyre* (1870) LR 6 QB 1 (28).

222 Etwa *The Mary Moxham* (1876) 1 PD 107 (115); *Carr v Francis Times & Co* (1902) AC 176 (182); *McMillan v Canadian Northern Railway Co.* (1923) AC 120 (124); *Walpole v Canadian Northern Railway Co.* (1932) AC 113 (119); *Yorke v British & Continental Steamship Co. Ltd.* (1945) 78 Ll Rep 181; *Church of Scientology of California v Commissioner of Police* (1976) 120 Sol Jo 690; *Coupland v Arabian Gulf Oil Co.* (1983) 1 WLR 1136; *The Forum Craftsman* (1985) 1 Ll Rep 291; *Armagas Ltd. v. Mundogas SA* (1986) AC 717 (740).

223 Häufig genannt wird hier das Verfahren *Boys v Chaplin*, in dem der *Court of Appeal* (1968) 2 QB 1 (26) und – diesen bestätigend – das *House of Lords* (1971) AC 356 (391, 406) an der *double rule* als Grundregel festhielten, zugleich aber die Notwendigkeit flexibler Ausnahmen hervorhob. Danach seien bei offensichtlich engerer Verbindung zu einer der beiden Rechtsordnungen *(most significant connection)* allein deren Haftungsvoraussetzungen maßgeblich. Der Fall behandelte einen Verkehrsunfall zwischen zwei britischen Soldaten auf der Insel Malta. Während das maltesische Recht lediglich einen am Vermögensschaden orientierten Ersatzanspruch vorsah *(special damage)*, konnte nach englischem Recht auch der immaterielle Schaden ersetzt werden *(general damage)*. Alle Instanzen kamen zu dem Schluss, dass allein englisches Recht anwendbar sei. Die vermeintliche Aufweichung der *double rule* wurde von weiten Teilen des Schrifttums bejubelt. Doch Zurückhaltung ist geboten: Denn während in *Boys v Chaplin* die *double rule* gerade *zugunsten* der *lex fori* umgangen wurde, waren die Gerichte im umgekehrten Fall – also der alleinigen Anwendung des Tatortrechts – weitaus vorsichtiger. Soweit ersichtlich, wurde erst im Zuge der Arbeiten des *PIL Act 1995*, als die Einführung des Tatortprinzip ohnehin bevorstand, auch *zulasten* der englischen *lex fori* von der *double rule* abgewichen, vgl. *Red Sea Insurance Co. Ltd. v Bouygues* (1995) 1 AC 190 (191).

224 *McElroy v McAllister* (1949) SC 110 (117).

unbestrittene Vorteil der *lex fori*-Anwendung sei es, *»that it enables an English court to give judgement according to its own ideas of justice.«*[225] Neben pragmatischen waren also auch nationale Interessen auszumachen, die darauf abzielten, den eigenen Wertvorstellungen weitgehende Geltung zu verschaffen. Es lassen sich mithin ähnliche Überlegungen wie in Frankreich ausmachen, wo der *ordre public* – und damit die Anwendung der *lex fori* – ebenfalls als persönlichkeitsrechtliche Anknüpfungsregel vertreten wird.[226]

Ungeachtet der vieldiskutierten Frage, welches Gewicht dem Forum- und Tatortrecht für die Anknüpfung jeweils zukommen sollte,[227] war die *lex fori*-Regel als solche seit jeher Widerständen ausgesetzt.[228] Vor allem wurde kritisiert, dass die *double rule* dem Grundprinzip des IPR, das Recht mit der engsten Verbindung zu berufen, zuwiderlaufe. Es könne nicht sein, dass englisches Recht anwendbar sei, obwohl nur ein marginaler Bezug zu England bestehe. Der Schädiger werde so bevorzugt, da er nur haften müsse, wenn das Forum- *und* das Tatortrecht dies vorsähen. Umgekehrt sei es einem Kläger nicht möglich, vor englischen Gerichten Ansprüche durchzusetzen, die das englische Recht selbst nicht vorsehe. Die bisherige Rechtslage wurde daher vielfach als *»parochial«*,[229] *»nationalistic, potentially unjust«*[230] und *»inconsistent with the very premises of private international law«*[231] abgelehnt.

Die breite Kritik veranlasste den Gesetzgeber in den 1980er Jahren dazu, das Internationale Deliktsrecht grundlegend zu reformieren.[232] Mit der Einführung des *Private International Law (Miscellaneous Provisions) Act*

---

225 *Boys v Chaplin* (1971) AC 356 (400).

226 Vgl. vorstehend unter D. II. 2. b).

227 Dazu *North/Fawcett*, Cheshire/North's PIL (1992), S. 540 ff.; *Hohloch*, Das Deliktsstatut (1984), S. 64 ff.

228 *Beaumont/McEleavy*, Anton's PIL (2011), S. 715 f.; *Hayward*, Conflict of Laws (2006), S. 141 f.; *Morris*, Conflict of Laws (2000), S. 359; *Rabel*, Conflict of Laws II (1960), S. 240 f.; *Robertson*, (1940) 4 MLR, 27 (43); *Lorenzen*, (1931) 47 LQ Rev 483 (498).

229 *Carruthers/Crawford*, (2003) 52 ICLQ, 761.

230 *HL Debates, Lord Wilberforce*, 2.05.1995, vol. 563, col. 1362.

231 *Anton/Beaumont*, PIL (1990), S. 398; ähnlich *Beaumont/McEleavy*, Anton's PIL (2011), S. 715 f.

232 Vgl. dazu *Law Commission*, Report No. 193 (1990), para. 2.6 ff.

1995[233] fand das über einhundert Jahre währende Primat der *double rule* schließlich ein Ende.

II. Heutige Rechtslage

In der entstehungsgeschichtlichen Darstellung des englischen Internationalen Deliktsrechts wurde soeben der Übergang von der *double rule* hin zur europaweit anerkannten Tatortregel herausgearbeitet. Gleichwohl haben sich Gesetzgeber und Rechtsprechung in England einige Besonderheiten bei der Anwendung und Auslegung dieser Regel bewahrt.

1. Grundsatz der Tatortregel

Die Systematik des neugeschaffenen *Private International Law (Miscellaneous Provisions) Act 1995* folgt einem bereits aus dem deutschen Recht bekannten Regel-Ausnahme-Prinzip. Im Unterschied zu den Art. 40 ff. EGBGB werden dabei auch rechtsgutspezifische Differenzierungen bei der Anknüpfung vorgenommen.

a) Allgemeine Systematik

Seit seinem Inkrafttreten zum 1. Mai 1996 unterfallen grenzüberschreitende Delikte den Regelungen des *PIL Act*. Mit Blick auf die Vorgeschichte des Gesetzes überrascht es wenig, dass sec. 10 PIL Act zunächst die Abschaffung der bisherigen *double rule* ausdrücklich bestätigt.[234] Die neue Grundregel ergibt sich dann aus sec. 11(1) PIL Act: *»The general rule is that the applicable law is the law of the country in which the events constituting the tort in question occur."* Damit macht der Gesetzgeber die Tatortregel zum Grundprinzip des Internationalen Deliktsrechts. Es können nunmehr (auch) solche Ansprüche durchgesetzt werden, die dem engli-

---

233 Ausführlich zum neuen Gesetz *Clarkson/Hill*, Conflict of Laws (2006), S. 227 ff.; *Morris*, Conflict of Laws (2005), S. 375 ff.; *Blaikie*, (1995) SLT 23; *ders.* (1997) Edin LR 361; *Briggs* (1995) LMCLQ 519; *Anton*, Rev. crit. dip 85 (1996), 267; *Kaye*, IPRax 1995, 406.

234 Zu den sachlichen Ausnahmen siehe unter E. II. 2. b).

schen Recht selbst fremd sind.[235] Liegen die Tatelemente über mehrere Staaten verteilt, sieht sec. 11(2)(c) PIL Act eine Anknüpfung an das Recht des Staates vor, in den das bedeutendste Element *(most significant element)* fällt.[236]

Eine wichtige Ausnahme von der Tatortregel enthält sec. 12 PIL Act. Danach wird das Recht des Tatortes gemäß sec. 11 PIL Act von dem Recht eines anderen Staates verdrängt, wenn dieses wesentlich geeigneter *(substantially more appropriate)* ist. Dies kann etwa der Fall sein, wenn beide Parteien demselben (tatortfremden) Staat angehören.[237] Dadurch sollen flexiblere und einzelfallbezogene Lösungen erreicht werden. Die Kehrseite der Ausweichklausel lässt sich aber an dem Rechtsfall *Harding v Wealands* aus jüngerer Zeit veranschaulichen, in dem deutlich wurde, dass die Suche nach der *»geeigneteren Rechtsordnung«* mancherlei Unstimmigkeit hervorruft. Der englische Staatsbürger *Harding* war bei einem Verkehrsunfall schwerwiegend und dauerhaft verletzt worden, den seine australische Lebensgefährtin bei einem gemeinsamen Aufenthalt in Australien verursacht hatte. Beide Beteiligte waren in England wohnhaft, und *Harding* klagte vor dem englischen *Trial Court* auf Schadensersatz. Während die erste Instanz zunächst das englische Recht für geeigneter erachtet hatte, sah der *Court of Appeal* keine Veranlassung, vom Tatortrecht abzuweichen. Demnach sei australisches Recht anzuwenden.[238] Das *House of Lords* bestätigte schließlich dieses Ergebnis.[239] Die Tatsache, dass sich drei Instanzen mit dem Fall beschäftigten, verdeutlicht die Schwierigkeiten, die das neue Gesetz den Gerichten nach der langen Ära der *double rule* bereitete.[240] Erforderlich ist nunmehr eine einzelfallgenaue Prüfung dahingehend, welcher der Tatorte die Merkmale der sec. 11 f. PIL Act erfüllt. Eine verlässliche Rechtsprechung, wie sie zur deutschen Parallel-

---

235 Vgl. *Protea Leasing Ltd v Royal Air Cambodge Co Ltd.* (2002) EWHC 2731; *Morin v Bonhams & Brooks Ltd* (2003) EWCA Civ. 1802.

236 Siehe schon die von *Morris* vorgeschlagene, dem Internationalen Vertragsrecht entlehnte Lösung nach dem *proper law*-Prinzip, wonach das Recht mit der *»closest and most real connection«* gelten soll, *Morris* (1951) 64 HLR 881 (888).

237 *Hornsby v James Fisher Rumic Ltd.* (2008) All ER 25; *Edmunds v Simmonds* (2001) 1 WLR 1003 (1009).

238 *Harding v Wealands* (2005) 1 WLR 1539.

239 *Harding v Wealands* (2006) 3 WLR 83; ähnlich *Roerig v Valiant Trawlers Ltd.* (2002) 1 WLR 2304.

240 Anwendungsschwierigkeiten des *PIL Act* ergaben sich nicht nur in materiellrechtlicher, sondern auch in prozessualer Hinsicht, vgl. unter d).

norm Art. 41 EGBGB besteht, hat sich bislang noch nicht herausgebildet.[241]

b) Reichweite des PIL Act für torts

Wenn sec. 9(1) PIL Act die Reichweite des Gesetzes auf alle *»issues relating to tort«* eingrenzt, wird daraus nicht ersichtlich, was genau als *tort* unter seinen Anwendungsbereich fallen soll. Die Frage ist vor allem für den *breach of confidence* von Bedeutung, dessen deliktische Natur mitunter bestritten wird.[242] Aus diesem Grund ist eine systematische Einordnung des Tatbestands voranzustellen, um zu klären, inwieweit die Vorschriften des Deliktskollisionsrechts überhaupt Anwendung finden.

Die frühere Rechtsprechung hat Klagen wegen *breach of confidence* nicht dem Deliktsrecht, sondern dem *equity law* unterstellt.[243] Auch nach Neugestaltung des Tatbestands infolge des *Human Rights Act* soll diese Zuordnung fortgelten.[244] Für die kollisionsrechtliche Prüfung hat dies zur Folge, dass Verletzungen des *breach of confidence* keine *torts* i.S. des *PIL Act* darstellen und die sec. 9 ff. PIL Act nicht anwendbar sind. Vielmehr sollen die Regeln des Internationalen Bereicherungsrechts einschlägig sein.[245] Allerdings wird dabei unterschieden: Handelt es sich um die Ver-

241 Sinnbildlich hierfür sind die ähnlich gelagerten Fälle *Edmunds v Simmonds* (2001) 1 WLR 1003 und *Hulse v Chambers* (2001) 1 WLR 2386, in denen sich jeweils englische Staatsangehörige wegen im Ausland begangener Körperverletzungen gegenüberstanden. Während die *Queen's Bench Division* im ersten Fall aufgrund sec. 12 PIL Act zur Anwendung englischen Rechts kam, sah sie im letzteren Fall keinen Anlass, vom (ausländischen) Tatortrecht gemäß sec. 11 PIL Act abzuweichen.

242 Aus dem Schrifttum etwa *Gurry*, Breach of confidence (1984), S. 56 f., der den *breach of confidence* für eine Klage *sui generis* hält; ähnlich *Law Commission*, Working Paper No. 58 (1974), para. 16.

243 *Kitechnology BV v Unicor GmbH Plastmaschinen* (1994) ILPr 568 (579 f.): *»It is clear [...] that such claims [for breach of confidence] do not arise in tort. [...] That the jurisdiction to restrain and, if necessary, award damages for breach of confidence was an equitable jurisdiction is clear beyond doubt."* Dazu ausführlich *Bainbridge*, Intellectual Property (2010), S. 333 ff.; *Smith*, Internet Law (2007), S. 494 f.

244 *Mosley v News Group Newspapers* (2008) EWHC 1777; *Campbell v MGN Ltd.* (2004) 2 AC 457 (471).

245 *Douglas v Hello! Ltd. (No. 3)*, (2005) 3 WLR 881 (911); *Collins* in Dicey/Morris/Collins, Conflict of laws II (2006), para. 34-030. Für eine Qualifizierung als *tort* aber *McKennitt v Ash* (2007) 3 WLR 194 (199).

breitung *privater* Informationen, etwa das Ausspähen eines Grundstücks oder heimliches Fotografieren, sollen ohne Weiteres die sec. 9 ff. PIL Act gelten. Gehe es indes um den Gebrauch *vertraulicher* Informationen, also den Kernbereich des *breach of confidence*, soll eine Anwendung des *PIL Act* ausscheiden. Grund für die Differenzierung sei, dass private Angelegenheiten nicht automatisch vertraulich seien; umgekehrt müsse Vertrauliches, zum Beispiel Geschäftsgeheimnisse, nicht zwingend privat sein.[246] Daraus ergibt sich, dass die Verbreitung privater Informationen an den Tatort anknüpft, die Verbreitung vertraulicher Informationen hingegen an den Ort der Bereicherung.[247]

Die Einteilung in unterschiedliche Statuten ist jedoch irreführend und sachwidrig. Denn fallen beide Eingriffsformen unter denselben Tatbestand, müssen für sie gleiche Anknüpfungsregeln gelten. Wollte man zwischen privater und vertraulicher Information unterscheiden, wäre eine tatbestandliche Trennung notwendig, was die Rechtsprechung jedoch ablehnt.[248] Anderenfalls entstehen Abgrenzungsprobleme. Ist der *breach of confidence* somit im Ergebnis einheitlich zu behandeln, erscheint es angesichts der starken Ausdehnung seines Anwendungsbereichs nicht mehr zeitgemäß, seine deliktische Natur zu leugnen. Indem der Tatbestand nunmehr jeden Eingriff in den Privatbereich erfasst, unabhängig von der Art und Schwere, soll ganz offensichtlich der Rechtsgüterschutz und damit ein zentrales Merkmal des Deliktsrechts in den Vordergrund gestellt werden. Die Qualifizierung als bereicherungsrechtlicher Tatbestand ist daher unzutreffend. Der deliktische Charakter des *breach of confidence* zeigt sich schließlich auch an seinen Rechtsfolgen, die mit Schadensersatz und Unterlassung zwei anerkanntermaßen deliktsrechtliche Ansprüche vorsehen.[249]

Entgegen Teilen der Rechtsprechung sollte der *breach of confidence* damit als Delikt i.S. des *PIL Act* behandelt werden. Sec. 9 ff. PIL Act sind auf alle Persönlichkeitsrechtsverletzungen anwendbar. Die Differenzen innerhalb der Rechtsprechung in dieser Frage machen deutlich, dass die

---

246 *Douglas v Hello! Ltd. (No. 3)*, (2007) 2 WLR 920 (982).

247 Zum englischen Internationalen Bereicherungsrecht ausführlich *Panagopoulos*, Restitution (2000), S. 111 ff.

248 Siehe vorstehend Teil 1: D. III. 3. b) bb) ddd).

249 So auch *Brazier/Murphy*, Street on Torts (1999), S. 165; *Burrows*, (1983) 99 LQ Rev 217 (242 f.); vgl. auch die Rechtsprechungsnachweise in Teil 1: Fn. 607, 637, 783, 794 u. 804, in denen entweder ein Anspruch auf Schadensersatz oder auf Unterlassung zugesprochen wurde.

Umsetzung des kodifizierten Deliktskollisionsrechts noch einiger Klarstellung bedarf.

c) Bestimmung des Tatortes nach sec. 11 PIL Act

Durch die nunmehr alleinige Geltung des Tatortrechts konzentriert sich die kollisionsrechtliche Prüfung auf die Frage, was unter dem Tatort zu verstehen ist. Insbesondere ist zu klären, ob die bisherige Auslegung des *locus delicti* als Handlungsort[250] auch nach Einführung des *PIL Act* aufrechterhalten wird. Für den vorliegenden Untersuchungsgegenstand ist sec. 11(2)(c) PIL Act maßgeblich: Danach wird der Tatort bei Distanzdelikten in dem Staat vermutet, *»in which the most significant element [...] occurred«*. Diese weite Formulierung haben die Gerichte zu konkretisieren versucht und darunter das Recht des Staates verstanden, in dem der Kern des Delikts *(substance of the tort)* liegt.[251] Dazu sei das Gesamtgeschehen in seine einzelnen Teilakte zu gliedern und zu prüfen, *»where in substance the cause of action arises.«*[252] Maßgeblich ist mithin der Schwerpunkt des Klagegrundes. Pauschale Anknüpfungen etwa an den letzten Handlungsakt[253] oder jeden (zufälligen) Erfolgsort[254] fallen damit heraus. Wenngleich all dies nur eine vage Orientierung bietet, lässt sich hieraus jedenfalls entnehmen, dass als Tatort nicht mehr nur der Hand-

250 Vgl. dazu Fn. 220.

251 *Protea Leasing Ltd v Royal Air Cambodge Co Ltd.* (2002) EWHC 2731; *Lubbe v Cape plc* (1999) ILPr 113 (123); in diesem Sinne bereits *Metall und Rohstoff AG v Donaldson Lufkin & Jenrette Inc* (1990) 1 QB 391 (401); *Multinational Gas and Petrochemical Co. v. Multinational Gas and Petrochemical Services Ltd.* (1983) Ch. 258 (272); *Castree v ER Squibb Ltd.* (1980), 1 WLR 1248; *Distillers Co. Ltd. v Thompson* (1971), AC 458 (468), die schon unter der *double actionability rule* den Tatort mithilfe des *»substance test"* ermittelten.

252 So bereits *Metall und Rohstoff AG v Donaldson Lufkin & Jenrette Inc* (1990) 1 QB 391 (401). Eine anschauliche Beschreibung des Vorgehens bietet *Morin v Bonhams and Brooks Ltd.* (2003) EWCA Civ 1802, Rzi. 16: *»What is required is an analysis of all the elements constituting the tort as a matter of law, and a value judgment regarding their ‚significance', in order to identify the country in which there is either one element or several elements, which taken alone or together, outweighs or outweigh in significance any element or elements to be found in any other country.«*

253 So etwa das Restatement (First) of Conflict of Laws (1934), § 377.

254 So etwa *Distillers Co. Ltd. v Thompson* (1971) AC 458 (468).

lungsort gelten soll. Es sind nunmehr die konkreten Umstände des Einzelfalls zu berücksichtigen.

Eine Tendenz, wohin das *»most significant element«* im Zweifel lokalisiert wird, geben die Vorschrift und ihre Materialien selbst. In ihren Arbeitspapieren zum *PIL Act* hat die *Law Commission* eine gesetzliche Festlegung für den Handlungs- oder Erfolgsort zwar ausdrücklich vermieden.[255] Zum einen seien die Fallgestaltungen zu vielfältig, um sie einem konkreten Tatbestand unterzuordnen. Zum anderen seien Fälle mit mehreren Handlungs- oder Erfolgsorten denkbar, in denen eine allgemeine Anknüpfung nicht weiterhelfe. Es finden sich aber in den weiteren Ausführungen wie auch in der Systematik des Gesetzes Hinweise zugunsten des Erfolgsortes. Betrachtet man das Regelungsumfeld der sec. 11(2)(c) PIL Act, stellt man fest, dass dieser nur eine Auffangnorm für Distanzdelikte darstellt. Ihm vorangestellt sind die Unterabs. (a) und (b), die besonders praxisrelevante Fallgruppen regeln und eigenständige Anknüpfungen vorsehen. Nach sec. 11(2)(a) PIL Act ist auf Körperverletzungen das Recht des Staates anzuwenden, in dem der Geschädigte die Verletzung erleidet.[256] Sec. 11(2)(b) PIL Act legt fest, dass Sachbeschädigungen dem Recht des Staates unterfallen, in dem sich die Sache im Zeitpunkt der Tat befand. Beide Regelungen sehen eine Anknüpfung an den Ort vor, an dem die Verletzung des geschützten Rechtsgutes eingetreten ist. Überträgt man diese Beispiele auf sec. 11(2)(c) PIL Act, ergibt sich daraus eine Vermutung, dass sämtliche Distanzdelikte, einschließlich Verletzungen des Persönlichkeitsrechts, nach dem Recht des Erfolgsortes zu behandeln sind. Gestützt wird diese Auslegung auch durch Äußerungen der *Law Commission*, die nach Abwägen der beiden Anknüpfungsmöglichkeiten zu dem Ergebnis kommt, sie *»would tend to favour the place of result.«*[257]

Mit Blick auf das langjährige Festhalten an der *lex fori* ist dieses Ergebnis überraschend. Hat der Gesetzgeber durch die Einführung der Tatortregel bereits mit einer langen Tradition gebrochen, so stellt die Tendenz zugunsten des Erfolgsortes einen weiteren Schritt zur Akzeptanz fremder Rechtsordnungen dar. Anfängliche Befürchtungen, die Gerichte könnten durch extensive Ausdehnung der Ausweichklausel (sec. 12 PIL Act) oder

---

255 *Law Commission*, Report No. 193 (1990), para. 3.6; *dies.*, Working Paper No. 87 (1984), para. 4.83.

256 Nach dem Kommissionsvorschlag sollte dies ebenso für Tötungshandlungen gelten, vgl. *Law Commission*, Report No. 193 (1990), clause 2(1)(b).

257 *Law Commission*, Working Paper No. 87 (1984), para. 4.83, ähnlich para. 5.27 und 5.46.

public policy-Regel (sec. 14) das Tatortrecht umgehen,[258] haben sich nicht bewahrheitet. Wann immer das stärkste Tatelement nach sorgfältiger Abwägung im Ausland lag, wurde das dortige Sachrecht zugrundegelegt.[259]

d) Besonderheit der Schadensbemessung

In einem zentralen Punkt hat sich die Rechtsprechung aber einen Sonderweg vorbehalten: Ungeachtet der Geltung der Tatortregel für alle anspruchsbegründenden Merkmale soll die Schadensbemessung weiterhin den Vorschriften der *lex fori* folgen.[260] Eine Verletzung des Persönlichkeitsrechts durch englische Medien mag damit zwar vom ausländischen Recht festgestellt werden können, die (finanziellen) Folgen richten sich aber stets nach englischem Recht.

Ausgangspunkt ist die seit langem bestehende Auffassung, dass alle Rechtsfolgenfragen als prozessual qualifiziert und damit der *lex fori* unterstellt werden.[261] Auch die Höhe eines durch Delikt entstandenen Schadens bestimmt sich folglich nach dem Forumrecht. Nach Einführung des *PIL Act* und der damit verbundenen Öffnung gegenüber fremden Rechtsordnungen war zunächst unklar, ob dieser Standpunkt fortgelten sollte. Das Gesetz stellt lediglich fest, dass prozessuale Angelegenheiten weiterhin der *lex fori* unterfallen,[262] äußert sich jedoch nicht darüber, ob die Schadensbemessung als prozessual oder nunmehr materiellrechtlich zu behandeln ist. Erste Urteile hierzu zeigten eine zweigeteilte Rechtsprechung: Während die *Queen's Bench Division*[263] an der alten Rechtslage festhielt,

---

258 Etwa *Carter*, (1996) 112 LQ Rev 190 (193 f.); *Morse*, (1996) 45 ICLQ 888 (892); *Briggs*, (1995) LMCLQ 519 (520).

259 *Morin v Bonhams & Brooks Ltd* (2003) EWCA Civ 1802; *Anton Durbeck GmbH v Den Norske Bank ASA* (2003) 2 WLR 1296 (1302); *Hulse v Chambers* (2001) 1 WLR 2386; *Glencore International AG v Metro Trading International Inc (No. 2)* (2001) 1 All ER 103.

260 *Harding v Wealands* (2006) 3 WLR 83; *Edmunds v Simmonds* (2001) 1 WLR 1003 (1011); *Hulse v Chambers* (2001) 1 WLR 2386 (2392).

261 *Boys v Chaplin* (1971) AC 356 (378); *D'Almeida Araujo Lda. v Sir Frederick Becker & Co. Ltd.* (1953) 2 QB 329 (338); *Kohnke v Karger* (1951) 2 KB 670 (677); *Hamlyn & Co v Talisker Distillery* (1894) AC 202 (213).

262 Sec. 14(3)(b) PIL Act.

263 *Edmunds v Simmonds* (2001) 1 WLR 1003 (1011); *Hulse v Chambers* (2001) 1 WLR 2386 (2392).

vertrat der *Court of Appeal*[264] die Ansicht, die Tatortregel sei auch auf die Schadensbemessung anzuwenden. Denn wenn die Bemessung eines Schadens, dessen materieller Rechtsgrund im ausländischen Recht liege, nach englischem Recht erfolge, entstünden rechtssystematische Widersprüche.[265] Jede Rechtsordnung habe ihre eigene wirtschafts- und sozialpolitische Konzeption, die durch eine derartige Vermengung gestört werde. Zudem fördere eine strenge Anwendung der *lex fori* das *forum shopping* in den Fällen, in denen das englische Recht höhere Ersatzbeträge vorsehe als das Tatortrecht.

Seit einem Urteil aus dem Jahr 2006 ist die Qualifikation der Schadensbemessung nun höchstrichterlich geklärt.[266] Darin ordnete das *House of Lords* unter Verweis auf die Gesetzgebungsgeschichte des *PIL Act* an, dass weiterhin die *lex fori* maßgeblich sein soll. Die Richter setzten sich damit über Befürchtungen hinweg, wonach eine Aufspaltung von Schadensgrund und Schadenshöhe erhebliche praktische Schwierigkeiten bereite: Wenn das anwendbare Recht einen Anspruch anerkenne, der dem englischen Recht fremd sei, fehle dem Richter eine Grundlage, um den Schaden überhaupt festlegen zu können.[267] Zur Begründung zitierte das *House of Lords* aus einer seiner früheren Debatten, in der es hieß: *»With regard to damages, issues relating to the quantum or measure of damages are at present and will continue under Part III to be governed by jurisdictions in the United Kingdom. [...] Our courts will continue to apply our own rules on quantum of damages even in the context of a tort case where the court decides that the 'applicable law' should be some foreign system of law so far as concerns the merits of the claim.«*[268]

Die Bedeutung des Urteils kann wohl nicht hoch genug eingeschätzt werden, liegt doch gerade bei englischen Medien der Verdacht nahe, dass ihr Handeln weniger am Maßstab der Rechtmäßigkeit als an den zu erwartenden Rechtsfolgen ausgerichtet ist. Insofern dürfte die Tatortregel i.S. des *PIL Act* einen großen Teil ihres Schreckens verloren haben. Die Spruchpraxis ist auch ein Beleg dafür, wie an sich eindeutige Kollisionsregeln durch einen juristischen Kniff umgangen werden können. Das Vor-

---

264 *Harding v Wealands* (2005) 1 WLR 1539 (1559).
265 *Harding v Wealands* (2005) 1 WLR 1539 (1570).
266 *Harding v Wealands* (2006) 3 WLR 83.
267 Vgl. *Law Commission*, Report No. 193 (1990), para. 3.38; *Morse*, (1996) 45 ICLQ 888 (895).
268 *Harding v Wealands* (2006) 3 WLR 83 (93); allgemein zur Problematik siehe *Carruthers*, (2004) 53 ICLQ 691 (697 ff.).

gehen der englischen Gerichte verdeutlicht: Um eine einheitliche Anknüpfung bei Persönlichkeitsrechtsverletzungen zu erreichen, müssen über die eigentliche Kollisionsnorm hinaus auch damit verbundene Zuordnungen – hier: die Schadensqualifizierung – vereinheitlicht werden.

2. Anknüpfung bei Verletzung des Medienpersönlichkeitsrechts

Mit grenzüberschreitenden Verletzungen des Medienpersönlichkeitsrechts mussten sich englische Gerichte bislang nur peripher auseinandersetzen. Für die Zeit vor dem *PIL Act* erklärt sich dies mit der kumulativen Anwendung von *lex fori* und *lex loci delicti*, die dazu führte, dass ein Geschädigter vor englischen Gerichten keinen Anspruch durchsetzen konnte, der nach englischem Recht selbst nicht bestand.[269] Klagen in England wurden daher nach Möglichkeit vermieden. Doch auch nach Einführung des neuen Gesetzes blieben Klagen von Geschädigten angesichts mehrerer Ausnahmeregelungen rar, die konsequent englisches Sachrecht miteinbeziehen.[270] Ließ sich ein weiterer Tatort außerhalb Englands feststellen, war es in der Regel günstiger, vor dem dortigen Gericht unter Anwendung des dortigen Rechts zu klagen.

a) Abgrenzung von Handlungs- und Erfolgsort

Bei der Umsetzung der Tatortregel wird nicht ausdrücklich zwischen Handlungs- und Erfolgsort differenziert. Unter Geltung der *double rule* wurde als Tatort ohne nähere Erörterung der Handlungsort qualifiziert.[271] Diesen sah die Rechtsprechung bei Mediendelikten einhellig am Ort der Veröffentlichung *(place of publication)*, genauer am Empfängerort.[272] Erst und gerade darin liege das Hauptelement der Verletzung.[273] Vor der Ver-

---

269 Gemeint ist vor allem das *right to privacy*, das bis zur Einführung des *Human Rights Act 1998* gar nicht und seitdem nur in engen Grenzen existiert.

270 Dazu sogleich unter b).

271 Vgl. dazu Fn. 220.

272 *Diamond v Bank of London & Montreal* (1979), QB 333 (346); *Church of Scientology of California v Commissioner of Police* (1976) 120 Sol Jo 690; *Jenner v Sun Oil Co.* (1952) 2 DLR 526; *Bata v Bata* (1948), 92 Sol Jo 574; *Kroch v Rossell & Cie.* (1937) 1 All ER 725; *Thomas v Kindell* (1910), 2 SLT 442.

273 *Diamond v Bank of London & Montreal* (1979), QB 333 (346).

öffentlichung sei die Tat unvollständig und kollisionsrechtlich nicht relevant.[274]

Unter dem *PIL Act* wird der Tatort nunmehr am Erfolgsort vermutet.[275] Gleichwohl ergeben sich in der Praxis keine Veränderungen, denn auch nach neuer Rechtslage soll allein der Verbreitungsort maßgeblich sein.[276] Erneut wird deutlich, dass sich der Tatort allein über das engste Tatelement definiert und von begrifflichen Vorgaben freimacht. Trotz der geringen Zahl medienrechtlicher Entscheidungen, die unter dem *PIL Act* ergangen sind, besteht doch kein Zweifel an der Maßgeblichkeit des Verbreitungsortes.

b) Differenzierte Betrachtung

Ein Blick in den *PIL Act* zeigt, dass nicht alle Persönlichkeitsrechte kollisionsrechtlich gleichbehandelt werden. Gemeint ist dabei nicht die oben vorgenommene Differenzierung des Erfolgsortes je nach betroffenem Persönlichkeitsrecht,[277] sondern die Feststellung, dass für die einzelnen Persönlichkeitsrechte unterschiedliche Anknüpfungsregeln als solche Anwendung finden. Denn während sec. 11(1) PIL Act den Grundsatz des Tatortrechts aufstellt, schließt sec. 13(1) PIL Act alle Klagen wegen Verletzungen der Ehre von dieser Regel aus. Sie werden damit weiterhin nach der *double rule* beurteilt, wonach sowohl das Tatortrecht als auch die *lex fori* Anwendung finden. An der Qualifizierung des Tatortes ändert dies freilich nichts, hinzu kommt aber, dass stets (auch) englisches Sachrecht über die Frage der Rechtsverletzung entscheidet.

Wenngleich die Persönlichkeit in England noch am ehesten über das Recht der Ehre geschützt wird, ist seine Geltendmachung vor englischen Gerichten damit weiterhin unattraktiv. Verglichen mit anderen Rechtsordnungen[278] fällt der Schutz noch immer spürbar schwächer aus. Umgekehrt kann der Beklagte auf die breiten Verteidigungsmöglichkeiten des *defa-*

---

274 Vgl. *Law Commission*, Working Paper No. 87 (1984), para. 5.27.

275 Vgl. sec. 11(2) PIL Act.

276 *KJO v XIM* (2011) All ER 65; *Douglas v Hello! Ltd.* (2005) 3 WLR 881; *Don King v Lennox Lewis, Lion Promotions, L.L.C. and Judd Burstein* (2004) EWHC 168; *Domicrest Ltd. v. Swiss Bank Corp.* (1999) QB 548; *Waterford Wedgwood plc. v David Nagli Ltd* (1998) FSR 92.

277 Vgl. vorstehend unter C. II. 2. b) bb).

278 Vgl. vorstehend Teil 1: B. III. 3. c) cc) und C. III. 3. c) cc).

mation law vertrauen, selbst wenn das Tatortrecht diese gar nicht vorsieht.[279] Es wundert daher nicht, dass gerade die englischen Medien auf die Regelung des sec. 13 PIL Act gedrängt haben. Mit scharfen Protesten hatten sie auf den Gesetzentwurf reagiert, der ursprünglich keine Sonderregelung vorgesehen hatte.[280] Die Geltung des Tatortrechts führe dazu, dass im Ausland verbreitete Medien möglicherweise Ansprüche auslösten, obwohl sie nach englischem Recht zulässig seien. Schon wurde das Ende der Meinungsfreiheit vorausgesagt; eine Welle ausländischer Klagen drohe, sollte die Tatortregel uneingeschränkt zur Anwendung kommen.[281] Der Gesetzgeber gab den Bedenken schließlich nach und schloss alle Ehrschutzklagen vom Anwendungsbereich des *PIL Act* aus.[282] Dabei hätten die Einwände der Medien auch auf anderem Wege berücksichtigt werden können. Wie die *Law Commission* in ihren Arbeitspapieren ausdrücklich anmerkt, ist für Härtefälle gerade der *public policy*-Vorbehalt vorgesehen.[283] Die Klausel solle immer dann greifen, wenn das anwendbare Tatortrecht mit den fundamentalen Werten des englischen Rechts in Widerspruch stehe. Im Übrigen dürfte auch eine Anwendung der sec. 12 PIL Act regelmäßig davor schützen, unbillige Ergebnisse zu vermeiden.

Trotz möglicher Alternativen werden Ehrverletzungen vor englischen Gerichten somit weiterhin (auch) nach der *lex fori* behandelt. Damit, so lässt sich sagen, wird der noch jungen Tatortregel gleich ihr wichtigstes Anwendungsfeld entzogen. Gleichwohl stellt die Einführung der Tatortregel als *general rule* einen wichtigen ersten Baustein für die Vereinheitlichung des Internationalen Deliktsrechts in Europa dar.

---

279 Vgl. vorstehend Teil 1: D. III. 3. c) cc).

280 Vgl. *Law Commission*, Working Paper No. 87 (1984), para. 5.30 ff.

281 Etwa *Gibb*, Anger over ‚dangerous' plan to apply foreign laws, The Times v. 19.01.1995, S. 5: »*The proposals [...] would open the floodgates to expensive libel actions from abroad and enable restrictive laws on freedom of expression to dictate press behaviour.*«; *Whitaker*, Stand up for free speech, ebd., S. 18: »*The British right of free speech is threatened worldwide. [...] our most prized democratic right will be drastically curtailed.*«; Evening Standard v. 19.01.1995: »*The Private International Law Bill, it is feared, would have an injuriuos effect on business. But the most obvious, and dangerous, implication of the Bill is that it will open the floodgates to highly dubious, speculative libel actions against British newspapers from abroad. [...] Parliament must stamp hard on this pointless, wasteful and deeply dangerous Bill."* (zit. nach *Carter*, (1996) 112 LQ Rev 190 (194).

282 *HL Debates*, 27.05.1995, vol. 562, cols. 1411 f.

283 *Law Commission*, Report No. 193 (1990), para. 3.55.

Teil 3: Konzeption einer europäischen Kollisionsnorm für Verletzungen des Medienpersönlichkeitsrechts

A. Einführung

Ziel des Kollisionsrechts ist es, *»daß bei jedem Rechtsverhältniß dasjenige Rechtsgebiet aufsucht werde, welchem dieses Rechtsverhältniß seiner eigenthümlichen Natur nach angehört oder unterworfen ist.«*[1] Das prominente Zitat *Savignys* gibt nicht nur das methodische Vorgehen im grenzüberschreitenden Rechtsverkehr wieder, es drückt zugleich auch die Schwierigkeit aus, die dieser Rechtsbereich zu bewältigen hat: Liegt ein Sachverhalt vor, bei dem mehrere Rechtsordnungen betroffen sind, muss (in der Regel) eine Rechtsordnung bestimmt werden, die den Sachverhalt entscheidet. Gesucht wird das Recht, das dem Rechtsverhältnis innerlich am nächsten steht.

Welches Recht die Voraussetzung der *»engsten Verbindung«*[2] erfüllt, mag zunächst als eine Tatsachenfrage erscheinen. Im Kern markiert die Rechtswahl jedoch das Ergebnis einer Interessenabwägung zwischen den betroffenen Rechtsgütern, ist also ein rechtlicher Vorgang. Diese Abwägung hat im vorliegenden Fall vornehmlich zwischen dem Persönlichkeitsrecht und der Medienfreiheit zu erfolgen, also zwei Grundrechtspositionen, deren konkrete Gewichtung über das anzuwendende Recht entscheidet. Hieraus wird deutlich, dass die Konzeption der gesuchten Kollisionsnorm zuallererst eine grundrechtlich geprägte Angelegenheit ist.[3]

In dieser Gemengelage liegt die besondere Komplexität des Internationalen Medienpersönlichkeitsrechts. Neben den medienbezogenen Faktoren, die zu berücksichtigen sind, fließen ferner kollisionsrechtliche, einfachgesetzliche und insbesondere eben grundrechtliche Interessen in die Anknüpfungsentscheidung mit ein. Hieraus erwächst ein vielschichtiges Interessengeflecht, das vor allem dem Umstand geschuldet ist, dass das Kollisions- und das Sachrecht im Kern ganz unterschiedliche Aufgaben wahrnehmen: Sachnormen sind auf innerstaatliche Sachverhalte zugeschnitten und sollen dort gerechte Ergebnisse erzielen. Zur Regelung von

1 *v. Savigny*, System des heutigen römischen Rechts VIII (1849), S. 28, 108.
2 Vgl. statt vieler die Nachw. in Teil 2: Fn. 44 u. 172.
3 Siehe auch unter C. III. 2. b).

Auslandsfällen sind sie ungeeignet, weil und soweit die Vorschriften eines anderen Rechts sachnäher sind.[4] Hier, wo der Gestaltungsauftrag des materiellen Rechts endet, schreitet das Kollisionsrecht ein, es koordiniert zwischen den Rechtsordnungen und bestimmt, welche von ihnen zur Anwendung gelangen soll. Im materiellen Recht geht es somit um den *Inhalt* des Rechts, im Kollisionsrecht um die *Anwendung* eines Rechts, unabhängig von dessen Inhalt.[5]

Diese Unterschiede führen nun dazu, dass das Kollisions- und das Sachrecht eigenständige Wertungen und Interessen verfolgen, die bei der Ausgestaltung der Kollisionsnorm zu berücksichtigen sind. In der vorliegenden Untersuchung kommt wie angedeutet hinzu, dass durch den Einsatz der Medien und die damit verbundenen rechtlichen und tatsächlichen Besonderheiten weitere anknüpfungsrelevante Umstände zum Tragen kommen. Nachdem im materiellrechtsvergleichenden Teil bereits einige dieser Interessen zur Sprache gekommen sind, sollen sie nachfolgend als *(I.)* kollisionsrechtliche, *(II.)* sachrechtliche und *(III.)* medienspezifische Interessen nochmals gebündelt und in gebotener Kürze[6] wiedergegeben werden.

I. Kollisionsrechtliche Interessen

Rechtsetzung ist das Resultat von politischen, sozialen und intellektuellen Kräften.[7] Die Gesellschaft bestimmt die Norm, und der Gesetzgeber ist gehalten, diese Norm in Recht umzusetzen. Dabei hat er die Interessen aller Teilnehmer des Rechtsverkehrs einzubeziehen und miteinander in Einklang zu bringen. Diese Interessen können sowohl auf ein bestimmtes »Ergebnis« als auch auf die bloße Anwendung einer Rechtsordnung gerichtet sein. Für das Internationale Privatrecht als Zuweisungsrecht kom-

4 *Stoll*, JZ 1996, 141 (142).

5 *Kegel/Schurig*, IPR (2004), S. 132; *v. Hein*, Günstigkeitsprinzip (1999), S. 25.

6 Es werden vorliegend nur die für diese Arbeit relevanten Interessensaspekte genannt. Eine ausführliche Behandlung der Thematik findet sich bei *Kropholler*, IPR (2006), § 5; *Kegel/Schurig*, IPR (2004), S. 131 ff.; *Friedrich*, Internationaler Persönlichkeitsrechtsschutz (2003), S. 6 ff.; *v. Hoffmann*, in Staudinger BGB (2001), Einl IPR Rn. 119 ff.; *Heldrich*, Persönlichkeitsverletzungen (1983), S. 361 (369 ff.) jeweils m.w.Nachw.

7 So bereits *Harrison*, JDIP 7 (1880), 533 (548).

men, entsprechend seinem Aufgabenbereich,[8] nur Interessen an der Anwendung, nicht am Inhalt eines Rechts in Betracht.[9]

1. Prinzip der engsten Verbindung

Das Kernanliegen des Internationalen Deliktsrechts ist es, die passende Rechtsordnung, die *»am nächsten daran ist«*,[10] zur Entscheidung zu berufen. In Umsetzung dessen hat sich in den Mitgliedstaaten – und jüngst auch auf europäischer Ebene[11] – inzwischen[12] das Prinzip der engsten Verbindung durchgesetzt. Es soll sicherstellen, dass nicht inhaltliche Kriterien die Rechtswahl entscheiden, sondern allein die räumlich-soziale Verbindung des Sachverhalts zu einem Staat. Ausschlaggebend sind die *»persönlichen und räumlichen Beziehungen zu den Lebenskreisen der verschiedenen einzelstaatlichen Rechtsordnungen.«*[13] Dabei wird die Frage, wo die engste Verbindung liegt, nicht einzelfallbezogen, sondern durch typisierte Anknüpfungsgegenstände beantwortet.[14]

Seine breite Akzeptanz verdankt das Prinzip der engsten Verbindung seiner generalklauselartigen Weite, die es erlaubt, sämtliche Einzelfallumstände, die die engste Verbindung begründen, in die Entscheidung über das anwendbare Recht einzubeziehen. Dadurch wird es möglich, auf die Vielfältigkeit der (grenzüberschreitenden) Lebensverhältnisse flexibel und angemessen zu reagieren. Die Kehrseite einer solchen Anknüpfung zeigt sich aber, wenn man die unterschiedlichen Interpretationen miteinander vergleicht: Während in Kontinentaleuropa die engste Verbindung grundsätzlich dem Tatort zugeschrieben wird,[15] sah – und noch immer sieht – man sie in England stets (auch) zum eigenen Recht.[16] Auch die Auslegung des Tatortes selbst erfolgt wie gezeigt uneinheitlich. Hierin wird deutlich, dass das Prinzip der engsten Verbindung zwar die Grundlage jeder Kolli-

---

8 Vgl. hierzu die Nachw. in Fn. 5.

9 Zum Ganzen siehe nur *Kegel/Schurig*, IPR (2004), S. 132 f.

10 *Kropholler*, IPR (2006), S. 25; vgl. dazu auch das Arbeitspapier des Rechtsausschusses des Europäischen Parlaments vom 23.06.2010, S. 7 ff.

11 Vgl. Art. 4 Abs. 3 Rom II-VO.

12 Zur Entwicklung des Internationalen Deliktsrechts siehe *Hsieh*, Lex fori (2003), S. 152 ff.; *Gutzwiller*, Geschichte (1977).

13 *Schnitzer*, Hdb. IPR I (1957), S. 56.

14 Vgl. z.B. Art. 40 EGBGB oder sec. 11(1) PIL Act.

15 Ausführlich dazu unter C. II. 1. und D. II. 1.

16 Ausführlich dazu unter E. II. 1.

sionsnorm in Europa bildet, für eine einheitliche und rechtssichere Lösung grenzüberschreitender Delikte aber nicht ausreicht.

2. Verkehrsinteressen

Darüber hinaus sind im Kollisionsrecht bestimmte Verkehrsinteressen – genauer: Verkehrserleichterungsinteressen[17] – zu berücksichtigen. Danach soll die Rechtsanwendung vor allem vorhersehbar und praktikabel sein. Auf der einen Seite müssen die Parteien in der Lage sein, das anwendbare Sachrecht und dessen Inhalt zu erkennen: Ein Schädiger muss die juristischen Folgen seines Handelns absehen und auf deren Grundlage über sein Verhalten entscheiden können;[18] der Geschädigte muss seinerseits imstande sein zu erkennen, ob und auf welche Weise seine Persönlichkeit vor Angriffen im Ausland bzw. aus dem Ausland geschützt ist.[19] Auf der anderen Seite ist auch die Rechtsprechung an einfachen und klaren Anknüpfungsregeln interessiert, um schnelle und eindeutige Entscheidungen treffen zu können.

Praktikabilität im oben genannten Sinne meint, gespaltene Anknüpfungen weitestgehend zu vermeiden, beispielsweise zwischen In- und Ausländern oder zwischen einzelnen Persönlichkeitsrechten kollisionsrechtlich zu unterscheiden.[20] Erforderlich ist daher eine einheitliche Behandlung personell und inhaltlich zusammengehörender Rechtsfragen.

3. Innerer Entscheidungseinklang

Ein weiteres kollisionsrechtliches Interesse besteht schließlich darin, dass das anwendbare Recht den gesamten Sachverhalt und nicht nur Teile von

---

17 *Kegel*, in FS Lewald (1953), S. 259 (274).

18 Vgl. in diesem Zusammenhang auch die Nachw. in der Einleitung: Fn. 21.

19 Vgl. *EGMR*, Urt. v. 26.04.1979, Nr. 6538/74, Rzi. 49 – Sunday Times gegen Vereinigtes Königreich; *EGMR*, Urt. v. 24.04.1990, Nr. 11801/85, Rzi. 27 – Kruslin gegen Frankreich.

20 So unterfällt das Namensrecht in Deutschland hinsichtlich des Bestehens und Inhalts dem Namensstatut (Art. 10 EGBGB), hinsichtlich des Schutzes hingegen dem Deliktsstatut (Art. 40 EGBGB). Im einen Fall richtet sich das anwendbare Recht somit nach der Staatsangehörigkeit des Geschädigten, im anderen nach dem Tatort. Zum Ganzen siehe *Junker*, in MünchKomm BGB (2010), Art. 40 Rn. 84.

ihm regelt. Man spricht hier von innerem Entscheidungseinklang.[21] Dahinter steckt der Gedanke, dass Vorschriften innerhalb derselben Rechtsordnung aufeinander abgestimmt sind und ein ausgewogenes, widerspruchsfreies Gesamtergebnis gewährleisten.[22] Würden einzelne Teile eines Handlungskomplexes nach unterschiedlichen Rechten beurteilt *(dépeçage)*, bestünde neben praktischen Schwierigkeiten vor allem die Gefahr von Ungleichbehandlungen der Parteien.[23] Im Grundsatz bedeutet dies, dass sämtliche aus der Verletzung resultierenden Ansprüche, zum Beispiel Schadensersatz-, Beseitigungs- oder Unterlassungsansprüche derselben Rechtsordnung zu unterstellen sind. Richtigerweise darf der Entscheidungseinklang aber nur so weit gehen, wie die konkreten Umstände eine Gleichbehandlung der Ansprüche auch tatsächlich rechtfertigen. Eine pauschale Anknüpfung ohne nähere Prüfung ist nicht angezeigt.[24] Vergleicht man beispielsweise den Schadensersatz- mit dem Gegendarstellungsanspruch, zeigt sich, dass diese nicht nur unterschiedliche Klägerinteressen zum Ausdruck bringen – ein materielles auf der einen Seite, ein immaterielles auf der anderen; sie greifen vielmehr auch unterschiedlich stark in die Rechte des beklagten Schädigers ein. Diese Unterschiede sind bei der Anknüpfungsentscheidung zu berücksichtigen.[25]

II. Materiellrechtliche Interessen

In die Ausgestaltung der Kollisionsnorm fließen darüber hinaus materiellrechtliche Interessen mit ein. Während dem IPR konzeptionell der Gedanke zugrundeliegt, dass sich alle Rechtsordnungen gleichwertig gegenüber-

---

21 Im Gegensatz dazu will der äußere (»internationale«) Entscheidungseinklang einen Gleichlauf zwischen den Entscheidungen unterschiedlicher Staaten herbeiführen. Alle mit einem Fall befassten Gerichte sollen danach dasselbe Recht anwenden und zu einem einheitlichen materiellrechtlichen Ergebnis gelangen; eingehend dazu *Kropholler*, IPR (2006), § 6.

22 *Kegel/Schurig*, IPR (2004), S. 141.

23 *Heldrich*, Persönlichkeitsverletzungen (1983), S. 361 (373) veranschaulicht dies an einem Beispiel, in dem sich zwei Personen unterschiedlicher Staatsangehörigkeit gegenseitig beleidigen. Es sei unbefriedigend, wenn das auf die Äußerung der einen Person anwendbare Recht ein anderes sei als dasjenige Recht, das die Gegenäußerung regelt.

24 So aber *Fricke*, Unterlassungsanspruch gegen Presseunternehmen (2003), S. 13; *Heldrich*, Persönlichkeitsverletzungen (1983), S. 361 (374).

25 Siehe unter C. III. 1. c).

stehen, ist das materielle Recht in hohem Maße von nationalen Interessen gekennzeichnet. Dies erklärt es, warum im Persönlichkeitsrecht auf materiellrechtlicher Ebene weit größere Unterschiede zwischen den Staaten bestehen als im Kollisionsrecht.[26]

1. Geltungsanspruch des nationalen Rechts

Die Abweichungen innerhalb der europäischen Rechtsordnungen lassen sich in erster Linie auf unterschiedliche verfassungsrechtliche Überzeugungen zurückführen. Ausgangspunkt ist die Feststellung, dass innerstaatliches Recht immer einen bestimmten soziopolitischen Zustand widerspiegelt. Es beruht auf gesellschaftlichen, kulturellen und sozialen Wertvorstellungen, die im Laufe der Jahre Rechtswirklichkeit geworden sind. Das von Gesetzgeber und Rechtsprechung geschaffene Rechtssystem in einem Staat entspricht somit den konkreten Bedürfnissen und Erwartungen seiner Bevölkerung. Es ist ein *»Subsystem des Gesellschaftssystems.«*[27] Umgekehrt formt das Recht aber auch die Gesellschaft, es steht mit ihr in Wechselwirkung.[28] Vor diesem Hintergrund erhebt jede Rechtsordnung zunächst einmal den Anspruch ihrer uneingeschränkten territorialen Geltung.

Schreibt nun eine Kollisionsnorm die Anwendung eines bestimmten Rechts vor, ist nicht ausgeschlossen, dass die Belange des einen Staates vernachlässigt und diejenigen des anderen Staates bevorzugt werden. Dieser Zustand ist dem IPR immanent und wird in gewissem Maße von den Rechtsordnungen toleriert. Werden dadurch aber fundamentale Rechtsprinzipien des Forumstaates verletzt, haben internationalprivatrechtliche Interessen den materiellrechtlichen zurückzustehen *(ordre public)*.[29] Das räumlich beste Recht muss dann dem sachlich besseren weichen. Hierin wird deutlich, dass die Bewertung von Auslandsfällen immer auch eine

---

26 Zusammenfassend siehe Teil 1: E. I.

27 *Luhmann*, Recht der Gesellschaft (1995), S. 55.

28 *Kegel/Schurig*, IPR (2004), S. 131; siehe auch *Luhmann*, Recht der Gesellschaft (1995), S. 33 f.: *»Einerseits ist die Gesellschaft Umwelt ihres Rechtssystems, andererseits sind aber alle Operationen des Rechtssystems immer auch Operationen in der Gesellschaft, also Operationen der Gesellschaft. Das Rechtssystem vollzieht Gesellschaft, indem es sich in der Gesellschaft ausdifferenziert.«*

29 *Kegel/Schurig*, IPR (2004), S. 145.

rechtspolitische Komponente in sich trägt.[30] Die einzelstaatlichen Kollisionsrechte sehen daher bestimmte Vorbehaltsklauseln vor, die in derartigen Fällen auf das eigene Recht verweisen.[31]

Dieser Vorbehalt ist auf der einen Seite wohl interessenpolitisch notwendig, auf der anderen – der dogmatischen – Seite aber nicht unbedenklich. Mag auch angesichts des zunehmenden Einflusses der *EMRK* und der damit verbundenen Annäherung der Sachrechte die Relevanz einer solchen Klausel geringer werden,[32] so ist ein Rückgriff auf den *ordre public* doch weitestgehend zu vermeiden.[33] Es gilt, das Prinzip der engsten Verbindung, wo eben möglich, zu wahren. Eine Kollisionsnorm für das Medienpersönlichkeitsrecht muss daher so ausgestaltet sein, dass sie die Bedeutung der betroffenen Grundrechte von Anfang an umfassend berücksichtigt und den verfassungsrechtlichen Vorgaben aller Mitgliedstaaten gerecht wird. Persönlichkeitsrecht und Medienfreiheit sind in sorgfältiger Untersuchung miteinander abzuwägen, um den Interessen von Schädiger und Verletztem gleichermaßen zu genügen. Ein Rückgriff auf die *ordre public*-Klausel der *Rom II*-Verordnung[34] wäre dann weitgehend ausgeschlossen.

2. Einbeziehung des materiellrechtlichen Systembegriffs

Wie in der kollisionsrechtlichen Untersuchung festgestellt wurde,[35] soll die kollisionsrechtliche Qualifikation mitunter von der Funktion der einschlägigen materiellen Vorschriften abhängen. Wenn also eine unerlaubte Handlung von einer Kollisionsnorm zugeteilt und sachrechtlich bewertet werden soll, setzt dies voraus, dass die Kollisions- und die Sachnorm von demselben Systembegriff ausgehen. Ihr Regelungsgegenstand muss also identisch sein. Diese Aufgabe wird bislang gelöst, indem der Tatbestand der Kollisionsnorm sich begrifflich und inhaltlich am Sachrecht der *lex fo-*

30 So auch *Herrmann*, Ordre public (2000), S. 79; grundlegend *Hsieh*, Lex fori (2003), S. 178 ff. m.w.Nachw.
31 Vgl. z.B. Art. 6 EGBGB oder sec. 14(3) PIL Act, in Frankreich st. Rspr. seit *Cour cass.*, S 1868 I 365.
32 Vgl. vorstehend Teil 1: E.
33 *Hsieh*, Lex fori (2003), S. 142 f. mit Verweis auf Art. 2 und 10 EGV a.F.
34 Art. 26 Rom II-VO.
35 Vgl. vorstehend Teil 2: A.

ri anlehnt. Eine unerlaubte Handlung i.S. des Art. 40 EGBGB entspricht also der des § 823 Abs. 1 BGB.

Soll nun eine europäische Kollisionsnorm für das Persönlichkeitsrecht entstehen, tritt die Schwierigkeit auf, dass die Sachrechtsbegriffe unterschiedlicher Staaten in Einklang gebracht werden müssen. Denn wie die materiellrechtsvergleichende Untersuchung gezeigt hat, werden unter das Persönlichkeitsrecht sehr unterschiedliche Rechtsgüter gefasst. Für die gesuchte Kollisionsnorm heißt das Folgendes: Einerseits muss sie, sozusagen als Untergrenze, all jene Rechtspositionen erfassen, die nach hiesiger Definition Medienpersönlichkeitsrechte darstellen.[36] Andererseits darf die Vorschrift nicht so weit gehen, dass der eigentliche Regelungsrahmen überdehnt und unpassende Ergebnisse erzielt werden. Fasst man etwa, wie in Frankreich, sämtliche Rechtsinteressen unter das Persönlichkeitsrecht, die mit der Entfaltung der Person in irgendeiner Weise zusammenhängen,[37] werden Angelegenheiten ganz unterschiedlicher Rechtsbereiche miteinander vermengt. Dass aber personenbezogene Auslandsfälle nicht derselben Anknüpfung unterliegen können wie vertrags- oder deliktsrechtliche, liegt auf der Hand. Das für das Personalstatut charakteristische Heimatrecht etwa ließe sich nur schwer mit der deliktischen Tatortregel vereinbaren. Vor diesem Hintergrund ist es ungenau, wenn die Kollisionsnorm lediglich *»Verletzung[en] der Privatsphäre oder der Persönlichkeitsrechte«*[38] erfasst, selbst wenn sie dabei den *»Fall der Verleumdung«*[39] als Spezialfall hervorhebt. Ihr Tatbestand ist vielmehr auf den *»inneren Persönlichkeitsbereich«*[40], den grundsätzlich *»unantastbaren Bereich«*[41] zu begrenzen. Diese Grenze muss in der Gestaltung der Norm, jedenfalls aber durch eine darauf bezogene europäische Rechtsprechung zum Ausdruck kommen, um eine unterschiedliche Anwendung durch die Mitgliedstaaten zu verhindern. Wenn schon die Harmonisierung der Persönlich-

36 D.h. das Recht auf Achtung des privaten Lebensbereichs, das Recht auf Wahrung der persönlichen Ehre sowie das Recht auf wirtschaftliche Verwertung der eigenen Persönlichkeit, siehe vorstehend Teil 1: B. III. 1.

37 Z.B. die Eheschließungsfreiheit oder die Begräbnisfreiheit, vgl. die Nachw. in Teil 1: Fn. 427.

38 So Art. 6 Abs. 1 Rom II-E (vgl. unten Fn. 82).

39 So Art. 4 lit. a) GEDIP-E (vgl. unten Fn. 62) sowie Art. 3 Nr. 5 Komm-E II (vgl. unten Fn. 68).

40 *BGH*, BGHZ 26, 349 (354 f.); vgl. dazu Teil 1: B. II. 2. b).

41 *BVerfG*, BVerfGE 34, 238 (245); vgl. dazu Teil 1: B. II. 2. c).

keitsrechte auf den kollisionsrechtlichen Bereich beschränkt ist, muss zumindest eine einheitliche Auslegung der Vorschrift gewährleistet sein.[42]

3. Funktion des außervertraglichen Haftungsrechts

Schließlich muss auch die Funktion des materiellen Deliktsrechts in die Konzeption der Kollisionsnorm mit einfließen. Konkret gilt es zu ermitteln, worin der Schwerpunkt des Haftungsrechts zu sehen ist, ob nämlich sein primärer Zweck in der Verhaltenssteuerung oder im Rechtsgüterschutz liegt. Mag auch diese Frage aus materiellrechtlicher Perspektive eine bloß akademische Bedeutung haben, im Kollisionsrecht ist sie ein wichtiges Element der Anknüpfungsentscheidung: Soll die Präventivfunktion des Deliktsrechts im Vordergrund stehen, ist der Handlungsort vorrangig, damit der Schädiger stets vor Ort sanktioniert werden kann. Wäre dagegen der Gedanke des Rechtsgüterschutzes führend, spräche dies für eine Anwendung des Erfolgsortrechts.

III. Medienspezifische Interessen

Die Notwendigkeit der Berücksichtigung medienspezifischer Interessen resultiert aus der Tatsache, dass heutige Medien einen nahezu unbegrenzten Informationsfluss ermöglichen. In mitunter rasanter Geschwindigkeit können sie Inhalte an eine Vielzahl von Personen an nahezu jeden Ort der Welt vermitteln, ohne Rücksicht auf räumliche, politische oder gesellschaftliche Grenzen. Durch die modernen Verbreitungsmethoden, insbesondere das Internet sind die Informationen zudem beinahe ständig und überall abrufbar. Dies stellt die Überlegungen für eine Kollisionsnorm vor besondere Herausforderungen: In keinem anderen Feld des außervertraglichen Haftungsrechts können mit einem Mal mehr Rechtsordnungen betroffen sein als bei der Verletzung des Persönlichkeitsrechts durch Massenmedien. Kein Wettbewerbsverstoß, kein Produkthaftungsfall, keine Umweltschädigung vermag eine derart weltumspannende Wirkungskraft zu erzielen. Diesen Tatsachen muss die vorliegende Untersuchung Rechnung tragen.

---

42 Siehe hierzu auch C. V.

Als Hauptschwierigkeit erweist sich demzufolge die Vielzahl von Verbreitungsorten, an denen eine rechtswidrige Äußerung auftreten kann. Es wird zu entscheiden sein, ob und inwieweit diese Zahl nach Billigkeit und Zweckmäßigkeit zu beschränken ist. Verschärft wird die Problematik dadurch, dass mit dem Persönlichkeitsrecht ein ideelles, unkörperliches Rechtsgut in Rede steht, das keine örtliche Lage kennt.[43] Es ist daher zu prüfen, an welchen Verbreitungsorten die Persönlichkeit überhaupt existent und in rechtlich relevanter Weise betroffen ist.[44] Als Anknüpfungsmomente kommen in jedem Fall nur solche Orte in Betracht, an denen die Verletzung hinreichend qualifiziert ist.

Schließlich ist zu berücksichtigen, dass der Verbreitungsvorgang inzwischen derart technisiert abläuft, dass er, einmal in Gang gesetzt, sich oft nicht mehr steuern lässt. Inhalte im Internet können nicht einfach zurückgenommen oder auf bestimmte Kreise begrenzt werden, selbst wenn der Verfasser dies wünschte. Die Folge ist eine Diskrepanz zwischen intendierter und tatsächlicher Verbreitung der Information, die vor allem für die Frage der Vorhersehbarkeit des anwendbaren Rechts Berücksichtigung finden muss.[45]

IV. Zwischenergebnis

Die genannten Interessen haben die Komplexität der vorliegend zu erarbeitenden Kollisionsnorm aufgezeigt. Wenngleich ohne Zweifel rechtliche Gesichtspunkte im Vordergrund stehen, sind doch auch pragmatische und politische Erwägungen zu beachten. Diese Vielschichtigkeit hat sich auch bei der Umsetzung jener Interessen in den Mitgliedstaaten widergespiegelt und dazu geführt, dass die Vorschriften des Internationalen Persönlichkeitsrechts dort erheblich voneinander abweichen:[46] So ist im deutschen Recht nach Wahl des Klägers entweder das Recht des Handlungs- oder des Erfolgsortes maßgeblich. Nach französischem Recht kommen ebenfalls beide Rechtsordnungen in Betracht, hier entscheidet aber allein das

---

43 Vgl. die Nachw. in Teil 2: Fn. 125 u. 126.

44 Siehe dazu bereits Teil 2: C. II. 2. b) aa).

45 *v. Hinden*, in FS Kropholler (2008), S. 573 (581); vgl. auch *EuGH*, Urt. v. 25.10.2011, *eDate Advertising GmbH ./. X*, Rs. C-509/09 und *Martinez ./. MGN Limited*, Rs. C-161/10, JZ 2012, 199 (201).

46 Zum Ganzen siehe vorstehend Teil 2: C. bis E.; zusammenfassend *Europäische Kommission*, KOM(2003) 427 endg., 19.

Gericht über das einschlägige Recht. In England kommt teils das Erfolgsortrecht zur Anwendung, teils das eigene Recht; auch die praktisch so bedeutsame Schadensbemessung ist hier weiterhin der *lex fori* vorbehalten.

Unabhängig von der Frage der Auslegung der Tatortregel gab es darüber hinaus immer wieder Forderungen nach flexibleren, mehr personenbezogenen Anknüpfungen, z.B. an den Wohnsitz oder Aufenthaltsort. Die jahrzehntelangen Bemühungen, das Kollisionsrecht in Europa zu vereinheitlichen, haben daher eine Fülle von Vorschlägen hervorgebracht, die die Tatortregel in zahlreichen Varianten wiedergeben. Sie sind in einer Reihe von Kodifikationsversuchen entstanden ebenso wie durch private Initiativen und Untersuchungen. In Vorbereitung auf die eigene Normkonzeption sollen sie nachfolgend aufgeführt werden.

B. Bisherige Vorschläge

Die Entwicklung des europäischen Kollisionsrechts für Persönlichkeitsrechtsverletzungen beginnt in der zweiten Hälfte des vergangenen Jahrhunderts, als die rechtlichen Konflikte zwischen Persönlichkeitsrecht und Medienfreiheit immer deutlicher zu Tage treten.[47] Seitdem wurden von nationaler wie europäischer Seite zahlreiche Vorschläge für eine Kollisionsnorm hervorgebracht, von denen bis heute keiner die Zustimmung aller Mitgliedstaaten finden konnte.[48] Um die verschiedenen Entwicklungsschritte der langjährigen Harmonisierungsbemühungen systematisch zu erfassen, ist deren Darstellung nach folgenden Zeiträumen untergliedert: in die Zeit vor dem Erlass der *Rom II*-Verordnung *(unter I.)*, das Verordnungsverfahren selbst *(unter II.)* sowie die Zeit nach Inkrafttreten der Verordnung *(unter III.)*.

I. Weg zu »Rom II«

Der lange Weg zur *Rom II*-Verordnung lässt sich wiederum in unterschiedliche Phasen aufteilen, in denen auf intensive Verhandlungen immer

47 Vgl. hierzu die Nachw. in Teil 1: Fn. 73 u. 415.
48 Eingehend dazu unter B. II.

auch Zeiten des Stillstands folgten und eine Vereinheitlichung des Internationalen Deliktsrechts vorübergehend in Vergessenheit geriet.[49]

1. Erste Harmonisierungsbemühungen

Als Ende der 1960er Jahre Forderungen laut wurden, das IPR in Europa zu vereinheitlichen,[50] kam auch das Internationale Deliktsrecht erstmals auf die Brüsseler Tagesordnung. Auf nationaler Ebene hatte bis dahin überwiegend Richterrecht geherrscht, das seinerseits noch in der Entwicklung und sehr unbeständig gewesen war. Durch die Einführung einer europäischen Regelung, so die verbreitete Vorstellung, sollten neben den zwischenstaatlichen Ungleichheiten zugleich auch bestehende Rechtsunsicherheiten beseitigt werden können.

Die Europäische Kommission präsentierte 1972 einen Vorentwurf,[51] der weite Teile des Internationalen Schuldrechts integrieren sollte. Außervertragliche Schuldverhältnisse unterliegen grundsätzlich dem Tatortrecht.[52] Zugleich sollten sämtliche Sonderregeln, die bislang für die verschiedenen Deliktsformen galten, wegfallen und durch eine einzige Zuweisungsnorm ersetzt werden. Konkret war eine Anknüpfung an das Recht des Staates vorgesehen, *»in dem das Ereignis eingetreten ist.«*[53] Wo genau dies sein sollte, ließ der Vorentwurf offen; die Beantwortung sollte vielmehr der Rechtsprechung vorbehalten bleiben.[54] Abweichend von der

---

49 Eine Abbildung der gesamten Verfahrenschronologie findet sich bei *Dickinson*, Rome II (2008), App. 5.

50 Ausführlich dazu *Dickinson*, Rome II (2008), S. 23 ff.; *König*, EuR 10 (1975), 289; *Siehr*, AWD 19 (1973), 569 f. jeweils m.w.Nachw.

51 *Europäische Kommission*, Vorentwurf eines Übereinkommens über das auf vertragliche und außervertragliche Schuldverhältnisse anwendbare Recht (nachfolgend Komm-E I), Dok. XIV/398/72 vom 6.12.1972, abgedruckt in RabelsZ 38 (1974), 211; dazu *Giuliano/Lagarde/van Sasse van Ysselt*, Riv. dir. int. priv. proc. 9 (1973), 198; *Siehr*, AWD 19 (1973), 569; *v. Overbeck/Volken*, RabelsZ 38 (1974), 56.

52 Vgl. Art. 10 Abs. 1 Komm-E I; vom Anwendungsbereich ausgenommen war allein der Bereich der Kernenergie, Art. 1 lit. f) Komm-E I.

53 Vgl. Art. 10 Abs. 1 des Vorentwurfs.

54 Vgl. *Giuliano/Lagarde/van Sasse van Ysselt*, Riv. dir. int. priv. proc. 9 (1973), 198 (233 f.).

Tatortregel sollten Ereignisse, die eine *»stärkere Beziehung«* zu einem anderen Staat aufwiesen, dem Recht dieses Staates unterstehen.[55]

In den anschließenden Verhandlungen über die Umsetzung des Vorentwurfs traten dann Schwierigkeiten zu Tage, die noch heute, über vierzig Jahre später, festzustellen sind: Es zeigte sich, dass die Gegensätze zwischen den Rechtsordnungen, insbesondere zwischen den kontinentalen und dem *common law* allzu gravierend sind, um einen baldigen Kompromiss zu erzielen.[56] Nachdem sich bereits die Verhandlungen zum Internationalen Vertragsrecht um einige Jahre verzögert hatten, wurde der Vorschlag zum außervertraglichen Schuldrecht schließlich gänzlich fallengelassen.[57] Trotz seines Scheiterns ließ der Vorentwurf aber bereits das Grundmuster des europäischen Deliktskollisionsrechts erkennen, an dem sich spätere Entwürfe orientieren sollten: Danach sollte die Tatortregel als Leitmotiv vorangehen, ergänzt durch die Möglichkeit der Anwendung eines »engeren« Rechts.

2. Wiederaufnahme der Arbeiten

Es dauerte zwei weitere Jahrzehnte, ehe die Arbeiten über die Kollisionsregeln zum außervertraglichen Schuldrecht wiederaufgenommen wurden.[58] Den Anstoß gaben legislative Änderungen, durch die das Internationale Privatrecht und weitere Bereiche der Justizpolitik zunächst zum Gegenstand intergouvernementaler Zusammenarbeit[59] und später in die Kompetenz der Europäischen Gemeinschaft gelegt wurden.[60] Nicht zuletzt die Ankündigung des Rates, sich fortan vorrangig um ein Übereinkommen über das auf außervertragliche Schuldverhältnisse anzuwendende Recht

55 Vgl. Art. 10 Abs. 2 des Vorentwurfs: *»Besteht jedoch einerseits kein bezeichnendes Band zwischen der durch das Schadensereignis geschaffenen Lage und dem Staat, in dem das Ereignis eingetreten ist, und weist andererseits diese Lage eine stärkere Beziehung zu einem anderen Staat auf, so findet das Recht dieses Staates Anwendung.«*

56 Vgl. *Bourel*, L'état actuel (1981), S. 97 (99).

57 Vgl. *Giuliano/Lagarde*, Bericht 1980, BT-Drucks. 10/503, 33 (39).

58 Bis dahin waren nur vereinzelte Kollisionsregeln zum außervertraglichen Schuldrecht erlassen worden, vgl. *Roth*, IPRax 1994, 165.

59 Vgl. Art. K.1 Nr. 6 EUV in der Fassung des Vertrags von Maastricht, ABl. EG 92/C 224/01 vom 31.08.1992.

60 Vgl. Art. 61 lit. c i.V.m. Art. 65 EGV a.F. (heute Art. 81 AEUV).

bemühen zu wollen,[61] setzte eine erneute Diskussion in Gang, aus der zahlreiche Vorschläge für ein europäisches Deliktskollisionsrecht hervorgingen.

a) GEDIP-Entwurf (1998)

Einen umfassenden und erstmals ausdifferenzierten Entwurf veröffentlichte 1998 die *Europäische Gruppe für Internationales Privatrecht*, ein Zusammenschluss zahlreicher Rechtsprofessoren aus ganz Europa.[62] Inhaltlich und rechtstechnisch war der Entwurf dem *Europäischen Schuldvertragsübereinkommen (EVÜ)*[63] angelehnt mit der Idee, beide Übereinkommen zu einem späteren Zeitpunkt zu vereinigen. Dies erklärt es, warum im Gegensatz zu den meisten einzelstaatlichen Kollisionsrechten nicht die *lex loci delicti*, sondern ausdrücklich das Prinzip der *»engsten Verbindung«* als deliktische Grundregel aufgestellt wurde.[64] Das Grundmodell des einstigen Kommissionsvorschlags blieb aber erhalten, indem der Entwurf eine Generalklausel mit gesetzlichen Vermutungen kombinierte: Bei allen Ansprüchen wegen Verletzung des Persönlichkeitsrechts sollte die engste Verbindung mit dem Ort bestehen, an dem der Schaden eingetreten war *(»dans lequel le dommage est survenu«)*; der Schadensort[65] wurde in dem Staat vermutet, in dem der Geschädigte seinen gewöhnlichen Aufenthalt hatte.[66] Diese Vermutung sollte indes nicht gelten, wenn sich aus der Gesamtheit der Einzelfallumstände ergab, dass eine engere Verbindung mit einem anderen Staat bestand.[67]

---

61 Entschließung des Rates vom 14.10.1996, ABl. EG 96/C 319/01 vom 26.10.1996.

62 *Groupe européen de droit international privé (GEDIP)*, Proposition pour une convention européenne sur la loi applicable aux obligations non contractuelles (GEDIP-E), abgedruckt in IPRax 1999, 286; siehe hierzu *Jayme*, IPRax 1999, 298.

63 Übereinkommen von Rom über das auf vertragliche Schuldverhältnisse anzuwendende Recht vom 19.06.1980, ABl. EG 1998/C 27/02 (konsolidierte Fassung).

64 Vgl. Art. 3 Abs. 1 GEDIP-E in Anlehnung an Art. 4 Abs. 1 S. 1 EVÜ.

65 Gemeint ist der Erfolgsort, vgl. *v. Hoffmann*, in Staudinger BGB (2001), Vor Art. 38 ff. Rn. 20; *Sonnenberger*, in FS Henrich (2000), S. 575 (590, Anm. 56).

66 Vgl. Art. 4 lit. a) GEDIP-E.

67 Vgl. Art. 4 i.V.m. Art. 3 Abs. 4 GEDIP-E.

b) Referentenentwurf der Kommission (1999)

Kurze Zeit später veröffentlichte die Kommission ein internes Positionspapier.[68] Ähnlich zum *GEDIP*-Vorschlag knüpfte auch dieses an das Prinzip der engsten Verbindung an, das durch zahlreiche Vermutungsregeln präzisiert wurde.[69] Für Eingriffe in Persönlichkeitsrechte nahm Art. 3 Nr. 5 Komm-E II an, dass die engste Verbindung mit dem Ort der Verbreitung bestehe *(»où la publication ou l'émission a été diffusée«)*. Die Formulierung war jedoch insoweit ungenau, da Verletzungen dieser Rechte, etwa der Privatsphäre, nicht zwingend eine Verbreitung voraussetzen. Wollte man den Tatbestand dennoch auf Verbreitungsdelikte beschränken, so ließ die Vorschrift offen, ob jeder oder nur ein bestimmter (schwerpunktmäßiger) Verbreitungsort relevant sein sollte.

c) Vorentwurf der Kommission (2002)

Nachdem das Kollisionsrecht vollständig in die Gemeinschaftspolitik überführt worden war, richteten sich die Bemühungen fortan auf die Verabschiedung einer europäischen Verordnung. In Vorbereitung darauf veröffentlichte die Kommission im Mai 2002 einen weiteren Vorentwurf, der in weiten Teilen den vorherigen Vorschlägen entsprach.[70] Verändert war hingegen die Sonderregelung für Persönlichkeitsrechtsverletzungen, nach der nunmehr – unwiderlegbar[71] – das Recht des gewöhnlichen Aufenthalts des Verletzten gelten sollte.[72] Der Vorentwurf war außerdem verbunden mit einem öffentlichen Konsultationsverfahren, bei dem interessierte Kreise ihre Vorstellungen über ein europäisches Deliktskollisionsrecht ein-

68 *Europäische Kommission*, Proposition de Règlement (CE) du Conseil sur la loi applicable aux obligations non-contractuelles v. 21.06.1999 (nachfolgend Komm-E II), abgedruckt bei *v. Hoffmann*, in Staudinger BGB (2001), Vor Art. 38 ff. Rn. 16.

69 Vgl. Art. 3 Komm-E II.

70 *Europäische Kommission*, Vorentwurf für eine Verordnung des Rates über das auf außervertragliche Schuldverhältnisse anzuwendende Recht (nachfolgend Komm-E III), abgedruckt bei *Dickinson*, (2002) EBLR 369 (382).

71 Im Gegensatz zu den vorherigen Vorschlägen handelt es sich um eine echte Anknüpfungs- und keine Vermutungsregel. Die Vorschrift wird zudem nur durch abweichende Rechtswahl der Parteien (Art. 11 Komm-E III) verdrängt, nicht auch durch die Ausweichklauseln (Art. 3 Abs. 2 u. 3 Komm-E III).

72 Vgl. Art. 7 Komm-E III.

bringen konnten. Die Konsultation fand großes Echo und hatte rund 80 Beiträge aus den Mitgliedstaaten, darunter insbesondere aus Deutschland, von Hochschulen, Verbänden und privaten Unternehmen zur Folge.[73]

Die vorgeschlagene Anknüpfung zum Persönlichkeitsrecht stieß bei der Mehrzahl der Autoren auf deutliche Ablehnung.[74] Im Ergebnis einig, weichen die Kritikpunkte und Änderungsvorschläge – je nach Interessenzugehörigkeit – jedoch stark voneinander ab. Von Medienseite[75] wurde beklagt, dass der gewöhnliche Aufenthaltsort gerade bei prominenten Personen oft zufällig und willkürlich und darum nur schwer vorhersehbar sei. Der Grundsatz der engsten Verbindung werde vollständig ausgehebelt. Jedenfalls müssten de facto sämtliche[76] Rechtsordnungen beachtet werden, um eine Haftung ausschließen zu können. Angesichts der rechtlichen und finanziellen Risiken der Medienunternehmen führe dies zu weniger Publikationen und damit zur Einschränkung der Medienfreiheit und Medienvielfalt.[77] Zweckmäßig, vorhersehbar und sachgerecht sei darum, sofern man Persönlichkeitsrechtsverletzungen überhaupt erfassen wolle, allein eine Anwendung des Handlungsortrechts.

Vertreter aus Politik und Wissenschaft[78] hingegen lehnten eine Sonderregel generell ab und plädierten – freilich nur außerhalb Englands[79] – mehrheitlich für die Anwendung der Grundanknüpfung an den Erfolgs-

---

73 Die Beiträge sind abrufbar unter: http://ec.europa.eu/justice/news/consulting_public/rome_ii/news_summary_rome2_en.htm.

74 Sinnbildlich hierfür die Stellungnahme *Dickinsons*, wonach die Vorschrift zu Persönlichkeitsrechtsverletzungen *»perhaps the least satisfactory of the whole draft Regulation«* sei (Rzi. 8.7).

75 Etwa der Europäische Verband der Privatsender (ACT), der Europäische Verlegerrat (EPC), der Verband Europäischer Zeitschriftenverleger (FAEP), die European Newspaper Publisher's Association (ENPA), die Verbände Privater Rundfunk und Telekommunikation (VPRT) und Deutscher Zeitschriftenverleger (VDZ) oder die Advertising Association (AA).

76 Vgl. Art. 2 Komm-E III.

77 Siehe hierzu eingehend *Paal*, Medienvielfalt (2010), S. 71 ff.

78 Etwa das Bundesjustizministerium, das italienische Ministero della Giustizia, das Bayerische Staatsministerium der Justiz, der Deutsche Rat für IPR oder das Institut für ausländisches und internationales Privat- und Wirtschaftsrecht der Universität Heidelberg.

79 Vgl. die Stellungnahme des *Lord Chancellor* der britischen Regierung sowie der *Law Society*, die eine Anknüpfung an den Erscheinungsort befürworten.

ort.[80] Spezialnormen wie Art. 7 Komm-E III, so der Vorwurf, verursachten nur Abgrenzungsschwierigkeiten zu anderen Delikten. Auch aus rechtssystematischer Sicht sei die Regelanknüpfung vorzugswürdig: Um ein Auseinanderfallen von Zuständigkeit und anwendbarem Recht weitgehend zu verhindern, müsse die Kollisionsregel an der *Shevill*-Rechtsprechung des *EuGH*[81] ausgerichtet sein. Weil hiernach aber nur die Gerichte am Handlungs- und Erfolgsort zuständig seien, führe eine Anknüpfung an den gewöhnlichen Aufenthalt in den allermeisten Fällen dazu, dass das berufene Gericht fremdes Recht anzuwenden habe. Schließlich wurde, wie schon von Medienseite, bemängelt, dass auch Fälle denkbar seien, in denen weder der Handlungs- noch der Erfolgsort im Staat des gewöhnlichen Aufenthaltsortes belegen sei. Dann aber fehle jeglicher Sachbezug.

Der Verlauf des Konsultationsverfahrens hatte ein bereits bekanntes Bild offenbart: Während weitgehende Einigkeit über die Maßgeblichkeit des Tatortrechts bestand, zeigten sich noch immer tiefe Gräben bei der Auslegung dieses Ortes. Die Kommission, die die Befragung nutzen wollte, um einen verhandlungsfähigen Konsens in ihren Vorschlag einzuführen, stand letztlich vor demselben Problem, das bereits frühere Kodifikationsversuche hatte scheitern lassen. Unter *»gebührender Berücksichtigung«* der eingegangenen Kommentare veröffentlichte die Kommission im Juli 2003 schließlich ihren Vorschlag für eine Verordnung über das auf außervertragliche Schuldverhältnisse anzuwendende Recht (*Rom II-*Verordnung).[82]

II. Rom II-Verfahren

Mit Einreichung des Vorschlags kam das Verordnungsprojekt nach über drei Jahrzehnten in die entscheidende Phase.

80 Vgl. Art. 3 Komm-E III: *»The law applicable to a non-contractual obligation arising out of a tort or delict shall be the law of the country in which the loss is sustained [...].«*

81 Vgl. den Nachw. in Teil 2: Fn. 59.

82 *Europäische Kommission*, KOM(2003) 427 endg. (nachfolgend Rom II-E).

1. Vorschlag der Kommission (2003)

Wenngleich die unterschiedlichen Positionen in den Stellungnahmen kaum zu vereinbaren schienen, hielt die Kommission an einer Sondernorm für Persönlichkeitsrechtsverletzungen fest (Art. 6 Abs. 1 Rom II-E). Anders als im Vorentwurf enthielt die Vorschrift jedoch keine eigenständige Anknüpfung, sondern verwies auf die Grundregel des Art. 3 Abs. 1 Rom II-E. Danach sollte, vorbehaltlich eines gemeinsamen gewöhnlichen Aufenthaltsortes der Parteien oder einer sonstigen engeren Verbindung, das Recht des Ortes Anwendung finden, in dem der Schaden eintritt oder einzutreten droht.[83] Gemäß der *EuGH*-Rechtsprechung sei dies bei Mediendelikten der Staat, *»in dem die Veröffentlichung verbreitet [...] worden ist.«*[84] Für Ansprüche auf Gegendarstellung sollte das Recht des gewöhnlichen Aufenthalts des Schädigers eingreifen (Art. 6 Abs. 2 Rom II-E).

Ausgangspunkt des Vorschlags war die verbreitete Forderung, das IPR mit den Regelungen der internationalen Zuständigkeit abzustimmen.[85] Hiermit war eine andere als die Tatortanknüpfung somit von vornherein ausgeschlossen. Die Entscheidung zugunsten des Erfolgsortes begründete die Kommission dann mit jüngeren Entwicklungen im Kollisionsrecht der Mitgliedstaaten, die diese Anknüpfung zunehmend in ihren Gesetzen verankerten.[86] Um den Interessen der Medienunternehmen allerdings entgegenzukommen, wollte man zweierlei Eingrenzung der Erfolgsortanknüpfung vornehmen: Zum einen sei als Verbreitung im Sinne der *EuGH*-Rechtsprechung nur der kommerzielle Vertrieb anzusehen; zufällige Verbreitungsorte blieben damit außer Betracht.[87] Zum anderen sollte ausnahmsweise das Recht des angerufenen Gerichts vorrangig sein, wenn die Anwendung des Erfolgsortrechts mit wesentlichen Grundsätzen der *lex fo-*

---

83 Gemeint ist nach deutscher Lesart der Erfolgsort. Dies ergibt sich sowohl aus dem Wortlaut der Vorschrift (Art. 3 Abs. 1 Rom II-E: *»[...] unabhängig davon, in welchem Staat das schädigende Ereignis eintritt und in welchem Staat oder welchen Staaten die indirekten Schadensfolgen festzustellen sind«*) als auch aus der Entstehungsgeschichte, indem die Kommission hinsichtlich des deutschen Rechts ebenfalls stets vom Schadensort spricht, vgl. *Europäische Kommission*, KOM(2003) 427 endg., 12.

84 Vgl. *Europäische Kommission*, KOM(2003) 427 endg., 20.

85 *Europäische Kommission*, KOM(2003) 427 endg., 19.

86 *Europäische Kommission*, KOM(2003) 427 endg., 12 f.

87 *Europäische Kommission*, KOM(2003) 427 endg., 20.

ri in Bezug auf die Meinungs- und Informationsfreiheit unvereinbar wäre.[88]

2. Vorschlag des Rechtsausschusses (2005)

Was von der Kommission als Ausgleich zwischen den gegensätzlichen Interessen gedacht war, stieß erneut auf heftige Kritik. Als erstes Gremium hatte sich der Rechtsausschuss des Europäischen Parlaments zu dem neuen Vorschlag zu äußern.[89] Er bemängelte die Rechtsunsicherheiten, denen die Medienunternehmen durch die Berücksichtigung jedes (Vertriebs-)Erfolgsortes ausgesetzt seien, und forderte eine weitergehende Eingrenzung. Er schlug vor, bei Verletzungen des Persönlichkeitsrechts nur das Recht des Staates anzuwenden, in dem der Schaden *»im Wesentlichen«* eintritt.[90] Zudem solle neben dem Gegendarstellungsrecht nach Abs. 2 auch der vorbeugende Rechtsschutz dem Recht des gewöhnlichen Aufenthaltsortes des Schädigers folgen.

3. Standpunkt des Europäischen Parlaments (2005)

Der Standpunkt des Rechtsausschusses wurde vom Europäischen Parlament in erster Lesung im Juli 2005 übernommen. Darin wurde der Begriff des wesentlichen Schadenseintritts präzisiert, wonach diesbezüglich auf die Absichten des Medienunternehmens abzustellen ist: Maßgeblich solle der Staat sein, auf den die Veröffentlichung *»vorrangig ausgerichtet ist.«*[91] Die vorrangige Ausrichtung könne etwa anhand der Sprache oder der Anzahl der Empfänger je Staat im Verhältnis zur Gesamtzahl ermittelt werden. Sofern derartige Umstände nicht feststellbar seien, solle das Recht am Ort der medialen Kontrolle, also des Handlungsortes, zur Anwendung kommen.

---

88 Vgl. Art. 6 Abs. 1 Rom II-E.

89 Bericht des Rechtsausschusses des Europäischen Parlaments vom 27.06.2005, A6-0211/2005 endg.

90 Bericht des Rechtsausschusses des Europäischen Parlaments vom 27.06.2005, A6-0211/2005 endg., 23 (Art. 6 Abs. 1 VO-E).

91 Standpunkt des Europäischen Parlaments vom 6.07.2005, ABl. EU 2006/C 157 E/03, 376 (Art. 5 Abs. 1 UAbs. 2 VO-E).

4. Reaktionen aus den Mitgliedstaaten

Auch aus den Mitgliedstaaten, insbesondere dem Schrifttum kam überwiegend Ablehnung für den Vorschlag der Kommission.[92] Als Hauptkritikpunkt wurden neben einer Benachteiligung der Schädigerinteressen vor allem prozessökonomische Nachteile vorgebracht. Zwar sei eine Anlehnung an die *Shevill*-Doktrin im Grundsatz zu begrüßen, die alleinige Geltung des Erfolgsortes führe aber dazu, dass der Gesamtschaden aufgeteilt und mosaikartig ermittelt werden müsse. Selbst das Gericht am Handlungsort, das für den Gesamtschaden zuständig sei, könne nicht nach seiner *lex fori* urteilen, sondern müsse gegebenenfalls zahllose Erfolgsortrechte anwenden.[93] Diese Lösung sei zwar präzise, letztlich aber höchst zeit- und kostenaufwendig. Den Gerichten sei es nahezu unmöglich, alle betroffenen Rechtsordnungen zu prüfen. Einige plädierten daher für eine Eingrenzung auf den Haupterfolgsort,[94] andere forderten einen vollständigen Regelungsverzicht.[95]

5. Geänderter Vorschlag der Kommission (2006)

Die Kommission erkannte nun, dass ein ausgewogener Kompromiss im Bereich des Persönlichkeitsrechts gegenwärtig nicht zu erreichen war. Den Wunsch des Parlaments nach einer Eingrenzung des Erfolgsortes lehnte sie ab, weil dies die Medienunternehmen ungerechtfertigt bevorzuge und auch der Rechtslage in den meisten Mitgliedstaaten entgegenstehe.[96] Im Frühjahr 2006 änderte die Kommission ihren Vorschlag dahingehend ab, dass Persönlichkeitsrechte nunmehr weitgehend ausgeklammert werden sollten: Nach Art. 1 Abs. 2 lit. h) des Vorschlags waren außervertragliche Schuldverhältnisse, die aus einer Verletzung der Privatsphäre oder der Persönlichkeitsrechte durch die Medien entstanden sind, vom Anwen-

92 *Bundesrat*, BR-Drucks. 588/1/03, 5; *HL*, European Union Committee, 8th Report Session 2003-04 (HL Paper 66), para. 126 ff. (insbesondere 130); *Huber/Bach*, IPRax 2005, 73 (79); *Kropholler/v. Hein*, in FS Heldrich (2005), S. 793 (804 f.); *Leible/Engel*, EuZW 2004, 7 (12); *Kropholler*, IPR (2004), S. 537 f.; *v. Hein*, ZVglRWiss 102 (2003), 528 (558); *Benecke*, RIW 2003, 830 (835); zurückhaltend auch der französische *Sénat*, Feuille de dépôts 2003, no. E2347.

93 Dies erkennt auch die *Europäische Kommission*, KOM(2003) 427 endg., 19 f.

94 Im Einzelnen dazu B. III. 1. c).

95 Etwa *Bundesrat*, BR-Drucks. 588/1/03, 5; *Leible/Engel*, EuZW 2004, 7 (12).

96 *Europäische Kommission*, KOM(2006) 83 endg., 7.

dungsbereich ausgeschlossen. Verletzungen außerhalb des Medienbereichs sollten aber weiterhin von der Verordnung erfasst sein.[97] Wenngleich damit ein zentraler Teil des Gesetzgebungsvorhabens wegfiel, wollte man so ein völliges Scheitern der Verordnung verhindern.

6. Vermittlung zwischen Rat und Parlament

Während nun der Rat für einen vollständigen Ausschluss der Persönlichkeitsrechte plädierte,[98] hielt das Parlament auch in zweiter Lesung an der Anknüpfung an den wesentlichen Erfolgsort fest.[99] Erst der daraufhin eingesetzte Vermittlungsausschuss konnte die gegensätzlichen Positionen zusammenführen.[100] Darin einigte man sich auf einen umfassenden Ausschluss der Persönlichkeitsrechte, im Gegenzug sollte die Kommission verpflichtet werden, eine *»Untersuchung der Lage im Bereich des auf außervertragliche Schuldverhältnisse aus der Verletzung der Privatsphäre oder der Persönlichkeitsrechte anzuwendenden Rechts«* vorzulegen.[101] Auf dieser Grundlage wurde am 11.07.2007 die *Rom II*-Verordnung erlassen, die am 11.01.2009 in Kraft trat.[102] Gemäß Art. 1 Abs. 2 lit. g) Rom II-

97 *Europäische Kommission*, KOM(2006) 83 endg., 7.

98 Dies allerdings weniger aus der Überzeugung, ohne eine europäische Regelung auskommen zu wollen, als vielmehr mangels Einigung unter den Vertretern der Mitgliedstaaten. Dem Rat lag beinahe ein Dutzend unterschiedlicher Vorschläge vor, die auf die tiefgreifenden Differenzen in dieser Frage hindeuten. (Einige der Vorschläge finden sich bei *Dickinson*, Rome II (2008), S. 236 Anm. 635; w.Nachw. unter B. III. 1.) Während die medienfreundliche Seite an den Sitz des Unternehmens anknüpfen wollte, plädierte die extreme Gegenposition für das Recht des gewöhnlichen Aufenthalts des Geschädigten. Die Kontroverse innerhalb des Rates war derart groß, dass der Anwendungsausschluss letztlich auf *sämtliche* Verletzungen des Persönlichkeitsrechts erweitert wurde, vgl. Gemeinsamer Standpunkt des Rates der Europäischen Union vom 25.09.2006, ABl. EU 2006/C 289 E/04, 71 (Art. 1 Abs. 2 lit. g VO-E).

99 Standpunkt des Europäischen Parlaments vom 18.01.2007, ABl. EU 2007/C 244 E/04, S. 201 (Art. 7 Abs. 1 VO-E).

100 Ausführlich zum Mitentscheidungsverfahren nach Art. 294 AEUV *Kluth*, in Callies/Ruffert, EUV/AEUV (2011), Art. 294 Rn. 1 ff.

101 Siehe *Vermittlungsausschuss Parlament – Rat*, Einigung über eine Verordnung über das auf außervertragliche Schuldverhältnisse anzuwendende Recht, Dok. Nr. 9137/07.

102 Verordnung (EG) Nr. 864/2007 des Europäischen Parlaments und des Rates über das auf außervertragliche Schuldverhältnisse anzuwendende Recht, ABl. EU 2007/L 199, S. 40. Aus der Fülle an Literatur siehe etwa *Huber* (Hrsg.), Rome II

VO sind sämtliche Verletzungen des Persönlichkeitsrechts vom Anwendungsbereich der Verordnung ausgenommen. Streitfälle in diesem Zusammenhang unterliegen weiterhin dem nationalen IPR der Mitgliedstaaten.

III. Entwicklungen seit »Rom II«

Mit Verabschiedung der Verordnung hatte der europäische Gesetzgeber seine Arbeit fürs Erste getan. Zwar hatte man die Bemühungen um ein vollharmonisiertes Deliktskollisionsrecht noch nicht endgültig aufgegeben; insbesondere eine Vereinheitlichung im Bereich der Persönlichkeitsrechte sollte durch die sog. Überprüfungsklausel im Auge behalten werden.[103] Konkrete Gesetzesänderungen waren aber zunächst nicht zu erwarten.

Im Schrifttum indes ging die Diskussion um eine europäische Lösung des Internationalen Persönlichkeitsrechts weiter. Mancherorts machte sich Unmut breit über die – vermeintliche – Nachgiebigkeit Brüssels gegenüber der Medienlobby.[104] Wenngleich man die sachliche Komplexität der Rechtsmaterie durchaus einsah,[105] wurden doch äußere Einflüsse als Hauptgrund für das Scheitern ausgemacht.[106] Vor diesem Hintergrund hielt das internationale Schrifttum, wie nachfolgend dargelegt, unvermindert an der Forderung fest, den Bereich der Persönlichkeitsrechte in naher Zukunft zu harmonisieren.

(2011); *Rauscher* (Hrsg.), EuZPR/EuIPR (2011), S. 613 ff.; *Ahern/Binchy* (Hrsg.), Rome II (2009); *v. Hein*, ZEuP 2009, 6; *Kadner Graziano*, RabelsZ 73 (2009), 1; *ders.*, Rev. crit. dip 97 (2008), 445; *G. Wagner*, IPRax 2008, 1; *Rushworth/Scott*, LMCLQ 2008, 274; *Brière*, JDI 135 (2008), 31; *Junker*, NJW 2007, 3675; *Leible/Lehmann*, RIW 2007, 721.

103 Vgl. Art. 30 Abs. 2 Rom II-VO; siehe dazu sogleich unter III. 2.

104 *Ancel*, CCE 2010, 16; *Junker*, RIW 2010, 257; *Plender/Wilderspin*, European PIL (2009), para. 17-053; *G. Wagner*, IPRax 2008, 1 (10); *v. Hinden*, in FS Kropholler (2008), S. 573 (576 f.). Kritisch zum Einfluss der Medien auf das *Rom II*-Verfahren bereits *G. Wagner*, IPRax 2006, 372 (384); *Basedow*, ZEuP 2004, 446 f.

105 Vgl. etwa *Drexl*, MünchKomm BGB (2010), IntImmGR, Rn. 154 *(»vielleicht die größte Herausforderung bei Erlass der Rom II-VO«)*.

106 Daher nicht nachvollziehbar die Einschätzung *Mankowskis*, RIW 2005, 481 (482), der das Scheitern auf ein Machtspiel des Europäischen Parlaments im Rahmen des neuen Mitentscheidungsverfahrens (Art. 294 AEUV) zurückführt.

1. Vorschläge aus dem jüngeren Schrifttum

Der mühsame Verlauf des Verordnungsverfahrens hatte gezeigt, dass trotz weitgehender Einigkeit über den Regelungsbedarf im Zweifel einzelstaatliche Belange vorgingen und eine europäische Lösung verhinderten. Für die Beteiligten stand außer Frage, dass der Ausschluss des Persönlichkeitsrechts auf keinen sachlichen Grund zurückzuführen, sondern reiner Interessenpolitik geschuldet war.[107] Man mochte danach vermuten, dass ein derart sensibles und national geprägtes Rechtsgebiet weniger mit rechtlicher Vernunft, als vor allem durch politische Verhandlung zu bewältigen sei.

Dieser Eindruck machte sich auch im Schrifttum breit und führte zu einer inhaltlichen Eingrenzung der Debatte. So kam es dazu, dass im Wesentlichen nur noch solche Lösungen erörtert wurden, die auch im Verordnungsverfahren hinreichenden Zuspruch erhalten und sich im Ansatz als (politisch) umsetzungsfähig erwiesen hatten.[108] Andere Anknüpfungen, die seit vielen Jahren die einzelstaatlichen Kollisionsrechte in Europa prägen und das *Rom II*-Verfahren begleitet hatten, blieben von nun an weitgehend außer Betracht.[109] Der Kreis der ernsthaft diskutierten Vorschläge lässt sich daher auf folgende Lösungsmodelle eingrenzen:[110] die Mosaik-

107 Vgl. statt vieler *G. Wagner*, IPRax 2008, 1 (3); siehe im Übrigen die Nachw. in Fn. 104.

108 So etwa *v. Hein*, der die Auswahl seiner Vorschläge selbst entsprechend ihrer politischen Durchsetzungsmöglichkeiten eingrenzt (siehe Nachw. im Entwurf eines Berichts des Rechtsausschusses des Europäischen Parlaments vom 2.12.2011, 2009/2170(INI), S. 4, Anm. 8).

109 Beispielhaft genannt sei die Anknüpfung an den Handlungsort, die noch heute in weiten Teilen Europas wahlweise – etwa in Deutschland (Art. 40 Abs. 1 EGBGB), Italien (Art. 62 Abs. 1 des Legge 31 maggio 1995, n. 218) und Frankreich (st. Rspr. seit *Cour cass.*, Rev. crit. dip 86 [1997], 504) – oder grundsätzlich – etwa in Österreich (§ 48 Abs. 2 S. 1 IPRG), Estland (§ 50 Abs. 1 des Rahvusvahelise eraõiguse seadus) und Portugal (Art. 45 Abs. 1 des Código Civil Português) – Anwendung findet. Einen umfassenden Überblick dazu bieten *Dickinson*, Rome II (2008), S. 8 ff.; *Kadner Graziano*, Rev. crit. dip 97 (2008), 445 (495 ff.).

110 Zum Teil ähnliche Eingrenzungen finden sich bei *Junker*, RIW 2010, 257 (258 ff.); *v. Hinden*, in FS Kropholler (2008), S. 573 (585 ff.); *G. Wagner*, IPRax 2006, 372 (384 ff.).

betrachtung *(unter a)*, die strenge *lex fori*-Anwendung *(unter b)* sowie eine Schwerpunktbildung im Rahmen der Erfolgsortanknüpfung *(unter c)*.[111]

a) Mosaikbetrachtung

Die Anhänger der Mosaiklösung gehen davon aus, dass die durch die Persönlichkeitsrechtsverletzung entstandenen Ansprüche distributiv – mosaikartig – zu ermitteln sind.[112] Jede Rechtsordnung an den verschiedenen Erfolgsorten entscheidet danach über die in ihrem Geltungsbereich eingetretene Verletzung. Erst die Summe aller Teilansprüche ergibt schließlich den Gesamtanspruch des Geschädigten.

Die Mosaiklösung wurde bereits im 19. Jahrhundert in Deutschland praktiziert,[113] hat in Europa aber erst durch das *Shevill*-Urteil[114] breiten Anklang gefunden. In dem Urteil hatte der *EuGH* erstmals eine territoriale Aufteilung des Erfolgsortgerichtsstands befürwortet, wonach ein Geschädigter an jedem einzelnen Erfolgsort Klage erheben und den dort verursachten Schaden geltend machen kann. Teile des Schrifttums schlagen in diesem Sinne auf kollisionsrechtlicher Ebene nun ebenfalls eine Parzellierung vor, die die Anwendbarkeit der Erfolgsortrechte auf die jeweils vor Ort entstandenen Schäden begrenzt. Innerhalb dieser Meinungsgruppe bestehen wiederum zwei unterschiedliche Lösungsansätze: Eine enge Auffassung will die Mosaiklösung ohne Ausnahme anwenden, so dass in jedem Fall gerichtsunabhängig die Erfolgsortrechte zur Anwendung kom-

---

111 Die nachfolgenden Quellen beziehen ihre Ansichten überwiegend, wenngleich nicht ausschließlich und eindeutig, auf Schadensersatzbegehren. Da es zunächst nur um die allgemeine Darstellung der Vorschläge geht, kann dieser Umstand aber ignoriert werden. Die Bewertung dieser Vorschläge und Differenzierung nach Anspruchsart erfolgt unter C.

112 *Thorn*, in Palandt BGB (2014), Art. 40 EGBGB Rn. 10; *Spickhoff*, in Bamberger/Roth BGB (2012), Art. 40 EGBGB Rn. 37; *Unberath/Cziupka*, in Rauscher EuZPR/EuIPR (2011), Art. 4 Rom II-VO Rn. 49; *Dickinson*, Rome II (2008), S. 330 f.; *G. Wagner*, IPRax 2008, 1 (4); *Heiss/Loacker*, JBl 2007, 613 (625); ebenso bereits *Kropholler*, IPR (2006), S. 542; *Kegel/Schurig*, IPR (2004), S. 732; *Siehr*, IPR (2001), S. 247; *Stoll*, in GS Lüderitz (2000), S. 733 (748 f.); *Looschelders*, ZVglRWiss 95 (1996), 48 (81); *Lagarde*, Rev. crit. dip 85 (1996) 495 (501).

113 Eingehend dazu *Dehnert*, Der deliktische Erfolgsort (2011), S. 237 ff.

114 Vgl. den Nachw. in Teil 2: Fn. 59.

men.[115] Die andere Auffassung (sog. Mosaiklösung i.w.S.) gibt dem Geschädigten in Anlehnung an das *Shevill*-Urteil die Wahlmöglichkeit, im Falle einer Klage am Handlungsort sämtliche Ansprüche alternativ nach dortigem Recht geltend zu machen.[116]

Als Leitgedanke liegt beiden Ansichten die Wahrung einer territorialen Souveränität der Rechtsordnungen zugrunde.[117] Werde ein Medium auf einem bestimmten Staatsgebiet verbreitet, sei es notwendig, über mögliche Ansprüche nach den dort herrschenden Standards zu entscheiden.[118] Anderenfalls drohten die spezifischen Rechtsauffassungen des Staates und die ihnen zugrundeliegenden gesellschaftlichen und politischen Grundanschauungen übergangen zu werden. Zudem sei es aus rechtspraktischer Sicht angezeigt, das Delikt entsprechend der internationalen Zuständigkeit aufzuteilen und einen (weitgehenden) Gleichlauf zwischen *forum* und *lex* herzustellen.[119]

Die streng territoriale Sichtweise, die auch in der Rechtsprechung Zustimmung gefunden hat,[120] ist allerdings gewichtigen Einwänden ausgesetzt: So wird von einigen Autoren bemängelt, dass hierdurch ein in sich

---

115 *Spickhoff*, in Bamberger/Roth BGB (2012), Art. 40 EGBGB Rn. 37; *Unberath/Cziupka*, in Rauscher EuZPR/EuIPR (2011), Art. 4 Rom II-VO Rn. 49; *G. Wagner*, IPRax 2008, 1 (4); ebenso bereits *Kegel/Schurig*, IPR (2004), S. 732; *Siehr*, IPR (2001), S. 247; *Stoll*, in GS Lüderitz (2000), S. 733 (748 f.); *Lüderitz*, in Soergel BGB (1996), Art. 38 Rn. 16; *Looschelders*, ZVglRWiss 95 (1996), 48 (81 f.); *Riegl*, Streudelikte im IPR (1986), S. 198. Dahingehend auch die Vorschläge im Europäischen Rat: Dok. 9009/04 vom 29.04.2004 (Luxemburg); Dok. 9009/04 ADD 6 vom 7.05.2004 (Zypern); Dok. 9009/04 ADD 7 vom 11.05.2004 (Estland).

116 *Junker*, in MünchKomm BGB (2010), Art. 40 EGBGB Rn. 79; ebenso bereits *Kropholler*, IPR (2006), S. 542; *Mankowski*, RabelsZ 63 (1999), 203 (276); *v. Hein*, Günstigkeitsprinzip (1999), S. 337 ff.

117 So etwa *Lagarde*, Rec. des cours 196 (1986), I, 9 (49 ff.), der das *»principe de proximité«* um das *»principe de souveraineté«* ergänzt.

118 *Fricke*, Unterlassungsanspruch gegen Presseunternehmen (2003), S. 265; *Looschelders*, ZVglRWiss 95 (1996), 48 (81); ähnlich *Boskovic*, Stellungnahme im Rahmen des Online-Symposiums zu *Rom II und Verleumdung* vom Juli 2010 (Nachw. im Entwurf eines Berichts des Rechtsausschusses des Europäischen Parlaments vom 2.12.2011, 2009/2170(INI), S. 4, Anm. 8), die im Ergebnis aber eine Erfolgsortanknüpfung befürwortet.

119 *Unberath/Cziupka*, in Rauscher EuZPR/EuIPR (2011), Art. 4 Rom II-VO Rn. 50; *G. Wagner*, IPRax 2008, 1 (4); ebenso bereits *Kropholler*, IPR (2006), S. 542.

120 Etwa *OLG Hamburg*, NJW-RR 1995, 790 (792); *LG Nürnberg-Fürth*, AfP 2009, 177 (178).

geschlossenes Delikt aufgespalten werde.[121] Es handele sich um eine einheitliche Verletzungshandlung, der eine einheitliche Entscheidung des Schädigers zugrundeliege. Auch sei das Rechtsgut nicht einfach nach Staatsgebieten teilbar.[122] Das Persönlichkeitsrecht sei ein einheitliches Recht, das dem Einzelnen qua Personsein zukomme. Verletzt werde nicht eine *»englische«* oder *»französische«*, sondern die eine, untrennbare Persönlichkeit.[123] Wenngleich sie von den Rechtsordnungen unterschiedlich geschützt werde, handele es sich doch um ein und dasselbe Rechtsgut.

Der weitaus schwerere Vorwurf an die Mosaiklösung betrifft jedoch die mangelnde Praktikabilität.[124] Je nach dem, für welchen Gerichtsstand sich der Kläger entscheide,[125] ergäben sich erhebliche praktische Schwierigkeiten. Zunächst sei zu bedenken, dass die Beurteilung von Persönlichkeitsrechtsverletzungen eine differenzierte Abwägung zwischen zwei Grundrechten erfordere. Werde nun am Handlungsort geklagt, müsse das Gericht, für den gesamten Anspruch zuständig, diese Abwägungsentscheidung nach einer Vielzahl von Rechtsordnungen vornehmen.[126] Die Richter seien dadurch heillos überfordert, schnelle und sachgerechte Entscheidungen kaum möglich. Dies belegten auch Beispiele aus anderen Staaten, in denen Gerichte wiederholt an der Mosaiklösung gescheitert seien.[127] Zwar

121 *v. Hinden*, in FS Kropholler (2008), S. 573 (586); *Schack*, Ufita 108 (1988), 51 (67 f.).

122 *v. Hinden*, in FS Kropholler (2008), S. 573 (586); *v. Hoffmann*, in Staudinger BGB (2001), Art. 40 Rn. 60; *Kristin*, Deliktsstatut (2001), S. 145; *Rauscher*, ZZPInt. 1 (1996), 151 (163); *Nixdorf*, GRUR 1996, 842 (844); *v. Bar*, IPR II (1991), § 6 Rn. 664; *ders.*, in FS Waseda (1988), S. 575 (589 f.); *Schack*, Ufita 108 (1988), 51 (67); *Binder*, RabelsZ 20 (1955), 401 (477).

123 So *Rauscher*, ZZPInt. 1 (1996) 151 (163) in Bezug auf die Ehre; vgl. auch *Beitzke*, Rec. des cours 190 (1965), II, 67 (88): *»L'honneur est partout et indivisible.«*

124 *Bonn*, Europäisierung des Persönlichkeitsrechts (2013), S. 379; *Kadner Graziano*, RabelsZ 73 (2009), 1 (61 f.); *Heiderhoff*, EuZW 2007, 428 (431 f.); *G. Wagner*, IPRax 2006, 372 (384); *ders.*, RabelsZ 62 (1998), 243 (277 ff.); *Huber/Bach*, IPRax 2005, 73 (79); *v. Hoffmann*, in Staudinger BGB (2001), Art. 40 Rn. 60; *v. Hinden*, Persönlichkeitsverletzungen (1999), S. 158 ff.; *Ehmann/Thorn*, AfP 1996, 20 (23); *Bourel*, Rev. crit. dip 77 (1988), 548 (552); *R. Wagner*, IPR bei Persönlichkeitsrechtsverletzungen (1986), S. 82; *Hohloch*, ZUM 1986, 165 (178); *Bröcker*, Möglichkeiten der differenzierten Regelbildung (1967), S. 187.

125 Zu den Wahlmöglichkeiten *EuGH*, Urt. v. 7.03.1995, *Shevill u.a. ./. Presse Alliance SA*, Rs. C-68/93, Slg. 1995 I 415 Rzi. 40.

126 *Kadner Graziano*, RabelsZ 73 (2009), 1 (61); *G. Wagner*, IPRax 2006, 372 (384); *Huber/Bach*, IPRax 2005, 73 (79); *Hohloch*, ZUM 1986, 165 (178).

127 Vgl. *G. Wagner*, IPRax 1998, 243 (278 f.); *Bröcker*, Möglichkeiten der differenzierten Regelbildung (1967), S. 187.

räumen die Kritiker ein, dass sich diese *»Hypertrophie«*[128] am Handlungsort ganz einfach dadurch vermeiden ließe, dass der Geschädigte an den einzelnen Erfolgsorten klagt. Aufgrund der dadurch erforderlichen Vielzahl von Einzelprozessen sei dies aber keine ernstzunehmende Alternative. Die Mosaiklösung führe so oder so zu unpraktikablen Ergebnissen.

Dieser Kritik versuchen die Anhänger der sog. Mosaiklösung i.w.S. entgegenzutreten, indem sie dem Kläger ein Wahlrecht zugunsten des Rechts am Handlungsort einräumen. In diesem Fall könnten sämtliche Ansprüche nach dortigem Recht geltend gemacht werden.[129]

b) Lex fori-Lösung

Einige Autoren wollen die zuständigkeitsrechtlichen Vorgaben aus der *Shevill*-Entscheidung vollständig in das Deliktskollisionsrecht überführen.[130] Danach soll das Gericht am Handlungsort, das für den gesamten Schaden zuständig ist, stets nach dortigem Recht urteilen. Ebenso sollen die Erfolgsortgerichte, deren Kognitionsbefugnis nur die vor Ort entstandenen Schäden erfasst, jeweils ihre eigene *lex fori* anwenden. Ziel dieser Auffassung ist es, in jedem Fall das Recht des Gerichtsortes zur Anwendung zu bringen. Im Unterschied zur sog. Mosaiklösung i.w.S., die sich ebenfalls am *Shevill*-Urteil orientiert, besteht somit im Falle einer Klage am Handlungsort kein Wahlrecht des Geschädigten zwischen dem Handlungsort- und den Erfolgsortrechten. Die anwendbare Rechtsordnung hängt allein vom gewählten Gerichtsstand ab.

Mit Blick auf die vorgebrachten Mängel der Mosaikbetrachtung hat sich die *lex fori*-Lösung höchstmögliche Praktikabilität auf die Fahnen ge-

128 So *Bröcker*, Möglichkeiten der differenzierten Regelbildung (1967), S. 187.

129 *v. Hinden*, in FS Kropholler (2008), S. 573 (587) weist insoweit darauf hin, dass dies de facto auf eine Handlungsortanknüpfung hinauslaufe. Von einer mosaikartigen Rechtsanwendung bliebe daher nur wenig übrig.

130 *Heiderhoff*, Stellungnahme im Rahmen des Online-Symposiums zu *Rom II und Verleumdung* vom Juli 2010 (Nachw. im Entwurf eines Berichts des Rechtsausschusses des Europäischen Parlaments vom 2.12.2011, 2009/2170(INI), S. 4, Anm. 8); *dies.*, EuZW 2007, 428 (432); *v. Hein*, ZEuP 2009, 6 (13); ebenso bereits *Huber/Bach*, IPRax 2005, 73 (79); *Fricke*, Unterlassungsanspruch gegen Presseunternehmen (2003), S. 264 f.; *G. Wagner*, RabelsZ 62 (1998), 243 (283 f.); *Gautier*, D 1996 chr 131 (133). Dahingehend auch die Vorschläge im Europäischen Rat: Dok. 9009/04 ADD 5 vom 7.05.2004 (Finnland); Dok. 9009/04 ADD 13 vom 24.05.2004 (Irland); Dok. 12997/04 vom 4.10.2004 (Großbritannien).

schrieben.[131] So wird nicht nur die Zahl der anzuwendenden Rechtsordnungen auf ein Minimum reduziert, auch sind die Gerichte vollständig von der Anwendung fremder Rechtsordnungen befreit. Die Befürworter dieser Lösung räumen allerdings ein, dass ihr Weg das Prinzip der engsten Verbindung mitunter außer Acht lässt.[132] Denn das Zuständigkeits- und Kollisionsrecht verfolgen – bei allen methodischen Überschneidungen[133] – letztlich unterschiedliche Gerechtigkeitsvorstellungen. Das räumlich beste Gericht und das räumlich beste Sachrecht sind daher nicht notwendig in demselben Staat belegen. Dieser *»Tabubruch«*[134] wird aber in Kauf genommen, um eine schnelle und effektive Rechtsdurchsetzung zu erreichen. Neben der Gleichläufigkeit von internationaler Zuständigkeit und anwendbarem Recht wird die Anwendung der *lex fori* schließlich auch damit begründet, dass sie einen gerechten Ausgleich zwischen den Parteiinteressen schaffe: Der Geschädigte lege einerseits durch die Gerichtswahl fest, welches Tatortrecht den Streitfall entscheide; die Medien müssten andererseits ihnen fremdes (Erfolgsort-)Recht nur insoweit gegen sich gelten lassen, wie ein Schaden tatsächlich vor Ort eingetreten sei. Sie bräuchten daher nicht zu fürchten, für eine bloß marginale Verbreitung Ersatz des vollständigen Schadens leisten zu müssen.[135]

Befürwortet man also die *lex fori*-Lösung, kommt man angesichts der *Shevill*-Formel entweder zur Anwendung des Handlungs- oder des Erfolgsortrechts. *Kadner Graziano* hat in diesem Zusammenhang eine Änderung des Zuständigkeitsrechts ins Spiel gebracht, um auf diese Weise auch die kollisionsrechtlichen Anknüpfungsmöglichkeiten zu erweitern. Er schlägt vor, Art. 5 Nr. 3 EuGVVO so auszulegen, dass die gerichtliche Zuständigkeit zur Beurteilung der gesamten Rechtsfolgen nicht am Handlungsort, sondern am Hauptverbreitungsort gegeben ist.[136] Das dortige Gericht habe die volle Kognitionsbefugnis und sämtliche Ansprüche nach seinem, also dem Recht des Hauptverbreitungsortes zu ermitteln. Alterna-

---

131 *Heiderhoff*, EuZW 2007, 428 (431 f.); *G. Wagner*, IPRax 2006, 372 (384 f.); *Huber/Bach*, IPRax 2005, 73 (79).

132 So *Heiderhoff*, EuZW 2007, 428 (432); ablehnend daher auch *Fricke*, Unterlassungsanspruch gegen Presseunternehmen (2003), S. 17 u. 167 f.; *Schack*, Rechtsschutz (1989), S. 113 (117); *Légier*, JDI 111 (1984), 126 (133); *Schwiegel-Klein*, Persönlichkeitsrechtsverletzungen (1983), S. 39; *Trutmann*, IPR der Deliktsobligationen (1973), S. 77.

133 Vgl. vorstehend Teil 2: B.

134 Vgl. *Heiderhoff*, EuZW 2007, 428 (432).

135 *Heiderhoff*, EuZW 2007, 428 (432); *G. Wagner*, IPRax 2006, 372 (386).

136 *Kadner Graziano*, RabelsZ 73 (2009), 1 (62 f.).

tiv könne weiterhin vor jedem Erfolgsortgericht geklagt werden, das nur den lokal entstandenen Schaden prüfe.

In der Anwendung der *lex fori* einig, gehen die Meinungen der Autoren folglich bei der Frage auseinander, wie ein gerechter Interessenausgleich herzustellen und dem Grundanliegen des IPR, das engste Recht zu berufen, nachzukommen ist: Während die einen es bei den *Shevill*-Vorgaben bewenden lassen wollen, schlägt eine andere Seite, namentlich *Kadner Graziano*, vor, den deliktischen Gerichtsstand zu modifizieren. Ungeachtet einer näheren Bewertung dieser Ansichten[137] kann der Ansatz *Kadner Grazianos* jedenfalls für sich in Anspruch nehmen, die bisherigen Gegensätze – eine extrem schädigerfreundliche Anknüpfung einerseits (Handlungsort) und eine extrem geschädigtenfreundliche andererseits (Erfolgsort) – einander anzunähern. Denn will sich die *lex fori*-Anwendung trotz ihrer dogmatischen Mängel als europäische Lösung durchsetzen, muss sie zumindest in rechtstatsächlicher Hinsicht einen Kompromiss zwischen beiden Seiten erzielen. Allein die durch *»Shevill«* geschaffenen Möglichkeiten scheinen dafür jedenfalls wenig geeignet.

Eine ähnliche Richtung hat insoweit nunmehr auch der *EuGH* eingeschlagen. Mit Verweis auf das *Shevill*-Urteil deutete er unlängst an, dass der Handlungs- und Erfolgsort keineswegs die einzig denkbaren Auslegungsvarianten des Art. 5 Nr. 3 EuGVVO seien. Im konkreten Fall ging es um die Verbreitung privater Informationen über das Internet durch ein englisches Medienhaus und die Frage, welches Gericht zur Entscheidung berufen sei. Der *EuGH* erinnerte zunächst daran, dass die Fortentwicklung der Medien nicht ohne Auswirkungen auf das Zuständigkeitsrechts bleibe.[138] Die Möglichkeiten der grenzenlosen Quantifizierung und Versendung von Inhalten erforderten es, die Frage nach dem geeigneten Gerichtsstand neu aufzuwerfen. Nach eingehender Untersuchung kamen die Richter schließlich zu dem Ergebnis, dass die Anknüpfungskriterien aus dem *Shevill*-Urteil dahingehend zu ergänzen seien, dass für den Gesamtschaden nunmehr auch das Gericht des Staates zuständig sei, in dem der Geschädigte den *»Mittelpunkt seiner Interessen«* habe.[139] Dieser entspreche im Allgemeinen dem gewöhnlichen Aufenthaltsort des Geschädigten.

---

137 Siehe hierzu und zu den übrigen Vorschlägen unter C.

138 *EuGH*, Urt. v. 25.10.2011, *eDate Advertising GmbH ./. X*, Rs. C-509/09 und *Martinez ./. MGN Limited*, Rs. C-161/10, JZ 2012, 199 (201).

139 *EuGH*, Urt. v. 25.10.2011, *eDate Advertising GmbH ./. X*, Rs. C-509/09 und *Martinez ./. MGN Limited*, Rs. C-161/10, JZ 2012, 199 (201).

Daneben sollten weiterhin die Gerichte am Handlungs- und an den Erfolgsorten im Rahmen ihrer im *Shevill*-Urteil zugewiesenen Kognitionsbefugnis zuständig sein.[140]

Mit dieser Entscheidung trägt der *EuGH* dem Umstand Rechnung, dass die Bestimmung des *»räumlich besten Gerichts«* nicht länger auf starren Kriterien beruhen kann, sondern an sich wandelnden individuellen und technischen Gegebenheiten auszurichten ist. Dieser Gedanke hat letztlich auch für das Internationale Privatrecht zu gelten, das in gleicher Weise einem ständigen Entwicklungsprozess unterliegt. Übertrüge man das Urteil nun, entsprechend der *lex fori*-Lösung, auf das Kollisionsrecht, käme man zur Anwendung des Rechts des Staates, in dem der Mittelpunkt der Interessen des Geschädigten liegt.

Die Ausdehnung des zuständigkeitsrechtlichen Tatortes durch den *EuGH* hat somit auch die Gestaltungsmöglichkeiten im Rahmen der *lex fori*-Lösung erweitert. Ob sich eine Lösung auf Grundlage dieser Rechtsprechung am Ende als tragfähig erweist, wird eine abschließende Abwägung aller Anknüpfungsmerkmale zeigen.[141]

c) Schwerpunkterfolgsort

Ausgangspunkt für die Schwerpunktlösung[142] ist die alleinige Maßgeblichkeit des Erfolgsortes. Der Handlungsort oder andere dem Lager des Schädigers zugehörige Anknüpfungen sind unbeachtlich. Da aber bestimmte Delikte, insbesondere Persönlichkeitsrechtsverletzungen über die Medien, eine Vielzahl von Erfolgsorten begründen, wird eine Eingrenzung

---

140 *EuGH*, Urt. v. 25.10.2011, *eDate Advertising GmbH ./. X*, Rs. C-509/09 und *Martinez ./. MGN Limited*, Rs. C-161/10, JZ 2012, 199 (201).

141 Siehe hierzu unter C. II.

142 *Bonn*, Europäisierung des Persönlichkeitsrechts (2013), S. 383 f.; Deutscher Rat für IPR, Beschluss vom 19.02.2010 (abgedruckt bei *Junker*, RIW 2010, 257 [259]); *v. Hein*, Stellungnahme im Rahmen des Online-Symposiums zu *Rom II und Verleumdung* vom Juli 2010 (Nachw. im Entwurf eines Berichts des Rechtsausschusses des Europäischen Parlaments vom 2.12.2011, 2009/2170(INI), S. 4, Anm. 8); *Thiede*, Internationale Persönlichkeitsrechtsverletzungen (2010), Rn. 15/104 ff.; *Dornis*, EuLF 2007, 152 (157); ebenso bereits *Petch*, (2006) JIBLR 449 (455); *Junker*, in MünchKomm BGB (2006), Art. 42 Anh. Rn. 36; *Hamburg Group of PIL*, RabelsZ 67 (2003), 1 (24); *v. Hoffmann*, in Staudinger BGB (2001), Art. 40 Rn. 62; *Bourel*, Rec. des cours 214 (1989), II, 251 (339); *Schwiegel-Klein*, Persönlichkeitsrechtsverletzungen (1983), S. 82 u. 85.

vorgeschlagen, nach der nur derjenige Erfolgsort zählt, der die größte Sachnähe aufweist. Zur Begründung heißt es, dass damit der allgemeinen Konzeption der Verordnung entsprochen[143] und zugleich den Besonderheiten des Streudelikts Rechnung getragen werde, um eine praktikable und interessengerechte Rechtsanwendung zu gewährleisten.[144]

Während insoweit Einigkeit herrscht, bestehen innerhalb der Meinungsgruppe unterschiedliche Auffassungen über die eigentliche Schwerpunktbildung.[145]

aa) Wesentlicher Schadensort

Eine Meinungsgruppe geht davon aus, dass von den Erfolgsorten nur derjenige durchgreift, an dem der Schaden[146] *»im Wesentlichen«* eingetreten ist.[147] Dies ergebe sich aus der Formulierung des Art. 4 Abs. 3 Rom II-VO, der eine Schwerpunktbildung bei einer *»offensichtlich engeren Verbindung«* vorschreibe.[148] Der Hauptschaden wird dieser Ansicht nach somit an der Hauptverbindung festgemacht. Darüber hinaus sei der wesentliche Schadensort für den Schädiger vorhersehbar und ein gerechter Ausgleich für die an sich nachteilige Erfolgsortanknüpfung. Der Vorschlag ähnelt somit früheren Entwürfen aus Reihen des Europäischen Parlaments und des Schrifttums, die jedoch am Widerstand von Rat und Kommission gescheitert waren.[149]

---

143 Vgl. Art. 4 Abs. 1 Rom II-VO.

144 So ausdrücklich *v. Hein*, Stellungnahme im Rahmen des Online-Symposiums zu *Rom II und Verleumdung* vom Juli 2010 (Nachw. im Entwurf eines Berichts des Rechtsausschusses des Europäischen Parlaments vom 2.12.2011, 2009/2170(INI), S. 4, Anm. 8).

145 Siehe dazu auch unter C. III. 2. a).

146 Hiermit soll ausschließlich der direkte Schaden gemeint sein. Präziser wäre dann der Begriff des »(unmittelbaren) Verletzungserfolgs«.

147 Entschließung des *Europäischen Parlaments* vom 10.05.2012, P7_TA(2012)0200, Art. 5a Abs. 1 VO-E; *v. Hein*, Stellungnahme im Rahmen des Online-Symposiums zu *Rom II und Verleumdung* vom Juli 2010 (Nachw. im Entwurf eines Berichts des Rechtsausschusses des Europäischen Parlaments vom 2.12.2011, 2009/2170(INI), S. 4, Anm. 8); ebenso bereits *Junker*, in MünchKomm BGB (2006), Art. 42 Anh. Rn. 36.

148 *Junker*, in MünchKomm BGB (2006), Art. 42 Anh. Rn. 36 (zum inhaltsgleichen Art. 3 Abs. 3 Rom II-E).

149 Zu den Vorschlägen *R. Wagner*, in FS Kropholler (2008), S. 715 (720 f.); siehe auch bereits unter B. II.

bb) Gewöhnlicher Aufenthaltsort

Zentraler Kritikpunkt von Rat und Kommission an jener Lösung war, dass die Maßgeblichkeit des wesentlichen Schadensortes die Medien bevorzuge, weil dieser allein in ihren Machtbereich falle. Eine andere Meinungsgruppe vertritt daher die Auffassung, dass als Erfolgsort der gewöhnliche Aufenthaltsort des Geschädigten anzusehen ist.[150] Dieser Ort sei mit Blick auf den primär sozialbezogenen Charakter des Persönlichkeitsrechts *(»Milieugebundenheit«)* am engsten mit dem Fall verbunden. Außerdem bestehe für beide Lager ein hinreichendes Maß an Rechtssicherheit: Für den Schädiger sei der gewöhnliche Aufenthaltsort desjenigen, über den er berichte, in aller Regel problemlos feststellbar. Der Schädiger müsse daher keine unerwarteten Rechtsfolgen fürchten. Der Geschädigte könne seinerseits darauf vertrauen, stets den Rechtsschutz seines Heimatstaates zu erfahren, unabhängig von zufälligen oder von ihm nicht steuerbaren Erfolgsorten.

Der Anknüpfung an den gewöhnlichen Aufenthaltsort liegen wiederum zwei unterschiedliche Denkmodelle zugrunde, die in der Praxis zu unterschiedlichen Ergebnissen führen: Während ältere Vorschläge den gewöhnlichen Aufenthaltsort als feste Anknüpfung behandeln,[151] wird er in jüngerer Zeit nur noch als Vermutung für den Erfolgsort diskutiert.[152] Im letzte-

150 *Bonn*, Europäisierung des Persönlichkeitsrechts (2013), S. 383 f.; Deutscher Rat für IPR, Beschluss vom 19.02.2010 (abgedruckt bei *Junker*, RIW 2010, 257 [259]); *Dornis*, EuLF 2007, 152 (157); ebenso bereits *Petch*, (2006) JIBLR 449 (455); *Huber/Bach*, IPRax 2005, 73 (78); *Hamburg Group of PIL*, RabelsZ 67 (2003), 1 (24); *v. Hoffmann*, in Staudinger BGB (2001), Art. 40 Rn. 62; *Bourel*, Rec. des cours 214 (1989), II, 251 (339); *Schwiegel-Klein*, Persönlichkeitsrechtsverletzungen (1983), S. 82, 85.

151 *Europäische Kommission*, Komm-E III (vgl. Fn. 70); *Hamburg Group of PIL*, RabelsZ 67 (2003), 1 (24); *v. Hoffmann*, in Staudinger BGB (2001), Art. 40 Rn. 62; *Bourel*, Rec. des cours 214 (1989), II, 251 (339); *Schwiegel-Klein*, Persönlichkeitsrechtsverletzungen (1983), S. 82, 85; *Binder*, RabelsZ 20 (1955), 401 (477). Ebenso die Vorschläge im Europäischen Rat: Dok. 9009/04 ADD 4 vom 4.05.2004 (Belgien); Dok. 9009/04 ADD 7 vom 11.05.2004 (Estland); Dok. 9009/04 ADD 14 vom 24.05.2004 (Litauen).

152 Deutscher Rat für IPR, Beschluss vom 19.02.2010 (abgedruckt bei *Junker*, RIW 2010, 257 [259]); *v. Hinden*, in FS Kropholler (2008), S. 575 (590); *Dornis*, EuLF 2007, 152 (157). Ebenso die Vorschläge im Europäischen Rat: Dok. 9009/04 ADD 3 vom 4.05.2004 (Polen); Dok. 9009/04 ADD 17 vom 2.06.2004 (Italien); Dok. 9009/04 ADD 14 vom 24.05.2004 (Litauen); Dok. 14193/04 vom 4.11.2004 (Spanien).

ren Fall kommt eine Anknüpfung an das dortige Recht nur dann in Betracht, wenn der gewöhnliche Aufenthaltsort innerhalb des (bestimmungsgemäßen) Verbreitungsgebietes liegt. Auf diese Weise soll verhindert werden, dass ein Recht zur Anwendung kommt, dessen Staat von der Berichterstattung nicht betroffen ist.

Die gegen den gewöhnlichen Aufenthaltsort geäußerte Kritik betrifft beide Ansätze:[153] Vertreter der Mosaiklösung kritisieren freilich, dass sämtliche Verletzungsfolgen einer einzigen Rechtsordnung unterstellt würden. Wenn, wie üblich, in zahlreichen Staaten Schäden einträten, sei es nicht sachgerecht, nur *einen* Erfolgsort auszuwählen, der über sämtliche Schäden entscheide. Um die Wertvorstellungen jedes betroffenen Staates zu schützen, sei es vielmehr notwendig, das Delikt aufzuteilen und nach jeweils lokalen Maßstäben zu beurteilen.[154] Auch die Anhänger der *lex fori*-Lösung halten die Anknüpfung an den gewöhnlichen Aufenthaltsort für unbefriedigend. So müsse sowohl bei Klagen am Handlungsort als auch an den Erfolgsorten das angerufene Gericht in aller Regel fremdes Recht anwenden.[155] Nur im seltenen Fall, dass die Parteien einen gemeinsamen (Wohn-)Sitz hätten, sei allein das Forumrecht maßgeblich.

Schwerer wiegt allerdings der Vorwurf, die Anknüpfung an den gewöhnlichen Aufenthaltsort werde der Rechtswirklichkeit und den praktischen Herausforderungen nicht gerecht.[156] Gerade bei Personen, die am häufigsten von Persönlichkeitsrechtsverletzungen betroffen seien – Sportler, Popstars oder Schauspieler –, gebe es oftmals nicht *den* gewöhnlichen Aufenthaltsort, an dem der Schwerpunkt der Verletzung auszumachen sei. Ihr persönliches und soziales Umfeld sei vielmehr breit gestreut, der Wunsch nach Privatsphäre und Wahrung des Ansehens an vielen Orten zugegen. Daraus nun einen Ort als den gewöhnlichen Aufenthaltsort herauszunehmen, erscheine willkürlich. Aus dem Grund sei auch dem Schä-

---

153 *v. Hinden*, in FS Kropholler (2008), S. 575 (590 ff.); *G. Wagner*, IPRax 2006, 372 (384 f.); *Fricke*, Unterlassungsanspruch gegen Presseunternehmen (2003), S. 233 ff.; *Friedrich*, Internationaler Persönlichkeitsrechtsschutz (2003), S. 150 f.; *Kadner Graziano*, Gemeineuropäisches IPR (2002), S. 314 f.; *Spindler*, ZUM 1996, 533, (558); *Luciani*, Droits de la personnalité (1996), Rn. 113; vgl. auch vorstehend unter B. II. 2.

154 Vgl. die Nachw. in Fn. 118.

155 Etwa *G. Wagner*, IPRax 2006, 372 (385).

156 Etwa *Heiderhoff*, EuZW 2007, 428 (430); *Fricke*, Unterlassungsanspruch gegen Presseunternehmen (2003), S. 233 f.

diger nicht ohne Weiteres ersichtlich, welches Recht im Falle einer Zuwiderhandlung Anwendung finde.

2. Untersuchungsbericht der Kommission (Art. 30 Abs. 2 Rom II-VO)

Als Ausgleich für den Ausschluss der Persönlichkeitsrechtsverletzungen vom Anwendungsbereich der Verordnung wurde sich darauf verständigt, eine Überprüfungsklausel in das Regelungswerk aufzunehmen (Art. 30 Abs. 2 Rom II-VO). Danach verpflichtet sich die Kommission, *»dem Europäischen Parlament, dem Rat und dem Europäischen Wirtschafts- und Sozialausschuss bis spätestens 31. Dezember 2008 eine Untersuchung zum Bereich des auf außervertragliche Schuldverhältnisse aus der Verletzung der Privatsphäre oder der Persönlichkeitsrechte anzuwendenden Rechts«* vorzulegen. Die Kompromissformel sollte den beteiligten Gesetzgebungsorganen verdeutlichen, dass die Harmonisierungsbemühungen im Bereich der Persönlichkeitsrechte trotz des erneuten Scheiterns nicht für allezeit beendet waren, und zugleich die gegensätzlichen Auffassungen zwischen und innerhalb der Organe fürs Erste befrieden.

Der Untersuchungsbericht lag nach mehrmaliger Verschiebung des Veröffentlichungstermins bis Februar 2014 noch nicht vor. Angesichts der im zurückliegenden Verordnungsverfahren festgestellten Kontroversen zwischen den gesetzgebenden Organen einschließlich der Kommission[157] bleibt mit Interesse abzuwarten, ob ein neuerlicher Kommissionsvorschlag nunmehr die Zustimmung von Rat und Parlament finden wird.

C. Eigener Vorschlag

Nach umfänglicher Darstellung der einschlägigen kollisions- und materiellrechtlichen Interessen und unter Berücksichtigung der rechtspolitischen Entwicklung des Internationalen Persönlichkeitsrechts und der daraus entstandenen Vorschläge für eine europäische Kollisionsnorm kann nun eine eigene Bewertung vorgenommen werden. Diese soll nicht, wie bislang üblich, nach Vorschlägen getrennt, sondern im Wege der Analyse einzelner ausgewählter Anknüpfungsmerkmale erfolgen. Auf diese Weise

157 Vgl. vorstehend unter B. II.; zusammenfassend *R. Wagner*, in FS Kropholler (2008), S. 715 ff.

lassen sich die Vorzüge der verschiedenen Lösungsvarianten individuell ermitteln und anschließend, soweit möglich, zu einer geeigneten Kollisionsnorm zusammenfügen.

I. Begrenzung auf eine Rechtsordnung

In einem ersten Schritt soll geprüft werden, ob und inwieweit die Begrenzung auf *eine* anwendbare Rechtsordnung angezeigt ist.

1. Sachliche Herleitung

Als ureigenes Problem des Internationalen Privatrechts stellt sich zu Beginn die Frage, ob von allen von der Rechtsverletzung betroffenen Rechtsordnungen nur eine einzige oder aber mehrere Rechtsordnungen Anwendung finden sollen. Die Frage ist nicht nur für die jeweiligen Gerichte von Bedeutung, sondern auch für den Kläger, weil die Zahl der anwendbaren Rechte die Effektivität und Erfolgsaussichten seiner Klage und damit die Entscheidung über die Klageerhebung insgesamt mitbestimmen kann. Im vorliegenden Untersuchungsrahmen verschärft sich das Problem auf zweierlei Weise: Zum einen führt die Anwendung der Tatortregel dazu, dass mit dem Handlungs- und dem Erfolgsort gleich zwei Anknüpfungsmomente zur Verfügung stehen.[158] Zum anderen sind bei Verletzungen des Persönlichkeitsrechts zumeist besonders viele Erfolgsorte und damit ebenso viele Rechtsordnungen betroffen.[159] Zieht man eine Begrenzung der Rechtsordnungen in Betracht, kann dies also auf zwei Ebenen erfolgen: entweder durch eine enge Auslegung der Tatortregel, indem nur der (eine) Handlungsort maßgeblich ist, oder durch Auswahl eines der zahlreichen Erfolgsortrechte.

Die praktischen Schwierigkeiten, die sich aus der parallelen Anwendung mehrerer Rechtsordnungen ergeben, sind bereits im Rahmen der Mosaiktheorie zum Ausdruck gekommen.[160] Klagt der Geschädigte am

158 Im Gegensatz etwa zur im Internationalen Erbrecht geltenden Anknüpfung an die Staatsangehörigkeit des Erblassers (Art. 25 f. EGBGB), deren Bestimmung im Regelfall eindeutig ist.

159 Auf Ebene des Handlungsortes ist indes immer nur *ein* Recht betroffen, so dass eine Eingrenzung hier nicht zur Frage steht; vgl. dazu Teil 2: C. II. 2. a) bb).

160 Siehe vorstehend unter B. III. 1. a).

Handlungsort oder am »*Mittelpunkt seiner Interessen*«, muss das Gericht zahlreiche ausländische Rechtsordnungen anwenden; klagt er an den Erfolgsorten, bedeutet dies eine Vielzahl einzelner Prozesse, da die Kognitionsbefugnis der Gerichte auf die Rechtsfolgen im jeweiligen Staatsgebiet beschränkt ist. In beiden Fällen ist die Rechtsdurchsetzung in hohem Maße aufwendig. Geht man davon aus, dass in der Praxis der Kläger den für ihn leichteren (erstgenannten) Weg wählen dürfte, bringt die Anwendung mehrerer Rechtsordnungen also vor allem das (Handlungsort-)Gericht in praktische Schwierigkeiten.

Die Hindernisse zeigen sich dabei auf allen Anspruchsebenen. Was die Schadensermittlung angeht, muss das Gericht klären, wo und zu welchen Bruchteilen ein Schaden überhaupt entstanden ist. Dass dies nur in seltenen Fällen hinreichend genau gelingen dürfte, soll folgendes Beispiel verdeutlichen: Wird ein weltweit bekannter Schauspieler im Internet auf verleumderische Weise dargestellt, so dass er neben immateriellen Schäden auch finanzielle Einbußen erleidet, wird man einen gewissen Verletzungserfolg zunächst in jedem Verbreitungsstaat annehmen können. Gleichwohl dürfte der Hauptschaden am Wohnsitz des Geschädigten eingetreten sein. Doch auch an seinem Arbeitsplatz könnten verstärkte Auswirkungen auftreten. Der Fall zeigt, dass eine fundierte räumliche Aufteilung möglicher (materieller und immaterieller) Schäden, die gerade bei weltweit agierenden Persönlichkeiten begegnen würde, kaum möglich ist. Die Auflagenstärke, der erreichte Personenkreis oder ähnliche Parameter stellen, anders als mitunter vertreten,[161] dabei jedenfalls keinen tauglichen Richtwert dar, weil sie mit dem tatsächlichen Schaden nicht zwingend übereinstimmen.[162] Vielmehr ist für jeden Einzelfall eine gesonderte Prüfung erforderlich.

Auch im Rahmen von Unterlassungs- und Gegendarstellungsbegehren zeigt die distributive Rechtsanwendung ihre Schwächen, wenngleich diesmal den Schädiger betreffend: Eine Parzellierung der Ansprüche ist hier zwar theoretisch möglich, in Zeiten universaler Medien, bei denen eine Verbreitung nicht immer kontrollierbar ist, wirken solche Ansprüche

---

161 Etwa im Standpunkt des Europäischen Parlaments vom 6.07.2005, ABl. EU 2006/C 157 E/03, S. 376 (Art. 5 Abs. 1 UAbs. 2 VO-E); als hilfsweise Anknüpfung auch nach *Thiede*, Internationale Persönlichkeitsrechtsverletzungen (2010), Rn. 15/109 ff.

162 In diesem Sinne auch *v. Hinden*, in FS Kropholler (2008), S. 573 (583 f.); *G. Wagner*, RabelsZ 1998, 243 (276); *Bourel*, Rev. crit. dip 77 (1988), 548 (552); *Schack*, Ufita 108 (1988), 51 (66).

aber stets global. Eine in einem bestimmten Staat verfügte Unterlassungsanordnung kann daher zur Folge haben, dass die Äußerung gänzlich unterbleibt, weil der Urheber eine spätere Verbreitung in diesem Staat nicht ausschließen kann. In gleicher Weise wird eine gewährte Gegendarstellung üblicherweise die Grenzen des Staates, in dem der Anspruch besteht, überschreiten. De facto ist damit das strengste, nicht das tatsächlich angewandte Recht maßgeblich, was die Interessen des Schädigers erheblich benachteiligt.[163]

Freilich soll nicht unerwähnt bleiben, dass die Begrenzung auf eine Rechtsordnung auch Nachteile mit sich bringt. Die weltweiten Rechtsfolgen einer Persönlichkeitsrechtsverletzung durch eine einzige Rechtsordnung zu klären, bedeutet letztlich, nicht nach lokalen, sondern zumeist ausländischen Standards zu urteilen.[164] Hierdurch wird letztlich aus der Ferne entschieden, welche Ansprüche in dem jeweiligen Staat entstanden sind. Mit Blick auf den unbedingten Geltungsanspruch der Rechtsordnungen für Angelegenheiten innerhalb ihres Staatsgebiets ist diese Lösung nicht unbedenklich.[165] Sollen die örtlichen wirtschafts- und sozialpolitischen Interessen eines Staates und seiner Bevölkerung gewahrt bleiben, dürfen diese Interessen nicht von ausländischen Rechtsnormen überlagert werden. Letztendlich sind diese Schwächen aber wegen der genannten Vorteile hinzunehmen.[166] Angesichts des steigenden Einflusses der *EMRK* und der damit verbundenen – wenngleich nur langsamen – Angleichung des Persönlichkeitsrechtsschutzes in den Mitgliedstaaten dürften die Bedenken ohnehin weniger werden. Darüber hinaus lassen sich für einen Staat untragbare Ergebnisse nötigenfalls im Wege des *ordre public*-Vorbehaltes (Art. 26 Rom II-VO) abwenden. Im Interesse aller am Rechtsstreit Beteiligten ist somit eine Begrenzung der von der Persönlichkeitsrechtsverletzung betroffenen Rechtsordnungen angezeigt.

Allerdings ist es mit der rechtspraktischen Herleitung dieser Lösung nicht getan. Schon in den *Rom II*-Verhandlungen hatte sich die Mehrzahl der Teilnehmer für eine Exklusivanknüpfung ausgesprochen, um die praktischen Schwierigkeiten zu beseitigen, konnte aber schließlich keine ein-

163 Vgl. dazu bereits unter Einleitung: Fn. 21. Zum Ganzen siehe *v. Hinden*, Persönlichkeitsverletzungen (1999), S. 164 ff.

164 Vgl. dazu bereits unter B. III. 1. a).

165 Vgl. vorstehend unter A. II. 1.

166 Die Vorstellung vom absoluten Geltungswillen des Rechts wird bereits bei *Neuhaus*, Grundbegriffe (1976), S. 30 ff. überzeugend relativiert, wenn nicht gar bestritten.

vernehmliche Lösung finden.[167] Daher soll die sachliche Betrachtung nachfolgend um eine systematisch-teleologische ergänzt werden, um den hier eingeschlagenen Weg anhand bestehender Kollisionsregeln des nationalen und europäischen Rechts zu überprüfen und gegebenenfalls zu rechtfertigen.

2. Systematisch-teleologische Herleitung

Ginge man von dem wiederholt genannten Dogma aus, dass im Kollisionsrecht die *»engste Verbindung«* entscheidet, käme man bei wortgenauer Auslegung zu dem Schluss, dass ohnehin immer nur eine Rechtsordnung anwendbar ist. So mag ein Sachverhalt zwar zu mehreren Staaten engen Bezug haben, die engste Verbindung besteht aber naturgemäß nur einmal. Diese Auffassung wird von Darstellungen im Schrifttum gestützt, in denen bei der Umschreibung der an die Kollisionsnorm gestellten Anforderungen oftmals nur von *dem einen* Recht die Rede ist.[168] Betrachtet man indes die nationalen Kollisionsregeln und die sie enthaltenen Anknüpfungsmomente, ergibt sich ein anderes Bild. Hier finden sich Regelungen, die bei Verletzungen des Persönlichkeitsrechts die Anwendung mehrerer Rechtsordnungen ermöglichen. Neben dem deutschen *EGBGB*[169] enthalten beispielsweise auch einige ost- und südeuropäische Staaten eine wahlweise Anknüpfung an den Handlungs- oder Erfolgsort.[170] Andernorts ist grundsätzlich das Recht am Handlungsort maßgeblich; sofern dieses Recht keine Haftung vorsieht, soll das Erfolgsortrecht eingreifen.[171] Dieser Vergleich zeigt, dass die Auslegung des Begriffs *»engste Verbindung«* auf nationaler Ebene weder einheitlich noch in dem Sinne verstanden wird, dass

---

167 Für die Begrenzung auf eine Rechtsordnung hatten sich das Europäische Parlament (vgl. Fn. 91 u. 99) und große Teile des Rates (vgl. Fn. 130, 151 u. 152) ebenso ausgesprochen wie schon die Europäische Kommission (vgl. Fn. 70). Die vertretenen Lösungen reichten vom gewöhnlichen Aufenthaltsort des Geschädigten oder des Schädigers über den Handlungsort bis zum Schwerpunkterfolgsort.

168 Etwa *v. Hein*, Günstigkeitsprinzip (1999), S. 22 ff.; *Wandt*, Internationale Produkthaftung (1995), Rn. 542 ff.

169 Vgl. Art. 40 Abs. 1 EGBGB.

170 Vgl. die umfassende Nachweise der *Europäischen Kommission*, KOM(2003) 427 endg., 19; *Dickinson*, Rome II (2008), S. 8 ff.; *Kadner Graziano*, Rev. crit. dip 97 (2008), 445 (495 ff.); *ders.*, Gemeineuropäisches IPR (2002), S. 203 ff.

171 Vgl. Art. 45 Abs. 1 und 2 Código Civil Português.

immer nur *eine* Rechtsordnung in Betracht kommt. Eine Präzisierung im Einzelfall ist aber möglich.

Wie der europäische Gesetzgeber die engste Verbindung bei außervertraglichen Schuldverhältnissen versteht, vermag ein Blick in die *Rom II*-Verordnung zu beantworten. Ausgehend von der Grundregel des Art. 4 Abs. 1 Rom II-VO werden Streudelikte im Grundsatz nach der Mosaiklösung beurteilt. Dabei ist jeder Erfolgsort zunächst gleichberechtigter Anknüpfungspunkt. In bestimmten Fällen besteht allerdings die Möglichkeit, anstelle der zahlreichen Erfolgsortrechte nur ein einziges Recht auszuwählen. Beispielsweise kann der Kläger ein wettbewerbsbeschränkendes Verhalten durch das Gericht am Beklagtenwohnsitz einheitlich nach dem dort geltenden Recht beurteilen lassen (Art. 6 Abs. 3 lit. b Rom II-VO). Auch Umweltschädigungen können wahlweise nach dem Recht des Handlungsortes beurteilt werden (Art. 7 Rom II-VO). Die beiden Vorschriften regeln klassische Fälle von Streudelikten, deren Existenz sich wie folgt erklärt: Was die kartellrechtliche Regelung angeht, wollte der Verordnungsgeber auf den Umstand reagieren, dass wettbewerbsschädigende Handlungen üblicherweise viele nationale Märkte betreffen. Würde hier die Grundanknüpfung mit der Mosaiklösung greifen, käme man zur Anwendung zahlreicher Rechtsordnungen, was die Effizienz von Kartellklagen erheblich beeinträchtigte.[172] Das Wahlrecht zugunsten des Rechts am Beklagtenwohnsitz soll demnach eine Gelegenheit schaffen, im Interesse von Kläger und Gericht den Rechtsstreit zeit- und kostengünstig abzuwickeln.[173] Dogmatisch betrachtet entstammt der Beklagtenwohnsitz dabei nicht dem Lager des Beklagten,[174] sondern versteht sich ausweislich der Erwägungsgründe als Präzisierung des Erfolgsortes.[175] Er ist jedoch nur dann beachtlich, wenn der dortige Markt *»unmittelbar und wesentlich«* durch das wettbewerbswidrige Verhalten beeinträchtigt ist.

Ein prozessökonomischer Hintergrund ließe sich auch bei Art. 7 Rom II-VO vermuten, der bei Umweltschädigungen die alleinige Anwendung des Rechts am Handlungsort ermöglicht. Weil der Verordnungsgeber jede

---

172 Vgl. *Europäische Kommission*, Arbeitspapier der Kommissionsdienststellen vom 19.12.1995, SEC (2005) 1732, Rn. 248 ff.

173 *Mankowski*, RIW 2008, 177 (190); *G. Wagner*, IPRax 2008, 1 (8); *Dickinson*, Rome II (2008), S. 424 ff.; *Brière*, JDI 135 (2008), 31 (43 f.).

174 Im Gegensatz zur zuständigkeitsrechtlichen Anknüpfung nach Art. 2 Abs. 1 EuGVVO, siehe vorstehend Teil 2: B. I.

175 Vgl. Erwägungsgrund 21 der Rom II-VO.

»nachteilige Veränderung einer natürlichen Ressource«[176] sowie daraus herrührende Personen- und Sachschäden unter die Norm fasst, besteht auch hier die Gefahr einer Vielzahl von Erfolgsorten und entsprechend aufwendiger Prozessführung.[177] Dennoch waren Praktikabilitätserwägungen nicht der Hauptgrund für die Regelung. Angesichts der umweltpolitischen Vorgaben des Gemeinschaftsvertrags[178] stand hier die Überlegung im Vordergrund, mithilfe der ubiquitären Anknüpfung den Schutz gegen Umweltschädigungen zu erhöhen.[179] Die Möglichkeit, zwischen dem Handlungs- und Erfolgsortrecht wählen zu können, führe danach zur Anwendung des strengeren Rechts und verhindere, dass Betreiber umweltbelastender Anlagen von niedrigeren Standards in Nachbarstaaten profitierten.[180]

Die genannten Beispiele zeigen, dass Einzelanknüpfungen bei Streudelikten sowohl in nationalen als auch in europäischen Kollisionsvorschriften verankert sind. Sie werden als Ergänzung zur grundsätzlichen Erfolgsortanknüpfung eingesetzt und sollen eine gerechtere, einzelfallbezogene Interessenverteilung zwischen den Parteien gewährleisten.[181] Dies geschieht entweder dadurch, dass neben den zahlreichen Erfolgsorten der Handlungsort als Anknüpfungspunkt zur Seite steht,[182] oder durch Konkretisierung dieser Erfolgsorte auf einen bestimmten Erfolgsort.[183] Auf europäischer Ebene wird eine Begrenzung auf eine Rechtsordnung insbesondere dann vorgenommen, wenn dies für eine effektive Rechtsdurchsetzung geboten oder zur Steigerung des Rechtsgüterschutzes notwendig erscheint.

176 Erwägungsgrund 24 der Rom II-VO.

177 Insoweit auch *Europäische Kommission*, KOM(2003) 427 endg., 21.

178 Vgl. Art. 191 AEUV.

179 Vgl. Erwägungsgrund 25 der Rom II-VO.

180 *Europäische Kommission*, KOM(2003) 427 endg., 21 f.; siehe auch *Unberath/Cziupka* in Rauscher EuZPR/EuIPR (2011), Art. 7 Rom II-VO Rn. 29 ff.; *G. Wagner*, IPRax 2008, 1 (8); *Dickinson*, Rome II (2008), S. 429 ff.

181 Allgemein zum Ubiquitätsprinzip *Kegel/Schurig*, IPR (2004), S. 723 f.; *v. Hoffmann*, in Staudinger BGB (2001), Art. 40 Rn. 3.

182 Vgl. etwa Art. 7 Rom II-VO; Art. 40 Abs. 1 S. 1 EGBGB; Art. 62 Abs. 1 S. 2 des italienischen IPRG.

183 Vgl. etwa Art. 5 Abs. 1 Rom II-VO; Art. 6 Abs. 3 lit. b Rom II-VO; Art. 139 Abs. 1 lit. a des schweizer. IPRG.

3. Ergebnis

Den genannten Vorschriften liegen Erwägungen zugrunde, die sich uneingeschränkt auf den Persönlichkeitsrechtsschutz übertragen lassen. Angesichts der hohen Wertigkeit des Persönlichkeitsrechts dürften prozessökonomische Überlegungen zugunsten eines effektiven Rechtsschutzes gar noch stärker im Vordergrund stehen als in den aufgeführten Beispielen. Im Ergebnis lässt sich damit sowohl aus sachlicher als auch aus systematisch-teleologischer Sicht die Einführung eines alleinigen Anknüpfungspunktes rechtfertigen und einfordern. Ob dies der Handlungs- oder einer der Erfolgsorte ist, muss die weitere Untersuchung zeigen. In Anlehnung an die genannten Beispiele käme auch ein Wahlrecht zwischen beiden Orten in Betracht.[184]

II. Parallelität von Zuständigkeit und anwendbarem Recht

Als ein weiteres Anknüpfungsmerkmal einer persönlichkeitsrechtlichen Kollisionsnorm kommt der Gleichlauf von *forum* und *lex* in Betracht. Dieser soll nachfolgend erneut aus sachlicher und systematischer Perspektive erörtert werden.

1. Sachliche Herleitung

Ein bei Streudelikten häufig anzutreffendes Phänomen ist, dass internationale Zuständigkeit und Rechtsanwendung auseinanderfallen. Das berufene Gericht wendet dann nicht seine *lex fori*, sondern ausschließlich fremdes Recht an. Die Problematik tritt dabei unabhängig von der Frage auf, ob die Kollisionsnorm eine oder mehrere Rechtsordnungen zur Anwendung bringt, wenngleich sie letzterenfalls freilich in verschärfter Form erscheint. Um die daraus entstehenden Schwierigkeiten zu verdeutlichen, seien noch einmal die unionsweit geltenden Zuständigkeitsregeln in Erinnerung gebracht:[185] Zunächst bestimmt Art. 2 Abs. 1 EuGVVO den allgemeinen Gerichtsstand, wonach eine Person grundsätzlich an ihrem in einem Mitgliedstaat gelegenen Wohnsitz zu verklagen ist. Art. 5 Nr. 3

---

184 Siehe dazu unter C. III. 3.
185 Ausführlich dazu Teil 2: B.

EuGVVO erweitert die Zuständigkeit bei unerlaubten Handlungen auf das Gericht des Ortes, an dem das schädigende Ereignis eingetreten ist. Dieser Ort kann nach Auffassung des *EuGH* sowohl der Handlungs- als auch der Erfolgsort sein.

Legt man nun die in den engeren Kreis gesetzten Vorschläge für die Anknüpfung von Persönlichkeitsrechtsverletzungen zugrunde,[186] kommt man zu folgenden Konstellationen: Im Rahmen der reinen Mosaiklösung, nach der für jeden Teilschaden das Recht des jeweiligen Erfolgsortes maßgeblich ist, wendet das Gericht am Beklagtenwohnsitz i.S. des Art. 2 Abs. 1 EuGVVO nur hinsichtlich des bei ihm entstandenen Schadens das Heimatrecht an. Für alle übrigen Ansprüche kommen die zahlreichen Erfolgsortrechte zur Anwendung. Entsprechendes gilt für eine Klage am Handlungsort. Nur wenn der Geschädigte vor den (nur teilzuständigen) Gerichten am Erfolgsort klagt, ist jeweils die *lex fori* anwendbar. Wie erwähnt besteht hier jedoch der Nachteil, dass zur Ermittlung des Gesamtanspruchs eine Vielzahl von Prozessen notwendig ist.[187] Ein ähnliches Bild ergibt sich im Rahmen der weiten Mosaiklösung. Hier ändert sich lediglich, dass auch das Handlungsortgericht vollständig nach seinem Recht urteilt.

Schließt man sich der Schwerpunktlösung an, nach der unter den zahlreichen Erfolgsorten ein (wo auch immer verorteter) Schwerpunkt herausgegriffen wird,[188] verschärft sich das Problem sogar. Auch hier fallen Gerichtsstand und anwendbares Recht bei Klagen am Beklagtenwohnsitz und am Handlungsort auseinander, es sei denn, dass dort ausnahmsweise der ermittelte Schwerpunkt des Geschädigten liegt. Doch nicht einmal die Erfolgsortgerichte können, anders als bei der Mosaiklösung, ihr eigenes Recht anwenden. Allein das »Schwerpunktgericht« darf auf Grundlage seiner *lex fori* entscheiden.

Die Nachteile der Anwendung fremden Rechts sind offensichtlich: Neben einem erhöhten zeitlichen und finanziellen Aufwand dürften sich auch vermehrt Fehler in die richterlicher Beurteilung einschleichen. Denn es wird unbestritten sein, dass ein Richter mit einer fremden Rechtsordnung weniger vertraut ist als mit seiner eigenen.[189] Vergegenwärtigt man sich die Komplexität der Abwägungsentscheidung, die zwischen Persönlich-

---

186 Vgl. vorstehend unter B. III. 1.
187 Vgl. vorstehend unter B. III. 1. a).
188 Vgl. vorstehend unter B. III. 1. c).
189 So auch *Flessner*, Interessenjurisprudenz (1990), S. 119.

keitsrecht und Medienfreiheit vorzunehmen ist, wird eine angemessene Bemessung der Rechtsfolgen unter Einbeziehung aller rechtlichen (und außerrechtlichen) Faktoren[190] nur mit großer Mühe möglich sein. Ein solcher Zustand würde den Erwartungen der Parteien an eine qualitativ hochwertige Justiz kaum gerecht werden.[191] Das gilt vor allem, wenn es, wie bei Persönlichkeitsrechtsverletzungen üblich, um den Ersatz immaterieller Schäden geht. Hier bestehen über die tatbestandlichen Unterschiede hinaus gerade auf Rechtsfolgenseite teils gravierende Abweichungen. So mag der Persönlichkeitsrechtsschutz in England zwar niedriger sein als anderswo, wird aber erst einmal eine Rechtsverletzung bejaht, kann der zugesprochene Schadensersatz Ausmaße erreichen, die hierzulande undenkbar sind. Ersatzsummen von mehreren Hunderttausend Pfund zuzusprechen,[192] dürfte den Vorstellungen eines deutschen Gerichts stark zuwiderlaufen.[193] Aus Praktikabilitätsgründen und im Interesse sachgerechter Entscheidungen sollte die Kollisionsnorm daher, wo eben möglich, auf das Recht des zuständigen Gerichts verweisen.[194]

2. Systematisch-teleologische Herleitung

Trotz aller praktischen Vorzüge hat die *lex fori*-Lösung mit dem schwerwiegenden Vorwurf zu kämpfen, sie stehe in vielen Fällen dem Prinzip der engsten Verbindung entgegen.[195] Darum erschiene es nur als schwacher Trost, wenn persönlichkeitsrechtliche Streitfälle zügig und (unter lokalen Gesichtspunkten) sachgerecht abgeurteilt würden, zugleich aber jede systematisch-inhaltliche Legitimation des Urteils verloren ginge.

Die Skepsis gegenüber der *lex fori*-Lösung gründet auf zwei Aspekten, die einmal das Parteienverhältnis, das andere Mal die rechtssystematische Ebene betreffen. Was ersteren Aspekt anbelangt, ist festzustellen, dass die

190 Vgl. zusammenfassend unter A. IV.

191 In diesem Sinne auch *v. Hein*, Günstigkeitsprinzip (1999), S. 129.

192 Vgl. etwa *John v MGN Ltd.* (1997) QB 586; *Sutcliffe v Pressdram Ltd.* (1991) 1 QB 153; *Aldington v Watts and Tolstoy* (1990), The Independent v. 20.07.1990; *Rogers*, in Winfield/Jolowicz on Torts (2010), S. 596.

193 Vgl. die ausführliche Darstellung zum Strafschadensersatz im englischen Recht *(punitive damages)* bei *Deakin/Johnston/Markesinis*, in Markesinis/Deakin's Tort Law (2013), S. 797 ff. m.w.Nachw.

194 In diesem Sinne bereits BT-Drucks. 14/343, 11.

195 Vgl. hierzu die Nachw. in Fn. 132.

Anwendung der *lex fori* regelmäßig zu einer Privilegierung der Klägerinteressen gegenüber denen des Beklagten führt. Ausgangspunkt hierbei ist die Überlegung, dass das Zuständigkeitsrecht und das IPR, wie oben festgestellt, unterschiedliche Interessen verfolgen.[196] Hierdurch kommt es dazu, dass die Zuständigkeitsregeln üblicherweise *mehrere* Gerichtsstände zur Wahl stellen, das Kollisionsrecht aber nur *eine* Anknüpfung erlaubt. Die Maßgeblichkeit der *lex fori* würde dazu führen, dass der Kläger, entsprechend der Zahl der Gerichtsstände, nun aus mehreren Rechtsordnungen wählen und das Ergebnis der Sachentscheidung so zu seinem Vorteil beeinflussen kann (sog. *forum* und *lex shopping*).

Rechtssystematische Bedenken gegenüber der *lex fori*-Lösung ergeben sich insoweit, als sie bestimmte Rechtsordnungen begünstigt. Denn während bei Maßgeblichkeit der engsten Verbindung für alle Rechtsordnungen dieselbe Ausgangslage besteht, werden bei Geltung der *lex fori* diejenigen unter ihnen bevorzugt, die die zuständigkeitsbegründenden Merkmale der *EuGVVO* erfüllen. Dies ist, neben dem Recht am Beklagtenwohnsitz, unter Zugrundelegung der Rechtsprechung des *EuGH* das Recht am Handlungsort, an den Erfolgsorten sowie am Interessenmittelpunkt des Geschädigten. Die kollisionsrechtliche Gleichwertigkeit der Rechtsordnungen ist dann nicht mehr gegeben.[197]

Angesichts dieser Einwände stellt sich die Frage, ob ein strenger Gleichlauf von Zuständigkeit und Rechtsanwendung im Rahmen des Persönlichkeitsrechts überhaupt sinnvoll ist. Kritiker verneinen dies zumeist ohne tiefergehende Abwägung mit den (unbestreitbaren) Vorzügen dieser Lösung.[198] Geradezu reflexartig wird das wenig überzeugende Argument vorgebracht, dass die Tatortregel für eine Anwendung der *lex fori* keinen Platz lasse. Den Autoren entgeht dabei allerdings, dass sich Tatortregel und *lex fori* keineswegs ausschließen. Eine Kombination aus beidem ist insoweit denkbar, als das Forumrecht auch innerhalb der Tatortregel Anwendung finden kann. Zieht man eine strenge *lex fori*-Anknüpfung in Betracht, geht es nicht darum, die Tatortregel als anerkannten Grundsatz des Internationalen Deliktsrechts in Frage zu stellen, sondern diese zugunsten einer schnellen Rechtsfindung zu präzisieren. Wenn schon die Tatortregel

---

196 Vgl. die Nachw. in Teil 2: Fn. 40 u. 41.

197 Kritisch auch *Schurig*, RabelsZ 59 (1995), 229 (241 f.).

198 Etwa *v. Hein*, Günstigkeitsprinzip (1999), S. 129; *Hsieh*, Lex fori (2003), S. 154 ff.; *Fricke*, Unterlassungsanspruch gegen Presseunternehmen (2003), S. 17.

mehrere Anknüpfungen zulässt, so ist es nur legitim und erforderlich, sie in ein möglichst praktikables Normschema zu integrieren.

Geht man also eine Gesamtabwägung der Argumente an, stellt man fest, dass das Prinzip der engsten Verbindung im Internationalen Deliktsrecht zwar außerordentlich gewichtig, aber nicht unerschütterlich ist. Erneut helfen hier systematische und teleologische Erwägungen weiter: Wie bereits obige Prüfungen gezeigt haben, werden gewisse Einschränkungen bei der engsten Verbindung sowohl vom Gesetzgeber[199] als auch im Schrifttum[200] toleriert. Danach kann eine Rechtsordnung, die an sich wegen ihrer engsten Verbindung zur Anwendung berufen ist, durch ein anderes Recht ersetzt werden, wenn dies einer einfacheren Sachentscheidung dient.[201]

Doch auch außerhalb des außervertraglichen Haftungsrechts wird von der *lex fori* systematisch Gebrauch gemacht. In Teilen des materiellen Rechts,[202] vor allem aber bei verfahrens- und beweisrechtlichen Fragen ist sie seit langem unbestritten:[203] Im Hinblick auf das Verfahrensrecht ist die Anwendung der *lex fori* überwiegend gewohnheitsrechtlich anerkannt. Ältere Darstellungen betrachten sie geradezu als selbstverständlich in dem Sinne, dass ein Gericht gar nicht anders könne als sein eigenes Recht an-

199 Siehe vorstehend unter C. I. 2.

200 Siehe vorstehend unter B. III. 1. b).

201 Vgl. etwa die verschiedenen Anknüpfungsregeln der Art. 5 ff. Rom II-VO.

202 Hier begegnet die *lex fori* als eine Art Hilfsanknüpfung, die dann eingreift, wenn ansonsten keine engste Verbindung zu ermitteln ist. Als ein Regelungswerk aus jüngerer Zeit sei beispielhaft die Verordnung zum Internationalen Scheidungsrecht (Nr. 1259/2010 – *»Rom III«*) genannt: Scheidungen mit Auslandsbezug beurteilen sich bei fehlender Rechtswahl nach dem Recht des gemeinsamen gewöhnlichen (Art. 8 lit. a] Rom III-VO) oder des letzten gewöhnlichen Aufenthalts (Art. 8 lit. b] Rom III-VO) der Ehegatten. Lässt sich dieser nicht feststellen, greift das Forumrecht ein (Art. 8 lit. d] Rom III-VO). Eine ähnliche Regelung findet sich in Art. 14 Abs. 1 Nr. 3 EGBGB, der ebenfalls die *lex fori* beruft, wenn zuvor keine engste Verbindung gefunden wurde. Vgl. statt vieler auch *OLG Schleswig*, FamRZ 2007, 470: *»Wenn es keinerlei Anknüpfungspunkte [...] gibt, ist die praktikabelste Lösung diejenige, dass grundsätzlich die Sachnormen des am Gerichtsort geltenden eigenen Rechts Anwendung finden.«*; *Arnold*, Lex fori (2009), S. 68 ff. (insbesondere 76).

203 Nach *Heldrich*, Internationale Zuständigkeit und anwendbares Recht (1969), S. 14 ist der *»Grundsatz, daß das anzuwendende Verfahrensrecht stets dasjenige des mit der Sache befaßten Gerichts sein soll, [...] so alt wie das internationale Privatrecht selbst.«*

zuwenden.[204] Immerhin wurde auch versucht, die Geltung der *lex fori* dogmatisch herzuleiten – mit ebenso vielfältigen wie umstrittenen Erklärungen.[205] Einig sind die Autoren aber jedenfalls in der Überzeugung, dass die Maßgeblichkeit des Forumrechts letztlich ein Gebot der praktischen Vernunft sei.[206] Im Verfahrensrecht komme es in hohem Maße auf die Erfahrung und Sicherheit des Richters an, die eine Anwendung ihm vertrauter Regeln unumgänglich machten. Gleiches gelte auch für das Beweisrecht.[207] Beweisnormen seien häufig durch die besonderen Eigenarten der inländischen Gerichte geprägt, weshalb sie auch von diesen anzuwenden seien.[208] Hinzu kommt, dass die Vorschriften bereits ihrem Inhalt nach auf den Forumstaat begrenzt sind. So kann eine Beweisaufnahme nur im Inland erfolgen, Zeugen nur im Inland geladen und Zwangsmaßnahmen durchgesetzt werden.

Diese Beispiele zeigen, dass der Rückgriff auf das Forumrecht mithin ein gebräuchliches Mittel ist, um rechtspraktischen Schwierigkeiten bei Auslandsfällen zu begegnen. Fragt man nun nach den Auswirkungen für die persönlichkeitsrechtliche Anknüpfung, ist gleichwohl Vorsicht geboten, denn eine Übertragung kollisionsrechtlicher Sondervorschriften – und erst recht prozessualer Anknüpfungen – auf Verletzungen des Persönlichkeitsrechts ist nicht ohne Weiteres möglich. Wird im Verfahrensrecht die *lex fori* mit der technischen Komplexität begründet, dürfte dies auf das Persönlichkeitsrecht nicht in identischer Weise zutreffen und eine Anwendung der *lex fori* rechtfertigen.[209] Nichtsdestotrotz ist der vorstehende

---

204 Statt vieler *Currie*, Selected Essays (1963), S. 119: »*[The court] should apply its own law, not because of any notion or pretense that the problem is one relating to procedure, but simply because a court should never apply any other law except when there is a good reason for doing so.*"

205 Vgl. *Schack*, IZVR (2014), Rn. 46 ff.; *Geimer*, IZPR (2009), Rn. 320 ff.; *Schütze*, IZPR (2005), Rn. 52 ff. jeweils m.w.Nachw.

206 *Nagel/Gottwald*, IZPR (2013), § 1 Rn. 42; *Linke/Hau*, IZVR (2011), Rn. 51; *Geimer*, IZPR (2009), Rn. 322; *Fawcett/Carruthers/North*, Cheshire/North & Fawcett PIL (2008), S. 75 f.; *Schütze*, IZPR (2005), Rn. 55 f.; *Kegel/Schurig*, IPR (2004), S. 1055 f.

207 *Schack*, IZVR (2014), Rn. 736; *Nagel/Gottwald*, IZPR (2013), § 10 Rn. 2 f.; *Geimer*, IZPR (2009), Rn. 2268 ff.; *Coester-Waltjen*, Internationales Beweisrecht (1983), Rn. 416.

208 *Coester-Waltjen*, Internationales Beweisrecht (1983), Rn. 212.

209 Vgl. *Fawcett/Carruthers/North*, Cheshire/North/Fawcett: PIL (2008), S. 76: »*The field of procedure constitutes perhaps the most technical part of any legal system.*« Als weiteres Argument gegen eine Übertragbarkeit wird angeführt, das Verfahrensrecht stelle lediglich Verhaltensnormen für Gerichte und Parteien auf,

Vergleich für die weitere Untersuchung von Nutzen: Geklärt werden sollte, in welchen Grenzen und unter welchen Voraussetzungen die *lex fori* als Ausnahme des Prinzips der engsten Verbindung angewandt wird. Es ging nicht darum, inhaltliche Argumente, sondern gerade systematische Parallelen der hier vertretenen Lösung zu bereits bestehenden Kollisionsnormen herzustellen. Wenn nun festgestellt wurde, dass die *lex fori*-Lösung in verschiedenen Bereichen des Kollisionsrechts im In- und Ausland anerkannt ist, konnten damit zumindest die mancherorts bestehenden dogmatischen Bedenken gegen sie ausgeräumt werden.

3. Ergebnis

Über ihre sachliche Notwendigkeit hinaus lässt sich eine strenge Anwendung des Forumrechts somit auch aus systematischer Sicht rechtfertigen. Untersuchungen von nationalen und europäischen Vorschriften haben gezeigt, dass die *lex fori* keineswegs ein Fremdkörper im kollisionsrechtlichen Gefüge ist. Der häufige Vorwurf, das Prinzip der engsten Verbindung werde auf diese Weise missachtet, erweist sich als unbegründet: Da sowohl im Zuständigkeits- als auch im Kollisionsrecht der unerlaubten Handlungen die Tatortregel gilt,[210] führt die *lex fori*-Lösung in jedem Fall zur Anwendung eines Tatortrechts.

III. Abwägung der verbleibenden Lösungen

Setzt man die bisher geforderten Lösungsmerkmale um, ergibt sich folgender Zwischenstand: Ausgehend von den vom *EuGH* angenommenen Gerichtsständen bei Persönlichkeitsrechtsverletzungen kommt bei Einhaltung der *lex fori* entweder das Recht am Handlungsort oder an den Erfolgsorten oder dasjenige am Ort, an dem der Mittelpunkt der Interessen des Geschädigten[211] liegt, in Betracht. Soll darüber hinaus nur *eine* Rechtsordnung über den gesamten Sachverhalt entscheiden, fällt die Anwendung der Erfolgsortrechte sogleich wieder heraus. Als mögliche An-

---

ohne dabei das materiellrechtliche Ergebnis vorzugeben, vgl. *Linke/Hau*, IZVR (2011), Rn. 51; *v. Hoffmann/Thorn*, IPR (2007), § 3 Rn. 8.

210 Siehe vorstehend Teil 2: B.

211 Im Folgenden vereinfacht auch »Interessenmittelpunkt« genannt.

knüpfungspunkte verbleiben dann nur noch der Handlungsort und der Ort des Interessenmittelpunktes.

Gleichwohl soll mit dieser Eingrenzung keine Vorfestlegung verbunden sein. Es kann nicht das Ziel sein, die gesuchte Kollisionsnorm gleichsam per Ausschlussverfahren zu ermitteln, sondern durch positive Argumente zu begründen. Aus diesem Grund ist es zwar wünschenswert, aber nicht zwingend, dass nur eine Rechtsordnung zur Anwendung kommt, die zugleich auch die *lex fori* ist. Sofern die nachfolgend zu erörternden Anknüpfungsvarianten keine befriedigende Lösung ergeben, muss eine Gesamtabwägung aller hier untersuchten (gleichberechtigten) Bewertungskriterien erfolgen.

1. Anknüpfung an den Handlungsort

In Umsetzung der Tatortregel wird der Handlungsort in mehreren europäischen Rechtsordnungen als deliktischer Anknüpfungspunkt verwandt. Dies geschieht entweder in Gestalt einer ausschließlichen Anknüpfung[212] oder im Rahmen der Ubiquitätslösung, bei der sowohl der Handlungs- als auch der Erfolgsort (wahlweise) maßgeblich sein können.[213] Mehrere Argumente sprechen für die Anwendung des am Handlungsort geltenden Rechts.

a) Vorzüge des Handlungsortrechts

Die Anwendung des Rechts am Handlungsort folgt zunächst aus der dem Haftungsrecht zugrundeliegenden Funktion der Verhaltenssteuerung.[214] Um Rechtsverletzungen möglichst schon im Vorfeld zu vermeiden, ist der Einzelne bestimmten Verhaltensnormen unterworfen, bei deren Zuwiderhandlung Sanktionen drohen. Die Einhaltung dieser Normen kann aber

---

212 Etwa in Österreich (§ 48 Abs. 2 S. 1 IPRG), Estland (§ 50 Abs. 1 des Rahvusvahelise eraõiguse seadus) und Portugal (Art. 45 Abs. 1 des Código Civil Português); w.Nachw. bei *Kadner Graziano*, Gemeineuropäisches IPR (2002), S. 197.

213 Etwa in Deutschland (Art. 40 Abs. 1 EGBGB) oder Italien (Art. 62 Abs. 1 des des Legge 31 maggio 1995, n. 218); w.Nachw. bei *Kadner Graziano*, Gemeineuropäisches IPR (2002), S. 204.

214 Vgl. vorstehend Teil 2: C. II 2. a) cc).

nur gelingen, wenn sie für den Handelnden voraussehbar und bekannt sind. Aus dem Grund erscheint es sinnvoll, auf die in seinem Lebensumfeld geltenden Haftungsregeln abzustellen. Diese sind ihm am ehesten vertraut, an ihnen kann er seine Entscheidung über rechtmäßiges oder rechtswidriges Tun schnell und gezielt ausrichten.[215]

Eine andere als die Anknüpfung an den Handlungsort würde zudem zu einer paradoxen Situation führen: Obwohl der (potentielle) Schädiger in seinem Heimatstaat vollkommen rechtmäßig gehandelt hat, müsste er damit rechnen, in anderen Staaten für seine Tat belangt zu werden.[216] Dies widerspräche der Überzeugung, dass jedermann frei ist in seinem Tun, solange er die örtlichen Gesetze einhält. Es gilt der vielzitierte Satz *Raapes*: *»Wer in Rom lebt, muß wie ein Römer leben – und darf es auch.«*[217] Müsste der Handelnde fürchten, auch außerhalb seines unmittelbaren Wirkungskreises zu haften, wäre sein Handlungsspielraum erheblich eingeschränkt. Im medialen Bereich kann dies etwa zur Folge haben, dass ein Verlag oder eine Sendeanstalt aus Sorge vor einer unüberschaubaren Haftung eine bestimmte Berichterstattung gänzlich unterlässt. Mit Blick auf das umfassend geschützte Recht auf Meinungs- und Medienfreiheit wäre dies nicht hinnehmbar.[218]

Für die Maßgeblichkeit des Handlungsortes spricht schließlich noch eine weitere Erwägung: Während der Erfolgsort bei Persönlichkeitsrechtsverletzungen je nach betroffenem Lebensbereich variiert,[219] lässt sich der Handlungsort in den meisten Fällen eindeutig zuordnen. Unabhängig davon, ob die Privatsphäre, die Ehre oder andere persönlichkeitsrechtliche Interessen berührt sind, liegt der Handlungsort in Übereinstimmung mit der herrschenden Auffassung stets am Sitz des verantwortlichen Medienunternehmens.[220] Zufällige Ergebnisse und Manipulationen von Seiten des Schädigers ließen sich weitgehend vermeiden. Eine Anwen-

215 Zum Ganzen siehe *Leible/Lehmann*, RIW 2007, 721 (725); *v. Hein*, Günstigkeitsprinzip (1999), S. 28 ff.

216 Kritisch insoweit auch *Loussouarn/Bourel/de Vareilles-Sommières*, Dip (2007), Rn. 401-1; *Kadner Graziano*, Gemeineuropäisches IPR (2002), S. 214 f.; *Law Commission*, Working Paper No. 87 (1984), para. 4.71; *Bourel*, Conflits de lois (1961), S. 88.

217 *Raape*, IPR (1961), S. 577.

218 Vgl. hierzu die Nachw. in der Einleitung: Fn. 22.

219 Vgl. vorstehend Teil 2: C. II 2. b) bb).

220 Vgl. vorstehend Teil 2: C. II 2. a) cc).

dung der *lex loci actus* böte den Beteiligten somit ein hohes Maß an Klarheit und Rechtssicherheit.

b) Einwände

Bei näherer Betrachtung zeigen sich jedoch auch gewichtige Einwände gegen die Lösung: So ist zum einen der Handlungsort allein an den Interessen und Umweltbeziehungen des Schädigers orientiert und führt zu einer einseitigen Privilegierung der schädigenden Partei.[221] Den Vorstellungen von kollisionsrechtlicher Gerechtigkeit[222] trägt er in keiner Weise Rechnung. Ein gerechter Ausgleich zwischen den Beteiligten kann vielmehr nur erreicht werden, wenn auch die Sphäre des Geschädigten hinreichend Berücksichtigung findet. Dies hatte bereits den Verordnungsgeber dazu bewogen, die deliktische Grundanknüpfung an den Erfolgsort zu legen (Art. 4 Abs. 1 Rom II-VO),[223] und muss auch im Rahmen des Persönlichkeitsrechts gelten. Verletzungen des Persönlichkeitsrechts ausschließlich nach dem Recht des Handlungsortes zu beurteilen, wäre daher inhaltlich wie systematisch verfehlt.[224]

Zum anderen greifen auch die weiteren Argumente zugunsten des Handlungsortes zu kurz: Zwar ist das verhaltenssteuernde Element des Haftungsrechts unbestritten, im Persönlichkeitsrechtsschutz spielt es aber nur eine nachgeordnete Rolle.[225] Dass hier der Kompensationsgedanke überwiegt, zeigt sich vor beim Ehrschutz, dessen ursprünglich strafrechtlicher Charakter heute weitgehend hinter der Geltendmachung von Ersatz-

---

221 So auch *Junker*, RIW 2010, 257 (258); *v. Hinden*, in FS Kropholler (2008), S. 573 (582); *Sonnentag*, ZVglRWiss 105 (2006), 256 (267).

222 Vgl. dazu vorstehend unter A. I.

223 Siehe nur *Europäische Kommission*, KOM(2003) 427 endg., 12 f.

224 Zuletzt ist sogar die britische Ratsdelegation zu der Einsicht gekommen, dass eine reine Handlungsortanknüpfung nicht mehr zu rechtfertigen sei (Dok. 12997/04 vom 4.10.2004). Sie rückte damit gänzlich von der (bereits in Teilen überwundenen) *double actionability rule* ab, nach der bei einer Klage im Inland stets auch englisches Recht maßgeblich war, und forderte stattdessen eine an die *Shevill*-Rechtsprechung orientierte Anknüpfung. Ähnlich bereits *Law Commission*, Working Paper No. 87 (1984), para. 4.70.

225 Für eine generelle Nachrangigkeit der Verhaltenssteuerungsfunktion im Deliktsrecht *Leible/Lehmann*, RIW 2007, 721 (725); *Looschelders*, ZVglRWiss 95 (1996), 48 (70); ähnlich *Europäische Kommission*, KOM(2003), 427 endg., 13.

ansprüchen zurückgetreten ist;[226] Ähnliches gilt beim Verwertungsschutz, der gar ausschließlich auf materiellen Ausgleich abzielt.[227] Im Übrigen lässt sich eine verhaltenssteuernde Wirkung auch nicht ausschließlich durch die Anwendung des Handlungsortrechtes erreichen. Sofern ein Handelnder weiß – oder sogar wünscht –, dass sein Verhalten auch im Ausland Wirkung entfaltet, wird er die dortigen Vorschriften ebenfalls berücksichtigen (müssen).[228] Wie Teile des Schrifttums zutreffend anmerken, sollte ohnehin niemand, dessen Handeln geeignet ist, anderer Staaten Recht zu verletzen, darauf vertrauen können, dass allein die Vorschriften des Handlungsortes Anwendung finden. Wer sich die grenzüberschreitende Wirkung seiner Handlung zunutze macht, hat auch mit möglichen (rechtlichen) Nachteilen auszukommen.[229]

c) Stellungnahme

Die Vorbehalte gegenüber dem Handlungsort resultieren vornehmlich aus der ungleichen Interessenverteilung: Während der Schädiger stets nach ihm vertrautem Recht handeln könnte, blieben die Belange des Geschädigten gänzlich unbeachtet. Dies ist Grund genug, um in Übereinstimmung mit der herrschenden Meinung eine ausschließliche Anknüpfung an den Handlungsort abzulehnen. Nur ausnahmsweise wird diese Lösung überhaupt in Betracht kommen können, wenn nämlich der Geschädigte auf Gegendarstellung klagt: Wegen der besonderen Natur des Anspruchs sowie aus praktischen Gründen halten zahlreiche Stimmen, insbesondere auf europäischer Ebene, den Handlungsort für maßgeblich.[230] Der Gegendars-

---

226 Vgl. vorstehend Teil 1: B. III. 1. b).

227 Vgl. vorstehend Teil 1: B. III. 1. c).

228 *Leible/Engel*, EuZW 2004, 7 (10).

229 So zutreffend *Sonnentag*, ZVglRWiss 105 (2006), 256 (267); *Leible/Engel*, EuZW 2004, 7 (10); *Looschelders*, ZVglRWiss 95 (1996), 48 (71); *Riegl*, Streudelikte im IPR (1986), S. 176.

230 Vgl. die Entschließung des *Europäischen Parlaments* vom 10.05.2012, P7_TA(2012)0200, Art. 5a Abs. 4 VO-E sowie verschiedene Ratsdelegationen Dok. 9009/04 ADD 14 vom 24.05.2004 (Litauen); Dok. 9009/04 ADD 9 vom 18.05.2004 (Lettland); Dok. 9009/04 ADD 6 vom 7.05.2004 (Zypern); *Europäische Kommission*, KOM(2003) 427 endg., 20; *Seitz/Schmidt*, Gegendarstellungsanspruch (2010), Kap. 3 Rn. 14 f.; *Junker*, in MünchKomm BGB (2010), Art. 40 Rn. 91; *v. Hoffmann*, in Staudinger BGB (2001), Art. 40 EGBGB Rn. 75 f.; *Sonnenberger*, in FS Henrich (2000), S. 575 (588); *v. Hein*, Günstigkeitsprinzip

tellungsanspruch unterscheide sich von den übrigen Ansprüchen, indem er neben den Interessen des Betroffenen auch denen der Allgemeinheit diene.[231] Ziel sei weniger die privatrechtliche Entschädigung als die Förderung von Meinungsvielfalt und sachlich richtiger Informationserteilung. Wegen des mit einer Klage begehrten unmittelbaren Eingriffs in die Inhaltshoheit des Medienunternehmens liege der Schwerpunkt des Falles daher an dessen Sitz, folglich am Handlungsort.

Dieses Verständnis des Gegendarstellungsanspruchs ist zwar im Kern richtig, daraus aber die Anknüpfung an den Handlungsort herzuleiten, leuchtet im Ergebnis nicht ein. Bei der Gegendarstellung geht es bekanntlich darum, eine einseitige Berichterstattung zu korrigieren, die aus Sicht des Betroffenen unzutreffende Tatsachen enthält.[232] Mit anderen Worten soll eine vermeintlich lücken- oder fehlerhafte Information der Öffentlichkeit ergänzt werden. Wenn es aber gerade auf die Wirkungen der Darstellung ankommt, ist es nur logisch, an den Ort anzuknüpfen, an dem die Wirkungen auch eingetreten sind. Dies ist der Erfolgsort. In jedem Fall ist nicht ersichtlich, warum stets der Handlungsort maßgebend sein sollte.

Ebenso wenig können praktische Erwägungen eine Anknüpfung an den Handlungsort rechtfertigen. Zwar ist den Befürwortern zuzugeben, dass ein Gegendarstellungsbegehren wegen seines vorläufigen Charakters zügig abzuhandeln ist.[233] Dies setzt aber nicht zwingend die Anwendung des Handlungsortrechts voraus. Wichtiger ist, dass das angerufene Gericht nach dem ihm bekannten Recht, nämlich der *lex fori*, vorgehen kann. Dieses Recht kann ebenso gut am Erfolgsort liegen. Auch spricht das Gebot der einheitlichen Anknüpfung zusammengehöriger Ansprüche gegen eine

---

(1999), S. 316; *Lüderitz*, in Soergel BGB (1996), Art. 38 Rn. 22; vgl. auch Art. 6 Abs. 2 Rom II-E sowie Art. 139 Abs. 2 des schweizer. IPRG.

231 *BGH*, NJW 1965, 1230; *KG*, NJW 1970, 2029 (2030); *Sedelmeier*, in Löffler Presserecht (2006), § 11 LPG Rn. 39; *Fricke*, Unterlassungsanspruch gegen Presseunternehmen (2003), S. 136; *Sonnenberger*, in FS Henrich (2000), S. 575 (587 f.).

232 Auf die Unwahrheit der Berichterstattung kommt es dabei ebenso wenig an wie auf die Wahrheit der Gegendarstellung. Grundgedanke ist allein die Herstellung medialer Waffengleichheit. Ausführlich zum Gegendarstellungsrecht *Seitz/Schmidt*, Gegendarstellungsanspruch (2010); *Soehring*, Presserecht (2010), § 29.

233 *v. Hoffmann*, in Staudinger BGB (2001), Art. 40 EGBGB Rn. 76; *v. Hein*, Günstigkeitsprinzip (1999), S. 316; *Lüderitz*, in Soergel, BGB (1996), Art. 38 Rn. 22.

Sonderbehandlung des Gegendarstellungsrechts.[234] Wenn allerorts die Effektivität des Rechtsgüterschutzes betont wird, ist es nur konsequent, wenn für alle Ansprüche dieselbe Anknüpfung und damit dasselbe Recht gelten.[235] Schließlich spricht noch eine letzte Erwägung gegen den Handlungsort: Wird ein Abstellen auf den Handlungsort im Schadensrecht aus dem Grund abgelehnt, dass hierdurch der Verletzende bevorzugt werde, wäre es widersprüchlich, beim Gegendarstellungsanspruch anders zu urteilen.[236] Im Ergebnis ist daher die Anwendung des Handlungsortrechts für sämtliche aus einer Persönlichkeitsrechtsverletzung entstehenden Ansprüche abzulehnen.

2. Anknüpfung an den Mittelpunkt der Interessen des Geschädigten

Als weitere Möglichkeit, ein für den gesamten Sachverhalt geltendes Forumrecht anzuwenden, kommt die Anknüpfung an den Interessenmittelpunkt in Betracht. Der Interessenmittelpunkt ist einer der Orte, an denen der unmittelbare Verletzungserfolg eingetreten ist, und entstammt dem Lager des Geschädigten. Es ist daher zu klären, ob er gleichwohl als Anknüpfungspunkt tragfähig ist.

Die grundsätzlichen Vorteile der Schwerpunktlösung bei Persönlichkeitsrechtsverletzungen sind bereits an früherer Stelle zur Sprache gekommen.[237] Der Schwerpunkterfolgsort bezieht sowohl die Belange des Geschädigten mit ein, indem er auf die Folgen der Verletzung abstellt, als auch die Vorstellungen des Schädigers, dem vor allem an einer Eingrenzung der möglichen Rechtsordnungen gelegen ist. Die Anknüpfung ermöglicht darüber hinaus eine an das jeweilige Rechtsinteresse angepasste Lösung, weil sich der »Schwerpunkt« je nach Fallkonstellation verändern lässt. Insgesamt erweist sich die Schwerpunktbildung damit als ein interessengerechter Kompromiss aus flexiblem Rechtsgüterschutz und gleich-

234 *v. Hoffmann*, in Staudinger BGB (2001), Art. 40 EGBGB Rn. 74. In diesem Sinne auch die französische Ratsdelegation (Dok. 9009/04 ADD 12 vom 24.05.2004), wenngleich sie im Ergebnis für die Gesamtanknüpfung an den Handlungsort plädiert.

235 Siehe bereits unter C. I. 1.

236 Zutreffend daher die Auffassung der spanischen Ratsdelegation (Dok. 9009/04 ADD 10 vom 18.05.2004), das Gegendarstellungsrecht sei letztlich nur eine andere Form des Schadensausgleichs.

237 Siehe vorstehend unter B. III. 1. c).

zeitiger Vorhersehbarkeit des anwendbaren Rechts. Nicht zuletzt deshalb finden sich ähnliche Vorschriften auch in der *Rom II*-Verordnung wieder, die den Erfolgsort rechtsgutspezifisch konkretisieren.[238] Der vorliegende Vorschlag würde sich insoweit in die bestehende Systematik der Verordnung einfügen.

a) Ablehnung der bisherigen Schwerpunktbildung

Die bisherigen Vorschläge zur Schwerpunktbildung gehen in zwei Richtungen: Während eine Meinungsgruppe auf den Ort abstellt, an dem der Schaden im Wesentlichen eingetreten ist, halten andere stets den gewöhnlichen Aufenthaltsort des Geschädigten für maßgeblich. Trotz der in beiden Fällen weitreichenden Konkretisierung sind beide Ansätze unbefriedigend: Stellt man auf den wesentlichen Schadensort ab, wird damit nur ein Teil der möglichen Ansprüche abgedeckt. Jedenfalls ist nicht ersichtlich, dass das Recht dieses Ortes auch bei anderen Ansprüchen gelten soll.[239] Dadurch kommt es zwangsläufig zur soeben abgelehnten Aufspaltung der Anknüpfung nach der Anspruchsart. Während an der einen Stelle also zu Unrecht differenziert wird, fehlt es anderswo an der notwendigen Differenzierung. Denn wie festgestellt wurde,[240] ist der Schadensort je nach einschlägigem Rechtsinteresse unterschiedlich zu lokalisieren: bei Ehrverletzungen etwa liegt er an jedem Verbreitungsort, bei Eingriffen in den Privatbereich allein am Ort des Geschehens. Diese Unterscheidung käme aber durch eine Anknüpfung an den wesentlichen Schadensort nicht hinreichend zum Ausdruck. Im Gegenteil zeigt die Lösung, dass ihre Vertreter gerade nicht zwischen den einzelnen Persönlichkeitsinteressen differenzieren. Eine Anknüpfung an den wesentlichen Schadensort ist daher insgesamt abzulehnen.

Auch der zweite Vorschlag zur Schwerpunktbildung, die strenge Anknüpfung an den gewöhnlichen Aufenthaltsort des Geschädigten, kann nicht überzeugen. Nimmt man etwa prominente Personen als die am häufigsten von Persönlichkeitsrechtsverletzungen betroffene Gruppe, stellt man fest, dass sich ein gewöhnlicher Aufenthaltsort oftmals nicht ermit-

---

238 Vgl. Art. 5 ff. Rom II-VO; siehe dazu auch die Erwägungsgründe 19 ff. der Rom II-VO.

239 Auf den wesentlichen Schadensort weiterhin abstellend das *Europäische Parlament* in seiner Entschließung vom 10.05.2012, P7_TA(2012)0200, Art. 5a VO-E.

240 Siehe vorstehend Teil 2: C. II. 2. b) bb).

teln lässt.[241] Ihr Leben findet häufig an vielen Orten der Welt statt, von denen keiner offenkundig Vorrang hat. Es wäre sachwidrig, einen von ihnen als Anknüpfung herauszunehmen. Vor diesem Hintergrund wäre es auch für den Handelnden schwierig zu erkennen, welches Recht im Einzelfall anwendbar ist. Die Lösung erscheint daher wenig interessengerecht. Doch auch wenn man den gewöhnlichen Aufenthaltsort als hinreichend konkret annähme,[242] scheiterte die Anknüpfung jedenfalls erneut an der mangelnden Differenzierung. Wie schon der (soeben abgehandelte) Hauptschadensort vermag auch der gewöhnliche Aufenthaltsort die verschiedenen persönlichkeitsrechtlichen Interessen nicht einzelfallgenau zu bedienen. Werden etwa Schmähungen oder Unwahrheiten über das Internet verbreitet, besteht ein legitimes Kompensationsinteresse des Geschädigten an sämtlichen Verbreitungsorten und nicht bloß an seinem gewöhnlichen Aufenthaltsort.

Festzuhalten ist daher, dass die bisherigen Ansätze für einen Schwerpunkterfolgsort keine befriedigende Behandlung grenzüberschreitender Persönlichkeitsrechtsverletzungen bieten.

b) Vergleich mit materiellrechtlicher Lösung

Die Anwendung des Rechts am Interessenmittelpunkt folgt aber nicht bloß aus sachbezogenen und systematischen Erwägungen und ebenso wenig allein aus den Schwächen der anderen Lösungen. Sie ergibt sich auch und gerade aus den Erkenntnissen des materiellrechtlichen Teils dieser Untersuchung, in welchem die starke – zunehmende – Gewichtung des Persönlichkeitsrechts gegenüber der Medienfreiheit, insbesondere in praxisrelevanten Fragen des Privatsphärenschutzes, herausgearbeitet wurde.[243] Aufbauend auf einem jahrhundertelangen soziokulturellen Entwicklungsprozess in Europa, der schließlich in der gesellschaftlichen und rechtlichen Anerkennung eines jedermann zustehenden Persönlichkeitsrechts mündete,[244] wurde bis heute ein beachtliches Schutzniveau geschaffen, das dem Einzelnen weitreichende Möglichkeiten zur Entfaltung seiner Persönlichkeit garantiert. Wenngleich der Umfang des Rechtsschutzes mancherorts

241 Vgl. dazu auch die Nachw. in Fn. 153.

242 So *Hamburg Group of PIL*, RabelsZ 67 (2003), 1 (25); *v. Hoffmann*, in Staudinger BGB (2001), Art. 40 Rn. 62.

243 Zusammenfassend vgl. Teil 1: E. I.

244 Vgl. vorstehend Teil 1: A.

durchaus erweiterungswürdig erscheinen mag, so ist doch in *allen* Staaten ein wachsendes Bewusstsein für die Notwendigkeit eines effektiven Persönlichkeitsrechtsschutzes wahrnehmbar. Dies gilt insbesondere im Hinblick auf medial vermittelte Übergriffe: Die spezifischen Gefahren, die heutzutage von modernen Massenmedien für das Persönlichkeitsrecht ausgehen,[245] haben inzwischen auch die Rechtstraditionalisten in Europa zu einem Umdenken hin zu einer stärkeren Begrenzung der Meinungs- und Medienfreiheit veranlasst.[246] Dies macht nicht zuletzt die jüngere Entwicklung der englischen Rechtsprechung deutlich, die den geschützten Persönlichkeitsbereich in den vergangenen Jahren fortwährend ausgeweitet hat.[247] Persönlichkeitsrechte gegenüber den Medien finden mehr Berücksichtigung denn je.

Diese Entwicklung findet nun auch darin Ausdruck, dass mit dem Interessenmittelpunkt grundsätzlich ein klägerseitiger Anknüpfungspunkt ausgewählt wird. Es setzt sich somit auf kollisionsrechtlicher Ebene fort, was schon die materiellrechtliche Abwägung der nationalen und europäischen Rechtsprechung zwischen Persönlichkeitsrecht und Medienfreiheit ergeben hat. Bei allen Unterschieden zeigt sich also, dass das Kollisions- und das Sachrecht vorliegend zu übereinstimmenden Lösungen gelangen. Die konkrete Gewichtung von Persönlichkeitsrecht und Medienfreiheit hat daher nicht bloß eine materiellrechtliche Dimension, sondern ist zugleich der Wegbereiter für die kollisionsrechtliche Anknüpfungsentscheidung. Im Zweifel geben materiellrechtliche Präferenzen den Ausschlag.[248] Die hier gefundene Lösung bestätigt dies.

c) Recht am Interessenmittelpunkt als lex fori

Erweist sich die Anknüpfung an den Interessenmittelpunkt somit als sachlich beste Lösung, ist zu klären, inwieweit sie auch den soeben herausgearbeiteten systematischen Anforderungen genügt. Zwar wurde die Gesamtzuständigkeit des Gerichts am Interessenmittelpunkt vom *EuGH* grundsätzlich anerkannt, ihre genaue Reichweite ist aber unklar. Zu fragen ist daher, ob die vorgeschlagene Lösung tatsächlich in allen Fällen der

245 Vgl. statt vieler die Nachw. in der Einleitung: Fn. 20.

246 Vgl. insbesondere Teil 1: D. I.

247 Vgl. vorstehend Teil 1: D. III. 3. b) bb) sowie d) bb).

248 So auch *v. Hein*, Günstigkeitsprinzip (1999), S. 434, der dies mit einem Verweis auf die *ordre public*-Klauseln untermauert.

Verletzung des Persönlichkeitsrechts zur Anwendung des Forumrechts kommt.

aa) Gesamtzuständigkeit bei Internetdelikten

Ausgangspunkt der Fragestellung sind die unlängst entschiedenen Rechtssachen *eDate* und *Martinez*, in denen der *EuGH* dem Gericht am Interessenmittelpunkt die volle Kognitionsbefugnis zugesprochen hat.[249] Im Zentrum stand erneut die Frage, wie der *»Ort, an dem das schädigende Ereignis eingetreten ist«* i.S. des Art. 5 Nr. 3 EuGVVO auszulegen sei. Bereits in früheren Verfahren hatte der *EuGH* die Formulierung bekanntlich präzisiert und darunter sowohl den Handlungs- als auch den Erfolgsort gefasst.[250] Im vorliegenden Fall bestand nun die Besonderheit, dass die fraglichen Äußerungen über das Internet verbreitet worden und in praktisch jedem Staat der Welt abrufbar waren, unabhängig davon, ob dies vom Urheber beabsichtigt war. Dadurch, so der *EuGH*, sei es schwierig, das Ausmaß der Verbreitung im Einzelnen festzustellen und die entstandenen Schäden sicher und zuverlässig zu beziffern.[251] Die Richter erkannten nun, dass das im *Shevill*-Urteil gewährte Wahlrecht zwischen dem Handlungsort- und den Erfolgsortsgerichten leerlaufe, wenn aufgrund der begrenzten Kognitionsbefugnis jener Erfolgsortgerichte keine hinreichende Schadensquantifizierung möglich sei. Um der daraus resultierenden faktischen Benachteiligung des Erfolgsortes entgegenzutreten, solle daher auch ein dortiges Gericht gesamtzuständig sein. Dieses Gericht liege an dem Ort, an dem der Geschädigte den Mittelpunkt seiner Interessen habe, weil dort die Auswirkungen der Verletzung am besten beurteilt werden könnten.[252]

---

249 Vgl. den Nachw. in Teil 2: Fn. 68; ausführlich zur Entscheidung *Picht*, GRUR Int 2013, 19; *Spindler*, AfP 2012, 114; *Hess*, JZ 2012, 189.

250 Vgl. den Nachw. in Teil 2: Fn. 59.

251 *EuGH*, Urt. v. 25.10.2011, *eDate Advertising GmbH ./. X*, Rs. C-509/09 und *Martinez ./. MGN Limited*, Rs. C-161/10, JZ 2012, 199 (201).

252 *EuGH*, Urt. v. 25.10.2011, *eDate Advertising GmbH ./. X*, Rs. C-509/09 und *Martinez ./. MGN Limited*, Rs. C-161/10, JZ 2012, 199 (201).

bb) Übertragbarkeit auf sämtliche Mediendelikte

Vor diesem Hintergrund stellt sich die Frage, inwieweit diese für Internetdelikte getroffenen Feststellungen des *EuGH* auf Sachverhalte außerhalb des Internet übertragen werden können. Es gilt zu prüfen, ob die Gesamtzuständigkeit des Gerichts am Interessenmittelpunkt des Geschädigten bei *sämtlichen* Arten der Persönlichkeitsrechtsverletzung, insbesondere bei der Presse- und Rundfunkberichterstattung, gegeben ist. Nur wenn dies zu bejahen ist, kann die erörterte kollisionsrechtliche Anknüpfung an den Interessenmittelpunkt überhaupt als *lex fori*-Anknüpfung eingreifen.

Wie der *EuGH* hervorhebt, liegt die Schwierigkeit bei der Verbreitung von Internetinhalten in ihrer ubiquitären Ausrichtung. Die Zahl der tatsächlichen Empfänger sei kaum messbar, weshalb auch die Ermittlung eines Schadens oft nicht möglich sei. Hierin, so die Richter, unterscheide sich die Veröffentlichung auf einer Webseite grundlegend von der gebietsabhängigen Verbreitung eines herkömmlichen Mediums, etwa eines Druckerzeugnisses.[253]

An dieser Stelle kann den Überlegungen des *EuGH* insoweit gefolgt werden, als mit dem Internet neuartige Kommunikationswege geschaffen wurden, die die bisherigen Möglichkeiten des Informationsaustauschs in Geschwindigkeit, Reichweite und Zugänglichkeit bei weitem übersteigen. Den daraus entstehenden rechtlichen Herausforderungen ist daher durch eine Anpassung der internationalen Zuständigkeitsregeln zu begegnen. Jedoch griffe es zu kurz, nähme man an, dass derartige Schwierigkeiten allein bei Internetveröffentlichungen aufträten. Angesichts des immer intensiver werdenden grenzüberschreitenden Personenverkehrs in Europa und der fortschreitenden Digitalisierung der Offlinemedien lässt sich auch bei Zeitungen, Rundfunk und anderen Verbreitungsmedien der erreichte Personenkreis längst nicht immer quantifizieren. Eine nach Staaten getrennte Beurteilung von Schadensfolgen, die durch Veröffentlichungen über konventionelle Medien entstanden sind, wird in diesen Fällen häufig ähnlich schwierig sein wie in Internetfällen.

Wenn der *EuGH* die Erweiterung der Gesamtzuständigkeit auf das Schwerpunktgericht also aus der Erwägung herleitet, dass sich die Schadensfolgen einer Persönlichkeitsrechtsverletzung nicht hinreichend im Sinne der *Shevill*-Formel territorial aufspalten ließen, kann dies nicht nur

253 *EuGH*, Urt. v. 25.10.2011, *eDate Advertising GmbH ./. X*, Rs. C-509/09 und *Martinez ./. MGN Limited*, Rs. C-161/10, JZ 2012, 199 (201).

für Veröffentlichungen über das Internet gelten, sondern für Medienveröffentlichungen jeglicher Art. Wünschenswert – weil konsequent – wäre es daher, dass der *EuGH* seine Rechtsprechung aus *eDate* und *Martinez* ausdrücklich auf sämtliche Verbreitungswege ausweitet. Wie die vorgenannten Ausführungen zeigen, erreichen Veröffentlichungen in den Medien – ob online oder offline – heutzutage stets einen weiten Empfängerkreis.[254] Eine Territorialisierung der Schäden wird deshalb weder zielführend noch umsetzbar sein.

d) Lokalisierung des Interessenmittelpunktes

Nachdem nun die sachlichen und systematischen Anforderungen der Anknüpfung an den Interessenmittelpunkt geprüft wurden, ist in einem letzten Schritt zu ermitteln, wo der Interessenmittelpunkt bei Verletzungen des Persönlichkeitsrechts tatsächlich liegt. Dazu lassen sich die Ergebnisse der obigen sog. differenzierten Betrachtung des Erfolgsortes heranziehen.[255] Dort kam es zu folgenden Feststellungen: Was Verletzungen des privaten Lebensbereichs angeht, liegt der Interessenmittelpunkt in der Regel unmittelbar am Ort des Geschehens. Dies ist im Wesentlichen der Ortsgebundenheit des Rechtsguts geschuldet und gilt unabhängig vom späteren Verbreitungsort. Bei Ehrverletzungen liegt zunächst der Erfolgsort an jedem Verbreitungsort. Obgleich die Verletzungsfolgen lokal unterschiedlich sein können, rechtfertigt dies wie festgestellt nicht, bestimmte Erfolgsorte von der weiteren Anspruchsprüfung von vornherein auszunehmen. Weil der Schutzbereich vorrangig das Außenbild der Person erfasst, sollte grundsätzlich jede Rechtsordnung, in dessen Geltungsbereich die Verbreitung fällt, in Betracht kommen. Der Mittelpunkt des Interesses kann gleichwohl immer nur an *einem* der Verbreitungsorte liegen. Wo dies ist, hängt stets von den Umständen des Einzelfalles, insbesondere von der Lebensführung des Geschädigten ab. Hier sollte in Parallele zum Zuständigkeitsrecht eine Vermutung für den gewöhnlichen Aufenthaltsort des Geschädigten gelten.[256] Bei Verletzungen des wirtschaftlichen Verwertungsinteresses ist der Ort des finanziellen Lebensmittelpunktes maßgeb-

254 Vgl. hierzu die Nachw. in der Einleitung: Fn. 17.

255 Vgl. vorstehend Teil 2: C. II. 2. b) bb).

256 Vgl. *EuGH*, Urt. v. 25.10.2011, *eDate Advertising GmbH ./. X*, Rs. C-509/09 und *Martinez ./. MGN Limited*, Rs. C-161/10, JZ 2012, 199 (201).

lich. Auch dieser wird regelmäßig – aber keineswegs zwingend – der gewöhnliche Aufenthaltsort sein.

Die differenzierte Darstellung verdeutlicht den entscheidenden Vorteil des Interessenmittelpunktes als Anknüpfungmoment: er wird im Kern nach subjektiven Kriterien bestimmt und kann so die konkreten Bedürfnisse des Geschädigten je nach Lage des Falles bedienen. Denn wenn das Interesse des Einzelnen am Schutz seiner Persönlichkeit im Einzelfall variiert, muss dies auch bei der Frage der Rechtsanwendung zum Ausdruck kommen. Demgegenüber sind die übrigen Lösungen rein objektiv formuliert und daher als Anknüpfung ungeeignet.

Gleichwohl liegt die Wahl des Interessenmittelpunktes nicht gänzlich in der Hand des Geschädigten. Der Ort ist jedenfalls insoweit objektivierbar, als im Zweifel nach allgemeinen Erfahrungs- und Vernunftsätzen zu entscheiden ist. So soll der Geschädigte als Interessenmittelpunkt keinen Staat vorgeben können, zu dem er keinerlei familiäre, berufliche oder sonstige soziale Beziehungen[257] nachweist. Für Zweifelsfälle ist daher die Vermutungsregel des *EuGH* zugunsten des gewöhnlichen Aufenthaltsortes zu übernehmen.

3. Einräumung eines Wahlrechts

Wenngleich die Maßgeblichkeit des Interessenmittelpunktes für den Geschädigten üblicherweise am vorteilhaftesten ist, kann es ausnahmsweise vorkommen, dass eine Anknüpfung an den Handlungsort für ihn günstiger ausfällt. Dies ist der Fall, wenn das dortige Recht weitergehende Ansprüche vorsieht als das Recht am Interessenmittelpunkt. Vor diesem Hintergrund empfiehlt es sich, dem Geschädigten ein Wahlrecht zwischen beiden Rechtsordnungen einzuräumen. Die Einwände, die bislang zur Ablehnung des Handlungsorts geführt haben, griffen in diesem Fall nicht durch. Weil auch dem Schädiger im Zweifel an der Anwendung seines Heimatrechts gelegen ist, wären unbillige Ergebnisse ausgeschlossen.[258]

Noch aus einem weiteren Grund erscheint ein Wahlrecht vorliegend angezeigt: Klagte der Geschädigte am Handlungsort, ohne dass dieser zugleich den Interessenmittelpunkt darstellt, wäre bei strikter Anwendung des Rechts am Interessenmittelpunkt das *lex fori*-Prinzip nicht gewahrt.

---

257 Vgl. den Nachw. in Fn. 13.

258 Vgl. zum Ganzen siehe vorstehend unter C. III. 1.

Um dies zu verhindern, müssen die Rechtsordnungen aller möglichen Klageorte anwendbar sein.[259] Zuständigkeits- und kollisionsrechtliche Anknüpfung haben insoweit deckungsgleich zu sein. Umgekehrt darf das Wahlrecht aber nicht dazu führen, dass an einem Klageort mehrere Rechtsordnungen anwendbar sind. Auch in diesem Fall würde die *lex fori* möglicherweise umgangen werden. Ein Wahlrecht zugunsten Rechts am Handlungsort sollte daher nur bestehen, wenn auch die Klage am Handlungsort erfolgt.[260] So gesehen handelt es sich nicht um ein Wahlrecht hinsichtlich des anwendbaren Rechts, sondern hinsichtlich des Gerichtsstands. Auf die Wahl der Rechtsordnung kann der Geschädigte daher bloß mittelbar Einfluss nehmen.

IV. Systematische Eingliederung in die Verordnung

Wurde ein sachgerechter Norminhalt damit herausgearbeitet, bedarf es noch einiger abschließender Überlegungen zur systematischen und semantischen Eingliederung der Norm in die *Rom II*-Verordnung.

Hinsichtlich der systematischen Stellung der Norm im zweiten Kapitel der Verordnung (Art. 4 ff. Rom II-VO) wird vorgeschlagen, den Bereich der Persönlichkeitsrechte als Art. 4a in das Regelungswerk aufzunehmen. Zwar nehmen in früheren Kommissionsvorschlägen die Persönlichkeitsrechte gegenüber den anderen besonderen Deliktstatbeständen in systematischer Hinsicht keinen herausgehobenen Rang ein.[261] Um aber dem hohen Stellenwert des geschützten Rechtsguts nunmehr gebührend Ausdruck zu verleihen, erscheint es vorliegend angezeigt, die Regelung unmittelbar im Anschluss an die Grundkollisionsnorm des Art. 4 Rom II-VO einzufügen.[262]

---

259 Dies soll jedoch nicht hinsichtlich des Erfolgsortgerichtsstands gelten, der wegen der beschriebenen Nachteile (Aufspaltung der Ansprüche, Vielzahl von Prozessen etc.) ohnehin keine praktische Bedeutung haben dürfte. Ein sämtliche Erfolgsortrechte umfassendes Wahlrecht erscheint daher nicht erforderlich.

260 Für ein derartiges Wahlrecht auch *Kegel/Schurig*, IPR (2004), S. 725; *v. Hein*, Günstigkeitsprinzip (1999), S. 435 f.

261 So sieht der Referentenentwurf (vgl. Fn. 68) die Regelung der Materie in Art. 3 Nr. 5 vor, der Vorentwurf (vgl. Fn. 70) in Art. 7 und der Verordnungsvorschlag ein Jahr später (vgl. Fn. 82) als Art. 6 vor.

262 So im Ergebnis auch der Standpunkt des Europäischen Parlaments (vgl. Fn. 91).

Hinsichtlich der Anwendung der allgemeinen Vorschriften der *Rom II*-Verordnung bestehen für die persönlichkeitsrechtliche Regelung keine Besonderheiten. Insbesondere sollen die Parteien das auf Persönlichkeitsrechtsverletzungen anzuwendende Recht abweichend vom hiesigen Vorschlag durch Rechtswahl gemäß Art. 14 Abs. 1 Rom II-VO bestimmen können.[263] Dies gilt sowohl betreffend den Inhalt als auch die Rechtsfolgen einer Verletzung des Persönlichkeitsrechts. Die den ausnahmsweisen Ausschluss der Rechtswahl tragenden Erwägungen, namentlich für das Internationale Wettbewerbsrecht[264] und das Internationale Immaterialgüterrecht,[265] finden vorliegend keinen Raum. Insbesondere kommt weder dem in diesem Zusammenhang vorgetragenen Schutz von Gemeinwohlinteressen noch dem Schutz von Rechten Dritter im Rahmen von Persönlichkeitsrechtsverletzungen besondere Bedeutung zu, die einer Parteivereinbarung nach Art. 14 Abs. 1 Rom II-VO entgegenstünde.

In sprachlicher Hinsicht knüpft die Formulierung des hier eingebrachten Regelungsvorschlags an die Vorschrift des Art. 2 Rom II-VO an.[266] Danach sind in Anlehnung an das Zuständigkeitsrecht[267] auch solche außervertraglichen Schuldverhältnisse vom Anwendungsbereich der Verordnung umfasst, deren Entstehen wahrscheinlich ist (Abs. 2); gleiches gilt für schadensbegründende Ereignisse und Schäden, deren Eintritt wahrscheinlich ist (Abs. 3). Im Bereich der Persönlichkeitsrechte sind damit beispielsweise auch vorbeugende Unterlassungsbegehren erfasst, ohne dass es einer ausdrücklichen Einbeziehung erst künftiger Rechtsverletzungen bedarf.[268]

---

263 Eingehend zur Rechtswahl in der *Rom II*-Verordnung *Vogeler*, Rechtswahl (2013); *Kroll-Ludwigs*, Parteiautonomie (2013), S. 88 ff.

264 Vgl. Art. 6 Abs. 4 Rom II-VO; dazu *Vogeler*, Rechtswahl (2013), S. 88 ff.; *Rodríguez Pineau,* (2009) 5 JPrIL 311 (327 f.); *Kadner Graziano*, RabelsZ 73 (2009), 1 (57); *G. Wagner*, IPRax 2008, 1 (8).

265 Vgl. Art. 8 Abs. 3 Rom II-VO; dazu *Vogeler*, Rechtswahl (2013), S. 109 ff.; *Drexl*, MünchKomm BGB (2010), IntImmGR, Rn. 230; *Dickinson*, Rome II (2008), S. 469 f.

266 Vgl. dazu *Bach*, in Huber Rome II (2011), Art. 2 Rn. 1 ff.; *Unberath/Cziupka*, in Rauscher EuZPR/EuIPR (2011), Art. 2 Rom II-VO Rn. 5; *Dickinson*, Rome II (2008), S. 139 f.

267 Vgl. Art. 5 Nr. 3 EuGVVO; siehe im Einzelnen dazu Teil 2: B. II.

268 Vgl. *Knöfel*, in Hüßtege/Mansel, Rom-Verordnungen (2014), Art. 2 Rn. 3 ff.; *Unberath/Cziupka*, in Rauscher EuZPR/EuIPR (2011), Art. 2 Rom II-VO Rn. 5.

V. Exkurs: Nicht-mediale Sachverhalte

Mit Blick auf die in der Praxis häufigste Konstellation von Persönlichkeitsrechtsverletzungen war die bisherige Untersuchung auf mediale Sachverhalte begrenzt. Auch die Ausarbeitung der Kollisionsnorm konzentrierte sich daher auf die Bewältigung medientypischer Probleme, insbesondere betreffend die hohe Zahl möglicher Erfolgsorte.[269] Wie sich am Ende zeigte, lässt sich den dortigen Herausforderungen am ehesten durch eine Anknüpfung an den Interessenmittelpunkt des Geschädigten begegnen. Gleichwohl steht außer Frage, dass sich Verletzungen des Persönlichkeitsrechts auch außerhalb eines medialen Kontextes zutragen können: Man stelle sich etwa heimliche Fotoaufnahmen des Nachbarn, Beleidigungen auf der Straße oder Verleumdungen am Arbeitsplatz vor – um nur drei der Möglichkeiten zu nennen, wie Persönlichkeitsrechte auch außermedial beeinträchtigt werden können. Es sollte daher das Ziel sein, eine Kollisionsnorm zu schaffen, die alle Arten von Persönlichkeitsrechtsverletzungen einbezieht.

Was die Rechtsfolgenseite der Norm, also die Anknüpfung selbst angeht, ergeben sich keine Änderungen zum bisherigen Ergebnis. Die Interessen der Parteien und Gerichte[270] sind im medialen und nicht-medialen Kontext im Wesentlichen gleich, so dass eine Anknüpfung an den Interessenmittelpunkt des Geschädigten auch hier vorzugswürdig erscheint. Schwierigkeiten ergeben sich indes bei der Ausgestaltung des Tatbestands. Sie resultieren daraus, dass der ungleiche Persönlichkeitsrechtsschutz in den Mitgliedstaaten nicht nur gradueller Natur, sondern auch gänzlich unterschiedlichen Begriffsvorstellungen geschuldet ist. Wenn etwa in Frankreich schon jede nichtvermögensrechtliche Rechtsposition als Persönlichkeitsrecht verstanden wird,[271] während das *Bundesverfassungsgericht* jedenfalls eine hinreichende Persönlichkeitsrelevanz verlangt,[272] muss gleichwohl gewährleistet sein, dass der im Tatbestand enthaltene Anknüpfungsgegenstand (Persönlichkeitsrecht) länderübergreifend einheitlich interpretiert wird. Anderenfalls besteht die Gefahr, dass durch eine eigenständige Auslegung der Kollisionsnorm seitens der nationalen Gerichte erneute Ungleichbehandlungen entstehen.

---

269 Vgl. vorstehend unter A. III.

270 Vgl. vorstehend unter A. I. und II.

271 Vgl. die Nachw. in Teil 1: Fn. 425.

272 Vgl. die Nachw. in Teil 1: Fn. 373.

Um daher eine homogene Anwendung in den Mitgliedstaaten zu gewährleisten, ist an dieser Stelle zu fordern, die begriffliche Bestimmung des Persönlichkeitsrechts zur endgültigen Klärung dem *EuGH* zu übertragen. Anders als es beispielsweise das der *Rom I*-Verordnung vorausgegangene *Europäische Schuldvertragsübereinkommen* vorsah,[273] ist diese Aufgabe nicht etwa den nationalen Gerichten anheimzustellen. Die dazu erforderliche Bereitschaft der Gerichte, die eigenen Maßstäbe des Persönlichkeitsrechtsschutzes zurückzustellen und eine übergeordnete internationale Perspektive einzunehmen, ist angesichts der dargelegten verhärteten Auffassungen in den Mitgliedstaaten[274] höchst fraglich.[275] Im Interesse einer EU-einheitlichen Zuweisung grenzüberschreitender Persönlichkeitsrechtsverletzungen ist es daher notwendig, dass der *EuGH* klar umrissene Kriterien benennt, mithilfe derer das Persönlichkeitsrecht von anderen personenbezogenen Rechten abgegrenzt werden kann.[276] Bis zu diesem Zeitpunkt soll, jedenfalls für Mediensachverhalte, die in dieser Untersuchung vorgenommene definitorische Präzisierung des Begriffs des Medienpersönlichkeitsrechts[277] eine Orientierung bieten können.

D. Zusammenfassung

Im Rahmen der vorstehenden Untersuchung wurden die verschiedenen Kriterien entwickelt, die für die Konzeption der gesuchten Kollisionsnorm ausschlaggebend sind. Als Grundregel des Internationalen Persönlichkeitsrechts gilt danach im Rahmen der Tatortregel die Anwendung der *lex fori*, und zwar für sämtliche aus einer Rechtsverletzung resultierenden Ansprüche des Geschädigten. Hiervon ausgehend ergab die zwischen den verbleibenden, mit Blick auf die internationalen Zuständigkeitsregeln möglichen Anknüpfungsvarianten vorgenommene Abwägung, dass eine Anknüpfung an den Interessenmittelpunkt des Geschädigten zu den sachgerechtesten Ergebnissen führt. Vermutetermaßen – jedoch keineswegs

273 Vgl. Art. 18 EVÜ; im Einzelnen dazu *Rudisch*, in Czernich/Heiss EVÜ (1999), Art. 18 Rn. 1 ff.; *Giuliano/Lagarde*, Bericht 1980, BT-Drucks. 10/503, 33 (70).

274 Vgl. vorstehend unter B. II.

275 So auch *Magnus*, in Staudinger BGB (2002), Art. 36 EGBGB Rn. 11.

276 Vorzugsweise durch das Erfordernis der Betroffenheit des inneren Persönlichkeitsbereichs (»Persönlichkeitsrelevanz«); vgl. dazu bereits die Nachw. in Teil 1: Fn. 373.

277 Vgl. dazu die Ausführugen in Teil 1: B. III.

zwingend und stets in Abhängigkeit vom konkret betroffenen Persönlichkeitsrecht zu betrachten[278] – ist der Interessenmittelpunkt des Geschädigten dessen gewöhnlicher Aufenthaltsort. Für den Fall, dass die Klage am Handlungsort erhoben wird, soll im Interesse beider Parteien das dortige Recht anzuwenden sein.

Nach alledem ergibt sich folgender Vorschlag zur Regelung internationaler Persönlichkeitsrechtsverletzungen:

Art. 4a – Verletzung des Persönlichkeitsrechts[279]

(1) Auf außervertragliche Schuldverhältnisse aus einer Verletzung des Persönlichkeitsrechts ist das Recht des Staates anzuwenden, in dem der Kläger den Mittelpunkt seiner Interessen hat. Der Mittelpunkt der Interessen wird an dem Ort vermutet, an dem der Kläger seinen gewöhnlichen Aufenthalt hat.

(2) Wird die Klage an dem Ort erhoben, an dem das schädigende Ereignis eingetreten ist, ist abweichend von Absatz 1 das Recht dieses Staates anzuwenden.

278 Vgl. vorstehend unter C. III. 2. d).

279 Die englische Fassung des Vorschlags soll lauten:

Art. 4a – Violation of rights relating to personality

(1) The law applicable to a non-contractual obligation arising out of a violation of rights relating to the personality shall be the law of the country where the claimant has the centre of his interests. It shall be presumed that the centre of the interests is the place of habitual residence of the claimant.
(2) However, where the claim is brought before the court of the country in which the harmful event occurred, the law of that country shall apply.

Literaturverzeichnis

Achilles, Alexander / Spahn, Peter / Gebhard, Albert (Bearb.), Protokolle der Kommission für die zweite Lesung des Entwurfs des Bürgerlichen Gesetzbuchs, Bd. 2, Berlin 1898

Ahern, John / Binchy, William (Hrsg.), The Rome II Regulation on the law applicable to non-contractual obligations, Leiden u.a. 2009

Amelung, Ulrich, Der Schutz der Privatheit im Zivilrecht, Tübingen 2002

Amiaud, André, Les droits de la personnalité, Travaux Henri Capitant 2 (1947), 292-304

Ancel, Marie-Élodie, Un an de droit international privé du commerce électronique, CCE 2010, 16-23

Anterion, Karine / Moréteau, Olivier, The protection of personality rights against invasions by mass media in France, in: Koziol, Helmut / Warzilek, Alexander (Hrsg.), Persönlichkeitsschutz gegenüber Massenmedien, Wien u.a. 2005, S. 117-135

Anton, Alexander, Loi du Royaume-Uni portant diverses dispositions en matière de droit international privé, Rev. crit. dip 85 (1996), 267-274

ders. / Beaumont, Paul, Private International Law, 2. Aufl., Edinburgh 1990

Aplin, Tanya / Bently, Lionel / Johnson, Phillip / Malynicz, Simon (Hrsg.), Gurry on Breach of confidence, 2. Aufl., Oxford 2012

Arnold, Anne Kathrin, Lex fori als versteckte Anknüpfung, Berlin 2009

Arnold, Rainer, Ausgestaltung und Begrenzung von Grundrechten im französischen Verfassungsrecht, JöR 38 n.F. (1989), 197-216

Atiyah, Patrick, Pragmatism and theory in English law, London 1987

Audinet, Eugène, Principes élémentaires du droit international privé, 2. Aufl., Paris 1906

Audit, Bernard, Droit international privé, 5. Aufl., Paris 2008

Azzi, Tristan, Anm. zu Cour cass. v. 30.01.2007, Rev. crit. dip 96 (2007), 769, 771-784

Bach, Ivo, in Huber, Peter (Hrsg.), Rome II Regulation, Pocket Commentary, München 2011

Bainbridge, David I., Intellectual property, 8. Aufl., Harlow 2010

Baker, Christopher (Hrsg.), Human Rights Act 1998, A practitioner's guide, London 1998

Baloch, Tariq, What price for privacy, (2001) 151 NLJ 50

Bamberger, Heinz Georg, in: ders. / Roth, Herbert (Hrsg.), Kommentar zum Bürgerlichen Gesetzbuch, Bd. 1, 3. Aufl., München 2012

Bar, Christian von, Internationales Privatrecht, Bd. 2, München 1991 ders., Persönlichkeitsrechtsschutz im gegenwärtigen und zukünftigen deutschen internationalen Privatrecht, in: Recht in Ost und West, Festschrift zum 30-jährigen Jubiläum des Instituts für Rechtsvergleich der Waseda-Universität, hrsg. v. Institute of Comparative Law, Waseda University, Tokio 1988, S. 575-595

ders., Grundfragen des Internationalen Privatrechts, JZ 1985, 961-969

ders. / Mankowski, Peter, Internationales Privatrecht, Bd. 1, 2. Aufl., München 2003

Barnes, Jonathan, in: Warby, Mark / Moreham, Nicole / Christie, Iain (Hrsg.), Tugendhat and Christie: The law of privacy and the media, 2. Aufl., Oxford 2011

Bartin, Etienne, Principes de droit international privé selon la loi et la jurisprudence françaises, Bd. 2, Paris 1932

Basedow, Jürgen, Pressefreiheit = Verlegerfreiheit, ZEuP 2004, 446-447

Bassenge, Peter, in: Palandt, Otto (Begr.), Kommentar zum Bürgerlichen Gesetzbuch, 73. Aufl., München 2014

Baston-Vogt, Marion, Der sachliche Schutzbereich des zivilrechtlichen allgemeinen Persönlichkeitsrechts, Tübingen 1997

Bate, Stephen / Hirst, David, in: Warby, Mark / Moreham, Nicole / Christie, Iain (Hrsg.), Tugendhat and Christie: The law of privacy and the media, 2. Aufl., Oxford 2011

Batiffol, Henri, Anm. zu Cour cass. v. 25.05.1948, Rev. crit. dip 38 (1949), 89, 91-94

ders., / Lagarde, Paul, Droit international privé,

- Bd. 1, 8. Aufl., Paris 1993
- Bd. 2, 7. Aufl., Paris 1983

Baum, Marius, Rights brought home. Zur Inkorporierung der Europäischen Konvention zum Schutze der Menschenrechte und Grundfreiheiten in das nationale Recht des Vereinigten Königreiches von Großbritannien und Nordirland, EuGRZ 2000, 281-303

Beater, Axel, Medienrecht, Tübingen 2007

ders., Zivilrechtlicher Schutz vor der Presse als konkretisiertes Verfassungsrecht, Tübingen 1996

Beauchamp, Raymond W., England's chilling forecast: The case for granting declaratory relief to prevent English defamation actions from chilling American speech, 74 (2006) Fordham LR 3073-3145

Beaumont, Paul / McEleavy, Peter, Anton's Private International Law, 3. Aufl., Edinburgh 2011

Becker, Hans-Jürgen, »Persönlichkeitsrecht«, in: Erler, Adalbert / Kaufmann, Ekkehard / Werkmüller, Dieter (Hrsg.), Handwörterbuch zur deutschen Rechtsgeschichte, Bd. 3, 23. Lieferung, Berlin 1983, Sp. 1626 ff.

Beitzke, Günther, Kritische Bemerkungen zum Deliktsrecht, in: Freiburger Kolloquium über den schweizerischen Entwurf zu einem Bundesgesetz über das internationale Privatrecht, Freiburg (Schweiz), 27.-28. April 1979, Zürich 1979, S. 54-58

ders., Das Deliktsrecht im schweizerischen IPR-Entwurf, SchwJb 35 (1979), 93-114 ders., Les obligations delictuelles en droit international privé, Rec. des cours 115 (1965), II, 67-141

Benecke, Martina, Auf dem Weg zu »Rom II« – Der Vorschlag für eine Verordnung zur Angleichung des IPR der außervertraglichen Schuldverhältnisse, RIW 2003, 830-837

Bennett, William, New Developments in the United Kingdom: The Defamation Act 2013, Yb PIL 14 (2012/2013), 173-180

Bertrand, André, Droit à la vie privée et droit à l'image, Paris 1999

Beseler, Georg, System des gemeinen deutschen Privatrechts, 3. Aufl., Berlin 1873

ders., System des gemeinen deutschen Privatrechts, Bd. 3, Berlin 1855

Bigot, Christophe, La procédure en matière de presse en proie aux contradictions, D 2011, p. 1467-1471

ders., Connaître la loi de 1881 sur la presse, Paris 2004

ders., Anm. zu Cour cass. v. 23.04.2003, D 2003 jur 1854, 1855-1857

ders., Anm. zu Cour cass. v. 3.04.2002, D 2002 jur 3164, 3164-3166

Binder, Heinz, Zur Auflockerung des Deliktsstatuts, RabelsZ 20 (1955), 401-499

Bischoff, Jean-Marc, Anm. zu Cour cass. v. 14.01.1997, Rev. crit. dip 86 (1997), 504, 505-514

Blackstone, William, Commentaries on the Laws of England, Bd. 4, 5. Aufl., Dublin 1773

Blaikie, James, Choice of law in delict and tort: Reform at last!, (1997) Edin LR 361-368

ders., Foreign torts and choice of law flexibility, (1995) SLT 23-27

Bloustein, Edward J., Privacy as an Aspect of Human Dignity: An Answer to Dean Prosser, 39 (1964) NYU LRev 962-1007

Blumenwitz, Dieter, Einführung in das anglo-amerikanische Recht, 7. Aufl., München 2003

Bluntschli, Johann Caspar, Deutsches Privatrecht, Bd. 1, München 1853

Bonn, Janine Alexandra, Die Europäisierung des Persönlichkeitsrechts, Frankfurt a.M. 2013

Bormann, Dirk, Die Praxis des Persönlichkeitsschutzes in Frankreich, München 1974

Boskovic, Olivera, Anm. zu Cour cass. v. 23.01.2007, Rev. crit. dip 96 (2007), 760, 762-769

Bouloc, Bernard, Anm. zu TGI Paris v. 19.11.1980, D 1981 jur 438

Bourel, Pierre, Du rattachement de quelques délits spéciaux en droit international privé, Rec. des cours 214 (1989), II, 251-398

ders., Anm. zu Cour cass. v. 13.04.1988, Rev. crit. dip 77 (1988), 546, 548-554

ders., L'état actuel des travaux dans la C.E.E. sur les conflits de lois en matière d'obligations extracontractuelles, in: Rigaux, François (Hrsg.), L'influence des Communautés européennes sur le droit international privé des Etats membres, Brüssel 1981, S. 97-123 ders., Les conflits de lois en matière d'obligations extracontractuelles, Paris 1961

Brand, Peter-Andreas, in: Hüßtege, Rainer / Mansel, Heinz-Peter (Hrsg.), BGB, Rom-Verordnungen zum Internationalen Privatrecht, Bd. 6, Baden-Baden 2014

Brazier, Margaret / Murphy, John, Street on Torts, 10. Aufl., London 1999

Brière, Carine, Le règlement (CE) no. 864/2007 du 11 juillet 2007 sur la loi applicable aux obligations non contractuelles (Rome II), JDI 135 (2008), 31-74

Briggs, Adrian, Choice of law in tort and delict: The Private International Law (Miscellaneous Provisions) Act 1995, (1995) LMCLQ 519-527

Bröcker, Walter, Möglichkeiten der differenzierten Regelbildung im internationalen Deliktsrecht, München 1967

Buckley, Richard, in: Dugdale, Anthony / Jones, Michael / Simpson Mark (Hrsg.), Clerk & Lindsell on Torts, 19. Aufl., London 2006

Burckhardt, Jacob, Griechische Kulturgeschichte, Bde. 1-4, hrsg. v. Oeri, Jacob, 2. Aufl., Berlin, Stuttgart 1898-1902

Bureau, Dominique / Muir Watt, Horatia, Droit international privé,

- Bd. 1, Paris 2007
- Bd. 2, Paris 2007

Burkhardt, Emanuel H., in: Wenzel, Karl Egbert (Hrsg.), Das Recht der Wort- und Bildberichterstattung, 5. Aufl., Köln 2003

Burrows, Andrew, Contract, tort and restitution – a satisfactory division or not?, (1983) 99 LQ Rev 217-267

Buxton, Richard, The Human Rights Act and private law, (2000) 116 LQ Rev 48-65

Caemmerer, Ernst von, Der privatrechtliche Persönlichkeitsschutz nach deutschem Recht, in: Esser, Josef / Thieme, Hans (Hrsg.), Festschrift für Fritz von Hippel zum 70. Geburtstag, Tübingen 1967, S. 27-40

Calcutt, David (Vors.), Report of the Committee on privacy and related matters, Cmnd. 1102, London 1990 (zit.: Calcutt Committee)

Calliess, Gralf-Peter (Hrsg.), Rome Regulations. Commentary on the European Rules of the Conflict of laws, Alphen aan den Rijn 2011

Carbonnier, Jean, Droit civil, Bd. 1, Paris 2004

Caron, Christophe, Anm. zu Cour cass. v. 19.02.2004, D 2004 somm 1633

ders., Anm. zu Cour cass. v. 3.04.2002, D 2003 somm 1543, 1543-1544

Carruthers, Janeen M., Substance and procedure in the conflict of laws: a continuing debate in relation to damages, (2004) 53 ICLQ 691-711

dies. / Crawford, Elizabeth, Kuwait Airways Corporation vs Iraqi Airways Corporation, (2003) 52 ICLQ, 761-774

Carter, Peter Basil, The Private International Law (Miscellaneous Provisions) Act 1995, (1996) 112 LQ Rev 190-194

Carty, Hazel, in: Dugdale, Anthony / Jones, Michael / Simpson Mark (Hrsg.), Clerk & Lindsell on Torts, 19. Aufl., London 2006 dies., Advertising, publicity rights and English law, (2004) IPQ 209-258

Chabas, François, Anm. zu Cour cass. v. 1.06.1976, JCP 1979 II 19082

Chenaux, Jean-Luc, Le droit de la personnalité face aus médias internationaux, Genf 1990

Christie, Iain / Wolanski, Adam, in: Warby, Mark / Moreham, Nicole / Christie, Iain (Hrsg.), Tugendhat and Christie: The law of privacy and the media, 2. Aufl., Oxford 2011

Clarkson, Christopher / Hill, Jonathan, The conflict of laws, 3. Aufl., Oxford u.a. 2006

Clavel, Sandrine, Droit international privé, Paris 2009

Clayton, Richard / Tomlinson, Hugh, Privacy and freedom of expression, 2. Aufl. Oxford 2010

Coester-Waltjen, Dagmar, Internationale Zuständigkeit bei Persönlichkeitsrechtsverletzungen, in: Geimer, Reinhold (Hrsg.), Wege zur Globalisierung des Rechts: Festschrift für Rolf A. Schütze zum 65. Geburtstag, München 1999, S. 175-185

dies., Internationales Beweisrecht, Ebelsbach 1983

Cohen-Almagor, Raphael, Speech, media and ethics, 2. Aufl., Basingstoke u.a. 2005

Coing, Helmut, Anmerkung zu BGH v. 25.05.1954, JZ 1954, 698, 700

Collins, Lawrence, in: ders. et al. (Hrsg.), Dicey, Morris and Collins on the Conflict of laws,

- Bd. 1, 15. Aufl., London 2012
- Bd. 2, 14. Aufl., London 2006

ders., in: Dicey, Albert Venn / Morris, John H.C. / Collins, Lawrence (Hrsg.), Dicey and Morris on the Conflict of laws, Bd. 2, 11. Aufl., London 1987

Conférence de la Haye, Actes de la Conférence de la Haye chargée de réglementer diverses matières de droit international privé (12-27 septembre 1893), 1. Teil, Den Haag 1893

Cornish, William, Intellectual property, 3. Aufl., London 1996

ders. / Llewelyn, David / Aplin, Tanya, Intellectual property, 7. Aufl., London 2010

Cornu, Gérard, Droit civil, 13. Aufl., Paris 2007

Cosack, Konrad, Lehrbuch des Deutschen bürgerlichen Rechts auf der Grundlage des bürgerlichen Gesetzbuchs für das Deutsche Reich, Bd. 1, 2. Aufl., Jena 1899

Courbe, Patrick, Droit international privé, Paris 2000

Crémieu, Louis, Délit et quasi-délit, Rép. dr. int. 5 (1929), 491-495

Crome, Carl, System des Deutschen Bürgerlichen Rechts, Bd. 1, Tübingen u.a. 1900

Culture Media and Sport Committee, Report on Press standards, privacy and libel, HC362-I, London 2010

Currie, Brainerd, Selected essays on the Conflict of Laws, Durham 1963

Czernich, Dietmar / Tiefenthaler, Stefan / Kodek, Georg E. (Hrsg.), Europäisches Gerichtsstands- und Vollstreckungsrecht, Kurzkommentar, 3. Aufl., Wien 2009

Dahn, Felix, Deutsches Rechtsbuch, Nördlingen 1877

Danckwerts, Rolf, Persönlichkeitsrechtsverletzungen im deutschen, schweizerischen und US-amerikanischen internationalen Privatrecht, Berlin 1999

David, Martin (Hrsg.), Gai Institutiones, Secundum codicis Veronensis apographum Studemundianum et reliquias in Aegypto repertas, Leiden 1948

Deakin, Simon / Johnston, Angus / Markesinis, Basil, in: Markesinis and Deakin's Tort Law, 7. Aufl., Oxford 2013

Degenhart, Christoph, Das allgemeine Persönlichkeitsrecht, Art. 2 I i.V. mit Art. 1 I GG, JuS 1992, 361-368

Dehnert, Henning, Der deliktische Erfolgsort bei reinen Vermögensschäden und Persönlichkeitsrechtsverletzungen, Frankfurt a.M. u.a. 2011

Delachaux, Jean Louis, Die Anknüpfung des Obligationen aus Delikt und Quasidelikt im internationalen Privatrecht, Zürich 1960

Derieux, Emmanuel, Droit des médias, 6. Aufl., Paris 2010

ders., Droit de la communication,

- 3. Aufl., Paris 1999
- 1. Aufl., Paris 1991

Dernburg, Heinrich, Das bürgerliche Recht des Deutschen Reichs und Preußens, Bd. 1, 3. Auflage, Halle a.S. 1906

Despagnet, Frantz, Précis de droit international privé, 5. Aufl., Paris 1909

Deutsch, Erwin, Haftungsrecht, Bd. 1, Köln u.a. 1976

Di Fabio, Udo, in: Herzog, Roman et al. (Hrsg.), Maunz/Dürig Kommentar zum Grundgesetz, 69. Ergänzungslieferung 2013

ders., Persönlichkeitsrechte im Kraftfeld der Medienwirkung, AfP 1999, 126-132

Dicey, Albert Venn, Introduction to the study of the law of the constitution, 3. Aufl., London u.a. 1889

Dickinson, Andrew, The Rome II Regulation, Oxford u.a. 2008

ders., Cross-Border torts in EC Courts – A response to the proposed »Rome II« Regulation, (2002) EBLR 369-388

Dobbs, Dan B., The law of torts, Bd. 2, St. Paul 2001

Donellus, Hugo, Commentarii de iure civili, Nürnberg 1590

Dornis, Tim W., »When in Rome, do as the Romans do?« – A defense of the lex domicilii communis in the Rome II-Regulation, EuLF 2007, 152-157

Drexl, Josef, in: Rixecker, Roland / Säcker, Franz Jürgen (Hrsg.), Münchener Kommentar zum Bürgerlichen Gesetzbuch, Bd. 11, 5. Aufl., München 2010

Dreyer, Gunda, in: dies. / Kotthoff, Jost / Meckel, Astrid (Hrsg.), Urheberrecht, 3. Aufl., Heidelberg u.a. 2013

Duguit, Léon, Souveraineté et liberté, Paris 1922

Duodu, Korieh / Price, David, in: Dugdale, Anthony / Jones, Michael / Simpson Mark (Hrsg.), Clerk & Lindsell on Torts, 19. Aufl., London 2006

Ebert, Ina, in: Westermann, Harm Peter / Grunewald, Barbara / Maier-Reimer, Georg (Hrsg.), Erman Kommentar zum Bürgerlichen Gesetzbuch, 13. Aufl., Köln 2011

Eckensberger, Lutz H., Die Selbstkonstitution der individuellen Persönlichkeit in der menschlichen Gesellschaft als Grundlage eines Persönlichkeitsrechts, in: Lampe, Ernst-Joachim (Hrsg.), Persönlichkeit, Familie, Eigentum, Opladen 1987, S. 31-59

Edelman, Bernard, Anm. zu Cour cass. v. 13.04.1988, JDI 115 (1988), 752, 754-766

Ehmann, Horst / Thorn, Karsten, Erfolgsort bei grenzüberschreitenden Persönlichkeitsverletzungen, AfP 1996, 20-25

Eltzbacher, Paul, Die Handlungsfähigkeit nach deutschem bürgerlichem Recht, Bd. 1, Berlin 1903

Endemann, Friedrich, Lehrbuch des Bürgerlichen Rechts, Bd. 1, 6. Auflage, Berlin 1899

Enneccerus, Ludwig, Lehrbuch des Bürgerlichen Rechts, Bd. 1, 2. Abt., 4. und 5. Aufl., Marburg 1910

Enzensberger, Hans Magnus, Das digitale Evangelium, Der Spiegel, Heft 2/2000, 92-101

Epping, Volker, Grundrechte, 5. Aufl., Heidelberg u.a. 2012

Ewing, Keith D., The Human Rights Act and Parliamentary Democracy, (1999) 62 MLR 79-99

Favoreu, Louis, Droit constitutionnel, 12. Aufl., Paris 2009

Fawcett, James / Carruthers, Janeen M. / North, Peter, in: Cheshire, North & Fawcett: Private International Law, 14. Aufl., Oxford 2008

Fechner, Frank, in: Stern, Klaus / Becker, Florian (Hrsg.), Grundrechte-Kommentar, Köln 2010

Feldman, David, The Human Rights Act 1998 and constitutional principles, (1999) 19 LS 165-206

ders., Secrecy, dignity or autonomy? Views of privacy as a civil liberty, (1994) 47 CLP 41-71

Ferid, Murad, Internationales Privatrecht, 3. Aufl., Frankfurt a.M. 1986

ders. / Sonnenberger, Hans Jürgen, Das Französische Zivilrecht, Bd. 1, Teil 1, 2. Aufl. Heidelberg 1994

Fikentscher, Wolfgang, Wirtschaftsrecht, Bd. 2, München 1983

ders., Schuldrecht, 4. Aufl., Berlin u.a. 1973

Fleming, John G., The law of torts, 8. Aufl., North Ryde u.a. 1992

Flessner, Axel, Interessenjurisprudenz im internationalen Privatrecht, Tübingen 1990

Forkel, Hans, in: Forkel, Hans / Sosnitza, Olaf (Hrsg.), Zum Wandel beim Recht der Persönlichkeit und ihrer schöpferischen Leistungen, Würzburg 2004

Foscht, Thomas, Interaktive Medien in der Kommunikation, Wiesbaden 1998

Fœlix, Jean Jacques / Demangeat, Charles, Traité du droit international privé, Bd. 2, 3. Aufl., Paris 1856

Francescakis, Phocion, Conflits de lois (principes généraux), in: ders. (Hrsg.), Encyclopédie Dalloz, Répertoire de droit international, Bd. 1, Paris 1968

Frankenstein, Ernst, Internationales Privatrecht, Bd. 1, Berlin 1926

Fricke, Michael, in: Wandtke, Artur-Axel / Bullinger, Winfried (Hrsg.), Praxiskommentar zum Urheberrecht, 3. Aufl., München 2009

Fricke, Verena, Der Unterlassungsanspruch gegen Presseunternehmen zum Schutze des Persönlichkeitsrechts im IPR, Tübingen 2003

Friedrich, Katrin, Internationaler Persönlichkeitsrechtsschutz bei unerlaubter Vermarktung, München 2003

Fuß, Ernst-Werner, Der Grundrechtsschutz in den Europäischen Gemeinschaften aus deutscher Sicht, Heule u.a. 1975

Gaillard, Emmanuel, Les conflits de lois relatifs au droit patrimonial à l'image aux Etats-Unis (A propos de la jurisprudence Groucho Marx), Rev. crit. dip 73 (1984), 1-28

Gamm, Otto-Friedrich von, Persönlichkeits- und Ehrverletzungen durch Massenmedien, München 1969

Gareis, Carl, Das Deutsche Patentgesetz vom 25. Mai 1877, Berlin 1877

ders., Das juristische Wesen der Autorrechte, sowie des Firmen- und Markenschutzes, Buschs Arch. 35 (1877), 185-210

Gauchet, Marcel, Die Erklärung der Menschenrechte, Hamburg 1991

Gaudemet-Tallon, Hélène, Anm. zu CA Paris v. 19.03.1984 und TGI Paris v. 30.06.1984, Rev. crit. dip 74 (1985), 141, 146-150

dies., Anm. zu TGI Paris v. 29.09.1982 und 27.04.1983, Rev. crit. dip 72 (1983), 670, 674-678

Gautier, Pierre-Yves, Du droit applicable dans le »village planétaire«, au titre de l'usage immatériel des œuvres, D 1996 chr 131-135

Geimer, Reinhold, Internationales Zivilprozessrecht, 6. Aufl., Köln 2009

Geisler, Stephan, Die engste Verbindung im internationalen Privatrecht, Berlin 2001

Gierke, Otto von, Deutsches Privatrecht

- Bd. 1, Leipzig 1895
- Bd. 3, Leipzig 1917

Giuliano, Mario / Lagarde, Paul, Bericht über das Übereinkommen über das auf vertragliche Schuldverhältnisse anzuwendende Recht, BT-Drucks. 10/503, 33-79

dies. / van Sasse van Ysselt, Th., Rapport concernant l'avant-projet de convention sur la loi applicable aux obligations contractuelles et non-contractuelles, Riv. dir. int. priv. proc. 9 (1973), 198-260

Gleichauf, Jürgen, Das postmortale Persönlichkeitsrecht im internationalen Privatrecht, Frankfurt u.a. 1999

Götting, Horst-Peter, in: Loewenheim, Ulrich (Hrsg.), Kommentar zum Urheberrecht, 4. Aufl., München 2010 ders., Persönlichkeitsrechte als Vermögensrechte, Tübingen 1995

Gornig, Gilbert-Hanno, Äußerungsfreiheit und Informationsfreiheit als Menschenrechte, Berlin 1988

Gottwald, Stefan, Das allgemeine Persönlichkeitsrecht, Berlin 1996

Gounalakis, Georgios, Privacy and the media, München 2000

Grabenwarter, Christoph, in: Herzog, Roman et al. (Hrsg.), Maunz/Dürig Kommentar zum Grundgesetz, 69. Ergänzungslieferung 2013

ders., Schutz der Privatsphäre versus Pressefreiheit: Europäische Korrektur eines deutschen Sonderweges?, AfP 2004, 309-315

Grimm, Dieter, Die Meinungsfreiheit in der Rechtsprechung des Bundesverfassungsgerichts, NJW 1995, 1697-1705

Grote, Rainer, Die Inkorporierung der Europäischen Menschenrechtskonvention in das britische Recht durch den Human Rights Act 1998, ZaöRV 58 (1998), 309-352

Grüneberg, Christian, in: Palandt, Otto (Begr.), Kommentar zum Bürgerlichen Gesetzbuch, 73. Aufl., München 2014

Gurry, Francis, Breach of confidence, Oxford 1984

Gursky, Karl-Heinz, in: Staudinger, Julius von (Begr.), Kommentar zum Bürgerlichen Gesetzbuch, Buch 3: Sachenrecht, Neubearb. 2012, Berlin 2012

Gutzwiller, Max, Geschichte des Internationalprivatrechts, 2. Aufl., Basel 1977

Haagen, Bernd Ulrich, Under suspicion – die Verdachtsberichterstattung, AnwBl 2007, 491

Habermann, Norbert, in: Staudinger, Julius von (Begr.), Kommentar zum Bürgerlichen Gesetzbuch, Buch 1: Allgemeiner Teil, Neubearb. 2013, Berlin 2013

Hagemann, Matthias, Iniuria. Von den XII-Tafeln bis zur Justinianischen Kodifikation, Köln u.a 1998

Hamburg Group of Private International Law, Comments on the European Commission's Draft Proposal for a Council Regulation on the Law Applicable to Non-Contractual Obligations, RabelsZ 67 (2003), 1-56

Harrison, Frédéric, Le droit international privé ou le conflit des lois au point de vue analytique, particulièrement en Angleterre, JDI 7 (1880), 533-551

Hartley, Trevor C., 'Libel Tourism' and Conflict of Laws, (2010) 59 ICLQ 25-38

Hartmann, Charles, The emergency of a statutory right to privacy tort in England, (1995) 16 MLP 10-20

Hartwieg, Oskar / Korkisch, Friedrich, Die geheimen Materialien zur Kodifikation des deutschen Internationalen Privatrechts, Tübingen 1973

Hassler, Théo, La protection des personnes contre les empiétements des médias en droit français, in: Beater, Axel / Habermeier, Stefan (Hrsg.), Verletzungen von Persönlichkeitsrechten durch die Medien, Tübingen 2005, S. 14-22

Haug, Thomas, Zum Schutz der Privatsphäre bei der Bildveröffentlichung von Prominenten, zugl. Anm. zu EGMR v. 19.09.2013, AfP 2013, 500, 485-486

Hay, Peter / Lando, Ole / Rotunda, Ronald, Conflict of laws as a technique for legal integration, in: Cappelletti, Mauro / Seccombe, Monica / Weiler, Joseph (Hrsg.), Integration through law, Vol. 1, Book 2, Berlin u.a. 1986, S. 161-258

Hayward, Ruth, Conflict of laws, 4. Aufl., London 2006

Heiderhoff, Bettina, Eine europäische Kollisionsregel für Pressedelikte, EuZW 2007, 428-432

Heilfron, Eduard, Lehrbuch des Bürgerlichen Rechts auf der Grundlage des Bürgerlichen Gesetzbuchs, 1. Abt., 5. Aufl., Berlin 1912

Hein, Jan von, Europäisches Internationales Deliktsrecht nach der Rom II-Verordnung, ZEuP 2009, 6-33

ders., Die Kodifikation des europäischen Internationalen Deliktsrechts – Zur geplanten EU-Verordnung über das auf außervertragliche Schuldverhältnisse anzuwendende Recht, ZVglRWiss 102 (2003), 528-562

ders., Das Günstigkeitsprinzip im internationalen Deliktsrecht, Tübingen 1999

Heine, Robert, in: Säcker, Franz Jürgen / Rixecker, Roland (Hrsg.), Münchener Kommentar zum Bürgerlichen Gesetzbuch, Bd. 1, 6. Aufl., München 2012

Heisig, Carsten, Persönlichkeitsschutz in Deutschland und Frankreich, Hamburg 1999

Heiss, Helmut / Loacker, Leander D., Die Vergemeinschaftung des Kollisionsrechts der außervertraglichen Schuldverhältnisse durch Rom II, JBl 2007, 613-646

Heitmann, Lutz, Der Schutz der materiellen Interessen an der eigenen Persönlichkeitssphäre durch subjektiv-private Rechte, Hamburg 1963

Heldrich, Andreas, Persönlichkeitsverletzungen im Internationalen Privatrecht, in: Caemmerer, Ernst von (Hrsg.), Vorschläge und Gutachten zur Reform des deutschen internationalen Privatrechts der außervertraglichen Schuldverhältnisse, S. 361-379

ders., Internationale Zuständigkeit und anwendbares Recht, Berlin u.a. 1969

Hennigan, James, Confidence, privacy and unlawful interference with business, (2005) 16 Ent LR 184-186

Herrmann, David, Die Anerkennung US-amerikanischer Urteile in Deutschland unter Berücksichtigung des ordre public, Frankfurt a.M. u.a. 2000

Hess, Burkhard, Der Schutz der Privatsphäre im Europäischen Zivilverfahrensrecht, JZ 2012, 189-193

Hesse, Konrad, Grundzüge des Verfassungsrechts der Bundesrepublik Deutschland, 20. Auflage, Heidelberg 1999

Heuchemer, Michael O., Die Kriterien einer Zuerkennung von Geldentschädigung im Persönlichkeitsrecht, AfP 2010, 222-224

Hinden, Michael von, Ein europäisches Kollisionsrecht für die Medien. Gedanken zur Fortentwicklung der Rom II-Verordnung, in: Baetge, Dietmar / Hein, Jan von / Hinden, Michael von (Hrsg.), Die richtige Ordnung, Festschrift für Jan Kropholler zum 70. Geburtstag, Tübingen 2008, S. 573-594

ders., Persönlichkeitsverletzungen im Internet, Tübingen 1999

Höch, Dominik, in: Götting, Horst-Peter / Schertz, Christian / Seitz, Walter (Hrsg.), Handbuch des Persönlichkeitsrechts, München 2008

Hoeren, Thomas, Zivilrechtliche Haftung im Internet (Liability of internet providers), PHI 1999, 86-96

ders. / Pichler, Rufus, in: Loewenheim, Ulrich / Koch, Frank (Hrsg.), Praxis des Online-Rechts, 2. Aufl., München 2001

Hofer, Matthias, Zur Wirkung der Nutzung von Online-Medien auf das Sozialkapital, in: Reinecke, Leonard / Trepte, Sabine (Hrsg.), Köln 2012, S. 289-307

Hoffmann, Bernd von, in: Staudinger, Julius von (Begr.), Kommentar zum Bürgerlichen Gesetzbuch, Einführungsgesetz zum Bürgerlichen Gesetzbuche/IPR, Neubearb. 2001, Berlin 2001

ders. / Thorn, Karsten, Internationales Privatrecht, 9. Aufl., München 2007

Hohloch, Gerhard, in: Westermann, Harm Peter / Grunewald, Barbara / Maier-Reimer, Georg (Hrsg.), Erman Kommentar zum Bürgerlichen Gesetzbuch, 13. Aufl., Köln 2011

ders., Neue Medien und Individualrechtsschutz, ZUM 1986, 165-179

ders., Das Deliktsstatut, Frankfurt a.M. 1984

Holleaux, Dominique / Foyer, Jacques / Geouffre de la Pradelle, Géraud de, Droit international privé, Paris u.a. 1987

Holzhauer, Heinz, Zur Vorgeschichte des allgemeinen Persönlichkeitsrechts, in: Erichsen, Hans-Uwe / Kollhosser, Helmut / Welp, Jürgen (Hrsg.), Recht der Persönlichkeit, Berlin 1996, S. 51-71

Holznagel, Bernd, Rundfunkrecht in Europa, Tübingen 1996

Hsieh, Chih-Peng, Die Begrenzung der Anwendung des Deliktsstatuts durch die lex fori, Frankfurt a.M. u.a. 2003

Huber, Peter (Hrsg.), Rome II Regulation, Pocket Commentary, München 2011

ders. / Bach, Ivo, Die Rom II-Verordnung – Kommissionsentwurf und aktuelle Entwicklungen, IPRax 2005, 73-84

Hubert, François, Socialisation des risques et responsabilité individuelle, Paris 1947

Hubmann, Heinrich, Das Persönlichkeitsrecht

- 2. Aufl., Köln 1967
- 1. Aufl., München u.a. 1953

Hüßtege, Rainer / Mansel, Heinz-Peter (Hrsg.), BGB, Rom-Verordnungen zum Internationalen Privatrecht, Bd. 6, Baden-Baden 2014

Hufen, Friedhelm, Staatsrecht II, Grundrechte, 3. Aufl., München 2011

Hunt, Murray, The »Horizontal Effect« of the Human Rights Act, (1998) PL 423-443

Isensee, Josef, Kunstfreiheit im Streit mit Persönlichkeitsschutz, AfP 1993, 619-629

Jarass, Hans, Das allgemeine Persönlichkeitsrecht im Grundgesetz, NJW 1989, 857-862 ders., in: ders. / Pieroth, Bodo, Grundgesetz für die Bundesrepublik Deutschland, Kommentar, 12. Aufl., München 2012

Jhering, Rudolf von, Rechtsschutz gegen injuröse Rechtsverletzungen, JherJb 23 (1885), 155-338

Jones, Michael, in: Dugdale, Anthony / Jones, Michael / Simpson Mark (Hrsg.), Clerk & Lindsell on Torts, 19. Aufl., London 2006

Junker, Abbo, Der Reformbedarf im Internationalen Deliktsrecht der Rom II-Verordnung drei Jahre nach ihrer Verabschiedung, RIW 2010, 257-269

ders., in: Rixecker, Roland / Säcker, Franz Jürgen (Hrsg.), Münchener Kommentar zum Bürgerlichen Gesetzbuch, Bd. 11, 5. Aufl., München 2010

ders., Die Rom II-Verordnung: Neues Internationales Deliktsrechts auf europäischer Grundlage, NJW 2007, 3675-3682

ders., in: Rebmann, Kurt / Säcker, Franz Jürgen / Rixecker, Roland (Hrsg.), Münchener Kommentar zum Bürgerlichen Gesetzbuch, Bd. 10, 4. Aufl., München 2006

Kadner Graziano, Thomas, Das auf außervertragliche Schuldverhältnisse anzuwendende Recht nach Inkrafttreten der Rom II-Verordnung, RabelsZ 73 (2009), 1-76

ders., Le nouveau droit international privé communautaire en matière de responsabilité extracontractuelle, Rev. crit. dip 97 (2008), 445-511

ders., Gemeineuropäisches Internationales Privatrecht, Tübingen 2002

Kannengießer, Christoph, in: Schmidt-Bleibtreu, Bruno / Hofmann, Hans / Hopfauf, Axel (Hrsg.), Kommentar zum Grundgesetz, 12. Aufl., Köln 2011

Kant, Immanuel, Metaphysik der Sitten, Erster Teil, Metaphysische Anfangsgründe der Rechtslehre, Einleitung in die Rechtslehre, 2. Aufl., Königsberg 1798

Kastl, Katrin, Das allgemeine Persönlichkeitsrecht, Ebelsbach 2004

Kaye, Peter, Recent developments in the English Private International Law of Tort, IPRax 1995, 406-409

Kayser, Pierre, La protection de la vie privée par le droit

- 3. Aufl., Paris 1995
- 2. Aufl., Paris 1990

ders., Les pouvoirs du juge des référés civil à l'égard de la liberté de communication et d'expression, D 1989 chr 11-22

ders., Les droits de la personnalité, aspects théoriques et practiques, Rev. trim. dr. civ. 1971, 445-509

Kearns, Paul, Privacy and the Human Rights Act 1998, (2001) 151 NLJ 377-378

Kegel, Gerhard, Begriffs- und Interessenjurisprudenz im Internationalen Privatrecht, in: Gerwig, Max von et al. (Hrsg.), Festschrift Hans Lewald, Basel 1953, S. 253-288

ders. / Schurig, Klaus, Internationales Privatrecht, 9. Aufl., München 2004

Kern, Bernd-Rüdiger, Historische Entwicklung des Persönlichkeitsrechts in Deutschland und Kontinentaleuropa, in: Beater, Axel / Habermeier, Stefan (Hrsg.), Verletzungen von Persönlichkeitsrechten durch die Medien, Tübingen 2005, S. 82-95

Klippel, Diethelm / Lies-Benachib, Gudrun, Der Schutz von Persönlichkeitsrechten um 1900, in: Falk, Ulrich / Mohnhaupt, Heinz (Hrsg.), Das Bürgerliche Gesetzbuch und seine Richter, Frankfurt a.M., 2000, S. 343-382

Kloepfer, Michael, »Innere Pressefreiheit« und Tendenzschutz im Lichte des Art. 10 der Europäischen Konvention zum Schutze der Menschenrechte und Grundfreiheiten, Berlin 1996

Klövekorn, Fritz, Die Entstehung der Erklärung der Menschen- und Bürgerrechte, Berlin 1911

Kluth, Winfried, in: Calliess, Christian / Ruffert, Matthias (Hrsg.), Kommentar zum EUV/AEUV, 4. Aufl. München 2011

Knöfel, Oliver, in: Hüßtege, Rainer / Mansel, Heinz-Peter (Hrsg.), BGB, Rom-Verordnungen zum Internationalen Privatrecht, Bd. 6, Baden-Baden 2014

König, Detlef, Vereinheitlichung des internationalen Schuldrechts in der Europäischen Gemeinschaft, EuR 10 (1975), 289-318

Kohler, Josef, Warenzeichenrecht, 2. Aufl., Mannheim u.a. 1910

ders., Lehrbuch des Bürgerlichen Rechts, Bd. 2, 1. Teil, Berlin 1906

ders., Das Recht an Briefen, Arch. bürg. Recht 7 (1893), 94-149

ders., Das Autorrecht: Eine zivilistische Abhandlung, JherJb 18 (1880), 129-478

Krämer, Barbara, Die zivilrechtliche Haftung der Medien für Persönlichkeitsrechtsverletzungen im französischen Recht, Münster 2001

Kreuzer, Karl Friedrich, Die Europäisierung des internationalen Privatrechts – Vorgaben des Gemeinschaftsrechts, in: Müller-Graff, Peter-Christian (Hrsg.), Gemeinsames Privatrecht in der Europäischen Gemeinschaft, Baden-Baden 1999, 2. Aufl., S. 457-542

ders., Die Vollendung der Kodifikation des deutschen Internationalen Privatrechts durch das Gesetz zum Internationalen Privatrecht der außervertraglichen Schuldverhältnisse und Sachen vom 21.5.1999, RabelsZ 65 (2001), 383-462

ders., in: Rebmann, Kurt / Säcker, Franz Jürgen / Rixecker, Roland (Hrsg.), Münchener Kommentar zum Bürgerlichen Gesetzbuch, Bd. 10, 3. Aufl., München 1998

ders. / Klötgen, Paul, Die Shevill-Entscheidung des EuGH: Abschaffung des Deliktsortsgerichtsstandes des Art. 5 Nr. 3 EuGVÜ für ehrverletzende Streudelikte, IPRax 1997, 90-96

Kristin, Tanja, Das Deliktsstatut bei Persönlichkeitsrechtsverletzungen im Internet, München 2001

Kroll-Ludwigs, Kathrin, Die Rolle der Parteiautonomie im europäischen Kollisionsrecht, Tübingen 2013

Kropholler, Jan, Internationales Privatrecht,

- 6. Aufl., Tübingen 2006
- 5. Aufl., Tübingen 2004

ders., Ein Anknüpfungssystem für das Deliktsstatut, RabelsZ 33 (1969), 601-653

ders. / Hein, Jan von, Kommentar zum Europäischen Zivilprozessrecht, 9. Aufl., Frankfurt a.M. 2011 dies., Der postmortale Persönlichkeitsschutz im geltenden und künftigen Internationalen Privatrecht, in: Lorenz, Stephan et al. (Hrsg.), Festschrift für Andreas Heldrich zum 70. Geburtstag, München 2005, S. 793-813

Krückmann, Paul, Institutionen des Bürgerlichen Gesetzbuches, 5. Aufl., Berlin 1929

Lacabarats, Alain, La protection judiciaire des atteintes à la réputation: la voie civile, Gaz. Pal. 1994, 1003-1010

Lagarde, Paul, Anm. zu EuGH v. 7.03.1995, Rev. crit. dip 85 (1996) 487, 495-503

ders., Le principe de proximité dans le droit international privé contemporain, Rec. des cours 196 (1986), I, 9-237

Lainé, Armand, La rédaction du Code civil et le sens de ses dispositions en matière de droit international privé, Rev. de dip et de dr. pén. int. 1 (1905), 21-60 u. 443-479

ders., Introduction au droit international privé, contenant une étude historique et critique de la théorie des statuts et des rapports de cette théorie avec le Code civil, Bd. 1, Paris 1888

Lambert-Faivre, Yvonne, L'évolution de la responsabilité civile d'une dette de responsabilité à une créance d'indemnisation, Rev. trim. dr. civ. 1987, 1-19

Lardeux, Gwendoline, Sources extra-contractuelles des obligations, JCl. Droit int (2008), fasc. 553-1

Larenz, Karl, Lehrbuch des Schuldrechts, Bd. 2, 9. Aufl., München 1968

ders., Das allgemeine Persönlichkeitsrecht im Recht der unerlaubten Handlungen, NJW 1955, 521-525

ders. / Wolf, Manfred, Allgemeiner Teil des Bürgerlichen Rechts, 8. Aufl., München 1997

Law Commission, Report No. 193, Private International Law: Choice of law in tort and delict, London 1990

dies., Working Paper No. 87, Private International law: Choice of law in tort and delict, London 1984

Légier, Gérard, Anm. zu Cour cass. v. 8.02.1983, JDI 111 (1984), 123, 126-143

Lehmann, Heinrich, Die Unterlassungspflicht im Bürgerlichen Recht, München 1906

Lehmann, Michael, Das wirtschaftliche Persönlichkeitsrecht von Anbieter und Nachfrager, in: Forkel, Hans / Kraft, Alfons (Hrsg.), Beiträge zum Schutz der Persönlichkeit und ihre schöpferischen Leistungen, Festschrift für Heinrich Hubmann zum 70. Geburtstag, Frankfurt a.M. 1985, S. 255-269

Lehr, Matthias, Ansätze zur Harmonisierung des Persönlichkeitsrechts in Europa, Baden-Baden 2009

Leible, Stefan, in: Rauscher, Thomas (Hrsg.), Europäisches Zivilprozess- und Kollisionsrecht, Kommentar zum EuZPR/EuIPR, München 2011

ders. / Engel, Andreas, Der Vorschlag der EG-Kommission für eine Rom II-Verordnung – Auf dem Weg zu einheitlichen Anknüpfungsregeln für außervertragliche Schuldverhältnisse, EuZW 2004, 7-17 ders. / Lehmann, Matthias, Die neue EG-Verordnung über das auf außervertragliche Schuldverhältnisse anzuwendende Recht (»Rom II«), RIW 2007, 721-735

Leisner, Walter, Grundrechte und Privatrecht, München 1960

Lemercier, Pierre, Anm. zu CA Riom v. 28.11.1950, S 1951 II 117, 117-121

Lenckner, Theodor / Eisele, Jörg, in: Schönke, Adolf / Schröder, Horst (Begr.), Kommentar zum Strafgesetzbuch, 29. Aufl., München 2014

Lepage, Agathe, L'article 9 du Code civil peut-il constituer durablement la matrice des droits de la personnalité?, Gaz. Pal. 2007, no. 139, 43

Lerebours-Pigeonnière, Paul, Anm. zu Cour cass. v. 25.05.1948, D 1948 jur 357, 357-361

ders., Précis de droit international privé, 2. Aufl., Paris 1934

Lester, Anthony, English judges as law makers, (1993) PL 269-290

Lettl, Tobias, Allgemeines Persönlichkeitsrecht und Medienberichterstattung, WRP 2005, 1045-1086

Leuze, Dieter, Die Entwicklung des Persönlichkeitsrechts im 19. Jahrhundert, Bielefeld 1962

Levasseur, Georges, Crimes et delits contre les personnes, RSC 1979, 329-336

Lichtenberger, Peter, Zum Gesetz zur Neuregelung des Internationalen Privatrechts, DNotZ 1986, 644-687

Lindon, Raymond, Dictionnaire juridique: les droits de la personnalité, Paris 1983

ders., Anm. zu CA Paris v. 27.02.1981, D 1981 jur 457, 457-458

ders., Les dispositions de la loi du 17 juillet 1970 relatives à la protection de la vie privé, JCP 1970 I 2357

Linke, Hartmut / Hau, Wolfgang, Internationales Zivilverfahrensrecht, 5. Aufl., Köln 2011

Liszt, Franz von, Die Deliktsobligationen im System des Bürgerlichen Gesetzbuchs, Berlin 1898

Loef, Robert, Zum Spannungsfeld zwischen Medienfreiheit und Persönlichkeitsschutz, Baden-Baden 2009

Looschelders, Dirk, Persönlichkeitsschutz in Fällen mit Auslandsberührung, ZVglRWiss 95 (1996), 48-91

Lorenzen, Ernest, Tort liability and the conflict of laws, (1931) 47 LQ Rev 483-501

Loussouarn, Yvon / Bourel, Pierre / Vareilles-Sommières, Pascal de, Droit international privé,

- 10. Aufl., Paris 2013
- 9. Aufl., Paris 2007

Luciani, Anne-Marie, Les droits de la personnalité: du droit interne au droit international privé, Paris 1996

Lüderitz, Alexander, in: Siebert, Wolfgang (Hrsg.), Soergel Kommentar zum Bürgerlichen Gesetzbuch, Bd. 10, 12. Aufl., Stuttgart u.a. 1996

Luhmann, Niklas, Das Recht der Gesellschaft, Frankfurt a.M. 1995

Mackeprang, Rudolf, Ehrenschutz im Verfassungsstaat, Berlin 1990

Magnus, Ulrich, in: Staudinger, Julius von (Begr.), Kommentar zum Bürgerlichen Gesetzbuch, Einführungsgesetz zum Bürgerlichen Gesetzbuche/IPR, Neuarb. 2002, Berlin 2002

Mainzer, Robert, Die ästimatorische Injurienklage in ihrer geschichtlichen Entwicklung, Stuttgart 1908

Malaurie, Philippe, Anm. zu Cour cass. v. 30.05.1967, D 1967 jur 629, 629-630

Mancini, Pasquale Stanislao, De l'utilité de rendre obligatoires pour tous les Etats, sous la forme d'un ou de plusieurs traités internationaux, un certain nombre de règles générales du Droit international privé pour assurer la décision uniforme des conflits entre les différentes législations civiles et criminelles, JDI 1 (1874), 221-239, 285-304

Mankowski, Peter, Schadensersatzklagen bei Kartelldelikten – Fragen des anwendbaren Rechts und der internationalen Zuständigkeit, Bonn 2012

ders., Das neue Internationale Kartellrecht des Art. 6 Abs. 3 Rom II-VO, RIW 2008, 177-193

ders., Entwicklungen im Internationalen Privat- und Prozessrecht 2004/2005 (Teil 1), RIW 2005, 481-499

ders., Das Internet im Internationalen Vertrags- und Deliktsrecht, RabelsZ 63 (1999), 203-294

Marino, Laure, Anm. zu Cour cass. v. 30.05.2000, D 2001 somm 1989, 1989-1990

Markesinis, Basil, Privacy, freedom of expression, and the horizontal effect of the Human Rights Bill: Lessons from Germany (1999) 115 LQ Rev 47-88

ders., The Calcutt Report must not be forgotten, (1992) 55 MLR 118-122

ders., Our Patchy Law of Privacy – Time to do Something about it, (1990) 53 MLR 802-809

ders. / O'Cinneide, Colm / Fedtke, Jörg / Hunter-Henin, Myriam, Concerns and ideas about the delevoping English law of privacy (and how knowledge of foreign law might be of help), (2004) 52 AJCL 133-208

Martin, Klaus, Das allgemeine Persönlichkeitsrecht in seiner historischen Entwicklung, Hamburg 2007

Massis, Thierry, Anm. zu CA Paris v. 17.09.1997, D 1999 somm 165, 166

ders., Anm. zu Cour cass. v. 22.06.1994, D 1995 somm 268, 268

ders., Anm. zu TGI Nanterre v. 21.07.1993, D 1995 somm 269, 269

Mayer, Pierre / Heuzé, Vincent, Droit international privé, 9. Aufl., Paris 2007

Mazeaud, Henri, Traité théorique et pratique de la responsabilité civile delictuelle et contractuelle, Bd. 3, 5. Aufl., Paris 1960

McBride, Nicholas J. / Bagshaw, Roderick, Tort Law, 3. Aufl., Dorchester 2008

Meale, Darren, Rihanna's face on a t-shirt without a licence? No, this name it's passing off, GRUR Int 2013, 1088-1090

Meder, Stephan, Rechtsgeschichte, 4. Aufl., Köln u.a. 2011

Melkonian, Harry, Defamation, Libel Tourism and the SPEECH Act of 2010, Amherst 2011

Mestre, Jacques, Les conflits de lois relatifs à la protection de la vie privée, in: Etudes offertes à Pierre Kayser, Bd. 2, Aix-en-Provence 1979, S. 239-256

Mimin, Pierre, Le style des jugements, 4. Aufl., Paris 1970

Mittermaier, Carl Joseph Anton, Die Lehre von der Collision der Gesetze, mit einer Darstellung der Ergebnisse der neuesten wissenschaftlichen Forschungen darüber, KritZeit 11 (1839), 267-289

ders., Collision der Gesetze verschiedener Staaten, KritZeit 7 (1835), 228-249

Molle, Alexander, Die Verdachtsberichterstattung – Anforderungen und Beweislastverteilung im Spannungsverhältnis zwischen Pressefreiheit und Ehrschutz, ZUM 2010, 331-336

Moosheimer, Thomas, Die actio injuriarum aestimatoria im 18. und 19. Jahrhundert, Tübingen 1997

Moreham, Nicole, in: Warby, Mark / Moreham, Nicole / Christie, Iain (Hrsg.), Tugendhat and Christie: The Law of privacy and the media, 2. Aufl., Oxford 2011

dies., Douglas and Others v Hello! Ltd. – the protection of privacy in English private law, (2001) 64 MLR 767-774

Morris, John, The Conflict of laws,

- 6. Aufl., London 2005
- 5. Aufl., London 2000

ders., The proper law of a tort, (1951) 64 Harv LR 881-895

Morse, Christopher, Torts in Private International Law: A new statutory framework, (1996) 45 ICLQ 888-902

Mühl, Margarete, Die Lehre vom »besseren« und »günstigeren« Recht im Internationalen Privatrecht, München 1982

Mühl, Max, Die antike Menschheitsidee in ihrer geschichtlichen Entwicklung, Leipzig 1928

Müller, Ulrich, in: Spindler, Gerald / Schuster, Fabian (Hrsg.), Recht der elektronischen Medien, Kommentar, 2. Auflage, München 2011

Mugdan, Benno (Hrsg. und Bearb.), Die gesammten Materialien zum Bürgerlichen Gesetzbuch für das Deutsche Reich, Bd. 1 und 2, Berlin 1899

Mullis, Alastair / Parkes, Richard / Busuttil, Godwin (Hrsg.), Gatley on libel and slander, 12. Aufl., London 2013

Murphy, John, in: Dugdale, Anthony / Jones, Michael / Simpson Mark (Hrsg.), Clerk & Lindsell on Torts, 19. Aufl., London 2006

Nagel, Heinrich / Gottwald, Peter, Internationales Zivilprozessrecht, 7. Aufl., Köln 2013

Neben, Gerald, Triviale Personenberichterstattung als Rechtsproblem, Berlin 2001

Neill, Brian, Privacy: A challenge for the next century, in: Markesinis, Basil (Hrsg.), Protecting Privacy, Oxford 1999, S. 1-28

Nelson, Hein / Manthe, Ulrich, Gai Institutiones III, §§ 182-225: Die Deliktsobligationen, Text und Kommentar, Berlin 2007

Nerson, Roger, De la protection de la personnalité en droit privé français, Travaux Henri Capitant 8 (1959/60), 60-87

ders., Les droits extrapatrimoniaux, Paris 1939

Neu, Michael, Die kollisionsrechtliche Behandlung von Persönlichkeitsrechtsverletzungen im Internet, Bielefeld 2001

Neuhaus, Paul Heinrich, Die Grundbegriffe des internationalen Privatrechts, 2. Aufl., Tübingen 1976

Neukamm, Katrin, Bildnisschutz in Europa, Berlin 2007

Neumann-Duesberg, Horst, Das gesprochene Wort im Urheber- und Persönlichkeitsrecht, Münster 1949

Neuner, Georg Karl, Wesen und Arten der Privatrechtsverhältnisse, Kiel 1866

Nevett, Terence, Advertising and defamation in English law: The evolution of a concept, in: Taylor, Charles R. (Hrsg.), Marketing history – Its many dimensions; Fifth Conference on Historical Research in Marketing and Marketing Thought, East Lansing 1991, S. 252-270

Niboyet, Jean, Manuel de droit international privé, 2. Aufl., Paris 1928

Niemeyer, Theodor, Zur Vorgeschichte des internationalen Privatrechts im Deutschen Bürgerlichen Gesetzbuch, München u.a. 1915

Nixdorf, Wolfgang, Presse ohne Grenzen: Probleme grenzüberschreitender Presseveröffentlichungen, GRUR 1996, 842-846

North, Peter / Fawcett, James, in: Cheshire and North's Private International Law, 12. Aufl., Oxford 1992

Oertmann, Paul, Bürgerliches Gesetzbuch, 2. Buch, 2. Abt., 5. Aufl., Berlin 1929

Ohly, Ansgar, Der Schutz der Persönlichkeit im englischen Zivilrecht, RabelsZ 65 (2001), 39-77

Oliver, Dawn, The Human Rights Act and Public Law/Private Law Divides, (2000) EHRLR 343-355

Overbeck, Alfred von / Volken, Paul, Das Internationale Deliktsrecht im Vorentwurf der EWG, RabelsZ 38 (1974), 56-78

Paal, Boris P., Die Rolle der Medien in der Demokratie, tv diskurs 2013, 24-29

ders., Medienvielfalt und Wettbewerbsrecht, Tübingen 2010

Palmer, Stephanie, The Human Rights Act 1998: Bringing Rights Home, (1998) CYELS 125-146

Panagopoulos, George, Restitution in private international law, Oxford u.a. 2000

Parkes, Richard, in: Warby, Mark / Moreham, Nicole / Christie, Iain (Hrsg.), Tugendhat and Christie: The Law of privacy and the media, 2. Aufl., Oxford 2011

Pentz, Vera von, Ausgewählte Fragen des Medien- und Persönlichkeitsrechts im Lichte der aktuellen Rechtsprechung des VI. Zivilsenats, AfP 2014, 8-18

Perreau, Étienne Ernest Hippolyte, Des droits de la personnalité, Rev. trim. dr. civ. 1909, 501-536

Petch, Tolek, The Rome II Regulation: an update, (2006) JIBLR 449-455

Philip, Loïc, La protection des droits fondamentaux en France, JöR 38 n.F. (1989), S. 119-136

Picht, Peter, Von eDate zu Wintersteiger – Die Ausformung des Art. 5 Nr. 3 EuGVVO für Internetdelikte durch die Rechtsprechung des EuGH, GRUR Int 2013, 19-27

Pieroth, Bodo / Schlink, Bernhard, Grundrechte, Staatsrecht II, 28. Aufl., Heidelberg u.a. 2012

Piller, Frank Thomas, Mass Customization, 4. Aufl., Wiesbaden 2006

Planck, Gottlieb, Bürgerliches Gesetzbuch nebst Einführungsgesetz, Bd. 2, 3. Aufl., Berlin 1907

Plender, Richard / Wilderspin, Michael, The European Private International Law of Obligations, 3. Aufl., London 2009

Pohlenz, Max, Der hellenische Mensch, Göttingen 1947

Pollard, David / Parpworth, Neil / Hughes, David, Constitutional and administrative law, 4. Aufl., London 2007

Pratt, Walter F., Privacy in Britain, Lewisburg 1979

Prescott, Peter, Kaye v Robertson – a reply, (1991) 54 MLR 451-456

Price, James / McMahon, Felicity (Hrsg.), Blackstone's Guide to the Defamation Act, Oxford 2013

Prinz, Matthias, Der Schutz vor Verletzungen der Privatsphäre durch Medien auf europäischer Ebene, ZRP 2000, 138-144

Prütting, Hanns (Hrsg.), Das Caroline-Urteil des EGMR und die Rechtsprechung des Bundesverfassungsgerichts, München 2005

Raape, Leo, Internationales Privatrecht, 5. Aufl., Berlin 1961

Rabel, Ernst, The conflict of laws, Bd. 2, 2. Aufl., Michigan 1960

ders., Das Problem der Qualifikation, RabelsZ 5 (1931), 241-288

Raphael, Tom, The problem of horizontal effect, (2000) EHRLR, 493-511

Rauscher, Thomas, Internationales Privatrecht, 4. Aufl., Heidelberg u.a. 2012

ders. (Hrsg.), Europäisches Zivilprozess- und Kollisionsrecht, Kommentar zum EuZPR/EuIPR, München 2011

ders., Grenzüberschreitende Ehrverletzung durch Presseartikel, ZZPInt. 1 (1996), 151-166

Ravanas, Jacques, Anm. zu Cour cass. 9.07.2003, JCP 2003 II 10139

ders., La protection des personnes contre la réalisation et la publication de leur image, Paris 1978

Rees, Wilhelm, Die Erklärung der Menschen- und Bürgerrechte von 1789, Leipzig 1912

Regge, Jürgen / Pegel, Christian, in: Joecks, Wolfgang / Miebach, Klaus (Hrsg.), Münchener Kommentar zum Strafgesetzbuch, Bd. 4, 2. Aufl., München 2012

Reinecke, Leonard, Mediennutzung und Well-Being: Zum positiven Wirkungspotenzial interaktiver und nicht interaktiver Unterhaltungsmedien, in: ders. / Trepte, Sabine (Hrsg.), Köln 2012, S. 308-325

Ress, Georg, Die Freiheit der Presse und die innere Struktur der Zeitungsunternehmen in Frankreich, in: Doehring, Karl et al. (Hrsg.), Pressefreiheit und innere Struktur von Presseunternehmen in westlichen Demokratien, Berlin 1974, S. 35-168

Riegl, Werner, Streudelikte im internationalen Privatrecht, Augsburg 1986

Rigaux, François, La loi applicable à la protection des individus à l'égard du traitement automatisé des données à caractère personnel, Rev. crit. dip 69 (1980), 443-478

Rixecker, Roland, in: Säcker, Franz Jürgen / Rixecker, Roland (Hrsg.), Münchener Kommentar zum Bürgerlichen Gesetzbuch, Bd. 1, 6. Aufl., München 2012

ders., in: Rebmann, Kurt / Säcker, Franz Jürgen / Rixecker, Roland (Hrsg.), Münchener Kommentar zum Bürgerlichen Gesetzbuch, Bd. 1,

- 5. Aufl., München 2006
- 4. Aufl., München 2001

Robertson, Arthur H., The choice of law for tort liability in the conflict of laws, (1940) 4 MLR 27-44

Robertson, Geoffrey / Nicol, Andrew, Media Law, 4. Aufl., London 2002

Robinson, Felicity, How image conscious is English Law?, (2004) Ent LR 151-156

Rodríguez Pineau, Elena, Conflict of Laws Comes to the Rescue of Competition Law: The New Rome II Regulation, (2009) 5 JPrIL 311-336

Rogers, William V.H., Winfield and Jolowicz on Torts, 18. Aufl., London 2010

ders., The protection of personality rights against invasion by mass media in England, in: Koziol, Helmut / Warzilek, Alexander (Hrsg.), Persönlichkeitsschutz gegenüber den Massenmedien, Wien u.a. 2005, S. 59-116

Roth, Isabel, Die internationale Zuständigkeit deutscher Gerichte bei Persönlichkeitsrechtsverletzungen im Internet, Frankfurt a.M. u.a. 2007

Roth, Wulf-Henning, Angleichung des IPR durch sekundäres Gemeinschaftsrecht, IPRax 1994, 165-174

Rudisch, Bernhard, in: Czernich, Dietmar / Heiss, Helmut (Hrsg.), Das Europäische Schuldvertragsübereinkommen, Kommentar, Wien 1999

Rushworth, Adam / Scott, Andrew, Rome II: Choice of law for non-contractual obligations, 274-305

Säcker, Franz Jürgen, in: ders. / Rixecker, Roland (Hrsg.), Münchener Kommentar zum Bürgerlichen Gesetzbuch, Bd. 1, 6. Aufl., München 2012

Saint-Pau, Jean-Christophe, Anm. zu Cour cass. v. 16.07.1998, D 1999 jur 541, 541-544

Sajuntz, Sascha, Die Entwicklung des Presse- und Äußerungsrechts in den Jahren 2012/2013, NJW 2014, 25-30

Savatier, René, Cours de droit international privé, 2. Aufl., Paris 1953

Savigny, Friedrich Carl von, System des heutigen römischen Rechts,

- Bd. 1, Berlin 1840
- Bd. 8, Berlin 1849

Schack, Haimo, Internationales Zivilverfahrensrecht, 6. Aufl., München 2014

ders., Rechtsschutz gegen grenzüberschreitende Persönlichkeitsverletzungen durch Rundfunksendungen, in: Hübner, Heinz et al. (Hrsg.) Das Persönlichkeitsrecht im Spannungsfeld zwischen Informationsauftrag und Menschenwürde, München 1989, S. 113-138

ders., Die grenzüberschreitende Verletzung allgemeiner und Urheberpersönlichkeitsrechte, Ufita 108 (1988), 51-72

Schertz, Christian, Der Schutz des Individuums in der modernen Mediengesellschaft, NJW 2013, 721-728

Schiemann, Gottfried, in: Staudinger, Julius von (Begr.), Kommentar zum Bürgerlichen Gesetzbuch Buch 2: Recht der Schuldverhältnisse, Neubearb. 2005, Berlin 2005

Schlechtriem, Peter, Bereicherung aus fremdem Persönlichkeitsrecht, in: Fischer, Robert et al. (Hrsg.), Strukturen und Entwicklungen im Handels-, Gesellschafts- und Wirtschaftsrecht: Festschrift für Wolfgang Hefermehl zum 70. Geburtstag am 18. September 1976, München 1976, S. 445-465

Schlosser, Peter F., Kommentar zum EU-Zivilprozessrecht, 3. Aufl., München 2009

Schnitzer, Adolf F., Handbuch des internationalen Privatrechts, Bd. 1, 4. Aufl., Basel 1957

Schnitzer, Isabel, Ehrverletzende Presseäußerungen aus deutscher und französischer Sicht, Frankfurt a.M. u.a. 2005

Schubert, Friedrich, Der Wert des Individuums im deutschen und französischen Privatrecht, Frankfurt a.M. 2005

Schütze, Rolf A., Deutsches Internationales Zivilprozessrecht unter Einschluss des europäischen Zivilprozessrechts, 2. Aufl., Berlin 2005

Schulze-Fielitz, Helmuth, in: Dreier, Horst (Hrsg.), Grundgesetz-Kommentar, Bd. 1, 3. Aufl., Tübingen 2013

Schurig, Klaus, Interessenjurisprudenz contra Interessenjurisprudenz im IPR, RabelsZ 59 (1995), 229-244

ders., Kollisionsnorm und Sachrecht, Berlin 1981

Schwiegel-Klein, Evelyn, Persönlichkeitsrechtsverletzungen durch Massenmedien im Internationalen Privatrecht, Münster 1983

Sedelmeier, Klaus, in: ders. / Burkhardt, Emanuel (Hrsg.), Löffler Presserecht, 5. Aufl., München 2006

Seitz, Walter, Gefahren durch die Berichterstattung in den Medien, in: Nolte, Martin (Hrsg.), Neue Bedrohungen für die Persönlichkeitsrechte von Sportlern: Frühjahrstagung 2010 der Deutschen Vereinigung für Sportrecht e.V., Stuttgart u.a. 2011, S. 27-44

ders. / Schmidt, German, Der Gegendarstellungsanspruch in den Medien, 4. Aufl., München 2010

Sherman, Brad / Kaganas, Felicity, The protection of personality and image: An opportunity lost, (1991) EIPR 340-343

Siebert, Wolfgang, Zur allgemeinen Problematik des Persönlichkeitsrechts, NJW 1958, 1369-1374

Siehr, Kurt, Internationales Privatrecht, Heidelberg 2001

ders., Zum Vorentwurf eines EWG-Übereinkommens über das Internationale Schuldrecht, AWD 19 (1973), 569-587

Simon, Jürgen, Das allgemeine Persönlichkeitsrecht und seine gewerblichen Erscheinungsformen, Berlin 1981

Simon-Depitre, Marthe, Codification et règles écrites dans le droit Français des conflits de lois, in: Erauw, Johan et al. (Hrsg.), Liber Memorialis François Laurent 1810-1887, Brüssel 1989, S. 1039-1051

Singh, Rabinder, Privacy and the Media: The impact of the Human Rights Bill, in: Markesinis, Basil (Hrsg.), Protecting privacy, Oxford 1999, S. 169-190

ders. / Strachan, James, The right to privacy in English law, (2002) EHRLR 129-161

Smith, Graham, Internet law and regulation, 4. Aufl., London 2007

Soehring, Jörg, in: ders. / Hoene, Verena, Presserecht, 5. Aufl., Köln 2013

ders., Die Entwicklung des Presse- und Äußerungsrechts 1994-1996, NJW 1997, 360-373

Sonnenberger, Hans Jürgen, in: Säcker, Franz Jürgen / Rixecker, Roland (Hrsg.), Münchener Kommentar zum Bürgerlichen Gesetzbuch, Bd. 10, 5. Aufl., München 2010

ders., Der Persönlichkeitsrechtsschutz nach den Art. 40-42 EGBGB, Gottwald, Peter et al. (Hrsg.), Festschrift für Dieter Henrich zum 70. Geburtstag, Bielefeld 2000, S. 575-591

ders., La loi allemande du 21 mai 1999 sur le droit international privé des obligations non contractuelles et des biens, Rev. crit. dip 88 (1999), 647-668

Sonnentag, Michael, Zur Europäisierung des Internationalen außervertraglichen Schuldrechts durch die geplante Rom II-Verordnung, ZVglRWiss 105 (2006), 256-312

Spickhoff, Andreas, in: Bamberger, Heinz Georg / Roth, Herbert (Hrsg.), Kommentar zum Bürgerlichen Gesetzbuch, Bd. 3, 3. Aufl., München 2012

ders., Die Restkodifikation des Internationalen Privatrechts: Außervertragliches Schuld- und Sachenrecht, NJW 1999, 2209-2215

Spindler, Gerald, Kollisionsrecht und internationale Zuständigkeit bei Persönlichkeitsrechtsverletzungen im Internet – die eDate-Entscheidung des EuGH, AfP 2012, 114-121 ders., Deliktsrechtliche Haftung im Internet – nationale und internationale Rechtsprobleme, ZUM 1996, 533-563

Stahl, Klaus, Die Sicherung der Grundfreiheiten im öffentlichen Recht der Fünften Französischen Republik, Hamburg 1970

Stanhope, Charles, The right of juries defended, London 1792

Starck, Christian, in: Mangoldt, Hermann von / Klein, Friedrich / Starck, Christian (Hrsg.), Kommentar zum Grundgesetz, Bd. 1, 6. Aufl., München 2010

Stark, Ralf, Ehrenschutz in Deutschland, Berlin 1996

Staudinger, Ansgar, Das Gesetz zum Internationalen Privatrecht für außervertragliche Schuldverhältnisse und für Sachen vom 21.5.1999, DB 1999, 1589-1594

Steffen, Erich, in: Sedelmeier, Klaus / Burkhardt, Emanuel (Hrsg.), Löffler Presserecht, 5. Aufl., München 2006

Stegmann, Oliver, Tatsachenbehauptung und Werturteil in der deutschen und französischen Presse, Tübingen 2004

Stoll, Hans, Handlungsort und Erfolgsort im internationalen Deliktsrecht, in: Schack, Haimo (Hrsg.), Gedächtnisschrift für Alexander Lüderitz, München 2000, S. 733-750

ders., Sturz vom Balkon auf Gran Canaria – Akzessorische Anknüpfung, deutsches Deliktsrecht und örtlicher Sicherheitsstandard, IPRax 1989, 89-93

Story, Joseph, Commentaries on the conflict of laws, foreign and domestic, Boston 1934

Straky, Randolf, Das Privatleben Prominenter als Verfassungsproblem, Frankfurt a.M. u.a. 2006

Strömer, Tobias, Online-Recht, Heidelberg 1997

Sturm, Fritz / Sturm, Gudrun, in: Staudinger, Julius von (Begr.), Kommentar zum Bürgerlichen Gesetzbuch, Einführungsgesetz zum Bürgerlichen Gesetzbuche/IPR, Neubearb. 2003, Berlin 2003

Tacke, Sarah Céline, Medienpersönlichkeitsrecht – Das System der Rechtsfolgen von Persönlichkeitsrechtsverletzungen in Massenmedien, Berlin 2009

Taupitz, Jochen, Europäische Privatrechtsvereinheitlichung heute und morgen, Tübingen 1993

Tenckhoff, Jörg, Grundfälle zum Beleidigungsrecht, JuS 1988, 199-206

ders., Die Bedeutung des Ehrbegriffs für die Systematik der Beleidigungstatbestände, Berlin 1974

Teyssié, Bernard, Droit civil, 11. Aufl., Paris 2010

Thiede, Thomas, Internationale Persönlichkeitsrechtsverletzungen, Wien 2010

Thompson, Mark, Breach of confidence and privacy, in: Clarke, Linda (Hrsg.), Confidentiality and the law, London 1990, S. 65-81

Thorn, Karsten, in: Palandt, Otto (Begr.), Kommentar zum Bürgerlichen Gesetzbuch, 73. Aufl., München 2014

Tiernan, Ralph, Tort in a nutshell, 4. Aufl., London 1996

Touffait, Adolphe / Tunc, André, Pour une motivation plus explicite des décisions de justice, notamment de celles de la Cour de Cassation, Rev. trim. dr civ. 1974, 487-508

Trutmann, Verena, Das internationale Privatrecht der Deliktsobligationen, Basel u.a. 1973

Tuhr, Andreas von, Der Allgemeine Teil des Deutschen Bürgerlichen Rechts, Bd. 1, Leipzig 1910

Ubber, Thomas, Rechtsschutz bei Missbrauch von Internet-Domains, WRP 1997, 497-513

Unberath, Hannes / Cziupka, Johannes, in: Rauscher, Thomas (Hrsg.), Europäisches Zivilprozess- und Kollisionsrecht, Kommentar zum EuZPR/EuIPR, München 2011

Vasseur, Michel, Anm. zu Cour cass. v. 25.05.1948, JCP 1948 II 4542

Vignal, Thierry, Droit international privé, Paris 2005

Viney, Geneviève, Chronique. Responsabilité civile, JCP (G) 2000 I 197

dies., Chronique d'actualité: Responsabilité civile, JCP (G) 1994 I 3809

Vogeler, Andreas, Die freie Rechtswahl im Kollisionsrecht der außervertraglichen Schuldverhältnisse, Tübingen 2013

Vollkommer, Max, in: Zöller, Richard (Begr.), Kommentar zur Zivilprozessordnung, 30. Aufl., Köln 2014

Wacks, Raymond, The Poverty of Privacy, (1980) 96 LQ Rev 73-95

Wade, Henry William Rawson, Horizons of Horizontality, (2000) 116 LQ Rev 217-224

ders., The United Kingdom's Bill of Rights, in: University of Cambridge Centre for Public Law (Hrsg.), Constitutional reform in the United Kingdom: Practice and principles, Oxford 1998, S. 61-68

Wagner, Gerhard, Die neue Rom II-Verordnung, IPRax 2008, 1-17

ders., Internationales Deliktsrecht, die Arbeiten an der Rom II-Verordnung und der Europäische Deliktsgerichtsstand, IPRax 2006, 372-390

ders., Ehrenschutz und Pressefreiheit im europäischen Zivilverfahrens- und Internationalen Privatrecht, RabelsZ 62 (1998), 243-285

Wagner, Rolf, Das Vermittlungsverfahren zur Rom II-Verordnung, in: Baetge, Dietmar / Hein, Jan von / Hinden, Michael von (Hrsg.), Die richtige Ordnung, Festschrift für Jan Kropholler zum 70. Geburtstag, Tübingen 2008, S. 715-731

ders., Zum Inkrafttreten des Gesetzes zum Internationalen Privatrecht für außervertragliche Schuldverhältnisse und für Sachen, IPRax 1999, 210-212

ders., Der Regierungsentwurf eines Gesetzes zum Internationalen Privatrecht für außervertragliche Schuldverhältnisse und für Sachen, IPRax 1998, 429-438

ders., Zur Anknüpfung der Frage nach dem Bestehen von Persönlichkeitsrechten im außervertraglichen Schuldrecht, JZ 1993, 1034-1041 ders., Das deutsche internationale Privatrecht bei Persönlichkeitsrechtsverletzungen, Frankfurt a.M. 1986

Walter, Helge, Actio iniuriarum, Berlin 1996

Wanckel, Endress, in: Götting, Horst-Peter / Schertz, Christian / Seitz, Walter (Hrsg.), Handbuch des Persönlichkeitsrechts, München 2008

Wandt, Manfred, Internationale Produkthaftung, Heidelberg 1995

Warren, Samuel / Brandeis, Louis, The right to privacy, (1890) 4 HLR 193-220

Wee Loon, Ng-Loy, Emergency of a right to privacy from within the law of confidence, (1996) EIPR 307-312

Wendt, Rudolf, in: Kunig, Philip (Hrsg.), Münch/Kunig Grundgesetz-Kommentar, Bd. 1, 6. Aufl., München 2012

Westerholt, Hartwig von, Die Passing off-Klage im englischen Recht, Köln u.a. 1976

Westin, Alan, Privacy and freedom, New York 1970

Wieacker, Franz, Privatrechtsgeschichte der Neuzeit, 2. Aufl., Göttingen 1967

Windscheid, Bernhard / Kipp, Theodor, Lehrbuch des Pandektenrechts, Bd. 1, 9. Aufl., Leipzig 1906

Wolff, Christian, Jus naturae method scientificia pertractatum, Bd. 1, Frankfurt a.M. u.a. 1740

Wolff, Martin, Das internationale Privatrecht Deutschlands, 3. Aufl., Berlin u.a. 1954

Wundt, Max, Geschichte der griechischen Ethik, Leipzig 1908

Young, Alison, Remedial and substantive horizontality: the Common law and Douglas v Hello! Ltd, (2002), PL 232-241

Younger, Kenneth (Vors.), Report of the Committee on Privacy, Cmnd. 5012, London 1972 (zit.: Younger Committee)

Zaczyk, Rainer, in: Kindhäuser, Urs / Neumann, Ulfrid / Paeffgen, Hans-Ullrich (Hrsg.), Kommentar zum Strafgesetzbuch, Bd. 2, 4. Aufl., Baden-Baden 2013

Zeiller, Franz von, Jus naturae privatum, 3. Aufl., Wien 1819

Zweigert, Konrad / Kötz, Hein, Einführung in die Rechtsvergleichung, 3. Aufl., Tübingen 1996

Kolibri 360 GmbH
Ferdinand-Jühlke-Straße 7
99095 Erfurt, Deutschland
produktsicherheit@kolibri360.de